中國兵器全事典

蔣豐維

目次。

6 新版序——英雄信念與生命價值
9 初版序——縱橫沙場的風采
12 【導論之一】兵器，見證歷史演進與文化交流
16 中國兵器地圖
18 中國防具地圖
20 【導論之二】兵器，訴說前人的功業與偉績
24 中國兵器年表
26 兵器戰力分析與屬性說明

第一部 單兵

一夫當關，萬夫莫敵

31 短兵系——一寸短一寸險

劍32．刀44．鞭、鐧52．錘56．斧60

65 長兵系——一竿子打翻一船人

棍、棒66．槍、矛70．殳、杵78．戈82．戟86．大刀92．叉、钂100．釘耙、鏟106．鉞112

117 奇兵系——所以我說那個折凳呢？

環、乾坤圈118．鉤124．峨嵋刺、鐵尺128．楞132．鐵鍊夾棒、多節棍136．撾、判官筆142．子午鴛鴦鉞、拳刃150

155 軟兵系與暗器系——直球什麼的最無聊了！

軟鞭、鎖鍊156．流星錘160．繩鏢、鎖鐮164．飛爪、血滴子168．匕首、飛刀172．擲箭、標槍176．鏢、袖箭、噴筒180．套索188

191 射程系——讓你連車尾燈都看不到

弓箭192．弩198

205 防護系——先為敵之不可勝

盾206．皮甲、青銅胄210．魚鱗甲、鐵片盔216．裲襠鎧、明光鎧220．細鎧、鎖子甲224．紙甲、砲彈式頭盔226．棉甲、尖纓盔230

第二部 圍戰

眾志成城，鬥智更鬥力

237 **攻城器**—群狼的譜像

非殺傷性輔助戰具：巢車238・填壕車、折疊橋242・雲梯、木幔244

防禦工事破壞戰具：衝車、餓鶻車250・緒棚車254

泛用殺傷兵器：井欄256・床弩258・砲260

265 **守城器**—有以待之

路障防線：拒馬、蒺藜266

要塞的本體：城池結構全拆解268

機動支援：塞門刀車、籍車274

城上守軍標準配備：重複使用類武器276

投擲用反登城道具：單次使用類武器280

285 **火器**—霹靂神威

源起：噴射、燃燒系286

中堅：爆炸系290

近代的曙光：射擊系294

第三部 移戰

一身轉戰三千里

車戰與騎兵—將軍豈可無馬？ 307

貴族們的驕傲：春秋戰車與編制 308
天下武功惟快不破：騎兵戰的曙光 314
刺客與坦克：輕騎與重騎 320
狼族們的戰術：蒙古騎兵 326
騎兵戰的落幕：馬戰發展與總結 328

水戰—決戰江河之上 333

以舟為師、楫為馬：水上開戰 334
各司其職相輔相成：艦隊的組成 340
強虜灰飛煙滅：史上最著名水戰 346
水戰要項：鐵鎖與拍竿 352
江河水戰完熟期：宋朝發展興衰 356
大航海時代：明朝海事發展 362
航海技術革命：傳統水戰終結 368

指揮與陣形—無形的兵器 373

古典策士必修課：陣形專論 374
由有形到無形的武裝：韜略與戰鬥文化 384

附錄／參考資料 397

新版序

英雄信念與生命價值。

時光荏苒，轉眼間，距《中國兵器事典》問世已是十年過去了。十年之間，物換星移，我的舞台也有了轉變，走入了大專院校的教室內。外文系或應用外語系課程中，「西洋文學概論」是常有機會教到，本身也喜歡上的一門課。講到荷馬史詩《伊里亞德》（Iliad），總不免口沫橫飛地亂蓋眾英雄如何如何。而該篇之中，最經典的段落之一，莫過於火神為猛士阿基里斯（Achilles）重鑄鎧甲，寶器問世，光彩懾人的一幕描寫。每每講到這篇章時，我總愛問學生：「有沒有人猜得到，阿基里斯的盾上是什麼圖案？」有猜龍的，有猜獅子的，但若沒看過原文的，還當真猜不著。

阿基里斯的盾面上，是天地之間，栩栩如生且具體而微的，戰爭與和平兩個世界。盾面上，有著戰火一觸即發的重兵圍城景象，而城中居民不願坐以待斃，策兵突襲之際，受戰火殃及，原在恬靜水濱放羊的牧人竟至無辜橫死。盾面上，有著歡慶的婚禮行列，迎親喜宴的隊伍簇擁著新娘行過繁華市街時，正遇上了殺人案兩造對質答辯，尋求耆老評斷的場景。盾面上，有著麥浪金黃、豐饒秋收的景象，眾人羅列牛羊美酒以為歡慶。盾面上，有著牧人驅趕牲口，卻驟為猛獅所襲，椎心淌血仍無力救回的刻畫。盾面上，有著青年男女羅列，花冠華服，舞姿曼妙，恣意逐愛的描繪。盾面上，有著果園結實纍纍，眾人欣喜提籃採收，席間更有童子彈琴高歌，以誌一年既去的歲月更迭。

希臘神話中，火神的相貌醜陋，行動不便，但才思細膩，以匠心獨具廣為人知。為何專為天下第一勇士打造的神兵上，如此工筆刻畫一幅圖像？

因為這就是人世具體而微的寫照。生與死，是一體的兩面，彼此對照而又互化托生。所謂生命的存續，乃是以掠奪他者生命作為代價。田園中眾人飲宴的生之慶典，是建築在牛羊穀物的「犧牲」之上。然而，正因為有了這些犧牲，更高的存在遂成為可能，一如耶穌所說的：「如果一粒麥子不死。」

阿基里斯的盾牌描繪，若用簡單的東方概念來表達，正是太極圖的意涵。拋開了漫長十年大戰不談，僅聚焦於其中寥寥數十日的《伊里亞德》，描寫的不是別的，正是武士的生與死，是對生命與存在的質問，以及作為答覆，英雄信念的展現。

撰寫這篇新序時，適逢日本大河劇《真田丸》在台播映。日本第一兵真田幸村的傳說，恰與此遙相呼應。壯烈戰死的真田幸村，明知不可為而為之，憑著一桿槍與過人氣魄，讓身為武士的名譽氣節流傳於後；而侍奉敵對德川陣營的兄長真田幸之，則靠著彪炳戰功與過人韌性，既保全真田家資產，更使得弟弟以身殉道的傳奇得以流芳後世。

儘管在世時間短暫，但若沒有這段燦爛的過人戰績，真田幸村之死便沒有了意義，僅是一名棄卒而已；相對的，若不是兄長苟活於世，忍痛存續苦心經營，真田幸村之死將無人再復記憶。生於亂世的小諸侯真田家，靠著人世殘酷的骨肉相殘二分，兄弟互為表裡，完整地保存了整個家族有形與無形的資產。

刻畫如是，兵器亦如是。有千萬種兵器，就有千萬種英雄，以及千萬個故事環環相織，彼此消長。勇者的盾，護衛了主人，而存續的代價，則是對手生命的消逝。人類史上，為了種種不同信仰利害，遂有不絕如縷的戰鬥衝擊流傳後世。戰場上，無數生命殞落之際，新的明星與傳說隨之升起，靜待歲月洗禮，大江東去

浪淘盡。

歲月有限，然而如何捍衛生命使其發揮出最大的價值？答案，或許在亂世中的武士與他們手中的兵器，可以窺見一二。奔赴戰場的士卒以盡忠為職志，眼前目標即是聚焦下的唯一，為此拚搏爭鬥，不惜犧牲生命換取；相對之下，從整體方向，出謀劃策經天緯地，則有賴將相謀士全面的視野。

然而，或許需昇華至更為宏觀超然的角度，方能瞥見這些生命的碎片，無論貧富貴賤，所形塑出的軌跡，與拼湊而成的完整圖像。一如阿基里斯手上盾牌的紋飾，透過不同的元素與象限，構成了完整的世界。文化的存續與延展，由無限乃至有限，亦復如是。且讓我們將這些歷代來的兵器與精彩故事重新盤整打磨淬鍊，在波瀾壯闊的傳奇重光之際，讀者的慧眼或許能看出隱於其間，璀璨交織的森羅萬象。

蔣豐維

二〇一七年二月初稿

初版序

縱橫沙場的風采。

應該有很多人跟我一樣，從小就喜歡讀歷史、武俠小說和漫畫吧？相對於西方的騎士傳奇類型故事，這可是中國才有的文化特產。除了對角色的精彩刻畫與武藝描寫的獨到創意之外，各種神奇兵器的競演也往往是引人入勝的元素。例如：金庸的「倚天劍」與「屠龍刀」，古龍的「霸王槍」與「孔雀翎」，還有其他奇特兵器，判官筆、峨眉刺……等等，不勝枚舉。

有道是：「寶劍贈英雄。」重要角色總要有稱頭且具個人特色的兵器襯托，這樣的傳統早存在於古典文學中，並且延續了下來。《三國演義》中，關公的「青龍偃月刀」算是較近代的創作；而「魚腸劍」、「干將劍」與「莫邪劍」等早期的例子也比比皆是。

現實世界中的今日，古代冷兵器已退出沙場；然而，在充滿幻想的虛擬世界裡，它們依然活靈活現地抓住人們目光的焦點，並且有了比從前更廣大的舞台。除去前面所說的小說與漫畫之外，還能在許多地方看到它們的存在——知名國產遊戲「軒轅劍」中的「軒轅劍」是貫穿歷代各個系列作的主軸；布袋戲如霹靂系列更有「琴劍」與「瑟刃」等許多名稱獨特而深具典雅文藝氣息的兵器；電影自《臥虎藏龍》後吹起了一股至今不衰的古裝武俠片風潮；而目前廣受歡迎的各種單機與線上遊戲中，形形色色的樣式與特性各異的虛擬武器自是不在話下了。

拜中國獨特的史地背景所賜，其獨有的許許多多種類各異的武器，不但提供了相關創作者發揮創意的空間，也滿足了觀眾與玩家們的想像力。然而，因為這些兵器的品項眾多，變化分歧，名稱繁雜，是以對好些兵器一知半解或將其特性張冠李戴，成了一般常見的現象。

像是二〇〇七年上映的電影《忍者龜》，海報上就說拉斐爾（Raphael）的武器是「雙叉刀」。想來，加註這段文字的人大概不知道小說中常見的「鐵尺」，不是鐵做的尺，而正是指這樣武器吧？這類經驗說來實在不奇怪。我當年看《蜀山劍俠傳》時，也曾經以為「苗刀」就是西南部苗族勇士所用的刀，直到多年後實際接觸到苗刀時，才發現全然不是那麼回事。

除將鐵尺、峨眉刺或是短劍之類武器搞混外，其他像是「為什麼遊戲中黃蓋用的鐵棒會叫作『鞭』？」這種問題在網站或論壇上都曾出現過。即使是以較常見的兵器如大刀為例，其下也有眉尖刀或三尖二刃刀等變化版本，那麼，這些還算不算是大刀？怎麼會出現這些變化跟差別的？應該有不少人都有類似的好奇疑問吧。在時代距離現今久遠，加以地緣關係，以至兵器名稱或說法分歧不一，種種要素影響之下，對兵器有興趣的讀者與玩家，往往因缺少有系統的整理介紹而被弄得迷迷糊糊。

自電影《魔戒》帶頭吹起西式奇幻風潮之後，國內的同好之士紛紛開始貢獻其所知，是以國內目前與奇幻文學相關的書籍很多，與西方兵器演進及著名刀劍相關的資料也隨之大為增加而容易取得。相對而言，中國武俠風雖然歷久不衰，除了廣受歡迎的小說與布袋戲之外，近幾年更有許多電影與遊戲推波助瀾，古裝武俠片種屢有新作，其他如「三國」系列遊戲等也推廣至不同的性別年齡階層。但，由於中國的古兵器歷史久遠且種類更為繁雜多樣，加上門派與使用手法上的不同，是以與其相關探討的摘錄文獻便顯得益加困難，但卻也更有需要。然而，這方面的文章書籍卻始終不是太多，由本國人所做的介紹就更少。而現有資料多傾向於學術研究性質，讓一般讀者望而卻步。因此，儘管許多人對這方面的知識很有興趣，卻往往對不同兵器的名稱或特色等所知有限，更別說是與其相關的形制演變與軼事了。

有鑑於此，在編輯團隊的策劃與推動之下，推出了《中國兵器事典》系列，內容以簡單的文字與有趣的軼事，為中國古代兵器的特性與歷史略作概要說明，包括：常見的兵器類型、使用方法，以及介紹一些少見或傳說中的兵器其實際面貌等等，讓對兵器有興趣卻不熟悉的朋友們，能藉此而略知一二。

而考量到文化交融的影響，文中也收錄了幾項並非產自中國本土，但與之相互影響或有相似之處的「舶來品」，這些兵器早為遊戲玩家或電影觀眾熟悉，若將其與相似的兵器作一對照，不啻可增加知識性與趣味性。

由於圖片取得資源所限，部分兵器在台灣缺乏實物而無可拍攝及參照，好些罕見奇門兵器受限於篇幅，也未能一一收錄詳述。不過，本書旨在拋磚引玉，希冀藉由這樣的整理歸納，讓一般有興趣的讀者可以更進一步了解，更期盼對兵學有其專研的朋友能進而貢獻所知，推動國內研究討論之風氣。

作為《中國兵器事典》系列的第一部，本書以傳統單兵使用之冷兵器為主，至於火器與攻城戰具則留待日後機緣。最後要說的是，儘管在寫作與考究上戰戰兢兢不敢怠忽，然始終相信此界臥虎藏龍，文中如有疏漏謬誤之處，還請先進前輩不吝指正。

另外，要特別感謝為電影《臥虎藏龍》打造兵器的郭常喜老師，承蒙郭老師慨然相助，提供兵器博物館的場地及實物供本書拍攝，我們才有這些精美的實物照片。期望藉由本書的出版，讓讀者能夠體會到當年這些武器縱橫沙場的風采。

二〇〇七年六月初稿
二〇一七年四月修訂

兵器，見證歷史演進與文化交流。

中國是世上現存最古老的國家，由於歷史悠久，戰鬥方面的經歷自然相當豐富；在其廣大的地域與眾多民族等要素影響之下，交融形成了獨樹一幟的戰鬥文化。

中國不但被譽為「功夫之鄉」，兵器的種類之多更是令人目不暇給。從大規模的疆場征伐作戰，到日常的緝捕盜匪與江湖私鬥；戰鬥舞台從平沙萬里的北方，到水鄉澤國的南方，隨著場合與地形的歧異，加以使用者與門派之間的不同，遂產生了種種造型與用法均異的兵器。

十八般武藝

我們常以「十八般武藝」作為種類眾多武器的總稱，並衍生用來統稱各種技能。這樣的說法起源早至宋元時代即已出現，而這十八般中所包含的細項也多有不同。舉例而言，在《水滸傳》開首時提到史進學全十八般武藝，說的是：「矛鍾弓弩銃，鞭鐧劍鏈撾，斧鉞並戈戟，牌棒與槍杈。」另一派主張則認為應追溯到戰國時代的名將孫臏與吳起所提出的理論，分成九長九短：「槍戟棍鉞叉鏜鉤槊環／刀劍枴斧鞭鐧錘棒杵。」

另外還有「刀槍劍戟、斧鉞鉤叉、鏜棍槊棒、鞭鐧錘撾、枴子流星」類似順口溜的版本。

此外，明清時流行的說法則是：「一弓、二弩、三槍、四刀、五劍、六矛、七盾、八斧、九鉞、十戟、十一鞭、十二鐧、十三撾、十四殳、十五叉、十六耙頭、十七棉繩套索、十八白打。」其中白打也就是空手搏擊，雖不算作兵器，卻是各種武藝的入門之始。

類似的說法還有許多，每個版本都不大一樣。光是這裡，就包含了數種不同的兵器在內，更別說是變化繁多而難以歸類的各種奇門兵器與暗器了。

此外在這些大項目裡，還可以依許多相異的形制作子分類。舉例而言，槍這一項中就有鉤鐮槍、龍刀槍、梭槍……種種變化版本，而個別在用法自然比原有槍法更有巧妙不同。

由早期盛行的大尺寸長矛與鈹等武器，演變到適於騎兵戰的各種槍類，隨著環境與戰法的演變，武器也不斷地隨之變化。在火器開始發達的宋朝以後，遂有了加裝噴筒，可以先點火再行近身戰的梨花槍；到了倭寇進犯沿海的明朝，為對應使中國軍隊頭疼的良鋼日本刀，名將戚繼光則利用地方特產研發出令人吃驚的槍系兵器——狼筅。

再以射程武器為例，「大江之上，弓箭為先」，《三國演義》中的評論，見證了弓箭不受地形限制，遠程先發制人的強悍效果。而精益求精下，原本弓箭對精準度與穩定性的要求，透過機具設計得以補足，冷兵器時代的殺手武器——弩於是誕生。

弩不僅使用容易，更強化了原本即有的射程與威力優勢，儼然無敵於沙場。功能日益強化後，角色遂更形多元，除各種進階改良嘗試外，更開發出便於隱藏使用的縮小版本「背弩」，與正好完全相反的超大型兵器「床弩」，將原本性能與尺寸提升後，一躍而升成為攻城兵器。

然而，即使在弩獨勝擅場的時代下，弓箭卻也始終沒有缺席，其後又演化成了火箭與強化版「一窩蜂」之類的兵器，更銜接並引領了日後的火器。

若我們用近年「大數據」理論來進行分析的話，似乎能看到相似的軌跡與脈絡；自起初的單兵武器開始，兵器的演化，一方面是「分流」，有了應個別所需的細部歧異發展；然而另一方

面卻是「合流」，吸納工藝技術演進與不同文化，然後統整出更有效率、也更適於團體協同連動作戰的利器，試圖讓一加一發揮出大於二的效果。

每一樣武器，都在無形間見證了歷史演進與文化交流，留下了許多不為人知的精彩故事。

中國武俠文化

這樣的兵器演進史，更深深影響了中國的武俠與戰鬥文化。舉例來說，中國特有的文類「武俠小說」常被與西方的騎士傳奇相提並論——兩者的主角均以行俠仗義，濟弱扶傾為己任。但相對於西方的騎士冒險奮勇，中國的武俠更貼近常人的一般生活。

除去部分羅賓漢（Robin Hood）類型的故事外，西方冒險的主人公，往往是配著寶劍的白馬王子或騎士等貴族，為了信仰或心愛的女士而力戰惡龍、巨人或邪惡魔法師等超自然的對手，故事往往充滿魔幻而浪漫的風格。與之相較，中國的「俠」就平易近人許多；部分歷史故事人物除外，江湖上行走的俠客，絕大多數是一介布衣。只要有心，人人都可以是大俠，可用的武器更是千奇百怪——君不見即使沒有名刀寶劍，喬峰的「打狗棒」或楚留香的「折扇」，到了大俠的手上，一樣帥到掉渣。

此外，中國武俠中的反派仍以「人」居大多數，這使得善惡之間的角力更為寫實而富戲劇張力，對決與戰鬥場面也更讓人宛如身歷其境。不像西方騎士常不齒於暗箭傷人而總愛近身拚鬥，更為實際而精明的中國人可不大管這些——冷不防來支毒箭或飛鏢暗算這種事可算得是家常便飯。在武器種類多而使用限制少的狀況下，戰鬥遂更顯得詭譎難料。

這樣的戰鬥風格，正是歷史上古代中國的縮影，也與西方戰史相映成趣。十五世紀初，英法百年戰爭的亞金科特一役（Battle of Agincourt）中，高傲的法國貴族們，受天候地型與戰法之累，慘敗在英國長弓手箭陣下。相形對照，中國人口稠密歷史悠遠，自東周便戰禍頻仍，因此兵家遂更早即開始摸索整理類似的心得，戰法的演變趨勢也更早成型。《孫子兵法》中「不知山林、險阻、沮澤之形者，不能行軍」、「絕地勿留，圍地則謀」等訓誡，若能來個時空穿越，讓敗北的法軍聽到的話，想來或許會頻頻點頭稱是吧？

洞悉人性的兵家韜略

而兵家的戰鬥文化，甚至超越戰場上的地形地物利用較勁，進而延伸到心理與韜略層面。春秋時，宋襄公一昧拘泥於「害義」，迂腐地堅持原則而落得身傷辱國，成了歷來最佳負面教材。如《孫子兵法》中所說，「兵者，詭道也。」由此而起的「攻其不備」、「暗箭難防」等戰法，由於更為有效，因此不僅小說中，現實世界更屢見不鮮。而如「百里而趨利者蹶上將」、「圍師必闕，窮寇勿迫」等，在在是洞悉人性，眾所耳熟能詳的名句。飽經戰鬥洗禮的中國古人留下無數類似的經驗——甚至歷經時代考驗，成了今日經商者的圭臬，其歷久彌新可見一斑。

無論規模大小，戰鬥往往不只是鬥力，更在於鬥智。考量到如何善用活用天時、地利，以應對敵人攻勢，並將自身的優勢發揮到極限，是所有面對競爭戰鬥者的共通課題。沙場上縱橫於千軍萬馬中的猛將如此，江湖恩怨中僅牽涉數人在內的私鬥亦然。

因為如此，才有了種種形狀用法各異的兵器與武術，其中不乏至今仍令人驚嘆的精巧發明與發現。以中國功夫「借力使力」為例，即是運用了當今物理學中的槓桿原理與慣性作用等等，巧妙地發揮「四兩撥千金」的驚人威力。武術如此，由其中所衍生與配合的兵器自然也不例外。這些可貴的成就，值得我們好好研究與保存。

中國兵器地圖

1

蒙古戰士／環、標槍

蒙古戰士擅長用環，不過他們用的環與一般不同，是種可以套在手腕上的小型投擲暗器。此外，蒙古戰士也善用標槍或刀、錘之類的短兵器，但不像漢人騎士那樣習慣在馬上使用長兵器。

2

呂布／戟

呂布是五原人，即是今日內蒙古的包頭市，因此有呂布具胡人血統的傳說。歷史上的呂布是否使用戟當武器有待商榷，但在《三國演義》的「三英戰呂布」、「轅門射戟」等著名場面，已然讓呂奉先穩坐「三國武藝第一」的寶座。

3

滿族／九節鞭、叉

叉是狩獵常用的工具，而九節鞭這種軟鞭應是源自牧羊或趕車的皮鞭。由武器的選擇上，反應出其生活方式的影響。

4

關羽／青龍偃月刀
徐晃／鉞斧

武聖關公是河東人，也就是今天的山西。他可是山西人的驕傲喔！而同時期的曹營大將，徐晃及張遼也是他的同鄉。

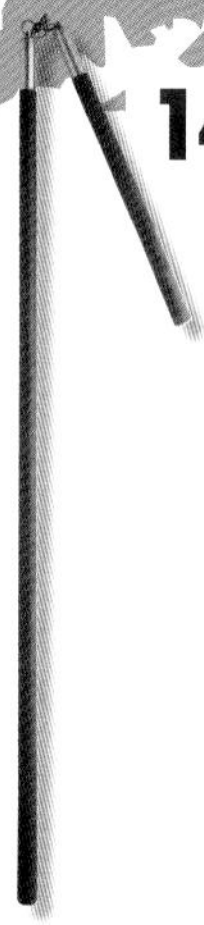

5

西夏騎兵／鐵鍊夾棒

西夏是宋朝西方的外患，其範圍包括現今的新疆、青海、甘肅等地。鐵鍊夾棒又有「梢子棍」或「連梃」等多種別名，本來是西夏騎兵在馬上使用的武器，由於鐵鍊可活動，攻擊上幾無死角，後來被漢人學去了，用得反而比原本西夏人還好。

6

梁山泊／朴刀、斧、狼牙棒

今日山東境內的梁山，據說就是當年梁山泊所在地。匯集了一百零八條好漢，所用兵器的範圍之廣自然不在話下。朴刀、銅鍊、李逵的板斧、花榮的神箭、秦明的狼牙棒、徐寧的鉤鐮槍……眾人會集的梁山泊大概宛如一座兵器博物館吧？直到今日台灣仍保留宋江陣的活動，水滸好漢的影響由此可知。

7

董海川／子午鴛鴦鉞

董海川是河北人，他是將八卦掌發揚光大的宗師級人物。子午鴛鴦鉞是八卦掌門特有的武器，造型相當奇特。除此之外，河北還出過許多著名武人喔！像三國名將趙雲與水滸好漢呼延灼都是河北人。

8

少林寺／棍

「天下武功出少林。」河南的嵩山少林寺，直到現在仍赫赫有名。僧人不可動刀兵，因此練棍以求強壯體魄與護身之用。小說中說少林有七十二絕技，這數字雖然不知可信與否，然而少林寺的武學淵源深厚由此可見一斑。值得一提的是，名將岳飛也是河南人。他的養子岳雲（有人說是兒子）也一樣驍勇善戰，有「贏官人」的稱號。岳雲據說善使雙錘。

9

吳、越／干將、莫邪、吳鉤

說來讓人有點意外，中國史上最有名的刀劍，居然是出自這「上有天堂下有蘇杭」，最富有人文風情的地方。另外，《七俠五義》的「翻江鼠」蔣平也是這裡人。蔣平生於金陵，也就是南京，在這水鄉澤國的地帶，使用利於水戰的峨嵋刺再適合不過了。

10

曹操／槊

三國梟雄曹操，是軍事家、政治家，還是文學家。「橫槊賦詩」的形象，凸顯了對其文武雙全天才的自負。杜甫在〈丹青引〉開頭說：「將軍魏武之子孫。」魏武即指曹操，說明在唐朝時對曹操的評價應是很高的。

11

楚王／龍淵、太阿

楚國的中心位置大約位於今天的湖南與湖北兩省。除了「龍淵」與「太阿」，另有一把「工布」，傳說中這三把是楚王的寶劍。由此還有了「氣沖牛斗」這句成語的典故。

13

林興珠／藤牌

清朝時，康熙啟用了藤牌手遠征雅克薩，將俄國人擊退。當時這些藤牌手即是來自泉州，說起來是跟台灣有淵源的喔。

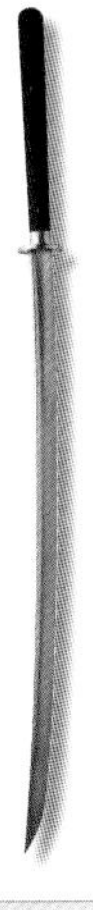

12

戚繼光／苗刀、狼筅、钂

明朝倭寇侵擾海疆，對我民生經濟造成嚴重損害。戚繼光是最具代表性的抗倭名將，素有「戚老虎」之稱。鑑於倭寇的刀鍛造精良且刀法凌厲，戚繼光等研發了一系列的兵器與「鴛鴦陣」陣形與之對應，終能克敵制勝。

14

李小龍／雙節棍

去過香港的人，大概都記得星光大道上李小龍的銅像吧？李小龍出生於舊金山，祖籍是廣東，但成名在香港。這位武術巨星不但讓世界吹起功夫旋風，更自創了「截拳道」。自從在電影《精武門》亮相後，雙節棍成了最具代表性的中國兵器之一。

中國防具地圖

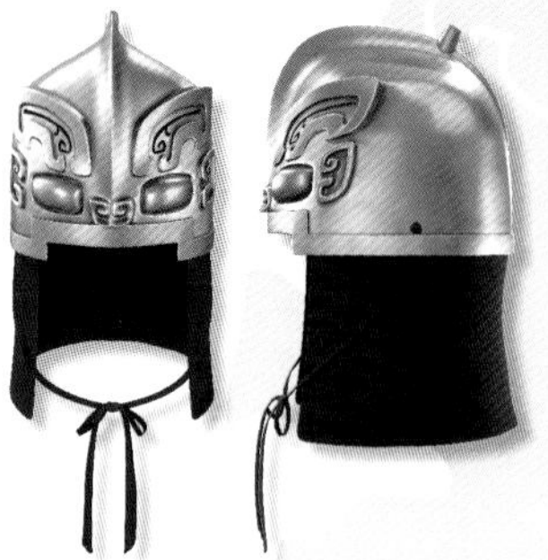

1 華北地區／河南殷商之地

這是早期中國文化發源的重地之一。殷商時代以鉞斧類沉重兵器為主流，防具則以銅盔為代表。由於當時崇尚猛虎圖騰，因此常以猛虎或饕餮等形象作為裝飾。

2 華北地區／山西三晉之地

春秋、戰國時代以來戰亂頻仍，武器防具的重要性與日俱增。其中，皮甲便是當時的成功發明，經過炮製的皮甲對抗青銅兵器有一定效果，廉價與輕便更是其魅力所在。

3 華北地區／陝西秦地

吞滅六國、建立大一統的秦朝，以民風剽悍、作戰勇猛著稱，傳至今日的秦俑，則是考古研究中，秦軍裝束與部隊建置的重要參考資料。秦朝是將銅甲與皮甲等混用且集大成的時代，戰士裝束則依照角色屬性與任務分配各有不同，設定可謂詳盡。

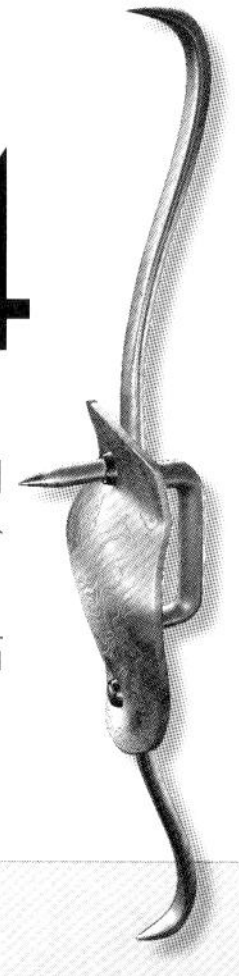

4 華中地區／塞北內蒙、東北遼寧、四川蜀地

由於國祚長，漢朝的兵器戰法與軍隊佩賦演進都頗有可觀。早期的青銅甲胄已被鐵製品取代，而隨著對步兵和騎兵都好用的複合武器「戟」普及化，針對性的防具「鉤鑲」也應運而生。另外，漢朝整體版圖擴張，除了使得原本的武器普及至各地之外，更拓展了與外族間的交流與互相影響。

5 華中地區／湖南湖北、華北地區、陝甘敦煌一帶

隨著漢末三國爭戰四起，防具與戰法的演進趨勢直至魏晉南北朝仍未稍歇。騎兵戰法的普及，造就輕型「裲襠鎧」的問世；而經典「明光鎧」提供了更全面的防護，直至隋唐都是廣受歡迎的裝備。例如，敦煌莫高窟中唐三彩天王像所著武裝即以此為雛形。

6 西部地區／絲路

除了固有技術的研發，中國鎧甲也深受外來品影響，其中最具代表性的應該是鎖子甲。以鐵環相扣製成的鎖子甲，防禦能力優秀且減輕了不必要的重量，是深受歷代武將喜愛的防具。鎖子甲最早的記錄可溯及三國，自唐朝起本土化並進入量產，元朝以後廣為普及。

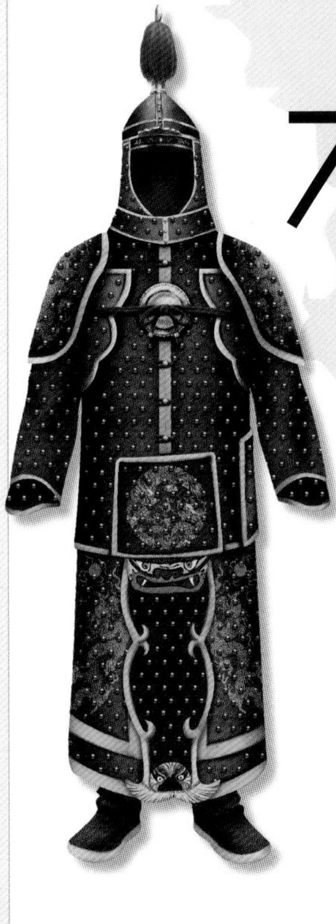

7 華中地區／沿海一帶

唐朝之後，鎧甲兩極化發展日益明顯。除了沉重之外，氣候濕熱的江南更使鐵甲容易生鏽而難以保存，是以有了極輕量化「紙甲」的誕生，將紙張重複疊合浸濕再曬乾，如是反覆後製成防具。堅韌的紙纖維，對付弓箭之類的武器確實能產生一定防護效果，加上廉價輕便，在後期成了廣受採用的防具。

8 華北地區／河北一帶、塞北地區、內外蒙古、東北地區

隨著民族文化演進與火器主宰戰場，起自元朝中葉的布面甲，逐漸演變成軍隊的正式裝備，至清朝遂完全取代了傳統鐵甲。宛如避雷針般的高冑與打上鉚釘的寬袍，成了冷兵器時代防具的最後身影；之後進入近代，便完全是火器的天下了。

9 華南地區／台灣一帶

《三國演義》中「火燒藤甲兵」是出名的橋段。史上是否真有藤甲兵部隊？我們無從得知。但使用藤牌的記錄倒是有——對上俄國的「雅克薩之役」就是著名例子。這算冷兵器時代的帝國大反撲吧！藤牌的韌性足以剋制早期火器，加上亞洲人身手靈活，是小兵立大功的名戰役。

導論之二

兵器，訴說前人的功業與偉績。

最早期的兵器是兵工不分的。早期人類用來自衛的工具往往沒有特定的形狀，而只是隨手取得的木頭石塊，或是動物殘骸的骨角而已。在人類進化到學會打磨製造石器之後，便開始有了簡單的石斧石刀。

隨著文明的演進，生活日益豐富而穩定，工具隨之增加並逐漸變得精美。因為這樣，人類除了與自然相爭求存之外，彼此在個體以及族群間也往往因爭奪空間與資源等不同利害關係，而發生武力衝突。在戰鬥經驗累積之下，原本的生產工具如斧、叉、弓箭等逐漸變化成各式攻防兵器，由此衍生出了各種戰鬥方式與技術，戰法與戰略更是日新月異，而有了各種變化。

以最小的消耗發揮最大的力量，始終是戰鬥的最高指導原則——而這點自然也確實地反應在兵器的使用上。

殷商時代

殷商時代，最廣為使用的是沉重的斧鉞，透過武器本身的分量以確實達到攻擊效果。早期使用的是石製斧具，至殷商時代多為青銅製品。這些銅器不但製作良好且常有雕刻紋飾，顯示其優秀的製作技術。此外，由考古中發現當時雕琢精緻的玉刀與玉戈等玉製兵器，依推測應為儀仗或殉葬之類的禮器。這可說是兵器藝術化的濫觴。

春秋戰國時代

到了春秋戰國時代，銅器製作技術已相當優秀。為因應戰爭所需，不僅兵器製作與金屬冶煉的技術有驚人進步，在戰法與兵器使用沿革也出現了極高的成就。

春秋戰國早期的作戰主力是戰車，通常是三人一組，配合步兵戰鬥——這是比單兵作戰更有效率的戰鬥方式。因此，便於車戰用的「戈」成為長兵器的大宗，而步戰武器則以劍為主。

當時已發展出在兵器外層鍍錫的技術，除了美觀，更可以防鏽，如越王句踐佩劍在出土時依然鋒利如昔，其工藝能力可見一斑。至於戰場上最具威脅性的射程武器，則在當時發展至顛峰，其後數千年弓箭與弩的形制自此確立，幾乎不曾有重大改變。秦俑坑中的長劍與古兵器，證明了當時的技術力。

秦漢時代

秦漢時代，東周的車戰沒落，具有更高機動能力的騎兵取而代之。而為配合騎兵高速斬擊的力量，厚背而單面有刃的刀遂取代劍而成為短兵器的主力。

漢朝應是刀地位最高的時代，戰士用刀，貴族也常佩寶刀。至於長兵器部分，則以戟最為重要。結合「戈」與「矛」長處的戟，自戰國晚期即扮演吃重的角色，至漢朝而尤是，甚至影響用以剋制戟的防具「鉤鑲」之誕生。

漢朝為鐵器的全盛時代，鐵製兵器在戰國即已出現，到東漢逐漸取代銅而成為兵器的主要材料。此外，戰國以來刀劍長度不斷增加，而考量到如「荊軻刺秦王」史事，狹小空間武器施

展不便的場合，因此便於取用護身與近戰的匕首，其重要性也隨之提升。

六朝時代

六朝承襲漢末發展，而時代動盪也反映在武事上。長兵器方面，戟逐漸沒落成為儀仗，長矛興起、演變為較短而易用的槍，定立了後世槍的形制。

此外，在亂世宗教興盛之下，自五代道士陶弘景著《劍經》起，劍遂被賦予「法器」的特性，至隋唐信奉仙佛之風興起後益勝。隋唐五代以後，劍已與先秦銅劍之制完全不同，而成為現今大家所認識的中國劍型，與古劍法亦完全兩樣。

唐宋時代

唐朝在鎧甲等防具上多有貢獻，除了沿革前朝的明光鎧與皮鎧等，亦出現鎖子甲。鎖子甲由鐵鎖環組成，輕薄而防禦能力佳。

長期以來與不同民族文化交流，加以防具的進步，因此隋唐的兵器形制也隨之有多樣變化。包括陌刀等大型兵器盛行，鋼鞭類的重兵器隨之興起，用意即是藉由重擊而無視鎧甲直接給予對手損傷，而宋朝錘之所以盛行，道理亦與其相同——頗有回到殷商斧鉞盛行時代的復古意味。

宋朝國力不興，官兵驕橫而不堪用，外患不斷而且內亂頻仍，這樣的現象同樣反映在兵器上。受外族文化與民間私有武力興起影響，兵器品項多而繁雜，而兵器質材則有自開國起每況愈下之現象。故宋朝雖以科技發達、工藝進步，時有良劍寶刀問世，然品質低劣之武器亦所在多有。

此外，宋朝時中國首先發明火藥，開啟了日後火器使用的先河。

元朝以後

元朝以後，兵器多元化現象益增，元朝版圖遠達歐洲，因此兵器製作上多受中亞印度等地不同文化影響。明朝則因倭寇犯境，故兵器製作除受日本影響外，亦出現如狼筅、叉鑵等創新發明。而自元朝起槍炮火器日益發達，後世遂有以厚棉製成之布面甲以及藤牌等出現——兩者均厚實而具彈性，是以在火槍等火器尚未發達之時代能具有一定防禦效果。

清朝與元朝相仿。清兵入關之後，帶入許多原本北方邊境民族慣用之武器，如軟鞭等。清與元同為騎射立國，然而清朝在火炮等先進武器之研發與利用上卻遠不如元；明朝火器開發使用仍然廣泛，但自清初統一後，火器之研發利用卻幾乎處於停滯狀態，因而種下日後武力衰敗，受西方列國侵略之因。

雖然如此，清朝在暗器與軟兵等輔助武器上則多有可觀，為日後武俠小說提供了很好的題材。

時至今日，冷兵器早已自實戰中淘汰，然而這些兵器與傳說，卻提供了許多相當良好的文藝與娛樂創作題材。兵器一如許多傳統工藝，已由日常實用之物，提升成為文化上的財產，為後世娓娓訴說前人的功業與偉績。

中國兵器年表

殷商

◆代表武器：鉞斧

◆時代特色：石器時代尾聲

以鉞斧類為主要兵器，分量沉重，常銘刻有華美紋飾。仍保有部分石器，至周朝之後進入青銅器全盛期。

戰國

◆代表武器：劍、戟、弩

◆時代特色：鐵器時代肇始
騎兵戰興起

春秋晚期開始出現鐵製兵器，至戰國更加發達。車戰逐漸沒落而為騎兵所取代。結合戈與矛的戟開始盛行。弩成為射程武器的主力，比弓更強且易使用，弓弩等射程兵器至此近乎完備。此後各朝代無不重視射程武器，形制上則少有改變。

三國　秦漢　戰國　春秋　殷商

秦漢

◆代表武器：刀、戟、矛

◆時代特色：銅鐵器混用期／騎兵戰全盛時期

青銅器逐漸沒落。因應騎兵高速斬擊需求，產生了環首直刀，其造型類於劍但抗衡擊力更強。刀的重要性大為提高，且在刀劍日益加長的影響下，凸顯匕首的重要性。長兵部分，以戟為主，並催生了「鉤鑲」這種特殊盾型。因騎兵戰之適用性，矛亦頗為發達。

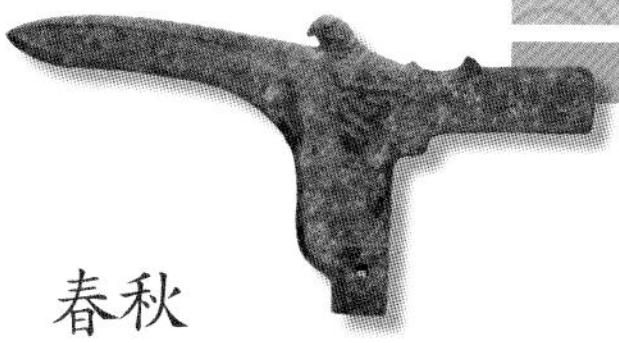

春秋

◆代表武器：劍、戈、弓箭

◆時代特色：青銅器全盛期
車戰全盛時期

戰車盛行時代，適合於車戰的「戈」大行其道，車後步兵則以青銅劍作戰。由考古出土的越王句踐劍證實，當時已有精湛的工藝技術。弓箭類射程兵器極具重要性。

三國

◆代表武器：刀、戟、矛、槍

◆時代特色：鐵器完熟期
水戰重要性提升

刀繼續保有重要地位，成為一般佩用的主要短兵。長兵仍以戟為主，但矛日益重要，並由此衍生出槍。戰略地域由中原南移至長江流域，因地理的影響，水戰重要性提高。據說此期諸葛亮發明連弩。

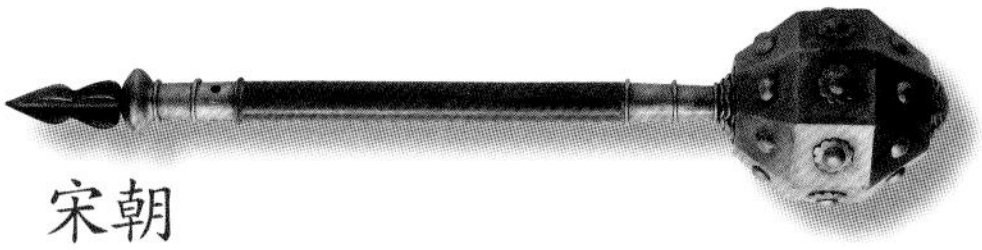

宋朝

◆代表武器：鍾、大刀、槍、弩

◆時代特色：火藥發明／側重防守戰

刀劍仍為最重要的短兵，但形制少有變化。無視防禦以重量殺敵的重兵興盛，兵器沉重化。受外來民族影響，兵器種類繁雜，但質材往往相當低劣。因積弱而重防守戰，弩與守城兵器相對發達。發明火藥並最早使用火器。

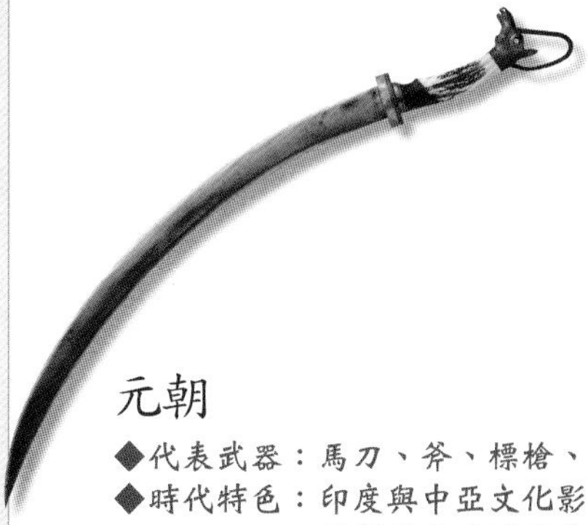

元朝

◆代表武器：馬刀、斧、標槍、弓箭

◆時代特色：印度與中亞文化影響兵器形制
騎射戰與攻城器並用

蒙古騎古橫掃歐亞大陸，以刀、斧、錘等短兵為主，配合刺輪、標槍等投擲武器，長兵相對使用少。蒙古馬刀與漢族傳統刀型不同，又因版圖遼闊，武器造型多受印度與中亞影響。騎射為得意戰法，弓箭盛行。接收宋朝火器技術並加以推廣。

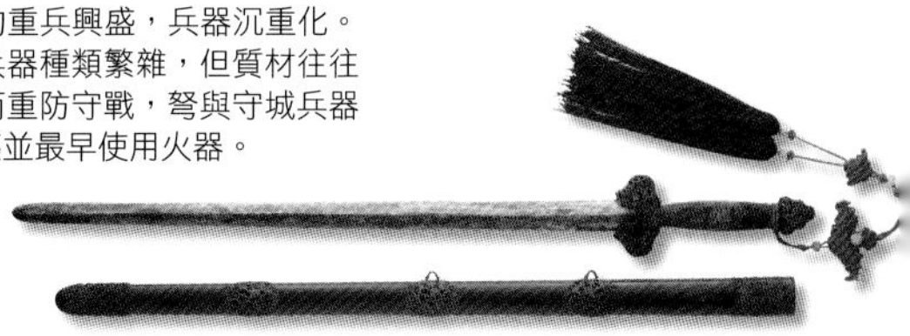

魏晉南北朝

◆代表武器：劍、槍

◆時代特色：軍隊重裝化

戟逐漸沒落，戈已廢棄不用。金屬盾與明光鎧開始泛用，軍隊朝重裝化發展。六朝盛行神怪佛道，道士開始習劍，劍成為法器的一種。劍型逐漸統一與法器化。

清朝　明朝　元朝　宋朝　隋唐五代　魏晉南北朝

明朝

◆代表武器：苗刀、钂、狼筅、
軟兵器、火器

◆時代特色：日本文化影響兵器形制
火器實戰化

受日本文化影響，武器有「仿日本化」或「剋制日本兵器」兩大潮流。發明苗刀、狼筅等，以剋制鋼質精良的倭寇日本刀。弓箭仍然重要，但火器使用日增，火槍與大炮均為實戰武器，並有結合火器的梨花槍。軟兵器如「鐵鴟腳」盛行，陸戰、海戰皆宜。整體而言，明朝兵器遠較宋朝來得精良。

隋唐五代

◆代表武器：劍、鞭、槍、陌刀

◆時代特色：北方游牧文化影響兵器形制

劍的形制確定與統一，已與青銅古劍完全不同，直至清朝均無變化。自六朝至唐，重型短兵如鞭、鐧，使用越廣。長兵器則以槍與陌刀為主。游牧民族的騎射戰法大興，弓箭因而再度盛行。

清朝

◆代表武器：叉、九節鞭、暗器

◆時代特色：冷兵器末期
暗器與軟兵器等輔助兵器大成

士卒用刀、貴族文人用劍，刀劍已成為主要短兵。長兵如大刀與槍依然是主流。此外，受原關外民族性影響，叉、九節鞭、弩等兵器盛行。早期因火器尚未發達，曾以藤牌手擊敗俄國，入關後亦沿用火器；清初以後，火器研發與使用均停滯不前，種下日後敗亡之因。

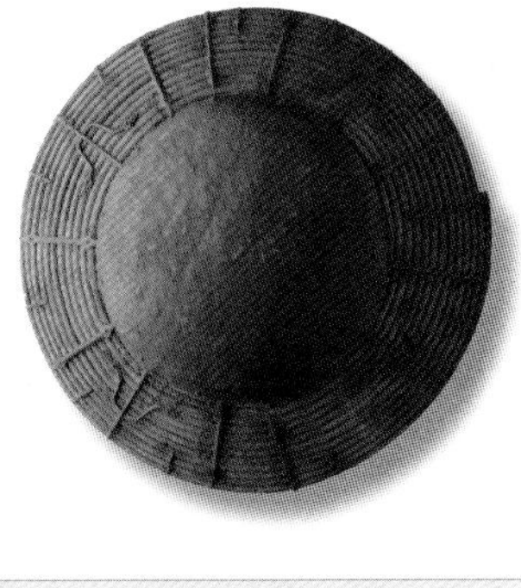

兵器戰力分析與屬性說明。

「文無第一，武無第二。」對戰勝負取決於極複雜的種種主客觀條件，但身為觀眾卻總有「誰最強」的疑惑。因此，我試著針對不同武器的特性稍作分析比較，或許無法提供標準答案，卻希望能讓讀者對兵器之間的差異、優缺點、使用手法等更為了解。雖盡量以客觀標準衡量，但不同時代、地域、使用者、形制之間歧異極大，因此僅能當作參考。若讀者們要鞭的話，還請手下留情。

當然要先說明，這裡是以平均一般強度的兵器，和一般體格技術的使用者去比較。至於綠巨人浩克、孫悟空與其金箍棒、雷神索爾的神鎚之類的超格使用者和神兵，恕不在討論範圍內……

武器的攻擊屬性

武器的攻擊屬性，大致分為斬切、穿刺、毆擊三種，以及「特殊」屬性。以射程系為例，其有效距離遠超過所有其他武器，就距離而言是S級，敵人還在遠處時便可輕易將之射殺。但有利定有弊，射程系有彈藥數的限制，一旦用完便立即陷入絕境。

戰力六維分析圖

屬性之外，是雷達圖的六維，分析項目包括：

一、**重量**。中國歷史久遠，幅員廣闊，是以即使同樣的兵器之間，仍存在極大差異。我們盡量取相對平均值，以一把典型的該種兵器為例，重量大概為何。越重的兵器一般來說單

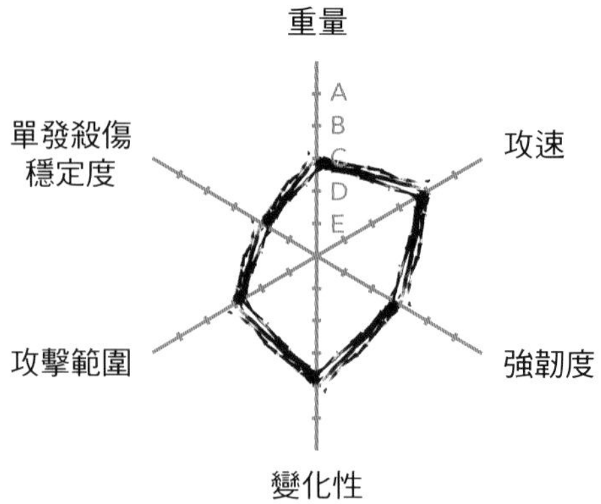

戰力評比

◆ 各項分級以A為最高遞減至E，若對應超格的特殊類型，則有遠超過A的S甚至S^+。

發攻擊威力越大，然而對體力負荷也越大，是以戰況拉長便相當不利。

二、**攻速與靈活度**。剛好與重量相對。撇開體質異常的超人類不論，沉重的武器雖然威力驚人，但往往因此犧牲攻速，使用起來不夠靈活；反之，較輕的武器能連續攻擊爭取有利態勢，更能靈活進退，靠著持久戰的體力消耗拖垮對手。

值得注意的是，此項目在射程系的定義會稍有改變。射程兵器幾乎沒有招式變化可言，若以靈活度論會相當吃虧。然而，射程兵器本不以靈活變招取勝——制敵機先的射程與擊發速度才是殺手鐧。因此，在射程兵器，此項目將改以「射速」作為衡量標準。

三、**強韌度**。即兵器的堅固程度。越強固的兵器，越能承受打擊，用以防禦或持久戰時便相對有利。這點與兵器的重量相關，卻非絕對。

四、**變化性**。重兵器往往是「成王敗寇」，靠著一擊命中來決勝負，因此攻擊方式較單調而易預測。相較之下，奇兵系和軟兵系能透過虛招或變招等方式打心理戰，干擾對手，伺機攻入，變化能力強且戰法靈活。

五、**攻擊範圍**。在不考量使用者技法速度等補正下，兵器的有效攻擊距離。需注意的是，此處仍用平均值為標準，以槍為例，長達三、四公尺的「大槍」或「槊」等變化版本，需另當別論。

六、**單發殺傷穩定度**。隨著使用者能力高下與天時地利的戰況變數，兵器殺傷力也會造成天差地別的成果。以最常見的刀為例，有可能手起刀落一刀斃命，也可能僅是劃破皮而已；相對之下，重錘的單發殺傷力就穩定得多，隨便敲到都非死即傷。然而，傷害值變動大，卻往往更能視場合採取不同策略，例如，「僅削去一束頭髮作為警告」或「替隊友剜出有毒箭頭」這種事，狼牙棒就說什麼都辦不到。因此傷害輸出的穩定程度固然重要，但不穩定的武器卻未必不好。值得注意的是，單發攻擊傷害值越不穩定的武器，越考驗使用者的技術，上手門檻自然越高。以刀與劍為例，兩者在重量與距離均相去無幾，但在容易上手程度這點便相當不同，因而也影響到使用時的傷害力。這點可以作為使用者精密度及武器掌控能力的考驗。

【第一部】單兵。

一夫當關，萬夫莫敵

刀、槍、劍、戟……

這些曾活躍於沙場的兵器身影，對現代人而言依然熟悉，

歷經千百年，除了武藝身法之外，

俠士猛將的精神志節與傳說，

更透過這些武器，鮮活地留存下來，傳唱後世。

一寸短一寸險

短兵系。

短兵系包含了如刀、劍等廣為人知的武器。這些兵器的尺寸較小且長度較短，因此便於攜帶防身。一般來說，除了作為戰場上長兵器使用者的輔助武器之外，短兵器也能在如巷戰之類較狹窄的場地中利用地形優勢，發揮比長兵器更大的功效。

然而以短兵器作為戰鬥主力、活躍於戰場上的記錄比比皆是，如唐宋以後許多武將愛用錘或鞭等，即是很好的例子。

劍。

劍有「百兵之君」的封號，是兵器界的明星。
形狀左右對稱，長而直，具有不偏不倚、剛毅端正的美德，
是俠客的兵器，是君子的表徵，更是正道與俠義精神的保護者。

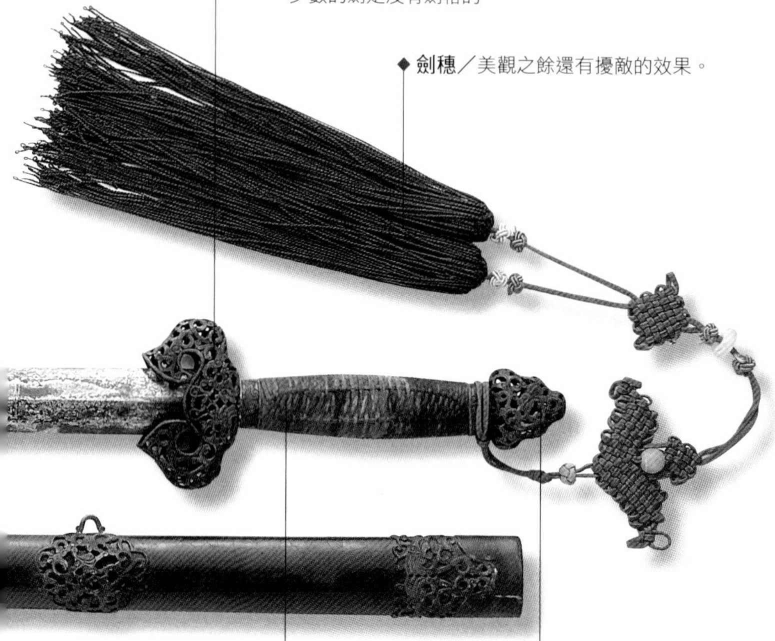
◆劍格／可以有護手的效果，但也有少數的劍是沒有劍格的。
◆劍穗／美觀之餘還有擾敵的效果。
◆劍柄／也就是握把的地方。
◆劍首／往往有華美的珠寶或雕飾。

說到最為人知的古代兵器，想來非劍莫屬吧？在金庸小說《倚天屠龍記》的「倚天劍」、電影《臥虎藏龍》的「**青冥劍**」、霹靂布袋戲中傲笑紅塵的劍，或是動畫「Fate」系列裡Saber的寶具，乃至於各種電玩遊戲中的寶劍，**劍幾乎穩坐大多數要角們愛用兵器的榜首**。就連從未用於戰鬥而只見於故事的「尚方寶劍」，也早已成了家喻戶曉的傳說。**正如古人所給的「百兵之君」封號一樣，劍，真可說是兵器界的明星**。

或許是劍的單一功能性，確定了它的特殊地位。劍不像釘耙或是斧頭，是由工具演變成的武器；也不像刀、叉或是弓箭，除了作戰還能用於打獵。**鑄一**

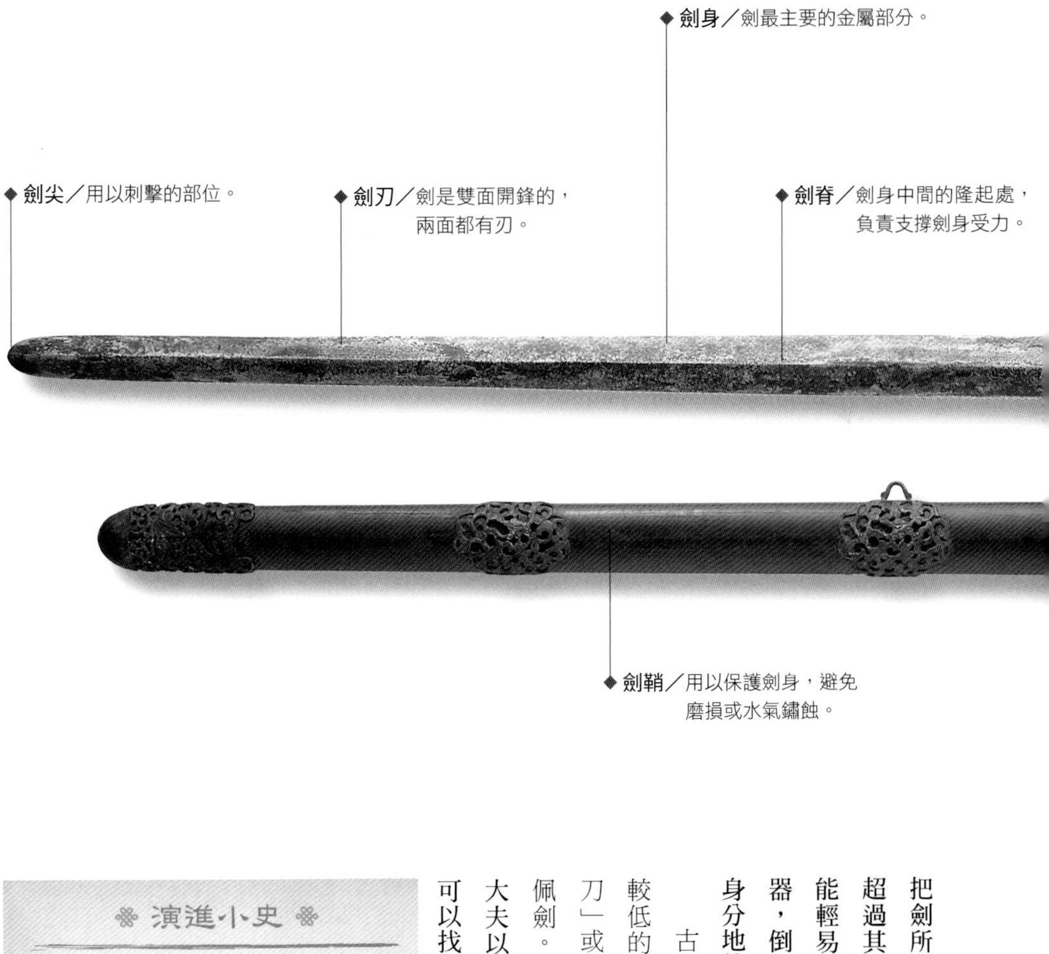
◆劍身／劍最主要的金屬部分。
◆劍尖／用以刺擊的部位。
◆劍刃／劍是雙面開鋒的，兩面都有刃。
◆劍脊／劍身中間的隆起處，負責支撐劍身受力。
◆劍鞘／用以保護劍身，避免磨損或水氣鏽蝕。

把劍所需的鋼材與鍛工等成本，往往遠超過其他的兵器。因此，劍不是一般人能輕易取得的，說劍是種「高貴」的武器，倒真不為過。正因如此，劍遂成為身分地位的表徵。

古裝劇中，侍衛或衙門差役等位階較低的武者，佩帶的武器通常都是「朴刀」或「腰刀」，較有聲望地位的人才會佩劍。在中國歷史上，早期的劍限定士大夫以上階級才能佩用，這在《周禮》可以找到相關的規範。

演進小史

玉石製短劍

↓

青銅劍（戰陣用，斬擊與刺並用） → 秦制近尺長劍（促成匕首的興起）

【註】此後形制與前代之同名兵器有決定性的差別

↓

鐵劍（劍身細長，以刺為主，形制自隋唐以降確立至今）

劍的故事

由於劍的殊勝地位，使得劍的故事也特別多。例如，在著名的「季札掛劍」故事中，乃至於後來武俠小說中說的**「劍在人在，劍亡人亡」**等，**劍不僅是身分的象徵，更重要的，它還是佩劍者精神與志節的體現。**例如，春秋時代的奇人**馮諼**，儘管當初一無所有卻始終佩劍，更在不得意時彈劍高歌，其背後的精神即是以劍自許，傳達出不願放棄自己過人奇才的浪漫表現。

中國傳說中的劍，靈性甚至超越使用者層面，人與劍兩者是合一的。在「**干將**」、「**莫邪**」雙劍的故事中，吳國鑄劍名匠干將的妻子莫邪剪下頭髮與指甲投入爐中，象徵性地以身為殉（更有版本說莫邪為求劍成，毅然捨生為祭，投入爐中，動漫《潮與虎》的獸矛即借用此典故），方才練成兩把神兵利器。

而在衍生的故事「三王墓」中，干將之子赤比為求報殺父之仇，不惜以寶劍與首級相託素昧平生之豪士；而豪士未惑於財富，斬殺楚王以貫徹自己代為報仇的使命，最終更慷慨赴死，成其「必不負子」的允諾。在這裡，**劍不僅是鑄劍者精魂赤誠，以身殉道的表彰，更成為俠道重義輕利、重諾輕生精神的體現。**

鑄造者與使用者至誠精神的浸淫感染下，劍在許多神話與傳奇之中遂成了具有靈性的武器——這點不論古今中外皆然。

與干將同時代的名匠歐冶子曾製作過五把名劍，其中為首的「湛盧」寶劍，因吳王闔閭無道，「殺生以送死」，濫殺無辜百姓為死去的女兒殉葬，竟自行出奔，「水行如楚」，擇主而事地到了楚王身邊去……還真是把有個性的劍啊。

◆ 左頁圖中這兩把劍，劍柄上都有名為「後」的箍。其中一把上有銘文，而另一把的劍身上有雙色的菱紋，這是透過古人的化學知識，進行表面鍍製技術所達成的結果，既美觀又可以保護劍身。

【實物檔案】

古銅劍

圖為春秋戰國時代的銅劍造型。從圖中可以看出自青銅器至晚近的鐵器時代，劍在造型上有了相當的變化。青銅劍的形狀基本上較近似於「矛」頭的加長版，短柄而寬刃，其柄上往往有稱作「後」的箍，效果類似於戒指，用以穩固手指抓握，避免因反作用力而滑脫（有些還會另外加裝握柄）。

這樣的基本型態一直持續到漢朝，除長度增加等有限的改變之外，均無太大變更。而現代鐵劍的基本雛形可以追溯到唐朝，這時的劍跟古銅劍在造型上已有了決定性的不同，此後即一直維持這個樣式而沒有太大的變更。

晚近的鐵劍劍身比最初更細長了許多，風格也由斬擊改以刺擊為主。所以，中國劍的型態，可說是自唐朝起統一的。

劍的傳說

在《晉書》中，張華見空中牛、斗兩星宿間常有紫氣，請教精通天象的雷煥後，認為是「**寶劍之精，上徹於天**」，於是起出了古代傳說中的兩把楚國名劍「龍淵」與「太阿」（另有一說：這兩把即是干將、莫邪雙劍）。而日後劍又從佩者腰間飛入水中，雙劍化龍復合而去。

另一傳說，有人盜入仙人王子喬的墓，發現墓穴中僅有一把寶劍，劍作龍吟虎嘯之聲，破空飛去。

在這些傳說中，劍是有自我意識的神器；而在歷史上，自六朝道家開始習劍起，劍遂被人們認為具有降魔伏妖的能力，不但是禮器也成了法器。隨著其地位日益特殊之餘，與其原本的戰場兵器角色也越來越遠——例如，桃木劍就是民間道士常用的法器之一。劍獨具的「正氣」特性常見於傳說之間，像是現在台北的劍潭，據說正是由於國姓爺鄭成功投劍入潭、斬殺害人的魚精而得名的。

形狀左右對稱、長而直的劍，具有不偏不倚剛毅端正的美德，是君子的表徵，與俠客的兵器，更是正道與俠義精神的保護者。李白〈俠客行〉詩句：「**十步殺一人，千里不留行，事了拂衣去，深藏身與名。**」寫活了劍客的瀟灑；而其所引用的典故**《莊子．說劍》**，更是兼具論理與藝術性的精彩絕倫短篇，充分說明了中國「劍道」中的王道思想。

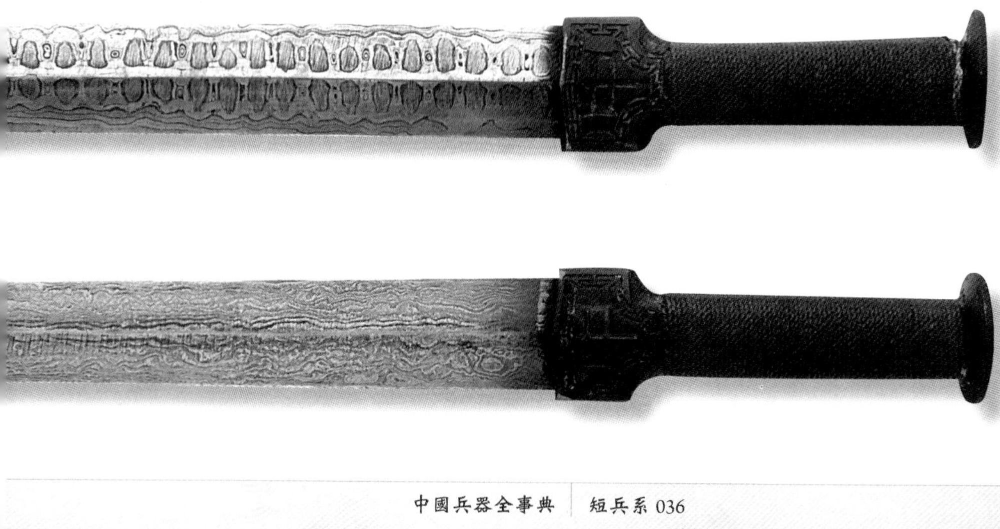

【故事檔案】

莊子三劍

〈說劍〉的故事背景發生在趙國。

趙文王沉迷劍術造成國家衰敗，太子憂心之下遂請莊子前往遊說。聰明的莊子投其所好扮成劍客晉見趙王，誇稱他的劍術：「十步內殺一人，千里之內無人能擋。」趙文王一聽大驚，於是從門下劍士中找了五、六個最強的，要藉此見識這「最狂之劍」。

然而，就在比劍時，莊子利用這「秀劍」的契機，提出「天子劍、諸侯劍、庶人劍」的論題讓趙王選擇。天子劍的範圍與胸懷，廣大到以全天下為利器；諸侯劍善用智勇賢能之士，亦得以稱霸四方；唯獨趙王所喜好的庶人劍「上砍腦袋下斬肝肺，跟鬥雞沒有兩樣，徒傷性命卻毫無建樹」。

在莊子巧妙說服之下，趙王終於明白了自己的無知而振作起來。莊子不僅辯才無礙，對人性心理的掌握更是精準。《莊子．說劍》的原文非常精彩，是古典文學中的極短篇典範，值得推薦。

【寶物檔案】

干將莫邪

傳說中，干將莫邪雙劍是合六金之英而成的神兵利器，劍分雌雄，分別以干將、莫邪夫婦的名字為名。其中「雄作龜紋，雌作漫理」，雄劍干將上有如龜殼般的六角紋，而雌劍莫邪則是水波狀的脈理。其實不只是干將莫邪，古今中外有許多寶刀或寶劍上都有因反覆淬煉疊打而呈現的獨特紋理。一說這即是著名大馬士革鋼（中國古代稱為「鑌鐵」）的特色，透過摺疊鍛打脫碳得到理想的劍刃強度。

然而由於真正的大馬士革鋼製法早已失傳，因此當代重現版的忠實度有多少，至今始終眾說紛紜……但干將莫邪的故事則流傳了下來。這對寶劍名氣實在太大，甚至幾乎成了中國寶劍的代名詞；如在動畫《Fate / Stay Night》中便成了角色 Archer 的代表性武器——只是被改成了投擲式武器的彎刀造型。圖為郭常喜老師仿古而製的干將莫邪雙劍。

◆ 干將劍

◆ 莫邪劍

【寶物檔案】

秦王劍

在「荊軻刺秦王」的故事中，秦王雖然扯斷了袖子而得以從荊軻的匕首下逃命，但情急之下竟拔不出背上的寶劍，不得不狼狽地「繞殿而走」——繞著大殿沒命地亂跑，直到有人出聲提醒才想到彎身拔劍這個辦法，終於得以脫困。史上真正的秦王劍到底多長？後人無從得知，然而由陝西出土古文物中所發現的，則有長達近百公分之譜的長劍。當時的冶煉與工藝技術能力之高，確實令人吃驚。

【故事檔案】

馮諼彈鋏

馮諼，這名字對許多人來說或許陌生，卻是我們常用的「狡兔三窟」成語由來。這位打造孟嘗君傳奇的品牌魔術師，出場方式十足傳奇：他自稱「無嗜好」更「無專長」，身無長物，僅有把始終不離身的佩劍，劍柄卻很粗獷地用草繩纏著。

這突兀形象引起孟嘗君的興趣，便收留了他。

當起食客後，馮諼居然嫌待遇不佳，三番兩次彈劍唱歌說不如歸去……器量大的孟嘗君從善如流，對他所提出的伙食座車和安家要求通通照辦。

某日，孟嘗君找人出使薛邑收債時，馮諼遂自告奮勇，臨行不忘詢問收回的債款要買什麼回來；孟嘗君的回答很有趣：看家裡缺啥就買啥唄。馮諼出發後沒多久就回來了，報告說買了主公家唯一缺的「義」回來！怎麼買？以主子的名義宣稱免了窮人的債，債券啥的一把火全燒光了。孟嘗君一聽之下血壓瞬間飆高，只好「請先生去休息」。（應該是孟嘗君自己氣到頭昏眼花要去休息才對。）

◆ 秦王劍

這讓人傻眼的舉動，事後證明跟美國當初買下阿拉斯加的著名公案「Seward's Folly」一樣，投資眼光之遠超乎常人想像。日後受齊王逼退，孟嘗君回到自己的老封地薛邑時驚呆了——還沒入城，一路上就全是百姓扶老攜幼夾道歡迎！深受感動的孟嘗君這才回顧馮諼：「我終於見識到先生當初所買的義了！」

正式上場的魔術師馮諼笑著回了個千古名句：「狡兔三窟才可以有恃無恐；且讓我為您再挖兩個吧。」於是漂亮地施展了外交手腕，讓魏國大動作挖角孟嘗君。聽到消息的齊王嚇壞了，連忙重禮將孟嘗君請回朝中，更依其要求將祖宗祭器傳到薛邑建立宗廟——孟嘗君的封地於是有了國家級的重要性。於是「三窟已就」的孟嘗君，終身「高枕無憂」。這兩句成語，加上「馮諼市義」的典故，全出自這位奇人，請讀者參看《戰國策》精彩原文與孟嘗君的傳奇故事。

值得一提的是，劍在這篇故事是不可或缺的關鍵：若當初敲的不是劍而是碗的話，想來只會被當成普通鄉民吧！

劍與王道思想

「劍道」與「王道」思想哲學，是互相影響的。

中國的劍法與世界各地有很大不同。若說刀法重砍劈，劍法的要素則更重在刺擊。眾所周知，中國古代兵器向來以種類繁多著稱，其中劍無論長度或重量皆無優勢可言，因而**劍的長處，在於其輕靈迅疾，以柔克剛**。

這就歧異於外國武士常見的持劍角力（日文漢字寫作「鍔迫」）。「**棍無兩響，劍無雙碰。」是中國武術上乘境界的表現。武術界有「百日刀，千日槍，萬日劍」之說，可見劍之難練；然而一旦學成，也就幾近無敵，正像是「求道」思想的精神**。

在劍術與道家思想相互作用之下，武俠小說乃至電影、戲劇中，常出現瀟灑御劍的劍仙，如《蜀山》系列即為其中代表，紫、青雙劍等寶器更是深具靈

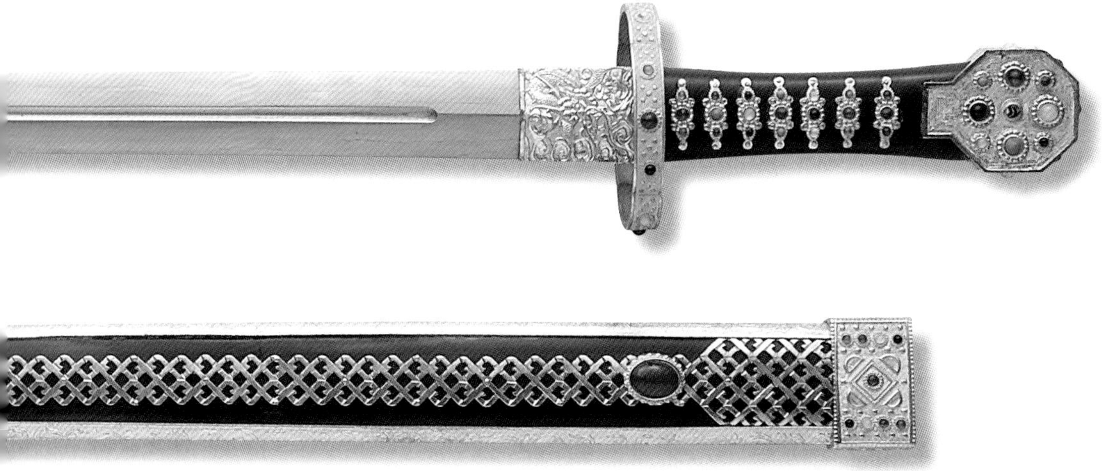

性的神物。霹靂布袋戲的傲笑紅塵也秀過一手御劍飛行的絕活，看得老外們嘖嘖稱奇，稱得上是另一個台灣之光了。

其實，**真正懂劍法的高手務求人劍合一，使劍時勁透劍鋒，靈動瀟灑，比劃時則往往點到為止，以或刺或削的技法，迅速制住對手要害而卻又能不傷其性命。**台北武壇創始人劉雲樵大師就有以劍法服人的故事，正可說是中國劍法與精神的最佳體現。

劍，果真是深具君子風範的武器。

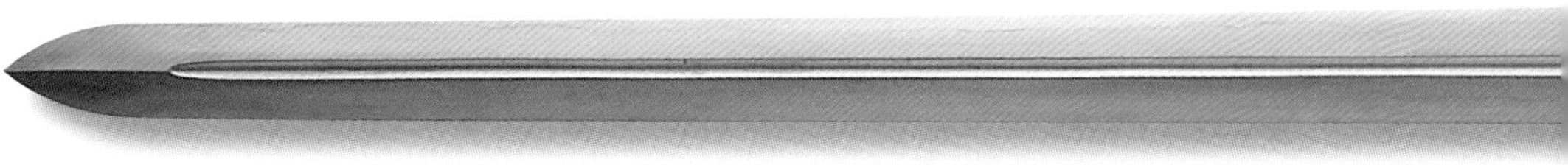

◆ 這柄據說是貴族的佩劍。鐵製的劍身暴露在外很容易生鏽，為了保存起見，劍往往附有劍鞘，而較有身分地位的人則常在劍鞘上加以裝飾，增加美觀。圖中的這柄劍則連劍柄都附有裝飾。最常見的飾物仍是以玉為主。

【知識檔案】

劉雲樵大師

劉雲樵大師是台北武壇國術推廣中心的創辦人，曾任總統府侍衛隊總教練，所學淵博：太極、螳螂、迷蹤拳、八卦掌……等均深得其要，尤嫻熟劈掛掌與八極拳，拳法與兵器皆精妙非常，實可說是近代武術界的傳奇人物。

抗戰之前，天津租界曾有善於劍道之日本軍官太田德三郎，蔑視中國武術，以為國術不過如舞蹈體操之類，毫無實戰效果，並公開徵求挑戰。劉大師得知此事後遂接受挑戰，邀對方以木劍公開比劍。對戰時，太田揮劍直攻，劉大師側身避過後「一劍化三影」，連續刺中對方脅下，數劍將其擊敗；太田乃嘆服於中國武術之深，棄劍投降。

此事之始末記載於台北武壇網頁，劉大師生平介紹之中。此外，日本漫畫《拳兒》裡也有許多關於劉大師事蹟的介紹。

【知識檔案】

雙劍

除了單劍之外，也有使用雙劍的場合。外國的雙劍往往是一長一短，連日本二刀流也是如此；唯獨中國的雙劍是兩把一樣長的劍。另有一種雙劍像是「單劍剖半」，裝於一鞘內，這樣雖攜帶方便，使用起來卻不太順手。

在傳統中，雙劍往往是女性所使用。少數著名的例外是《三國演義》的劉備，他的武器正是「雙股劍」。有趣的是，這點與他能屈能伸，在三國君主中最具陰性特質的風格相符。

【寶物檔案】

青冥劍

金庸《倚天屠龍記》中倚天劍的來源，可以追溯到曹操的佩劍；《臥虎藏龍》的青冥劍同樣也與三國名人有關。

據負責打造李安電影《臥虎藏龍》中青冥劍的郭常喜老師所說，青冥劍是當初吳大帝孫權所有的六劍之一，這六把劍的名字分別是：白虹、紫電、辟邪、流星、青冥、百里。這把劍得名的由來據說是其劍身上銘刻有龍紋，在劍完成後拿去沖水冷縮時，青苔黏在凹痕處，這把泛著青光的劍遂被命名為青冥劍。

典故的真實性雖然跟「魚腸劍」一樣不可考，但古人對於兵器鑑賞與命名的風雅情致卻由此可見一斑。

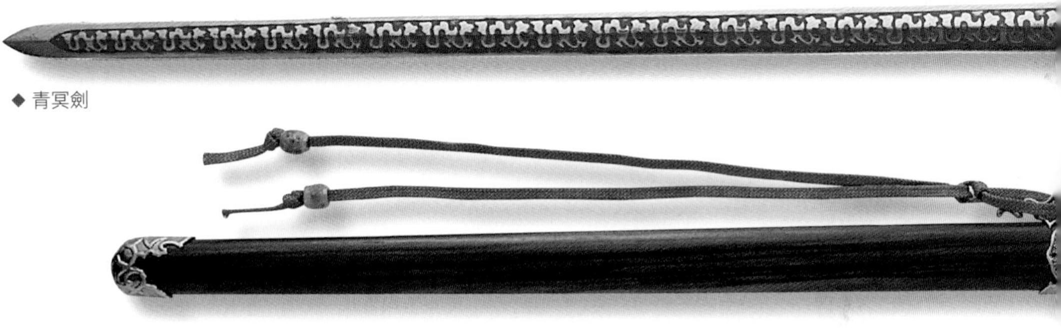

◆ 青冥劍

戰力分析

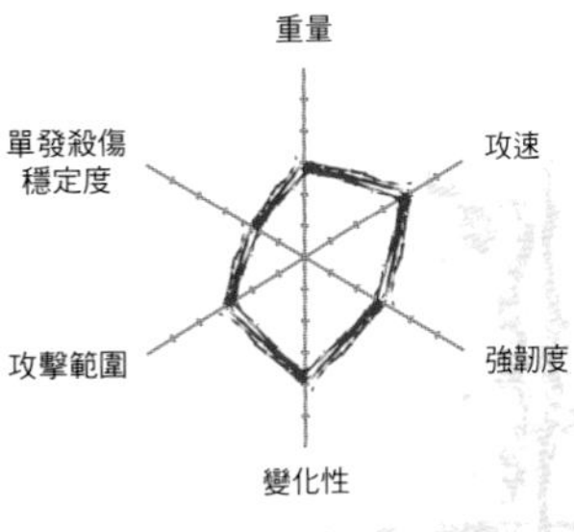

屬性─斬切、穿刺

關於劍的攻擊屬性需特別解釋。春秋戰國早期的劍以斬切為主，近代劍法則改以穿刺，且相對於劈砍，攻擊模式變為耗力更低且更具技巧性的「挑」、「抹」、「削」等「順勢將劍身往對手身上帶去」的方式，因此雖仍是割裂型傷害，但與靠力量為主的斬切已不相同。使用者勢必要對武器性能與敵我能力掌控自如才行，不能只一個勁地把武器往對手身上劈。從六維圖中，我們可以看到中庸之道代表的百兵之君，各項指數都頗為平均。

刀。

刀有「百兵之膽」的稱號，僅單邊有刃，寬身厚背呈弧狀，而柄也是彎彎的；由於形狀像柳葉的關係，所以又稱為「柳葉刀」或「雁翎刀」。

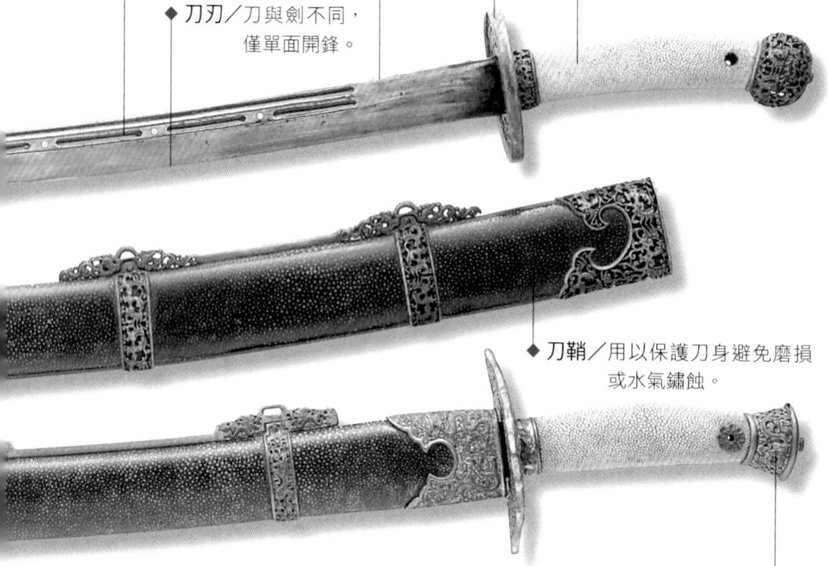
◆刀背／刀身較厚的部分，可承受衝擊力。
◆刀環／相當於劍的劍格，有護手的效果。
◆血槽／刀身上的凹槽。
◆刀柄／刀的握把處。
◆刀刃／刀與劍不同，僅單面開鋒。
◆刀鞘／用以保護刀身避免磨損或水氣鏽蝕。
◆刀首／早期的刀往往呈圓環狀，後面紮著刀衣，相當於劍穗。

刀是另一項大家熟悉的傳統武器，說來比劍更加普遍。兩者同樣是常見的短兵器，外觀上則有非常明顯的區別——劍身細長而筆直，兩面皆有刃，並往劍尖處收攏；刀僅單邊有刃，寬身厚背並呈弧形，而柄往往也是彎彎的。因形狀像柳葉的關係，又常被稱為「柳葉刀」或是「雁翎刀」。

刀與劍，模樣不同，使用起來更是有很大的差別。**劍主重刺擊，而刀主重劈砍；兩者就像是一對同胞兄弟，生於同樣的家庭，彼此在個性上卻有很大的差異。**若說劍是「王道」思想的體現，那麼「霸道」則是刀的主要精神。

武術界有句話說：「**劍走青，刀**

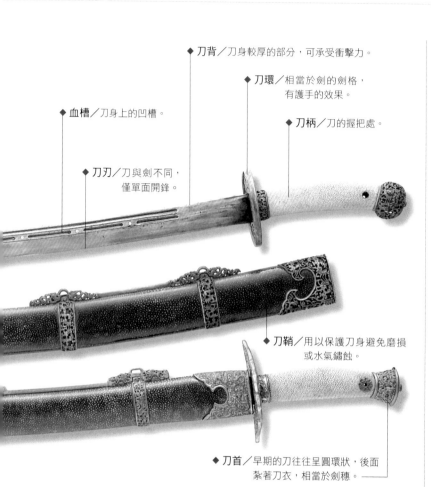

演進小史

工具性質短刀
↓
吳鉤
↓
漢長型直刀
（騎兵戰興起，
刀的重要性高於劍）
↓
柳葉刀
↓
大砍刀 → 校刀（斬馬刀）

（受中國刀劍影響）
日本武士刀
↓
苗刀
（雙手刀）

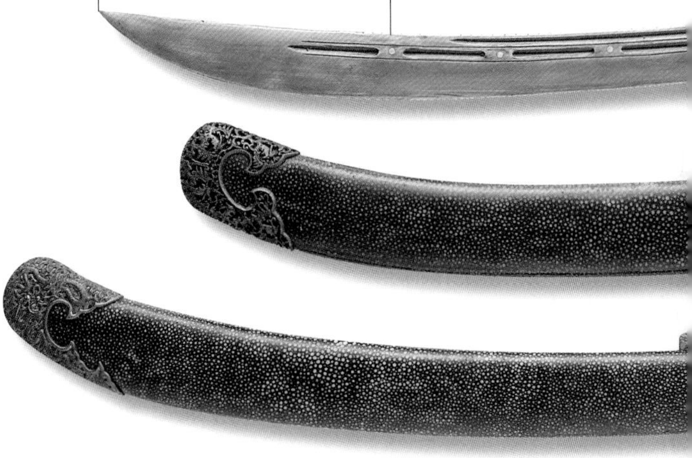
◆刀尖／部分刀（如大砍刀）是沒有刀尖的。
◆刀身／刀的主要金屬部位。

走黑。」黑就是狠，指劍法輕盈靈動，而刀法則狠辣俐落。劍法多以「抹」、「挑」、「帶」、「削」為主，靠著流暢身法，直指對方要害（如手腕或頸部動脈）以制敵；刀則大開大闔，透過「纏頭裹腦」等動作，畫圈罩住上半身後連消帶打劈砍對手。**劍往往避實擊虛以柔克剛，相較之下，刀的風格顯得直接而霸道。**

在象棋裡，兵與卒是拚命向前有進無退的角色；而在現實中，兵卒常用的武器，刀，呈現出的就是這樣勇猛無畏的氣勢。還有句俗諺：「**劍如飛鳳，刀似猛虎。**」兩者的差別可見一斑。因此刀又有「百兵之膽」的稱號。**可別因為刀不如劍尊貴，就小看了刀，要知道，決定戰役勝敗、朝代興替的，往往是這群勇猛果敢的無名英雄呢！**

刀的演進

刀的發展其實很早，但由於地位不如劍的緣故，因而無論是鑄刀技術或寶刀的記錄，與劍相較之下都顯得較為稀少。早期著名寶刀有所謂的「吳鉤」，也就是吳國的彎刀；然而大部分短兵仍是以劍為主流。**直到漢朝時，刀的地位才大為提升，跟劍一樣（甚至更勝於劍）是屬於貴族的武器，天子以下乃至眾臣無不佩刀，且有對形制與銘刻裝飾的相關規定**。當時甚至有耗費數年乃至數十年鑄造寶刀的記錄，儼然成為一種貴族的嗜好。

戰場上，刀自然也沒有缺席。名匠蒲元為諸葛亮鑄造三千口寶刀，即是當時的著名事蹟。據說，蒲元要求部下捨近求遠至千里外取水，只因不同地方的水質會影響成品品質，結果部下在路上打翻了些水，想來個「混水」充數，沒想到他老兄只瞥了一眼，連比例都能說得出來……其堅持完美超乎常人想像。而成品的驗收標準呢？需能夠將灌滿鋼珠的竹筒輕易一揮兩段，真是鋒利得匪夷所思。

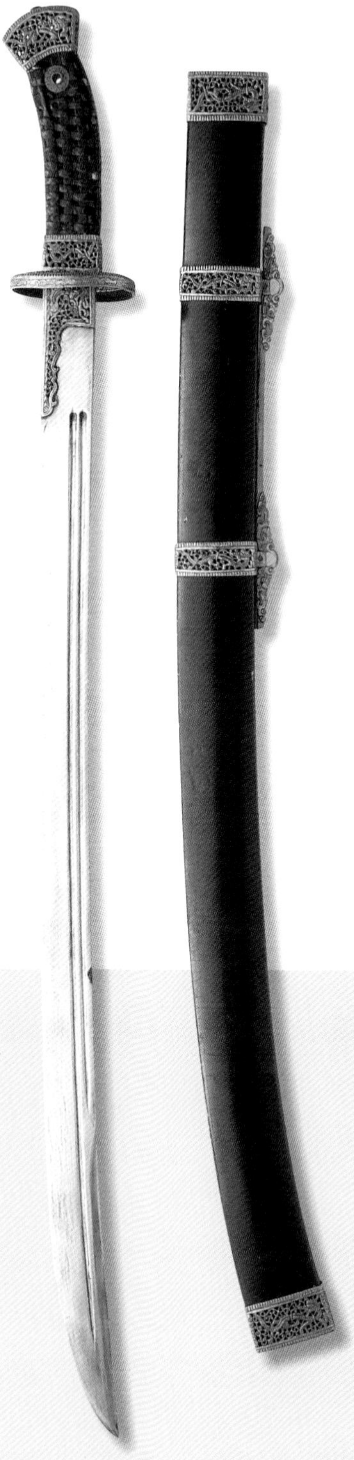

◆ 血槽是刀身上的凹槽，通常與刀背平行。當刀刺入體內後會因血液的黏度與壓力而難以拔出，血槽設計的目的就是要讓空氣流入，避免刀卡在體內。此外，血槽還能幫助減輕刀的重量。圖中的刀具有雙血槽的設計。

漢朝早期的刀，形狀類似於劍，刀身是筆直的，只是單面開鋒而已，然而之後刀與劍遂逐漸分道揚鑣，形制也大為不同。**由於刀製造相對容易且單刃厚背利於劈砍的特性，使其取代了劍成為騎兵的主要短兵器，之後更成為軍中的主力武器之一。又因其價位與實用性，廣泛地被民間使用，逐漸成為最為普及的短兵器。**

刀劍兩者的不同特性，往往呈現互補的效果。遊戲「真三國無雙」中，曹操與夏侯惇的組合互動，就很有趣地鋪陳出兩者的君臣關係。相對於能文能武、貴為主君的曹操與其佩劍，刀與夏侯惇盡忠為主斬開生路，眼睛中箭後竟拔出和血吞下再戰的剽悍猛進形象，真是再適合不過。

正因普及的緣故，刀演變出繁多的種類。在著名小說《水滸傳》中，就能找到大量關於用刀的好漢及記錄，而像**林沖與楊志**這兩位好漢會被逼上梁山，多少跟寶刀的買賣有關係，可見當時刀已被廣泛使用，且已有相當數量的寶刀存在。

除了我們平常所說的單刀之外，《水滸傳》還有「朴刀」（亦作「樸刀」）。這種刀的刀身比單刀更寬，而且常加裝在桿子上當作長柄大刀使用，收藏與使用都很方便，是宋朝常見的民間武器。

值得一提的是，刀有不少是沒有鞘的，這是刀很平民也與劍很不同的地方。除了較初期的劍之外，劍幾乎都附有鞘，泰半是由於劍昂貴需珍藏的緣故；而且，劍鞘上往往還附有華美的花飾或寶石。

【實物檔案】

吳鉤

《吳越春秋》提及吳王闔閭徵求國人鑄鉤：「能為善鉤者，賞之百金。」正由於鉤盛產於吳國，因此有「吳鉤」的名稱，以及為求利器而以血製鉤的傳說故事。秦俑坑中起出的兩柄鉤，應該就與吳鉤相當接近。這兩把鉤成弧形，形狀類似彎刀但平頭無鋒，可以割也可以鉤，但沒有晚期刀的刀尖刺擊效果；柄的部分則是橢圓形，在抓握時可以保持刃部不會偏移。

◆ 吳鉤

【故事檔案】

林沖與楊志

林沖與楊志這兩位好漢的出身有點相似，本來都任職軍方，具有武官身分。

「豹子頭」林沖原是禁軍教頭，因妻子被貪官高太尉的義子高衙內看上，因此遭設計陷害。某日，林沖買到一口寶刀，高太尉便以要與自己的寶刀比較欣賞為名，設計讓林沖誤闖白虎節堂。白虎節堂是商議軍機的要地，照宋朝法律持刀擅闖者是要處死的。林沖僥倖只判了發配到滄州充軍，然而高衙內卻始終不肯放過他，三番兩次要將他害死，終於將林沖逼上梁山。國劇中的《夜奔》說的就是這段故事。

而「青面獸」楊志原本負責押送進貢的花石，不料遇到颱風翻船，因而棄官潛逃。後來查明是天災非人為疏失後本可復職，卻遭到高太尉刁難，盤纏用盡後只好叫賣祖傳寶刀，不料遇到地皮流氓牛二糾纏搶刀，楊志忍無可忍將其殺死後投案，結果也被判了充軍。

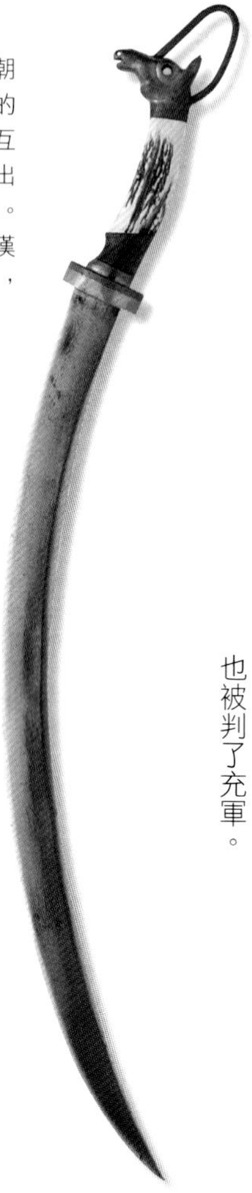

◆ 這是元朝的蒙古馬刀。元朝是中國歷史上疆域最大的朝代，其與不同文化間的互動影響也反映在武器上，出現許多中亞及印度等風格。這把刀在造型上與傳統漢族的刀有非常明顯的不同，充滿獨特的民族風。

【寶物檔案】

苗刀

明朝倭寇進犯沿海，對經濟與百姓生命造成威脅。倭寇刀法簡單、武器精良，非僅一般鄉民，連許多士兵都因不熟軍械而不是對手。

戚繼光的《紀效新書》即記載了抗倭困境：「長刀，自倭犯中國始有之。倭善躍，一進足則丈餘，刀長五尺，則丈五尺矣。我兵短器難接，長器不捷，身多兩斷。」當時慘況，由其語氣之沉痛可見一斑。

有鑑於此，戚繼光等名將對武士刀進行了詳細研究，師敵之長，改良發明了苗刀。傳說，是討倭時獲得「陰流刀法」（或作「影流刀法」）的祕笈，由此創出「辛酉刀法」。此說法的可信度雖有待商榷（照理說一般浪人身上不會帶著刀法祕笈才是），然而戚繼光對日本刀下過苦功則無庸置疑。

苗刀刀形長而直，是少見的雙手刀，與傳統的單手柳葉刀有很大出入；此外，更一別於傳統刀法，以其質樸無華，簡潔洗鍊的風格獨樹一幟。苗刀的長度足以剋制武士刀，刀法上則與其相近，除了簡潔易練之外，更能讓軍民熟悉武士刀的攻守法度與套路。

武士刀形制的確立，說起來是受中國傳去的刀劍所影響；而苗刀則是受日本文化回流衝擊之下的產物。有一派學者主張苗刀的刀形，確實與漢朝以降的長刃直刀相當類似；因此苗刀的誕生，在意義上或許不只是創新，更是固有文化復興。戍衛中華民族生計與尊嚴，此刀實可謂居功偉厥。

【知識檔案】

雙刀與刀衣

除了單刀，雙刀也很常見。在電影《葉問》中，詠春的招牌兵器「八斬刀」便是雙刀。武術俗諺：「單刀看手，雙刀看走。」意思是說，單刀使得好不好，要看空著的手與刀配合出招的功夫；而雙刀往往是雙手舞刀前進，這時得注意步法靈活搭配，才能發揮威力。

另外，劍的劍柄上有劍穗，美觀之餘還可以擾敵；而有些刀的刀柄上纏有刀衣，這是用來擦去血跡的，以免生鏽。據說，古代出征時，會綁上白色刀衣，歸來時刀衣染紅，象徵刀主的戰功彪炳。

◆ 大砍刀，又叫作「鬼頭刀」，它的刀柄較直，末端有刀環，刀口是平的，而不像柳葉刀的刀尖呈弧形。通常是步兵使用，抗戰時的大刀隊用的就像是這種刀。

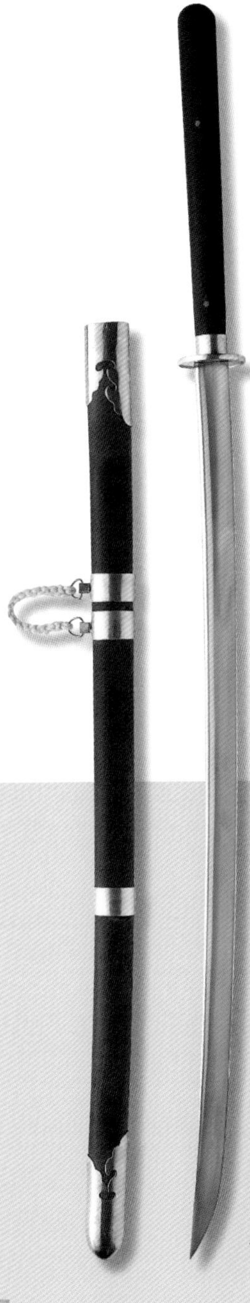

◆ 苗刀

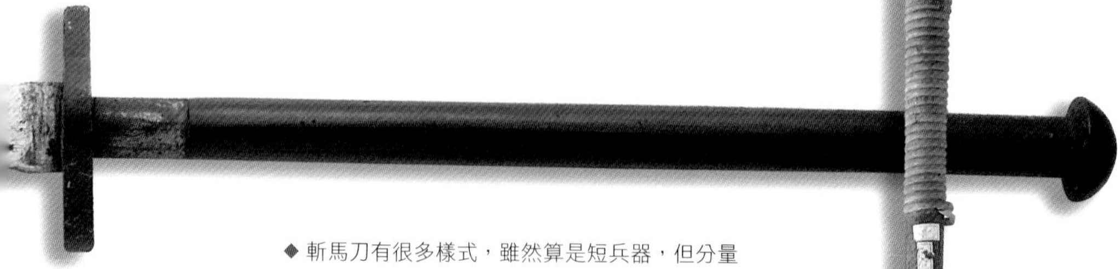

◆ 斬馬刀有很多樣式，雖然算是短兵器，但分量與長度皆可觀。劍的雙面開鋒，能耐受的衝擊力相對較小，在砍大傢伙時得由刀負責——因此通常只聽過斬馬刀，而少有斬馬劍了。

刀的流變

用刀的人多，因此刀的種類與變化也多。除了以上所述，還有一種大家耳熟能詳的——「斬馬刀」。這種大型兵器廣泛見於各文化之中，中國自然也不例外。

中國斬馬刀有數種版本，如《三國演義》中，關羽常常帶著五百名校刀手，他們使用的就可歸類於此類兵器，因是校尉之類下級軍官使用，又稱「校刀」。（遊戲中，關平首次出場時也是用這種武器。）**其刀身與刀柄約等長，整把刀長將近一公尺半。校刀雖然歸類為短兵，卻是寬身長刃，又厚又重。**由於柄長的緣故，特別適於雙手持用，作大弧度的斬擊，其攻擊範圍自然不小，就算是步戰的場合，有力的人使用起來也能發揮強大的殺傷力；而在對抗騎兵時，使這種刀的人往往先將馬砍倒，然後再收拾落馬的倒楣騎士，所以才得到這個名字。

此外，**宋朝名將岳飛用來破金兀朮「枴子馬」的「麻札刀」，也是斬馬刀的一種類型。**在騎兵戰盛行的時代裡，斬馬刀曾數度在戰場上活躍過。

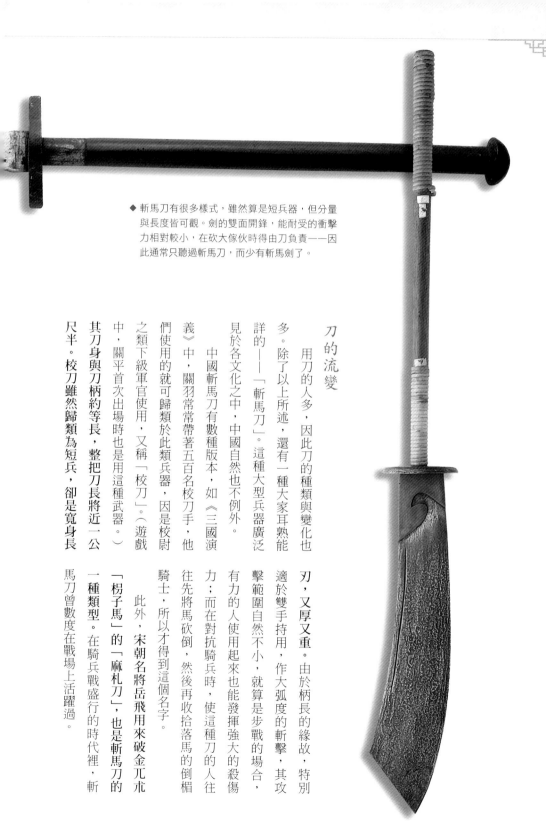

與斬馬刀一樣立下重大戰功的，是曾活躍於閩南沿海，明朝抗倭名將戚繼光等人改良武士刀形制而製成的「苗刀」。苗刀的刀形長而微彎，類似田中稻苗的模樣而得名，而不是指苗族武士使用的刀。苗刀是戚家軍的著名佩刀，故又稱「戚家刀」。

隨著冷兵器時代的結束，刀慢慢地步出戰場之外。現在仍在服役的，恐怕只剩下裝在步槍上的刺刀而已。然而，刀的剽悍、勇猛、進取，始終與戰士同在。對日抗戰時的大刀隊傳奇，就是最好的註腳，正是憑藉著這種威武不屈的精神，使得中國在種種不利條件下，終能贏得抗戰。

習武者皆知：「一膽、二力、三功夫。」勝利所需的，正是這「百兵之膽」斬開一切障礙，勇往前進的精神。

屬性—斬切、穿刺

刀是劍的對照組，兩者重量與攻擊距離相仿，屬輕型短兵，威力不若重兵器，但靈活度與攻速占有優勢。儘管與劍相似，但刀主要是斬切攻擊，戳刺使用較少，也不需使用劍的高等技巧，是以技術要求沒那麼高，入手門檻較低，單發殺傷力也就更穩定一點，只是變化性自然比劍來得稍低點。不過由於刀僅單面開鋒，強韌度便較劍為佳。

戰力分析

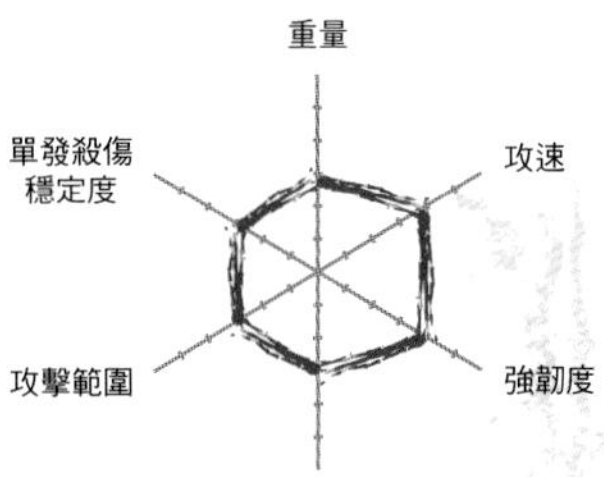
重量
攻速
強韌度
變化性
攻擊範圍
單發殺傷穩定度

鞭。鐧。

鞭是一種沉重有節呈短棒狀的金屬兵器；而無節的則是鐧。

◆ 鞭往往成對使用，如《水滸傳》的呼延灼，外號就叫作「雙鞭」。但也有把單鞭當作輔助武器的例子。

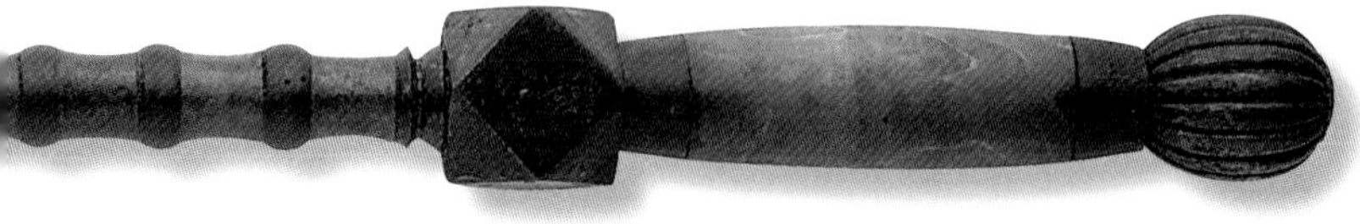

◆ 鐧的造型有點像蟠龍劍（也就是沒有劍格的劍），但鐧是鈍器，有三稜、四稜或渾圓等造型。

這裡說的可不是揮舞趕牛馬用的皮鞭喔！**短兵器中的鞭，是一種呈短棒狀而沉重有節的金屬兵器，也叫作「鐵鞭」或「鋼鞭」**。除用單鞭之外，常以成對的雙鞭使用。在《水滸傳》的「馬軍五虎將」中，「雙鞭」呼延灼就是以其得意武器雙鞭而得名。

這種兵器可以分做兩類：有節的稱為鞭，因為形狀像竹節，所以又叫作「竹節鞭」；而無節的則是鐧（音同「劍」，也可念作「檢」）。鐧乍看之下與劍頗為相似，不過它跟鞭一樣是鈍器，形狀分三稜或四稜不等，也有渾圓造型或附有狼牙的狼牙鐧等等，而突起的稜角打在骨頭或要害上特別能造成傷害。

有看過門神的畫像嗎？常見的門神像是兩位唐朝的開國名將：**秦瓊與尉遲恭**。黑面環眼的那位是尉遲恭，字敬德，手中所持即為鞭；而白面鳳眼的那位是秦瓊，字叔寶，他的兵器正是鐧。

◆ **節**／像竹子般的節，是鞭的特色，也是鞭與鐧的不同之處。鞭上的節，有加強打擊傷害力道與攔阻對手武器的雙重效果。

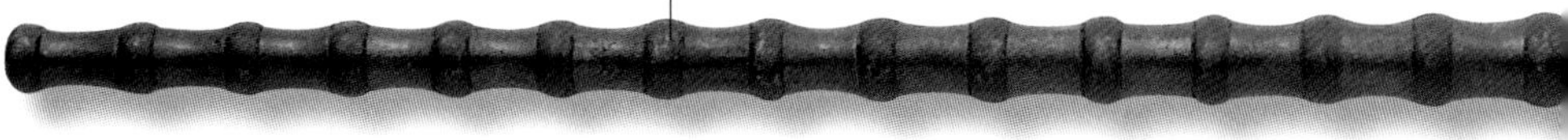

◆ **稜**／有稜的鐧，其突起的稜角打在骨頭或要害上特別能造成傷害。而渾圓造型的鐧則有些會做成類似狼牙棒的狼牙鐧。

【故事檔案】

秦瓊與尉遲恭

門神的故事有幾個版本，最常見的就是兩位唐朝開國大將：秦瓊與尉遲恭。

傳説中，涇河龍王違犯玉帝聖旨，降雨成災，論罪當斬。龍王於是託夢給唐太宗求救，請太宗攔住賢相魏徵，因為魏徵就是負責斬龍的天庭監斬官。太宗答應了，當天留下魏徵陪他下棋。魏徵之後疲倦睡去，太宗以為如此即可無事，不料魏徵睡著時元神出竅上天，遂於夢中將龍王斬殺。

龍王死後陰魂不散，夜夜向太宗索命，嚇得太宗六神無主。魏徵知道此事後，便請當朝兩位大將秦叔寶、尉遲敬德身著戎裝，手持武器負責守門，果然從此平安無事。日久之後，太宗感念兩位大將日夜辛勞，於是請宮中畫匠繪製兩人全副武裝之像，並將其掛於宮門。

後世沿襲此辦法，將兩位畫於門上以去邪祟，成為門神的由來。

鞭與鐧的造型

據說「鐧」的起源是文官拿的「簡」，原本造型是一塊大鐵板，逐漸演變成現在的樣子。**而鞭的造型是一節一節的，古代人們常常取它「有節」的意思，勉人要有節操。**

後梁名將王彥章，擅長使鐵槍和鐵鞭，他的鐵鞭上就有「**赤心報國**」四個大字。（我們由此可知，鞭也常常跟長兵器一起使用。）

鐧也因為形狀的緣故，讓人們取它「直」的美德互勉。前文說到使鐧的秦瓊，因為非常孝順而受人尊敬，在他最潦倒的時候，曾經賣戰馬、典當兵器，國劇名戲《賣馬當鐧》說的就是這個故事，用意在鼓勵大家「**將相本無種，男兒當自強。**」

鞭與鐧的使用

鐧其實是不少遊戲玩家面熟的武器，最早「快打旋風」中的英國紳士Eagle與「龍虎之拳」裡的Mr.Big都以此為武器；至於雙鞭，我們也不陌生，三國時孫吳勢力的大將太史慈，在小說中用的武器是一雙短戟，而在遊戲「真三國無雙」裡則變成一對特大的鐵鞭，光看是分量就很驚人！另外在新作中登場的角色諸葛誕則以單鞭為武器，使用時配合不少擒拿及摔技，與現代的警棍有點像。而這更與今日東南亞武術如Silat或Arnis等，有共通呼應之處。

鞭與鐧往往都是較沉重的兵器，孔武有力的人才能使用如意，因而砸在人身上就非同小可。鐧整個重量在一個平面上，攻擊面積相對廣，要是打在對手的手骨上鐵定要讓人武器脫手；而鞭因有節的造型，打擊面積沒有鐧大，但節的部分在打擊上所產生的力道，則有過

◆ 這把鐧很罕見地附有鞘，握柄部分還有佛教四大天王的頭像鏤刻，做工精細而且非常漂亮。

之而無不及，而且分節還能夠攔阻對手武器。由於分量重，有些鞭或鐧甚至具有破壞武器的效果，往往能把對手的刀劍給打斷了。說來與西方騎士用的釘頭槌（mace）是類似的武器，即使遇上身著重甲的對手，靠著武器重量一樣能狠狠砸出洞來。

在電影《臥虎藏龍》中，余秀蓮曾經以好幾把武器與玉嬌龍對打，其中就出現過鞭，而且硬是撐了好幾下才被削鐵如泥的青冥劍斬斷。

因為這武器分量十足，所以俗語中常說的「殺手鐧」（或作「撒手鐧」），就是指壓軸的得意絕招。

戰力分析

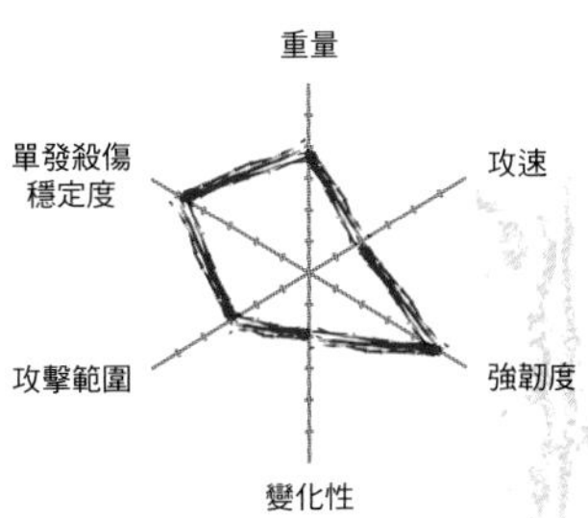
重量
攻速
強韌度
變化性
攻擊範圍
單發殺傷穩定度

屬性—毆擊

鞭、鐧的長度與刀劍相仿，卻是鈍器，攻擊方式因此不同，在犧牲攻速的同時，威力與強韌度卻更勝一籌。單發攻擊的傷害力因此相當穩定。這與錘有點相近，稍後我們再看看兩者的不同。

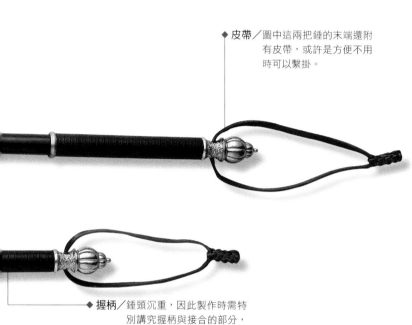

錘。

錘的造型很簡單，就是一支短柄附上沉重的鐵球，是靠重量取勝的鈍兵器；用法相對簡單，往往靠著蠻力硬砸或硬架，而不太注重身法或手法。

◆皮帶／圖中這兩把錘的末端還附有皮帶，或許是方便不用時可以繫掛。
◆握柄／錘頭沉重，因此製作時需特別講究握柄與接合的部分，以免因受力不均而折斷。

說起來，錘類似於前面說的鞭，都是靠重量取勝的鈍兵器，依照活躍時代來看，鞭與鐧似乎是起於隋唐五代，而錘的相關記錄則常見於之後的宋朝；而就重量上而言，錘也遠比鞭或鐧來得更重。

宋史與小說《說岳傳》裡有許多使錘的武將，據說岳飛的兒子岳雲就是使用雙錘。當然也有與錘相關的更早記錄，如秦末張良就曾僱大力士，將重達百斤的大錘砸到秦王的車上企圖行刺；不過，直接拿錘當作武器的就不那麼常見了。

錘的造型

錘的造型很簡單，就是一支短柄附上沉重的鐵球；說是鐵球，常見的形狀倒更像蒜頭或金瓜，因此也常直接這樣稱呼，想來最早的靈感，

演進小史

瓜錘

↓

蒺藜
（即短柄狼牙棒）

↓

流星錘
（軟兵器）

↓

後世多半淪為儀仗用具

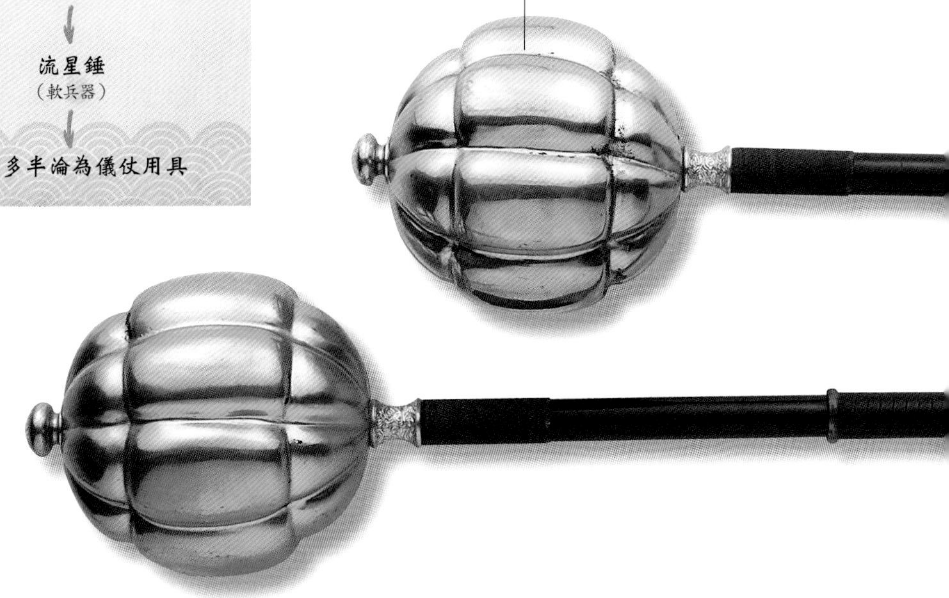

◆ **錘頭**／錘主要是靠重量來發揮殺傷力，常見的質材有銅、鐵等，圖中這兩把的造型近似於金瓜錘。

或許是來自這些植物。錘在京劇中有個頗難聽的名字——「王八錘」，因為是龜精使用的武器，實在讓人有點無言啊！至於另一個名字「骨朵」，也跟植物相關，有些地方俗稱花蕾為花骨朵。

有刺版本的錘又稱作「蒺藜」，依然是取形狀相近的有刺植物名字。《三國演義》中打敗吳國大將甘寧的番王沙摩訶，就是以這種短兵版狼牙棒為武器。除此之外，錘也有呈多面體造型的，如八稜紫金錘，其稜角能有效加強打擊威力，原理與鐧的稜角相同。《說唐》中天下第一條好漢，號稱是大鵬金翅鳥轉生的李元霸，他是唐高祖李淵的兒子，使的就是這種兵器。另外《水滸傳》中擅長打造兵器的好漢「金錢豹子」湯隆也是使錘。

錘象徵著擁有者的力量，因此逐漸衍生為權力的象徵。在晚期，金瓜之類的錘往往被拿來作為儀仗。在國劇中有所謂的「銅錘花臉」，往往是有地位的正派老生，如《二進宮》的徐延昭，他手中拿著御賜的銅錘，象徵皇家的威儀。

錘的用法

相較於刀劍之類，錘的用法很簡單，不太注重身法或手法，往往只是靠著蠻力硬砸或硬架而已。**說起來，錘似乎並不是實用於戰場上的武器，它短而沉重，不但要求使用者具有很大的力量，而且對上長兵器時在距離上相當不利。**

這樣的武器會出現在宋朝的戰陣上，比較可能的解釋，或許是與攻擊方式有關。隨著防具的演進，刀與弓箭等利器對穿著鎧甲武者所能造成的傷害相對減低。相較之下，錘類的沉重鈍器則能無視於對手裝甲而給予損傷，甚或能破壞一般刀劍等較薄的有刃武器。

另一方面，也可能是如周緯先生於《中國兵器史稿》所說，是宋朝過於模仿外族武器的結果。**錘本是西北方金人與游牧民族的常見武器，可能因為這樣而被納入宋軍的兵器之中；**而宋朝武器與防具的質材低劣每況愈下，因此說來其實並沒有非用錘不可的理由。

相關的武器還有流星錘，將在後文再介紹。

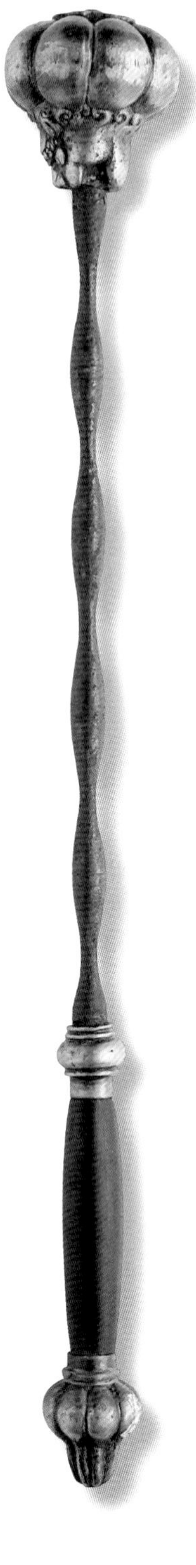

◆ 前文提及錘有很多別名，如：骨朵、金瓜、蒜頭等等。看這把錘的錘頭，跟蒜頭很像吧？這柄桿身的部分做了點造型的變化，與鐵鞭有點相似。另外，錘也有長兵器的版本，這在後文的「殳」會再說明。

【知識檔案】

蒺藜

蒺藜是一種草本植物，其果實外殼有刺。遠古作戰時往往採集蒺藜果實或其他同類有刺植物，撒在敵軍必經之道以妨礙對方行動；若敵方稍一大意，人或馬的腳就會遭殃。後代則改用鐵蒺藜代替，概念與現在的「雞爪釘」相似。這個有刺造型也適於用在兵器上，因此有了以蒺藜為名的重兵器。之後火器發達時，還有「蒺藜火球」這種武器，一樣是利用其多刺造型的殺傷力。

銅錘花臉

國劇中常有幾齣戲連著說一段故事的情形，《二進宮》就是連戲《龍鳳閣》中的一齣。明穆宗死後，太子年幼，李豔妃代為攝政。其父李良假意輔佐，暗中企圖篡位。李妃不知，意圖讓位，大臣定國公徐延昭與兵部侍郎楊波進諫無效；日後李良起事，封鎖李妃居住的昭陽院，李妃方知受騙。徐延昭與楊波再度進宮求見，以御賜銅錘破門而入，並召集兵馬討滅李良，李妃自責先前不是，託付二人扶太子即位。因為這齣戲，國劇中就把像徐延昭這樣著重唱工的老生稱作「銅錘花臉」。

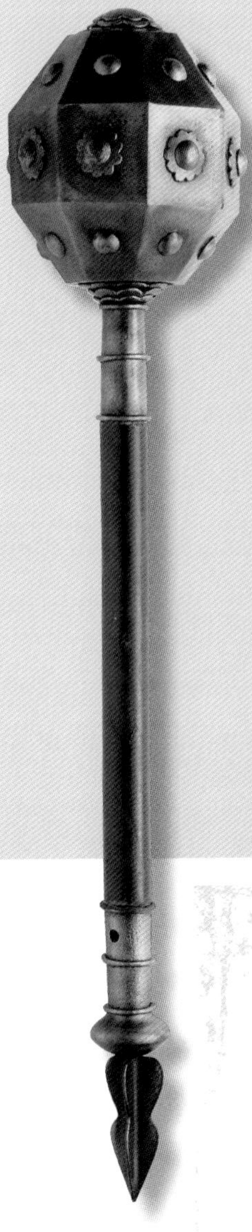

◆與前面的金瓜錘不同，這是一柄稜錘。錘頭上的稜角處與鞭節有異曲同工之妙。

戰力分析

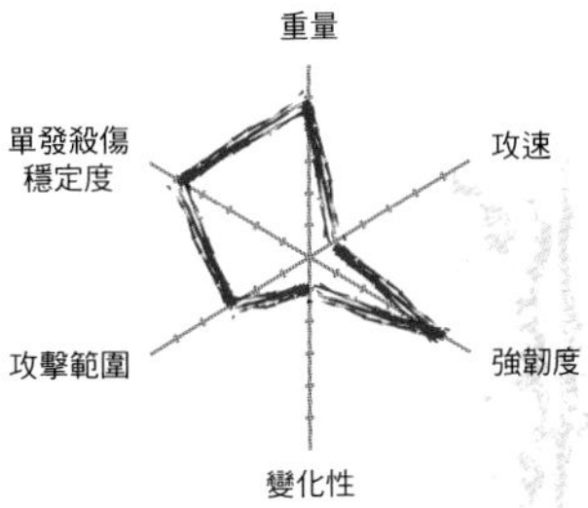

屬性—毆擊

錘與鞭、鐧相似，都是靠重量取勝的鈍器。若要說不同之處，或許鞭、鐧更具平衡性；相較之下，錘則側重於其重量級威力，毫無速度或花巧可言，全靠壓制取勝。雖然重量造成的體力負荷，在消耗戰時非常要命，但若要硬拚的話，一般刀劍面對重錘時可說根本絕望，只能眼睜睜看著武器被砸斷！

斧。

斧是從工具變成武器的一個好例子。遠從石器時代開始，原始人就已經使用石斧當作劈削工具了。在世界各著名文化中也都找得到使用斧頭為武器的例證。

同樣重視重量的武器還有斧。跟釘耙或是鐮刀一樣，斧是由工具轉變成武器的一個好例子。**使用斧的歷史可以追溯到很早，遠從石器時代開始，原始人就已經使用石斧作為劈削工具了。**直到近代工業革命之前，斧都是人們用來伐木劈柴的生活相關用品。在今日仍能夠見到消防斧之類的工具。

由於斧頭是常見且有力的工具，世界各著名文化中幾乎都找得到使用斧頭作武器的例子。例如：埃及戰士有斧兵的配置、印地安人也常用斧頭作為武器、法蘭克人的軍隊更有擲斧的編組——雖然飛得不遠，可要是真被擲中了，只怕包準沒命。

斧的中國兵器史

在中國，使用斧頭作為武器的風氣，首推商朝最盛。相較於其後的刀劍類武器，斧的製作與使用上都很簡單，且光是憑藉著質量就能發揮相當的殺傷力。因此在當時，斧被廣泛使用。**商朝人使用的銅斧，樣式精良，且常有華美的雕刻。直到近代考古學家都還能找到大量實物，足見當時使用之盛。甲骨文中也有許多與斧相關的象形文字，以用來自稱的「我」這個字為例，甲骨文的字形是有齒大斧的形象，後來借了它的讀音來指自己。**

到周朝之後，長兵以戈與矛為首，短兵則由刀劍稱雄，斧就逐漸沒落了。

◆ **槍頭**／這把斧的頂端附有槍頭，其使用功能更加全面，而造型上則更類似於後文長兵器中的「鉞」。

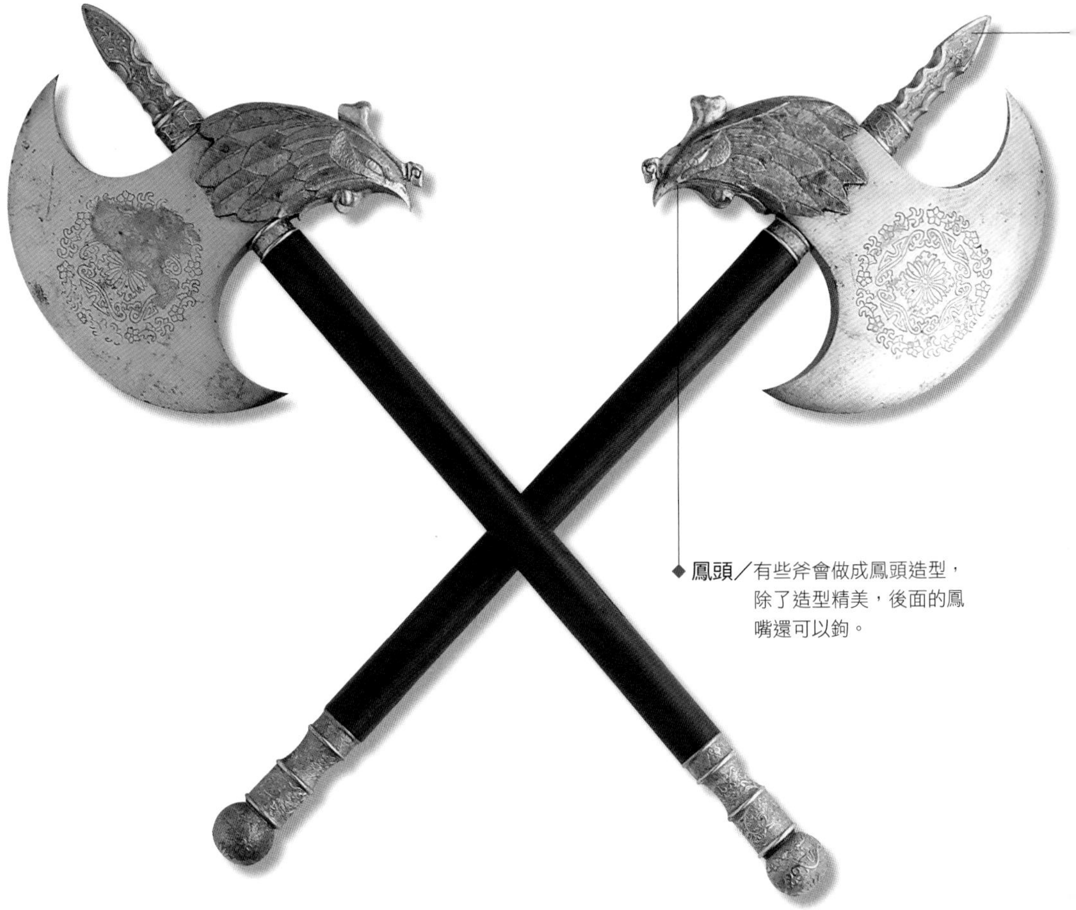

◆ **鳳頭**／有些斧會做成鳳頭造型，除了造型精美，後面的鳳嘴還可以鉤。

【知識檔案】

斧與戚

陶淵明在〈讀山海經〉一詩有「刑天舞干戚，猛志固常在」的詩句。刑天是《山海經》中與黃帝相爭失敗，因而失去頭顱的神祇，即使掉了腦袋後，他仍以乳頭作眼睛，揮舞著兵器戰鬥不止。此處的「戚」就是一種斧頭，使用者的勇猛由此可見。或許因此才會出現電影中以斧頭表現狠勁的「斧頭幫」吧。

演進小史

石斧

↓

金屬斧
（先為青銅，後為鋼鐵）

↓

鉞

【故事檔案】

張遼

張遼，字文遠，應該算是魏國陣營中，最為人所知的角色了。在史書中，魏有「五子良將」的組合，他即是五將中的筆頭。張遼據說是聶氏後人，早期跟隨呂布，直到下邳之戰，呂布兵敗身死，他便進了魏營，自此立下諸多功勞。

演義中說呂布受刑之際，先是乞降，其後咒罵，但一旁的張遼則出聲斥喝，凜然準備就義。關公動容之下便為張遼求情，而日後關公被圍，也是由張遼協調，是以有了之後斬顏良、文醜，乃至「過五關斬六將」的故事。雖說故事應屬虛構，但同是山西老鄉的兩人關係似乎特別好。可能是英雄惜英雄吧？

張遼是智勇雙全的難得將才。他曾靠著傑出的判斷力，單槍匹馬大膽闖入敵營，成功勸服敵將昌豨。官渡戰後隨曹操追擊袁氏殘黨時，遇上匈奴烏丸的軍隊，他力主迎戰並自告奮勇擔任先鋒，衝入陣中斬殺嚇呆了的烏丸單于。赤壁戰前，有間諜趁夜放火謀反，一片混亂之際，他卻氣定神閒地說：「不可能全軍謀反，靜下來便能找出主謀。」下令全軍坐下，自己則帶著親信巡陣，隨即捕獲主謀。

之後吳魏兩方的合肥交戰，是這位被遊戲玩家暱稱為「合肥殺人魔」的代表名作。趁著曹操主力遠在漢中，孫權起兵十萬攻向合肥，志在必得。不料竟踢到一塊大鐵板！合肥當時僅有寥寥不到萬人的守軍，然而面對龐大敵軍，張遼毫無懼色主張出戰。或許是受到他氣魄感動，一向關係不睦的同僚李典也慨然同意助陣。

帶著精選八百敢死壯士，張遼勢不可當，奇襲直搗敵方主陣，竟反殺得吳軍大敗虧輸，不僅將士傷亡慘重，主帥孫權本人甚至被包圍，狼狽逃脫之際還差點被活捉。由於戰績實在太過輝煌，竟留下了「張遼止啼」的傳說：「你再哭，小心張遼來抓你喔！」據說，江東人會這樣嚇唬哭泣不止的小孩。

「威震逍遙津」是魏營的佳話，卻是孫權終生的夢魘，事隔多年後提起張遼，依然心有餘悸。放眼三國乃至歷代戰將，張遼絕對夠格站上第一線。

◆斧是由工具演變而來的武器，因此除了利於巷戰類的近戰中使用，還可以用作掘牆或地道的工具，相當方便。

儘管如此，歷史小說中常出現拿斧頭作為武器的角色，其中最著名的莫過於《水滸傳》的「黑旋風」李逵，他愛用的武器就是雙斧。使用斧頭的往往是力大魯莽的角色，無獨有偶的是，向來以使用戰斧著名的維京海盜，也因其勇猛狂暴的「狂戰士」（Berserker）聞名於世。想來揮舞戰斧將阻撓之物一劈兩斷的豪快形象，是它廣受東西方豪勇之士愛用的原因吧？

遊戲「真三國無雙」的最近幾版中，魏將**張遼**也改以雙鉞作為武器——即是有槍頭的斧。雙鉞更能點出他武功高強性情奔放的鮮活特色。

斧與蒙古騎兵

前文說過，斧的盛行風潮只到商朝以前，之後雖然也有用斧的角色，往往零星見於各朝代，且多以草莽出身的壯漢為主。但其中有個例外——由蒙古建立的元朝，是中國另一個以斧為主力近戰武器的朝代。

稱霸歐亞的蒙古騎兵，最重要的武器是弓箭，其次是標槍；而白刃戰武器則以斧、錘、刀、劍等為主。與漢族不同的是，蒙古騎兵不大使用長兵器；騎射的距離性與機動性往往是戰鬥主力，短兵僅作為輔助，至於介於射程系與短兵系之間的長兵器，蒙古騎兵則不太列入考慮。

與誕生背景相近的更早期「上帝之鞭」匈奴王阿提拉（Attila）相比，蒙古人在爭戰技巧上更為先進。除了騎射的閃擊戰外，更善於利用攻城戰與情報戰。甚至有一派認為蒙古軍利用鼠疫罹難者死屍作戰，將之投入敵人城中，是史上最早的大規模細菌戰。而蒙古入侵所造成的黑死病，間接促成了文藝復興，並從此完全改寫了歐亞兩洲的歷史。

戰力分析

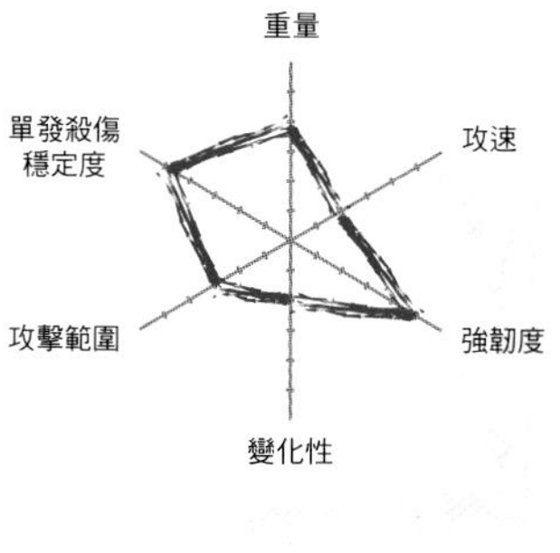
重量
攻速
強韌度
變化性
攻擊範圍
單發殺傷穩定度

屬性─斬切、毆擊

同樣是以斬切為主的短兵，斧的分量沉重，殺傷力和強韌度都在刀劍之上，若靠重量硬砸，更是威力強大。除非斧身與斧柄接合處遭受破壞，否則刀劍絕對吃虧。因為沉重和單面開鋒，斧的攻速與變化性就不夠漂亮，是種直來直往的武器，且看《水滸傳》中的李逵就知道了。

一竿子打翻一船人

長兵系。

相較於緝凶擒盜之類，以都市戰性質見長的短兵器而言，
長兵器以其尺寸與分量上的長處，多活躍於更遼闊的疆場之上。
長兵提供的攻擊距離與範圍上的優勢，
往往成為戰士在戰場上得以存活的關鍵。
中國長兵器的種類之多，著實讓人眼花撩亂。

棍。棒。

◆ **把端**／相對於棍的梢端，這部分則是握把的地方。

棍是最古老也最經濟的武器，由此衍生出各種長兵，因此有「百兵之祖」的稱號。雖然沒有刀劍的殺傷力，但學習容易、使用便利，隨處均可取得防身。

棍、棒或是桿，應該是最早為人所使用的兵器了。早在學會冶煉金屬、製作武器之前，史前時代的人們就已經會以長條的樹枝防身自衛。即使進入了刀劍時代，棍因便於取得，仍然廣泛地為人們所利用。

棍是最早的兵器，並衍生出各種長兵，因此有「百兵之祖」的稱號。雖然沒有像刀劍那樣強的殺傷力，但對一般百姓而言，它仍是出門在外，防身的好幫手。

初學武術的人，許多會選擇以棍作為入門兵器，除了**因為它學習容易、使用便利、隨處均可取得之外，更能藉此來練習掌握長兵器的攻擊距離及使用技法，了解出招的遲速虛實**；往後無論學習其他種類的長兵器，或與持長兵者對陣時，都能更得心應手。名將戚繼光曾說：**「若能棍，則諸利器之**

◆梢端／如「纏封刺棍」之類單握一邊的用法時，這是打擊端。
◆中段／棍的重心所在。

◆做棍的木頭紋理要直，否則容易變形。中段若太細則難以使力且容易斷裂，若太粗則手握不牢、使用不便。儘管造型簡單，棍在製作上卻頗有文章。

法，從此得矣。」其重要性可見一斑。

棍雖然樸實，卻有以上數項特色，使它在歷史與小說中從未缺席。傳說，宋太祖趙匡胤就是使棍的名人，號稱「**一條桿棒等身，打下四百軍州**」。

金庸小說中，丐幫的鎮幫絕招之一「打狗棒法」，更教讀者耳熟能詳。而使棍棒者中名氣最大的，當推在《西遊記》中揮舞金箍棒、大鬧天宮的孫悟空了。齊天大聖的厲害，連許多外國人都津津樂道呢！

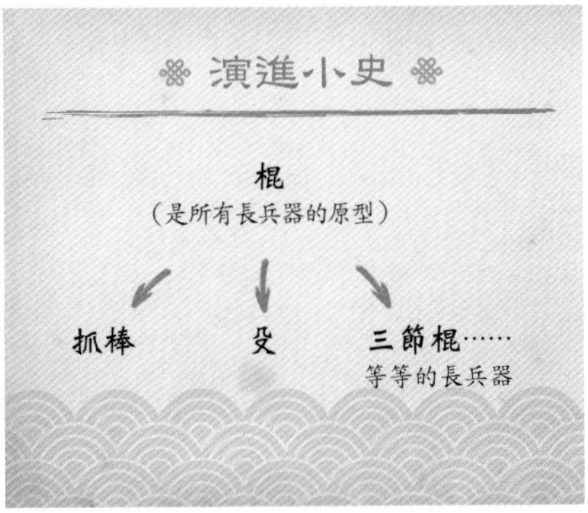
演進小史
棍
（是所有長兵器的原型）
抓棒
殳
三節棍……
等等的長兵器

棍的流傳

棍的學習與使用容易，因此普遍流傳，演變出多種不同的變化，而且流派的分歧也特別多。在造型上，「鉤棒」、「抓子棒」乃至於後文會提到的「三節棍」等兵器，無論在造型或套路上，都已和原本的棍差異頗大。

著名的棍法也不少，例如：「太祖棍」、「瘋魔棍」、「五郎八卦棍」等等。據說，太祖棍是宋太祖趙匡胤傳下來的，而瘋魔棍則從梁山泊好漢「花和尚」魯智深的「瘋魔杖」變化而來。至於電影《功夫》裡面出現的五郎八卦棍，相傳是楊家將的五郎，於兵敗突圍，至五台山出家後，將槍法變為棍法所創。黃飛鴻也善使五郎八卦棍。

棍與佛門

許多著名的棍法都與佛寺有關，想來是因為**佛門不可動刀劍，而棍是鈍器，正能符合僧人防身需要的緣故。**

少林武術的起源，民間傳說是達摩祖師見僧人終日念佛靜坐苦修、體力不濟，遂教授僧人習武練棍，鍛鍊身心，同時習得自衛的技巧。雖然學者考證，認為此說法值得存疑，但僧人以棍法武術鍛鍊身心，以求動中修定，則是其來有自。

棍法往往大開大闔，有金剛降魔之威、橫掃千軍之勢，是為其特色，正如俗諺所說的：「棍打一大片。」此外，**由於形狀相近，棍法與槍法確有相通之處，因而有「棍帶三分槍，槍還三分棍」之說，兩者相輔相成的效果自是不同凡響。**

【知識檔案】

棍的材質

棍是最簡單的武器，隨著質材不同，有木棍與鐵棍之分，其中最好是中國特產「白蠟桿」所製成的棍，強韌且硬中帶軟。

依長度畫分的，則有「齊眉棍」之類，而古代衙門差役用的棍叫作「水火棍」，一邊塗紅、一邊塗黑，這兩種顏色分別象徵五行中的水與火，因此而得名。

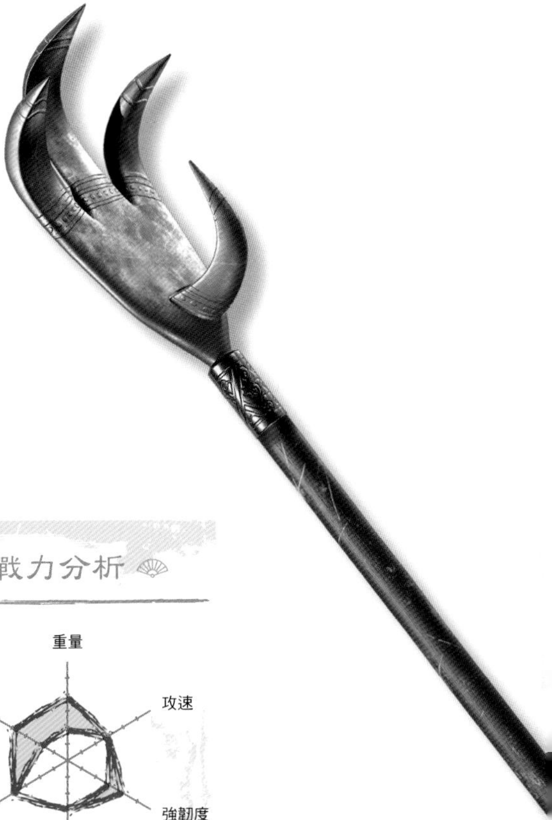

◆宋朝《武經總要》所提到的抓棒（示意圖）。上面有鷹爪般的構造，與原本鈍器的棒相比，殺傷力更為提升，用法也有所不同，更接近後文所介紹的「撾」。

戰力分析

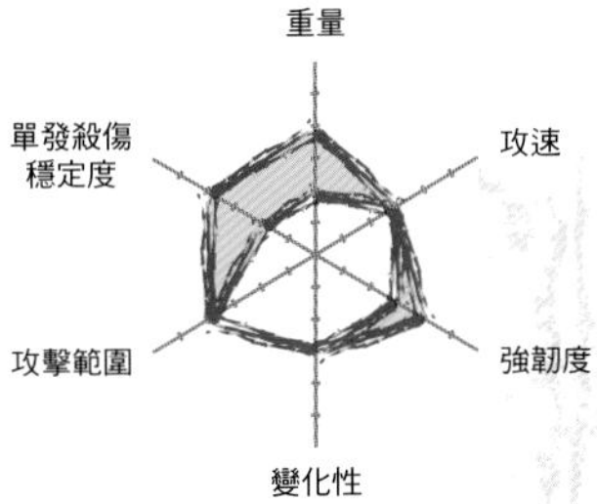

重量
攻速
強韌度
變化性
攻擊範圍
單發殺傷穩定度

屬性—毆擊

棍的質材從藤到鐵都有，重量與強韌度因此有異，分析數據因此受質材影響。攻擊距離與便利性是最大賣點，殺傷力卻相對低落，鐵棍算是其中少數的例外。棍也具有戳刺的攻擊，但畢竟只是鈍器，難以造成創口或失血損傷。

【知識檔案】

棍的握把方式

棍主要有幾種握把方式，一種能交替使用兩端進行攻守，虛實相應、首尾相顧；另一種則可以發揮攻擊距離上的優勢，常於刺擊時使用，這便與槍相同；還有一種是雙手集中握棍的一端，這往往是在「橫掃千軍」這種大動作劈或掃的招式時使用。

藉由握把方式的靈活變換，便能充分展現棍法的巧妙。握棍時，往往是用「半把」，手不要握死。這樣除變把容易之外，也比較不易因手被擊打而讓棍脫手。

槍。矛。

槍是「百兵之王」，有攻擊距離長、攻速快而殺傷力強等種種優點，無論是騎兵衝鋒或步兵防守時，都相當好用。

◆槍頭／最具殺傷力的部分。也是槍與棍基本的不同之處。
◆槍纓／通常以馬尾毛染紅製成。兼有劍穗與刀衣的效果，既美觀，又擾敵，還能防止敵人的血從槍尖順流下來。

對中國古代歷史稍有涉獵的人，對槍也一定都不陌生吧？這應該是歷代使用最廣也最為重要的長兵器了。

早在石器時代，遠古的人類就已經會用磨利的獸骨、獸角或是堅固的石片製作長矛了，而原本打獵時的利器，經過角色轉變，上了戰場之後，一樣威力驚人。

與貴族性的劍恰恰相反，製作一把槍所需耗費的材料成本相對較低，因而容易製造量產；因此，槍不僅便宜，而且用途廣泛，無論是騎兵衝鋒或是步兵防守，都是相當好用的武器。

除了以上優點，**槍還具有攻擊距離長、出手迅速的特色，所造成的穿刺傷往往更容易致命**。清朝武術大家吳殳在他的名作《手臂錄》中認為槍是最強的兵器，直到後來得意的「丈八槍」敗在漁陽老

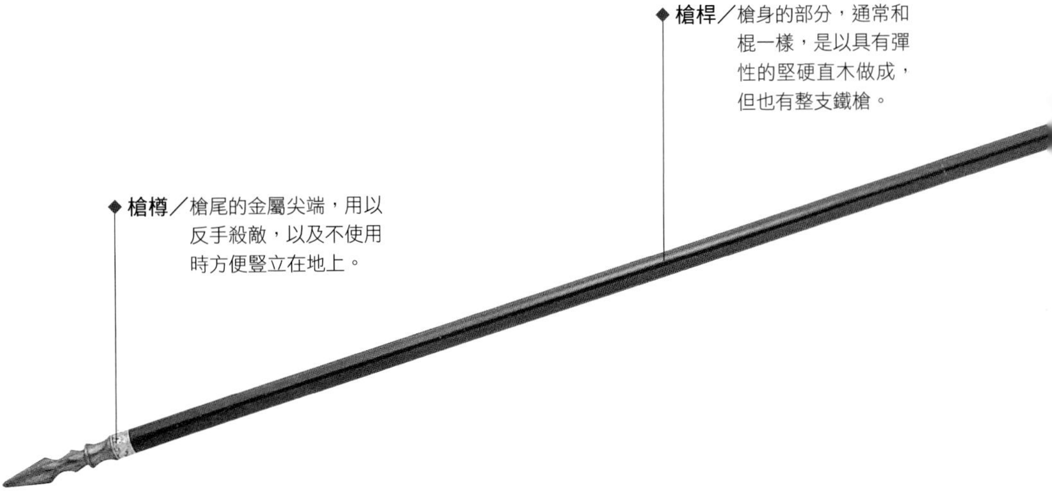
槍桿／槍身的部分，通常和棍一樣，是以具有彈性的堅硬直木做成，但也有整支鐵槍。
槍樽／槍尾的金屬尖端，用以反手殺敵，以及不使用時方便豎立在地上。

劍仙三尺青鋒之下，才感嘆原來天外有天。

因此，史上關於槍的記錄特別多，也就不令人意外了，例如：三國名將趙雲、抗金英雄岳飛、《水滸傳》的「豹子頭」林沖，乃至於近代的**「神槍」李書文**等等，全是善使槍的名家。

正因為槍有攻擊距離長、攻速快、殺傷力強等種種優點，許多兵器在長兵器對戰的套路中，往往會以槍作為其假想敵。因此，**喜好的人說槍是「百兵之王」，而另外有些人則送了它「百兵之賊」這麼一個不好聽的綽號，說的正是槍的迅捷恐怖，就像盜賊般令人防不勝防，眨眼之間便能取人性命。**

演進小史

矛
（是戳兵的原型，更間接影響「箭」的誕生）

↓

槊　**槍**　**鈹**

↓

蛇矛、鉤鐮槍
……等等的變化版本

鎩
（兩者均流行於春秋戰國，對之後的兵器造成影響）

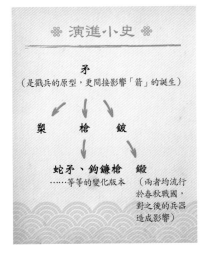

◆槍有多種變化型。蛇矛是頭部曲折的長矛，刃部也比一般的槍來得長；另一支是帶有鉤鐮的鉤鐮槍。此外還有龍刀槍、蒺藜槍等多種造型。

矛與槍

矛是槍的前身。矛頭類似於匕首，身長而兩側有刃，底部則通常做成管狀，套在長柄上使用；有些為避免脫落，會以釘將其裝牢。

雖有割或斬的效果，但由於矛的用法仍以穿刺為主，因此逐漸被更容易使用與製造的槍所取代。相較於遠古時用於車戰的長矛，槍的長度稍微作了修改，更適合單兵靈活使用，尤其槍頭較細而尖，更能有效刺入鎧甲縫隙造成傷害。

張飛是使矛的名人，傳說中，他的武器是相當特殊的「蛇矛」，與一般的矛，頭部構造不同；林冲使的也是蛇矛。

其實，槍的形制也有多種變化，甚或包括在《水滸傳》中出過鋒頭的「鉤鐮槍」，它可刺可斬，這就與戟有那麼點類似了——而日本的「十文字槍」也有異曲同工之妙。晚期的槍，槍頭上常帶著馬尾毛染紅所製成的槍纓，就像劍穗一樣，美觀之餘又能擾敵，同時兼備了像刀衣的拭血效果，防止敵人的血流到槍桿上造成抓握不便。

【知識檔案】

吳殳與《手臂錄》

吳殳是清朝武術名家，所著《手臂錄》全書共五卷，以槍法研究解說為主，並論及單刀、藤牌、棒等兵器，至今仍是學武者的重要參考書籍。

吳殳精通多家槍法，並且常帶槍至各家比武較技，以實驗證明其槍法理論，是非常具有實證精神的武術家。相較於好些重視招式的傳統武者，吳殳卻主張招式是死的，不宜硬記。「存於胸中，則心不靈變。」這番話出自其豐富的實戰經驗，倒是與同樣有豐富實戰背景的日本劍豪——宮本武藏所提出的理論不謀而合。

「神槍」李書文

李書文一生頗具傳奇，是八極門中最著名的武術家。

前文提過，台北武壇的創始人劉雲樵大師，其「八極拳」正是由李書文所親授。李書文八極功夫出神入化，平生未逢敵手，尤以絕招「猛虎硬爬山」聞名於世。然而由於其個性剛烈，來比武者往往非死即傷。他號稱「不二打」，也就是一擊必殺的意思。

除八極拳外，李書文還精於「六合大槍」，因此有「神槍」的別名。據說李書文身材矮小，卻善於使用近兩人高的大槍，記錄中曾以大槍擊落牆上的數隻蒼蠅而不留下任何痕跡，武藝驚人由此可見。

然因其生平樹敵太多，傳說中晚年是被人下毒害死的。

◆ 這是春秋戰國，青銅器時代使用的矛頭部特寫。矛除了刺之外還可以擲，是相當方便的武器。而早期的矛通常是「套」在槍桿上的。

槍的用法

槍的形狀與棍相似，用法上卻相當不同。**「棍打一大片，槍扎一條線。」**這句武術界俗諺正說明了兩者招式上的歧異。**兩者雖然在招式上有相通之處，但整體來說，棍常以掃擊為主，打擊範圍大而傷害淺；槍則剛好相反，專攻刺擊，攻擊範圍僅有一線但殺傷力強。**

練槍者要求的是「槍出如箭」，穩、準、狠，將槍以直線扎出然後迅速收回。而槍法中往往以「中平槍」為主，也就是槍尖對準敵人身體中點，這樣便於掌握視野內所有動靜，而且能直取對手心窩，讓敵人難以招架。

中國槍法，是以一手持定槍身，另一手於槍柄處施力刺擊，有點類似於打撞球的手法。此種手法為世上所僅見，因而成為一大特色。藉此，出槍如靈蛇吐信，不僅攻擊迅速且虛實難辨，是槍法所以深具威脅性的原因之一。

槍是長兵器，對戰時在距離便占了上風；短兵器若想要剋制槍，往往是趁著槍刺出尚未收回時攻入。因此，出手與收招的準確與迅速，是練槍的一大功課。老一輩說：**「年刀月棍，久練的槍。」**可見練槍的火侯是需要下功夫掌握的，然而練成之後，也就少有對手能與之匹敵了。

◆ 可能是受到鍛造技術與戰法的影響，春秋初期的青銅劍往往很短，是以「鈹」一直被誤認為劍。事實上，它是長柄武器，就像是擁有特大號尖刃的矛。會有這樣的武器問世，想來應該與早期以乘車貴族為主力的戰車戰法相關。從圖片看來，是不是確實很像長柄短劍呢？

【實物檔案】

鈹

「鈹」是起源於春秋的矛系長兵器，其形狀酷似短劍，因此經常被錯認，直到後來在秦俑坑起出的鈹頭後端發現殘留的木杖，才讓它驗明正身。

漢朝之後，鈹更演進成了「鎩」這種武器。鎩與鈹形狀相似，尖銳而附有雙刃，但鎩在莖部靠近筒的地方附有「鐔」的構造，兩端上彎，形狀如鉤，在攻擊與防禦效果上均更為優秀。

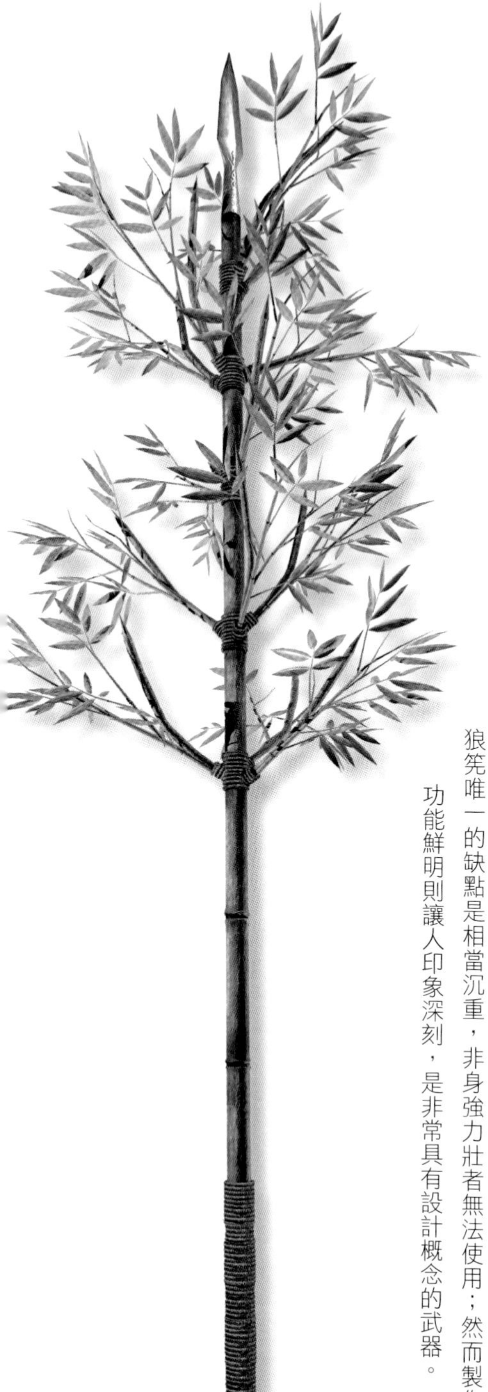

【實物檔案】

狼筅

狼筅（音同「險」），是一種相當神奇的武器。槍系兵器向來以製造成本低廉、攻擊距離長為人所稱道，而狼筅可說將這兩項優點發揮到了極致。

狼筅見於明朝《武備志》與沿海平倭的事蹟中，其製作方法非常簡單：就是砍下長達四、五公尺的大竹，取下大部分的枝葉並加裝上槍頭即可，此外也有金屬的版本。上面附的枝有九層，有些還有十或十一層的。

江南盛產大竹，因此製作這項武器的成本相當低。有鑑於倭寇靈活且武器鋒利，一般民兵武藝不熟加上兵器不佳，往往難以抵擋，抗倭名將戚繼光等人遂利用地利，發明了這項新武器。

狼筅的長度很長，可以進行距離戰，防止倭寇近身。竹子本身有相當的堅韌度，不易砍斷，而其上的分枝還能阻斷敵方的刀槍或弓矢，有一定的防禦效果；再與同陣人員配合，用其架住對方武器後，其他人趁隙攻上，在實戰中取得了很好的效果。

狼筅唯一的缺點是相當沉重，非身強力壯者無法使用；然而製作簡單與功能鮮明則讓人印象深刻，是非常具有設計概念的武器。

◆ 狼筅（示意圖）是一種很妙的武器，構造如「槊」一般，為極長的長槍。強韌青竹構成的主體又粗又長很難砍斷，附著的枝葉更能架開敵人，為後方同僚製造攻擊機會。搭配上戚繼光設計的「鴛鴦陣」，在實戰中取得了優異的戰績，此於後文再詳細介紹。

【知識檔案】

槊與狼牙槊

「槊」是長達三、四尺的長槍，為騎兵的常用武器，如晚近的「神槍」李書文也使用類似的大槍作為兵器。

但是，後來的人往往將槊與「狼牙槊」混為一談，而後者其實是長柄的狼牙棒。《三國演義》中有一段曹操醉酒橫槊賦詩的描述，曹操在船上乘著酒興取槊作詩，誇稱曾持此槊征討黃巾、袁紹等輩，爭雄天下，後因被掃興而刺死了一名從臣。

試想曹操並不以怪力出名，想來應該不會拿著狼牙棒作詩才是。而且若是狼牙棒的話，又怎能用來刺死人呢？

戰力分析

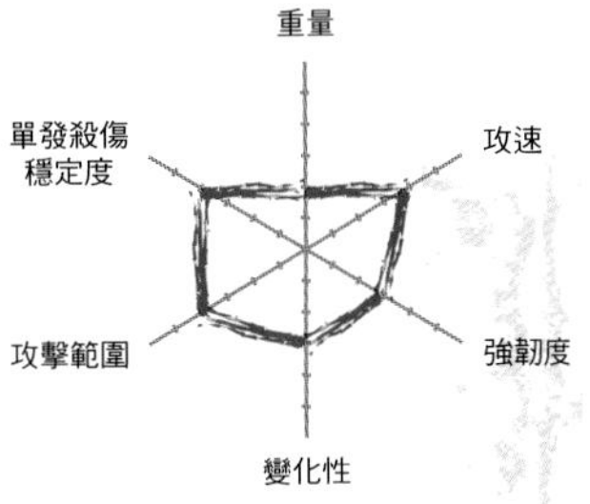

屬性—穿刺（斬切）

槍是平衡度較高的長兵器，主要用於穿刺，能造成傷口很深的大量出血，因此殺傷穩定度高，相當致命。必要時，槍桿也能毆擊。矛更能使用兩翼刀鋒進行斬切。一般的槍或矛重量輕，攻速快、距離長，使用時抖動槍身的「舞花」動作，撥開對手武器，造成混淆，使對手摸不清真正的攻擊方向。換成鐵桿槍，重量及強韌度便大升級。若選用特化版的槊或狼筅，攻擊範圍馬上變成除射程系之外無人可及的A^+級，重量和威力大幅提升。

殳。杵。

殳與戈、戟、矛及弓矢並列「五兵」。根據古書的記載，殳也稱作「杖」，是無刃的長兵，基本形制是附有杖頭的長棍，屬於擊打系的長柄鈍器。

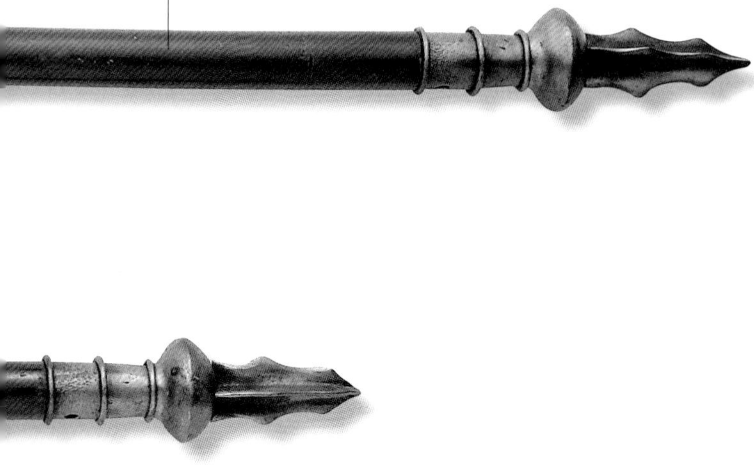

◆柄／在《水滸傳》中，「霹靂火」秦明使的狼牙棒是長兵器，而這兩把則更近似於短兵器的錘。

與棍相關的武器還有「殳」（音同「書」）或「杵」。殳，現在可能沒多少人聽過，然而它在遠古可是與戈、戟、矛及弓矢並列為「五兵」的重要武器，在周朝文獻中仍能找到相關記錄。

但相較於戈或矛，殳則顯得神祕許多，除文字記載外，幾乎沒有留下多少實物可供考據。那麼，殳到底是什麼樣的武器？

根據古書的記載，殳也稱作「杖」，是無刃的長兵。殳的基本形制是附有杖頭的長棍，屬於擊打系的長柄鈍器——早期的殳可能由打鬥自衛或防禦野獸時，所攀折取用的長條枝幹演變而來。

近代學者的考究，認為殳其實也就

演進小史

殳
（棍棒型的長鈍器，起源應為工具）

↓

杵
（加粗加重以強化打擊威力）

↓

狼牙棒

◆**槍頭**／與常見的狼牙棒不同，這兩把頂端還附有槍頭。

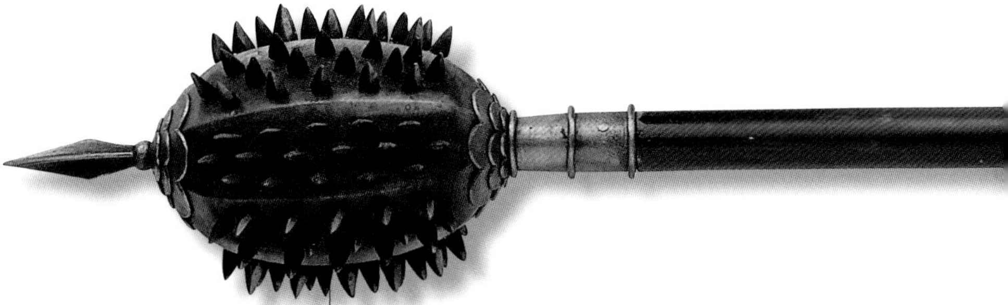

◆**鎚頭**／殳是擊打系的鈍器，後來演變成狼牙棒類的武器。狼牙棒的頭部上有許多狀如狼牙的尖刺，因而得名。

同「杵」。曾有記錄顯示在秦俑坑的兵器之中，找到數十支長柄杖，上面裝著有青銅柱狀的杖頭，形狀有點像是放大版的搗藥杵，這個大概就是殳的真面目了。這也解釋了為什麼遲遲沒能找到實物的殳可供研究——因為依照形制與用途，更容易讓人認定是農林生活中，用來舂米或是夯土的工具吧？

另外，同樣名為杵的「降魔杵」，雖然也是鈍器，造型上卻與此處說的杵有很大的差別了。降魔杵是宗教中的法器，又叫「金剛杵」，佛教中的護法神祇韋馱菩薩就是持用這法寶降妖伏魔。這位菩薩據說是眾神將之首，常作武將形象以護持佛法、救渡修道者，廟裡經常能看到祂的神像。

為了加強打擊效果，往後的殳則在杖頭加上尖刺，便與原本的鈍器有些不同了。

殳的各種造型

由於造型上的緣故，殳逐漸演變之下，跟後來的槍、棍成了一路。

《武經總要》裡有種兵器叫作「柯藜棒」，是一頭粗、一頭細，上面裹著一層鐵的長棍，這大概可以算是後來的殳。

此外，還有「杵棒」跟「狼牙棒」等，這兩種武器就跟「杵」更接近了。杵棒是兩端有多刺錘頭的粗短鐵棒；狼牙棒則較長，僅一邊有仙人掌狀的錘頭，又名「狼牙槊」，算是棍與錘的合體，能夠造成大面積的傷害。

這兩種武器都很重，沒有相當的體力是無法使用的，因而民間傳說：「錘槊之勇不可力敵。」此處的槊，想來說的就是狼牙槊，也就是說跟使

◆ 此為「鐵房樑」示意圖。無刺的殳，造型上應該與它相似。

◆ 圖中的木棒與「柯藜棒」造型相仿，只是沒有鐵皮包覆——基本上這就是「杵」的造型。早期考古中未發現殳的實物，或許是因為被當成農務工具了。

用這種武器的壯漢硬拚是不智之舉的意思。

《水滸傳》的「霹靂火」秦明，就是用這種武器的名人。他那說話像打雷的音量與暴躁的個性，配上這武器再合適不過。這位霹靂火可是名列梁山泊「馬軍五虎將」中的厲害角色，其狼牙棒的威力可想而知。

此外，還有一種兵器叫作「鐵房樑」，是兩邊有方柱狀鐵頭的長棍，有點像無刺的杵棒，也是與殳同類型的武器。在國劇《刺巴杰》中，巴杰使用的就是鐵房樑。

只是無論是巴杰或秦明，都應了俗話說的「頭腦簡單、四肢發達」，全是力氣大卻沒啥頭腦的暴躁莽漢，難怪常常不是中伏，就是被整了。少數例外是《說唐》的單雄信，他使用的武器也是狼牙槊，卻不像前面兩位那樣莽撞，雖說最後以失敗收場令人惋惜，卻不失為一條漢子。

另外值得一提的是，《倚天屠龍記》的「金毛獅王」謝遜，初登場時也用過狼牙棒，不過，大家只記得他拿著屠龍刀的樣子，看起來稱頭得多。果然是「佛要金裝，人要衣裝」啊！

戰力分析

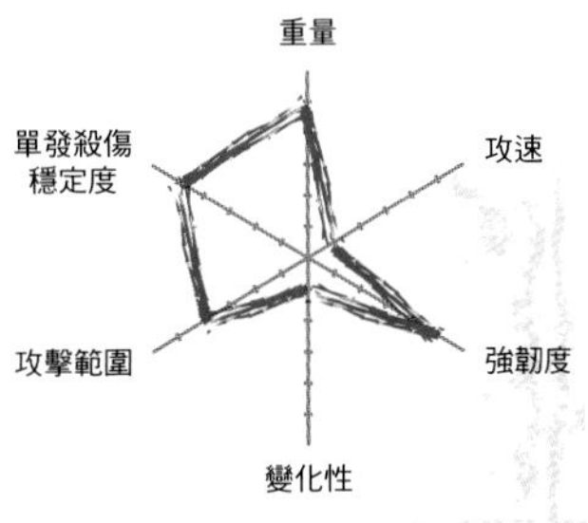

重量
攻速
強韌度
變化性
攻擊範圍
單發殺傷穩定度

屬性——毆擊

此處以常見的狼牙棒來分析屬性：距離夠，殺傷輸出穩，重量驚人，強韌度也不俗，當然就別指望它多麼靈活變化，而連擊之類的更不用提了。武器上的狼牙會造成創口，視覺上造成的心理壓力與損傷流血的體力喪失都很有利，但最主要的傷害仍是毆擊。這也是為了硬拚而誕生的武器。

戈。

戈的造型簡單，適合由上而下的劈擊或是橫向啄刺，攻擊範圍比矛更廣大，是春秋、戰國時，戰車上主要配置的武器。

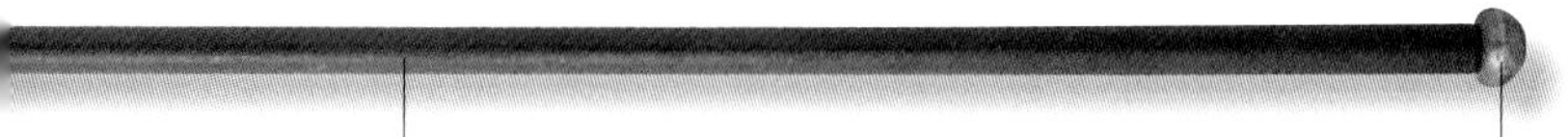

自商朝晚期至春秋戰國時代，戈跟戰車一樣，曾是被廣泛使用的兵器。隨著文明逐漸演變，進入鐵器時代，戰法與武器都有了很大的不同，戰車在戰國晚期逐漸從戰場上消失，而戈也慢慢步出了歷史舞台，被其他武器所取代。

儘管如此，在語言文字中仍能見到戈的影子。例如：**「化干戈為玉帛」**、**「枕戈待旦」**、**「同室操戈」**等成語，證明了戈曾是占有重要地位的武器。

戈的造型很簡單，就像是把刺刀橫綁在長柄上那樣。在商朝，鉞斧是最廣為使用的兵器，但斧的分量沉重、製作成本較高，而且使用不易，因此其後便被生產與使用更為便利的戈所取代，成為戰事頻繁的戰國時代中，一般軍的主要佩賦武器。

◆由於戈是古兵器，因此各部位名稱皆為古名。

演進小史

戈
（主要流行於春秋戰國的車戰，後世逐漸沒落）
↓
戟

戈的造型

戈與筷子的設計原理相同，最早的靈感或許來自鳥類，從造型上可以看出，它適合由上而下的劈擊或是橫向啄刺，有點像鳥在啄食的形象。為了顧及製造與戰陣使用方便，刃部並不很長，致命度相對來說較有限，因而還有將敵人鉤近再以短兵斬殺的用法，即是所謂的「鉤兵」。使用手法與西方死神的長柄大鐮有點類似，但功能更多。

造型雖然簡單，但戈的設計卻處處有學問：角度太大鉤不到人，太小則失去砍殺能力。此外，刃部後面像刺刀柄的部位叫作「內」，這內若太短則重量不足，揮舞的速度與力道都不夠；太長了又妨礙使用，反而容易造成兵器斷裂。因此內與刃部（稱作「援」）需維持一比二的比例，而援的角度以一百度為最理想。

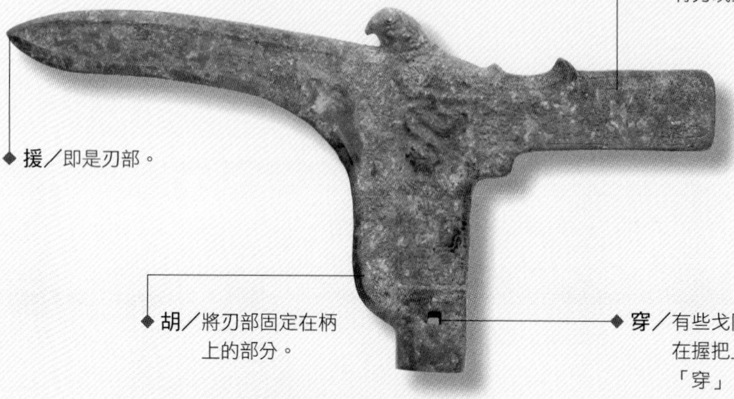
內／類似刺刀的刀柄，相對於刃部。有的內上面也有刃或鉤。
援／即是刃部。
胡／將刃部固定在柄上的部分。
穿／有些戈附有可以綁皮帶在握把上的孔洞，稱為「穿」。

【故事檔案】

月英

史實上若真有月英這位角色，應該是沒上過戰場的，然而她在遊戲中卻成為使用戈的代表人物。身為傳奇人物諸葛孔明的妻子，她與丈夫一樣深具傳奇色彩。

相傳孔明年少就胸懷大志，對婚事也頗有主張，希望覓得足以輔佐自己的賢妻。與其熟識的名士黃承彥知道了，便告訴他說：「我有個女兒，雖然生得相貌醜陋，其才能卻足以與你相配，不知你意下如何？」

孔明欣然答應，因此時人皆取笑說：「莫學孔明擇婦，只得阿承醜女。」

其實，黃月英這個名字的由來，無從考據。在民間傳說中，孔明這位賢妻在發明才能上更勝於他。有一回，友人來訪，孔明請妻子下廚備膳待客，沒想到才一轉眼間，飲食均已準備妥當。孔明頗為吃驚，到廚房一看，發現竟是月英所做的機關木人之功，嘆服之餘便向月英請教；日後的木牛流馬等發明也多出自月英的設計。

有人主張月英其實是個美女，只是故意易容扮醜；也有人認為她「黃髮黑膚」，其實只是不合於當時漢族的審美觀，但胸懷天下的孔明卻不以為意。顯然大家都比較喜歡「月英是美女」的說法，才貌雙全的兩人相配，更能讓人充滿想像空間。遊戲中，月英也常是大受歡迎的角色。

戈的使用

春秋戰國時，戈常是戰車的主要配置武器，戰車以三人為一組，中間一人駕車，兩側士兵則以弓箭和戈進行戰鬥。車戰的速度快，加上攻擊距離上的考量，戈可以說是最理想的武器。

戈的攻擊範圍比矛廣大得多，而且矛一旦沒刺中，很難接著再發動攻擊；戈則不然，砍出後還能反手回砍，就算只是鉤住鎧甲，都能把敵人硬扯下車——但必須鉤牢且使用者夠力。這些被摔下車的倒楣傢伙不死也半條命，更別提後面還有馬蹄、車輪與虎視眈眈的步兵等著攻上來。

此外，短戈用來對付步兵尤其理想，高速衝去的斬擊能發揮絕大的傷害，要是被鉤住給戰車拖走就更恐怖了。然而戰國之後，戰車沒落，被較輕且單兵機動力更強的騎兵取代，其裝備也由更適合輕騎衝鋒使用的槍類刺兵代替——而輔助用的刃類武器則往往統一交給刀了。

遊戲「真三國無雙」中，孔明的妻子**月英**所使用的就是戈，只不過，遊戲中較高等級武器的造型做得比較像長柄鐮刀。

戰力分析

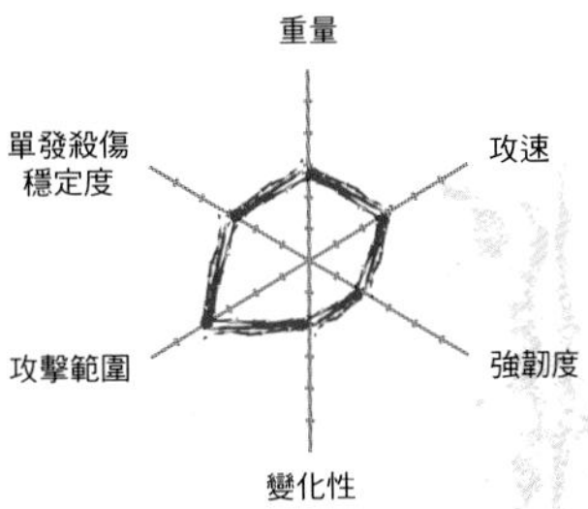
重量
攻速
強韌度
變化性
攻擊範圍
單發殺傷穩定度

屬性—斬切、特殊

形狀像西方死神大鐮的戈，以鉤和斬為主。鉤是配合古代車戰打法，將對手拉下車，屬大範圍的平面式攻擊。與槍的一線刺擊不同的是，戈的攻擊面雖大，但攻擊模式相對單調，雖然長度上與長槍差不多，卻因構造與攻擊方式的緣故，攻速略打折扣，若一擊不中則需轉向才能再打。此外，金屬刃部與槍桿的接合處是結構上的弱點。

戟。

戟同時具有戈「鉤兵」啄砍與矛「戳兵」突刺的效果，可以砍、鉤，還可以刺，是相當萬能的兵器，也是最具有中國風的兵器之一。

只要是稍有接觸「三國」系列遊戲的玩家，對戟這武器絕對不會陌生。

「**馬中赤兔，人中呂布。**」號稱三國武勇第一的猛將呂布，就以愛用兵器「方天畫戟」著稱。演義中「三英戰呂布」的名場面，無論男女老幼，三國迷們無不津津樂道。能讓關羽、張飛這兩位萬夫莫敵的傳奇強者聯手圍攻，呂奉先的方天畫戟之厲害可以想見。直到最後呂布在下邳被手下背叛捕縛時，曹操的軍隊都還不敢輕易相信；非要等到他得意的畫戟被從白門樓擲下後，人們這才確信這位不可一世的溫侯真

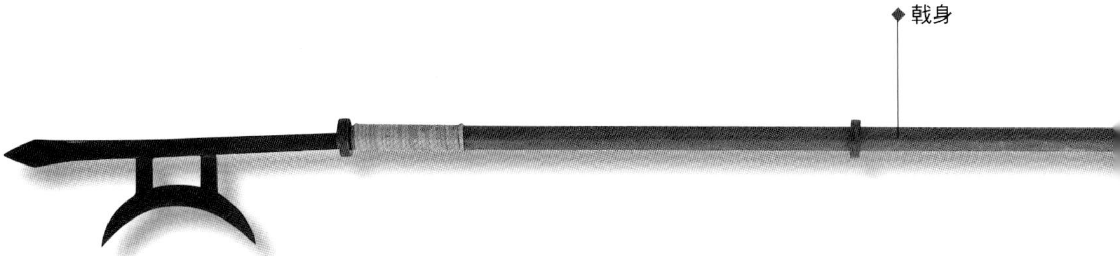
戟身

◆戟有「一條龍」的說法，依槍頭、月牙、戟身、鐏部而分成龍頭、龍爪、龍身、龍尾等。龍頭能叼，龍爪能抓，龍身能靠，龍尾能擺，是多功能的兵器。

的已然兵敗被擒。

儘管有史家考據認為呂布慣用的兵器其實並不是戟，然而在《三國演義》的影響之下，方天畫戟早已成為呂布的代名詞。三國名將武力的排行榜上，這一人一戟必定穩坐第一；甚至到了《水滸傳》，還出現了崇拜呂布的鐵粉「小溫侯」呂方，其影響力之廣由此可見。

不知是否巧合，古典小說中另一位唐朝名將薛仁貴使的也是畫戟——兩人正好都是俊俏的小生，似乎不少年輕英俊武將都愛用戟。

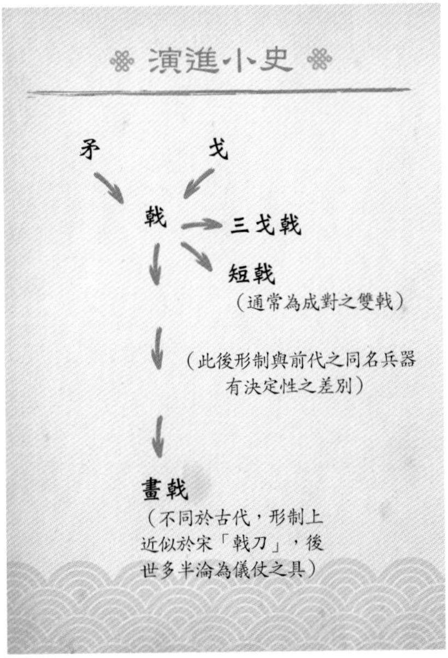
演進小史
矛
戈
戟
三戈戟
短戟
（通常為成對之雙戟）
（此後形制與前代之同名兵器有決定性之差別）
畫戟
（不同於古代，形制上近似於宋「戟刀」，後世多半淪為儀仗之具）

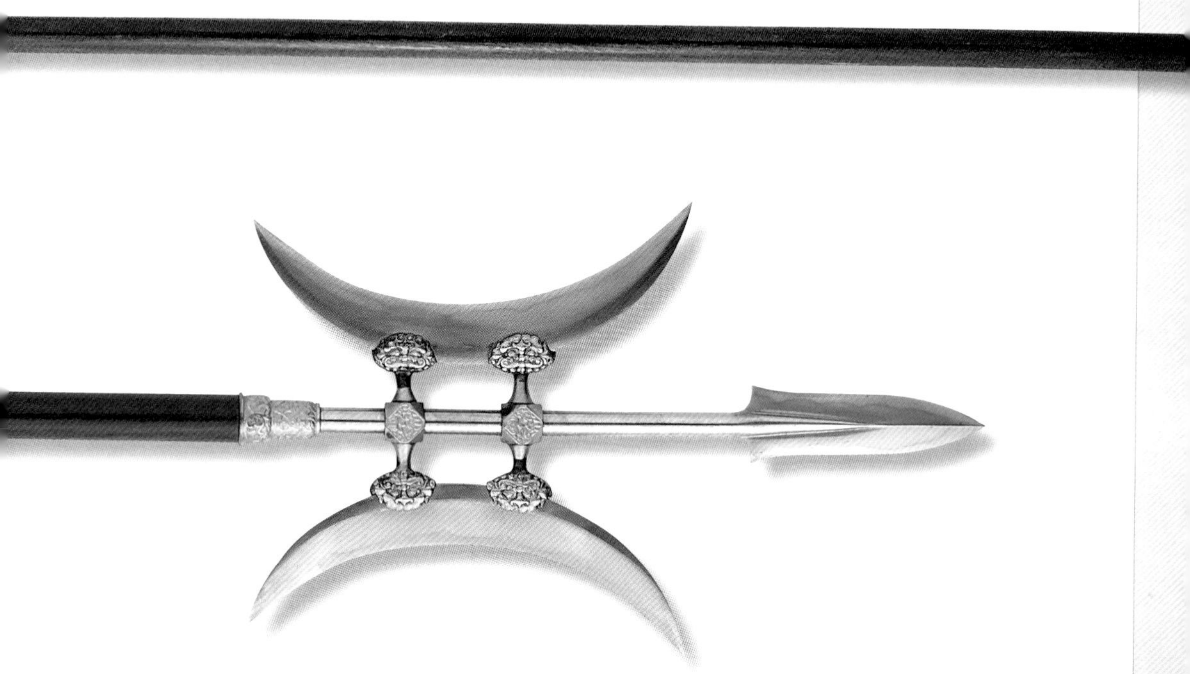

戟的形制

戟的使用自春秋戰國開始日趨普遍，漢朝更可謂其全盛時期。不同於大家常看到的畫戟，當時史上實物的戟，造型其實很簡單——即在戈上加裝矛頭而已。

集合了兩種兵器的特點，使得戟同時具有戈「鉤兵」啄砍與矛「戳兵」突刺的效果，可以砍、鉤，還可以刺，算是相當萬能的武器。現今看到的戟，造型更近於宋朝《武經總要》中列出的長柄武器「戟刀」。此造型大致確定於唐朝，而逐漸成了大家所熟悉的樣子，也往往成為最具中國風的代表性武器之一。

我們一般看到的戟僅有一邊附著月牙，然而也有兩邊均有月牙的版本。有人主張僅單月牙的稱作「青龍戟」，而雙邊月牙因為造型有幾分像「画」字，才有了畫戟這個稱呼。

受到造型的影響，「戟不舞花」便成了它與槍最大的不同點之一，相較之下，戟似乎比槍少了幾分「詐騙度」，因而要來得更直來直往些。只是照這麼說來，在《水滸傳》中因為畫戟上飾品相纏，而難分難解的呂方與郭盛兩位啊……把這麼威猛的武器搞得這麼娘，真的好嗎？

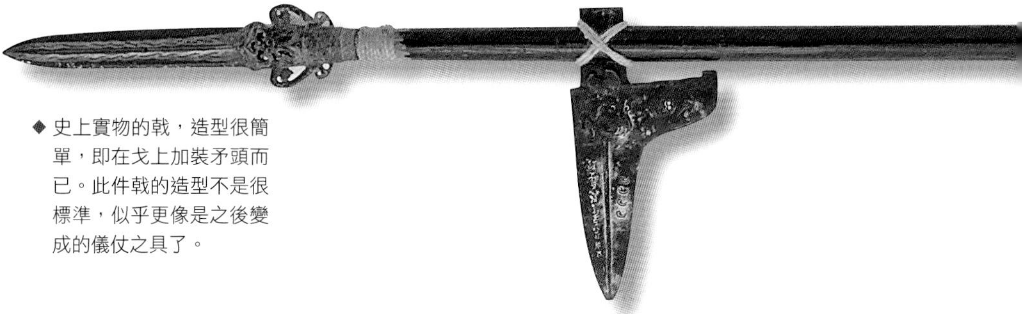

◆ 史上實物的戟，造型很簡單，即在戈上加裝矛頭而已。此件戟的造型不是很標準，似乎更像是之後變成的儀仗之具了。

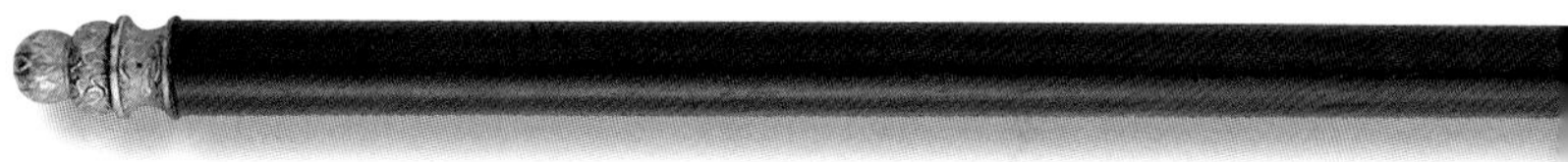

◆ 一般的戟通常僅有一邊附著月牙，然而也有兩邊均有月牙的版本。有人稱單月牙的為「青龍戟」，雙月牙才是「畫戟」。不過，現在很少分得這麼仔細了。

【故事檔案】

典韋

典韋是很早就追隨曹操的猛將，只是死得也很早。據說，早年的典韋為友報仇，在鬧市殺人後，百餘追兵無人敢接近；後來曹軍大將夏侯惇將其收為部下，推薦給曹操。他能輕易舉起近百公斤的牙門大旗並站穩不動，曹操看到了之後，誇讚說：「這是古代的惡來啊！」（惡來是上古以怪力聞名的猛士。）

之後，典韋就成了曹操的親衛，不離曹操左右。《三國演義》中和典韋打成平手的，是曹操號稱「吾之樊噲」的重量級猛將許褚，也是曹操的另一名近衛。

曹軍在濮陽戰呂布時，典韋帶頭衝陣。面對圍攻的敵軍，典韋告訴同袍：「敵軍距離十步時再叫我！」相隔十步時又說：「五步再叫我！」結果五步內進犯者全被典韋消滅。

這位猛士不但武勇驚人，而且對部下不錯，常與部下一起分享酒菜，大吃大喝。最後典韋在宛城被張繡手下胡車兒灌醉、盜走武器，亂軍中為了保護主公逃走而捨身斷後，壯烈殉職。

遊戲中的典韋成了使用手斧的光頭佬，而漫畫《火鳳燎原》的典韋，忠於原作，使用雙戟當武器，而且造型相當性格……

短戟與雙戟

值得一提的是，戟與斧頭一樣，同時有長柄與短柄兩種版本。短戟可以單支配合盾牌，但大多是成對使用，且在造型上較無爭議，一般雙面皆有月牙。

與它的長兵版本一樣，短戟也是漢朝的流行武器。前文說三國時吳軍大將太史慈就是使用這種武器，而史上也有同陣營的孫權與甘寧使用短戟行獵或表演的記錄。曹操忠心耿耿的護衛典韋更以**「帳下壯士有典君，提一雙戟八十斤」**為士卒所稱道。《三國演義》中，**典韋**和呂布一樣無人能敵，最後也是被設計灌醉盜走雙戟才殉職的。

好吧！看來若遇到使戟高手的話，先盜走他們的武器，似乎是個好主意……

戟是非常早且相當成功的複合兵器，它結合了兩種武器的效果，功能廣泛，是漢朝的主力武器；並由此衍生出「鉤鑲」這種特殊盾來加以剋制，後文將會介紹。除此之外，晚近的複合兵器中也能看到戟的影子，像鉤與環的護手，上面的月牙是不是就跟戟的小枝很相近呢？

【知識檔案】

三戈戟

戰國時還發展出「三戈戟」這種版本的武器，顧名思義，就是在三段戈上加裝矛所製成的戟。

三戈戟的製作考量在於發揮強大的殺傷力，然而，無論其重量或製造成本都相當有負擔，尤其考慮到重心分布時，更有斷裂之虞。是以之後出現了一體成形的「卜」字形鐵戟，這便是漢朝具代表性的戟造型。

◆ 戟同時有長柄和短柄兩種版本。短戟大多成對使用，且造型通常是雙面皆有月牙。

屬性—穿刺、斬切

戟是槍與戈的結合體，是設計相當成功的複合兵器。兼具了槍殺傷力強與戈範圍廣大的優點。戟的攻擊模式多元，可砍可刺，有「戟是一條龍」的稱號。至於利用不同部位攻擊的能力，則同時補強了攻速與使用上的變化性。因此，相較於槍，有「戟不舞花」的慣例，想來是因為可用的策略已經很多了吧。

戰力分析

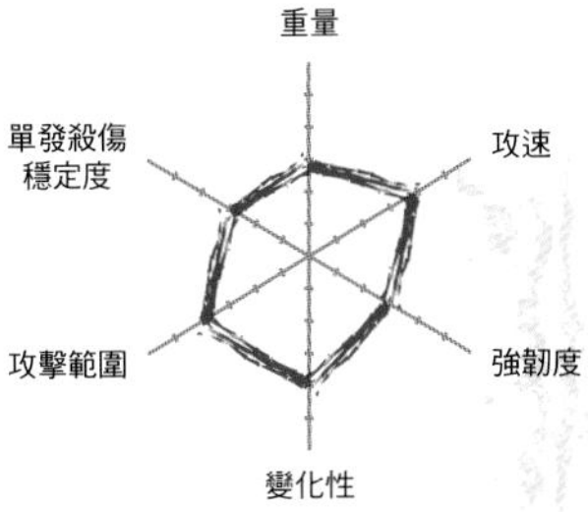

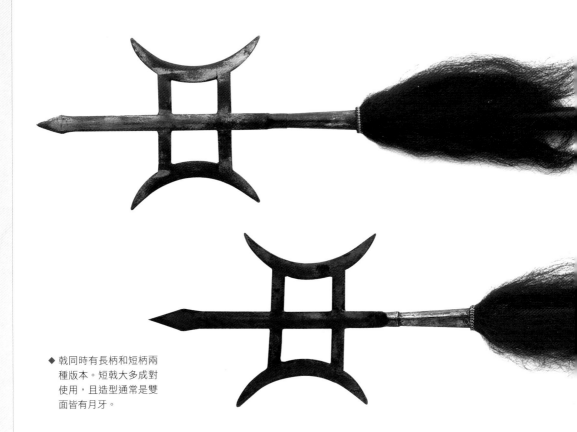

大刀。

大刀是中國風濃厚的兵器，也是最常見的長兵器之一。
最具代表性的大刀與其使用者，
自然非武聖關羽與「青龍偃月刀」莫屬。

◆ 刀柄／刀柄與刀身相接處，常做成龍頭張口的形狀。
◆ 鐏／青龍刀是沉重的長兵器，因此柄末端的鐏是必要的，近身攻擊或直立擺放時都用得著。

長柄大刀是又一項深具中國風的武器。最具代表性的大刀與其使用者，自然非武聖關羽與其得意的「青龍偃月刀」莫屬。凡是中國人，沒有不曉得關公大名的；影響所及之下，大刀便也成了最常見的長兵器之一。

《三國演義》中關公的大刀重達八十二斤，足見其驚人臂力，而此項記錄也出現在《水滸傳》。關公是民間普遍信仰的神祇，這柄大刀常見於神像旁，因而造型設定特別活靈活現。常見的青龍刀偃月形狀像彎月，刀身又有龍紋雕飾，因此得名。刀背上有類似於鉤鐮的小枝，上面往往有美觀的紅纓，而刀柄則常做成龍口的形狀。另外，據說刀身上有鋸齒，所以又有「冷豔鋸」的別名。

前文提過，漢朝是刀這種武器興起且最為盛行的

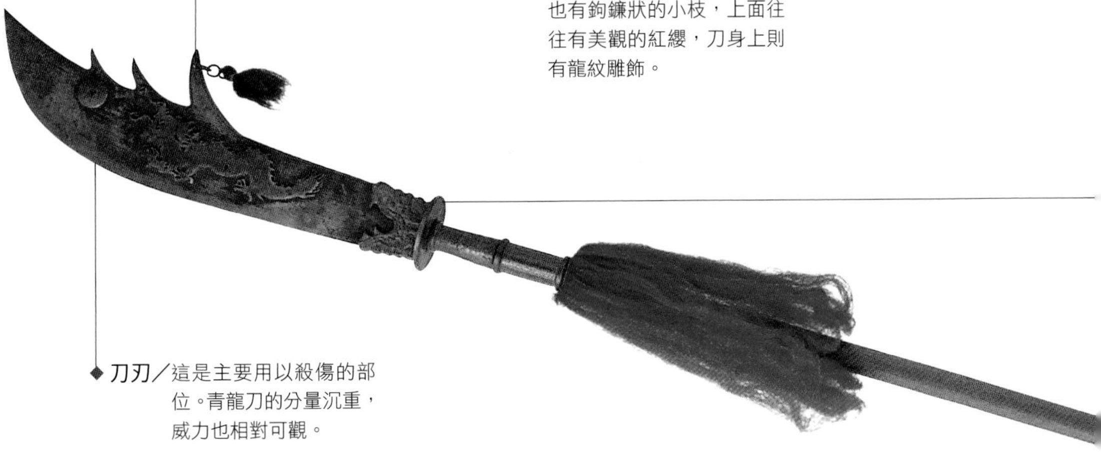

◆ **刀背**／除了刀尖外，青龍刀的背上也有鉤鐮狀的小枝，上面往往有美觀的紅纓，刀身上則有龍紋雕飾。

◆ **刀刃**／這是主要用以殺傷的部位。青龍刀的分量沉重，威力也相對可觀。

◆ 冶煉技術與戰法的演進，使得刀戟成了漢朝的主力兵器。與活躍於同時期的戟相同，刀也有長短柄的不同版本，然而依學者考據，大刀在當時或許不如想像普及。顧及當時騎士沒有馬鐙幫助穩固重心這點，要運用沉重的大刀作戰，得需要超人的本事才行！

時期。當時的王公貴宙無不佩刀，史料即有曹丕造「百辟寶刀」，所謂**「百鍊利器，以辟不祥」**的相關記載。就連一般士兵佩帶的武器也以刀為主，甚而留下**「吳造萬口刀，蜀造五萬口」**這樣驚人的數字。

因此，**漢朝的長兵器雖以戟與矛為大宗，然而崇尚刀的風氣，也間接促成了大刀的普及。**隨著使大刀者日漸增加，許多人便為刀取了各種名字，例如：太平、開陣、定戎等，並為自己的用刀定出特殊的造型與使用套路，藉以凸顯本事。

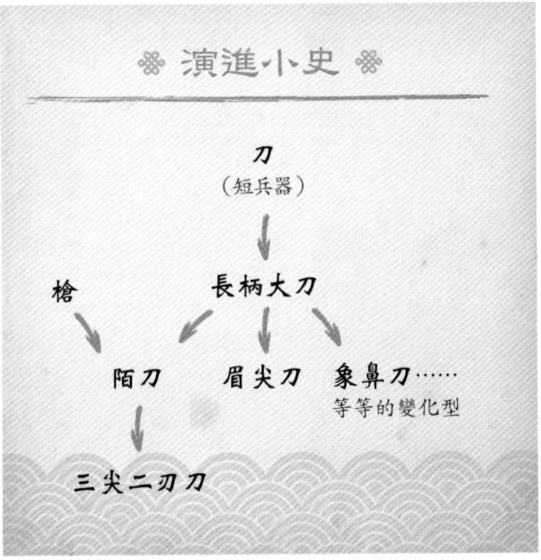
演進小史
刀
（短兵器）
槍
長柄大刀
陌刀
眉尖刀
象鼻刀……
等等的變化型
三尖二刃刀

大刀的形制

除了偃月刀外，常見的大刀還有「鳳嘴刀」、「眉尖刀」、「筆刀」等種種變化，但無論在使用上或造型上，仍是大同小異。

其中，比較特殊的是一種**「象鼻刀」**，刀頭呈**象鼻捲曲狀而沒有刀尖**。這種武器也出現在國劇之中，並且變成了老將們愛用的武器，蜀漢「五虎將」裡的老將**黃忠**，拿的正是這玩意兒。

沒有刀頭的刀，讓人不禁懷疑其殺傷效果到底如何……不過，它很搶鏡頭倒是真的。

比這更招搖的是「三尖二刃刀」。**它分成三岔的造型，應該兼有大刀與叉的特點，基本上已經不太像一般的大刀，使用上也摻雜叉的手法在內，有可能是從「陌刀」演變而來。**

使用這種兵器的代表人物是《西遊記》裡的三眼**二郎神**——他是唯一能擒下孫悟空的狠角色，明星級的神果然扮相與兵器都相當搶眼。

此外，《火鳳燎原》中初出場的張遼、《水滸傳》的「九紋龍」史進都拿過這種兵器上場。另一位相對低調的角色——《三國演義》中袁術的大將紀靈，據說也是用這種武器。真多虧了這段記載，否則恐怕沒幾個人記得他是誰吧？

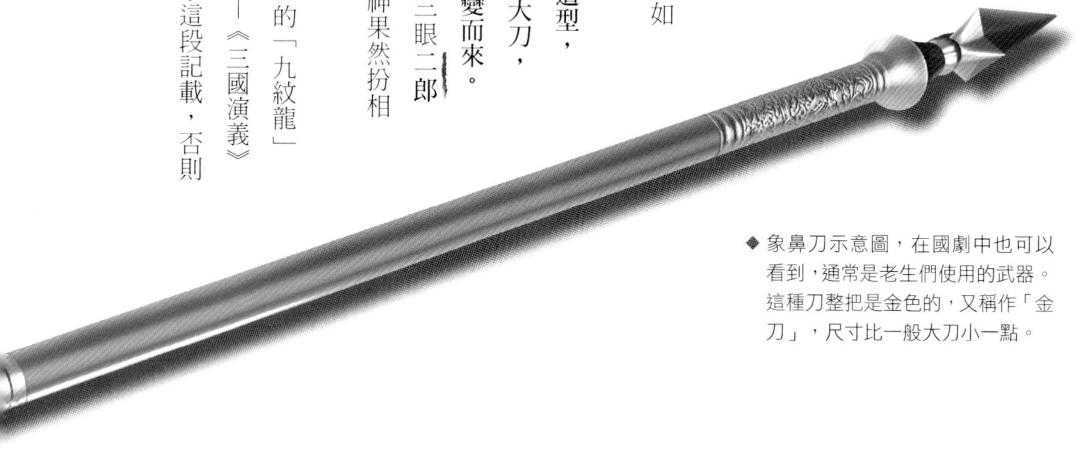

◆ 象鼻刀示意圖，在國劇中也可以看到，通常是老生們使用的武器。這種刀整把是金色的，又稱作「金刀」，尺寸比一般大刀小一點。

【故事檔案】

黃忠

黃忠，字漢昇，《三國演義》中有所謂「五虎將」：關羽、張飛、趙雲、馬超、黃忠。黃忠是名列其中的唯一老將，以老當益壯與百步穿楊的神射手為人所熟知。

其事蹟在演義中多有著墨：劉備南征時，當時屬長沙太守韓玄手下的黃忠自請出戰，並拉斷兩張硬弓以顯其武勇（這老先生好大的力氣）。與來戰的關公單挑時因坐騎戰馬立起而被摔落，但關公卻未趁機殺他，只叫換馬再戰；因此他也不忍恩將仇報，只以無頭箭射中關公頭盔上紅纓根部作為警告。

日後，劉備拿下長沙，黃忠應其所請加入蜀軍，立下許多戰功。最為人樂道的戰績，除與老將嚴顏「計奪天蕩山」、與趙雲搭檔的「漢水之役」之外，首推個人代表作的「定軍山之戰」。

該役中，黃忠斬殺夏侯淵，大挫曹軍銳氣。夏侯淵和曹操本是堂兄弟，以勇猛且善於急行軍奇襲著名，有「典軍校尉夏侯淵，三日五百，六日千里」的說法，是曹軍的重要人物。

歷史上沒說是誰殺了夏侯淵，演義則將此事歸功給黃忠，深諳卜算之術的管輅還特地預言過此事。

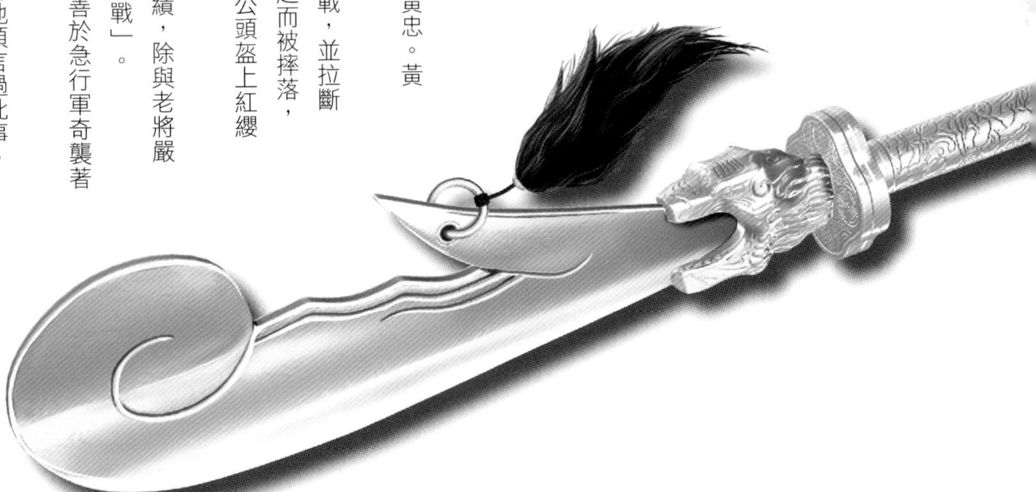

大刀與薙刀

話說，大刀還有與其相似的日本遠親「薙刀」（薙，音同「剃」），也是戰陣中廣為使用的武器。只是相較之下，薙刀的刀頭比大刀來得細小，分量遠不如中國大刀。值得一提的是，古代日本女性武將也常使用薙刀。

相形之下，中國大刀可是很陽剛的。**國劇中甚至有個習慣，若沒有角色相關記錄可循，往往安排讓畫花臉的「淨角」與反派使用大刀（正派與生角則用長槍）**，想來這是大刀配合花臉，看來威風霸氣的緣故。關公與他的青龍偃月刀因為地位特殊，是個例外，而且青龍刀在不上戲時，可是要用布套裝好收好的。

至於專供女性使用的刀，稱為「坤刀」，是取自乾坤的「坤」字，代表女性之意。坤刀的尺寸小得多，和薙刀比較接近，上面裝有七個玻璃鏡片，舞起來閃閃發光，煞是好看，卻沒有了大刀那樣的霸氣。因為坤刀上面的七個鏡片，別名又叫作「七星刀」。

在國劇《青石山》出場的女妖「九尾狐狸精」，就是使用坤刀的角色。國劇中許多女性或女將，使用的兵器都是成對的，這比例遠比男性來得多，或許與傳統相信雙數與單數分別與陰陽相對應之故，像是「雙股劍」、「繡鸞刀」、「雙頭槍」等。雖然坤刀只用一把，然而女性角色的兵器，裝飾性一樣很強，其美觀效果毫不遜於前面的兵器。

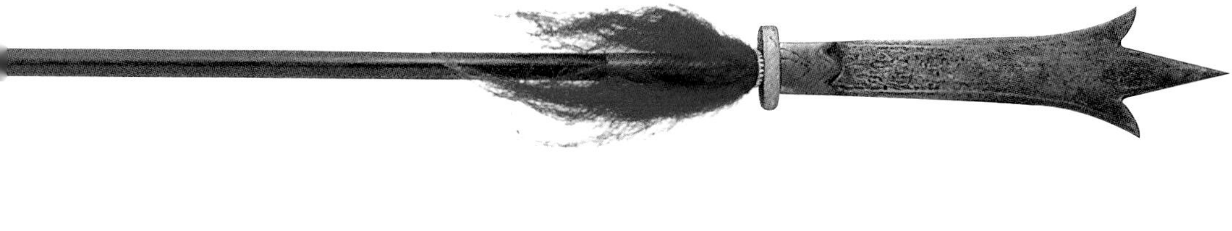

【故事檔案】

二郎神

二郎神除了在《西遊記》將厲害無比的齊天大聖剋得死死的不説，還在時代背景更早的《封神榜》裡出盡鋒頭，幾乎未逢敵手，是寥寥可數肉身成聖的角色。

眉心間第三隻眼是二郎神的特色，民間傳説他相貌英挺，喜歡游獵於山野中，不受拘束，身邊除了「梅山兄弟」等隨從，還跟著一隻「嘯天犬」。

傳説中的二郎神名叫楊戩，但是其原型則來自當年協助「李冰治水」的李冰之子，由於受後人崇敬而被尊為神。這位神仙的駐地「灌口」，離他們父子當年所造的「都江堰」確實有地緣關係；民間説當地往往為男孩取名作「冰兒」，正是寄望孩子長大後能像李冰父子一樣聰明勇敢、流芳百世。關於李冰治水的神話傳説還有很多，如民間就有他變成犀牛與河神戰鬥的故事。

先民早期飽受水患所苦，因此勇敢對抗天災的治水英雄特別受人景仰。除了李冰與大禹有廣為人知的治水故事，戰國時的西門豹也有關於破除「河伯娶婦」迷信，造福百姓，流芳後世的佳話。西門豹巧妙地利用「以子之矛，攻子之盾」的手法，借力使力，讓勾結迫害百姓的三老與巫祝們自食惡果。這故事見於《史記・滑稽列傳》，原文相當精彩，有興趣的讀者可以翻看。

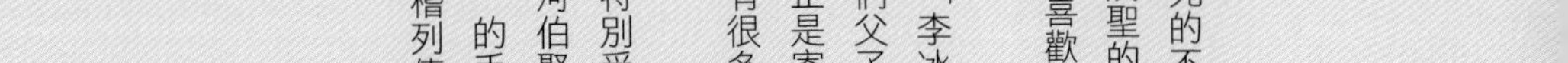

◆這是「三尖二刃刀」，刀口處有三個尖刺，而左右兩側均有刀刃，可砍可扎，因此得名。由造型上判斷應該兼有大刀與叉的特點，可能是由後文提到的陌刀變來。使用這項武器的代表人物是二郎神。

【寶物檔案】

陌刀

前文說過斬馬刀有多種版本，陌刀即是其中一種。

陌刀是大尺寸的兵器，刀頭形狀與其說是刀，更像是極寬刃的大劍，越往尖處越寬：刀尖可刺、兩刃可砍，刀柄長達二至三米，整把兵器分量十足，必要時甚至能比照斧頭，用來當作破壞城牆的工具。

陌刀的功能廣、戰力強，是唐朝步兵的正式裝備，往往編組作戰，以「刀牆」的方式挺進，配合弓兵部隊支援，斬殺敵軍騎兵；至宋朝後逐漸消失。平定安史之亂的郭子儀主力軍中，即以陌刀作為主要武器。

有人認為三尖二刃刀即是陌刀演變而來。著名的陌刀使用者有大將李嗣業，史上說他每戰必為先鋒，所過勢如破竹：「當嗣業刀者，人馬俱碎。」請注意，是「碎」！這已經不只是「斬」馬刀了……真恐怖的怪力。

女性與兵器

提到與女性相關的兵器，就不禁讓人聯想到武俠世界中的俠女。說起來或許超乎現代人的想像，**古代的武俠社會可說是深具男女平權觀念的世界；在其中，女性往往扮演著不亞於男性的重要角色。**

前文提過勇敢犧牲自己、幫助丈夫鑄成神劍的女中豪傑——莫邪——即是一例。

具有相似時間及地緣關係的，更有善於劍術的越國處女，以其驚人的劍法，在向來被認為是男性舞台的武術世界中一枝獨秀。有人甚至認為這位女性該算是中國武俠之祖。武俠界與漫畫界的兩位大師，金庸與鄭問，均曾以此為題進行過短篇創作。

類似的例子比比皆是，唐朝傳奇中風塵三俠的紅拂女、《水滸傳》的「一丈青」扈三娘、《三國演義》的祝融夫人、廣為人知的楊門女將、清朝傳奇故事中的呂四娘，乃至於近代武俠創作的各個女性角色，歷代俠女一如戰場上的薔薇，不讓男性獨擅勝場，傲然而華麗地在各自所在的時空中綻放光芒。直到今天，這些俠女都還是許多人傾心的夢中偶像呢。

戰力分析

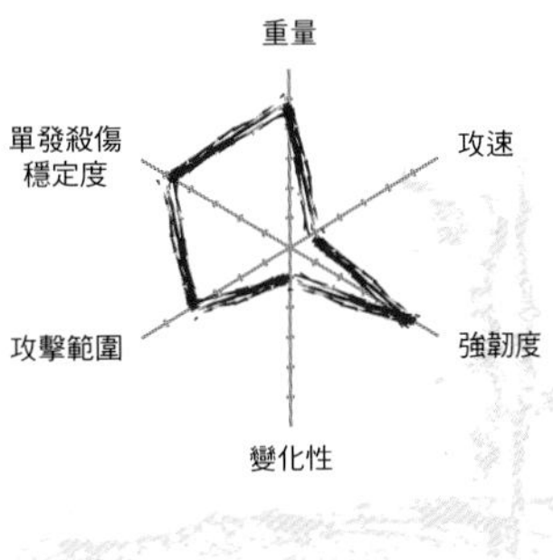

重量
攻速
強韌度
變化性
攻擊範圍
單發殺傷穩定度

屬性—斬切

大刀與鉞斧的構造相近，因此使用的方式也有類似之處。就武器特性而言，兩者均與長兵器中的狼牙棒相似，都是靠著爆發性威力一發致勝的力量型武器——就算沒砍中，光靠重量硬砸一樣會出人命。無論武器強韌度或單發傷害力皆無可挑剔，攻擊範圍也可圈可點，只是因重量驚人，是以變化度低，攻擊模式容易遭到識破，持久作戰能力因此相對薄弱。除了攻擊方式彼此略異之外，三者基本上頗有共通之處。

叉。鏜。

叉是常見的漁獵工具，攻擊面積廣，傷害性大，刺枝之間的縫隙還能鎖住對手兵器；而鏜像是叉與月牙鏟的綜合體，具有叉、鉤、劃、挑等多種攻擊手法，相當犀利。

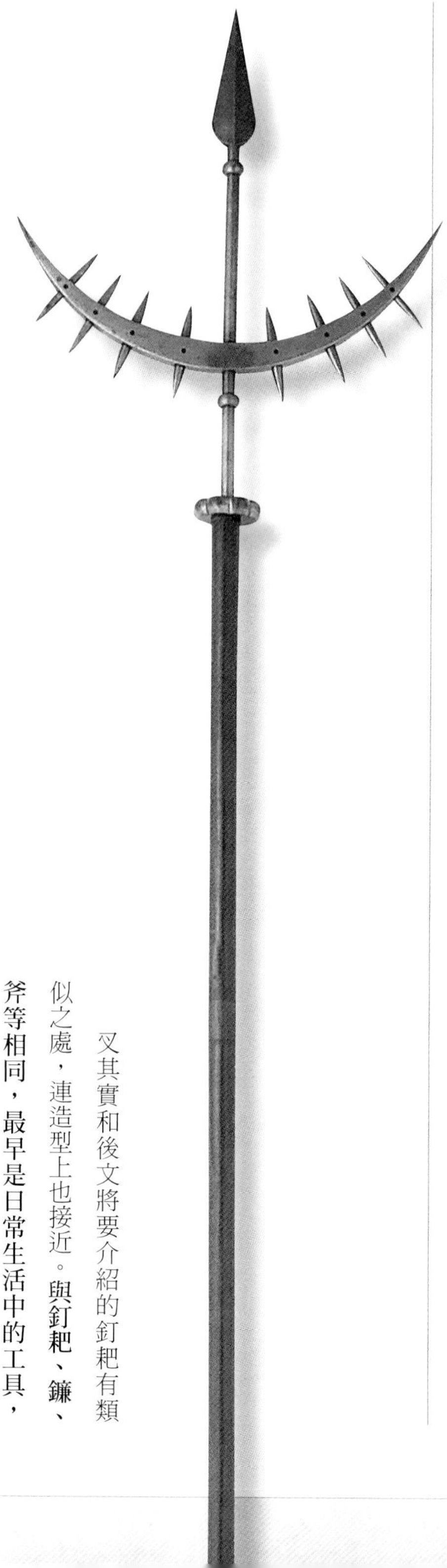

叉其實和後文將要介紹的釘耙有類似之處，連造型上也接近。**與釘耙、鐮、斧等相同，最早是日常生活中的工具，逐漸演化成為武器**。中國的叉通常都是三股或三叉，也有部分雙股叉、甚至九股叉的不同形制。

漢朝劉熙在《釋名・釋兵》所做的矛的分類裡，有一種「仇矛」，說是「**頭有三叉**」，名字雖然是矛，實際上就是叉

◆ 圖中為常見的三股叉，也是從農漁獵用具演變而來的武器。

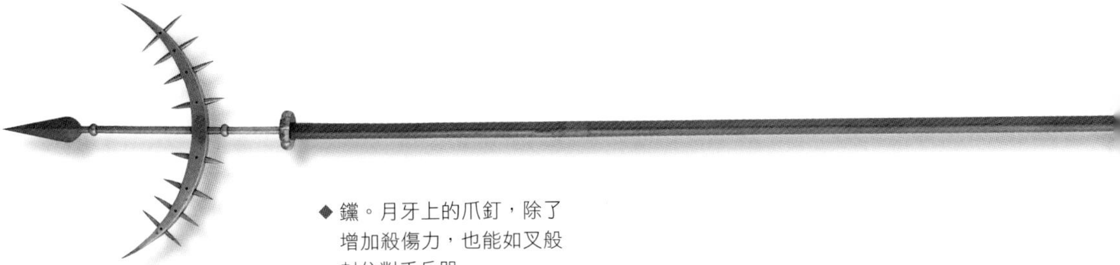

◆ 鑲。月牙上的爪釘，除了增加殺傷力，也能如叉般封住對手兵器。

了。由此得知，**叉的用法以突刺為主，是與槍、矛等相同的「戳兵」。**

叉的造型，是槍頭的兩翼附著與其平行刺出的尖枝，因此能造成比槍更深而廣面積的傷害。**與槍相較之下，叉的攻擊面更廣，有更能容許攻擊誤差的優點——即使瞄得不夠精準，略有偏差時也能命中。**

此外，叉所造成的傷害往往較槍來得更大，不僅掙脫困難而且癒合不易，因此在獵捕有力的野獸或大魚時，特別有用。

◆ 三股叉

◆ 雙股叉

叉的使用

在《射鵰英雄傳》的開場，有楊鐵心與郭嘯天兩人拿著獵叉尋獵的場景；《水滸傳》中「兩頭蛇」解珍與「雙尾蠍」解寶兄弟也都擅長使用鋼叉（他們本來就是獵戶）。

叉不僅是常見的漁獵用具，在戰鬥時同樣實用，老經驗的叉手甚至會利用刺枝之間的縫隙鎖住對手的兵器，是相當具有威脅性的武器。《武備志》中就有「馬叉」這樣兵器，說它：「上可叉人，下可叉馬。」果真是步兵利器之一。

《西遊記》的金錢豹，以及岳飛的死對頭金兀朮，都是以叉當作武器的代表人物；而遊戲「真三國無雙」中早期姜維的專屬武器「昂龍顎閃」，也是呈三叉戟的形狀。

此外，叉具有深深咬入肉中的特性，因此出現了暗器「飛叉」——要是給擲中了，失血而造成的體力流失，可是很要命的。

◆ 右頁為不同造型的三股叉與雙股叉。只有雙股而沒有中間槍頭的叉，又稱作「牛頭叉」。

鎲的用途

前文介紹叉，那麼，鎲是什麼樣的武器呢？會將兩者相提並論，自然是因為它們有相似的地方。

由《武備志》的圖便可一窺端倪：**鎲的形狀有一點像是叉與月牙鏟的綜合，而在月牙上更有數道利齒，因此在使用時可以有叉、鉤、劃、挑等多種攻擊手法，相當犀利**。然而，也由於形狀構造較為複雜的緣故，沒有經過一定練習的人，想來是難以使用這種武器的，不小心的話恐怕還會傷了自己。

因為如此，後來便有無利齒的「雁翅鎲」這種變化版本。後者雖是鈍器，基本上使用方式是相同的。《說唐》的宇文成都，使的武器是「紫金鎲」，大致與其相仿，只是少了那個槍頭，在造型上倒是很接近月牙鏟。

認識鎲這種武器的人或許不多，但它可在史上留名過喔！明朝抗倭名將戚繼光在作戰心得《練兵實記》中，就有鎲的運用和相關記錄；而他精心創出的陣形「鴛鴦陣」裡，也配置有這種武器。

鎲是有鉤狀刺枝的長兵，用來刺擊，逼退敵人進攻、剋制對手武器等，都能得心應手；在遠距作戰時，更能充當火器的發射架來使用。有如此巧妙的武器應用與嚴密陣形的配合，加上軍紀嚴明、操練精實，怪不得當時戚家軍在沿海創下九戰九捷的偉績，所到之處無攻不克。「戚老虎」的名號，真可說是倭寇們最恐怖的惡夢。

別看鎲的名聲不大，它可是曾經在民族英雄的手下立過彪炳戰功呢！有機會看到實物的話，記得好好瞻仰一下它的風采。

【故事檔案】

戚繼光與戚家軍

在明朝諸位抗倭名將中，戚繼光是最具代表性的一位。

早期抗倭名將以余大猷為首，有效地抑制了倭寇侵略，但余大猷受嚴嵩誣陷而下獄後，原本受到打擊的倭寇再度進犯，在沿海告急下，朝廷啟用了戚繼光，命其前往浙江沿海抗倭。

有鑑於正規軍的紀律鬆弛、戰力低下，戚繼光遂召集強健勇敢的農漁礦工等百姓組成「戚家軍」，施以精嚴的編組訓練，依照年齡體格差異，分配不同的武器；以小組配合，進行各司所長，互相掩護的整體性團隊戰鬥，並針對倭寇研發一系列的剋制兵器與戰法，成果斐然。在福建沿海等地，九戰全勝，甚至有殲滅敵軍、己方無人陣亡的光榮記錄，因此贏得「戚老虎」之譽，倭寇為之聞風喪膽。

戚家軍與宋朝岳飛所率領的岳家軍背景相似，雖人數僅有三千左右，但戰力極強，以軍紀嚴明著稱，所過之處秋毫無犯，百姓聞訊莫不夾道歡迎，待之如宴賓客。

除了統御能力優秀之外，戚繼光的將才也展現在研究發明的天分，如「苗刀」和「狼筅」都是他的傑作；許多人耳熟能詳的「日暈則雨，月暈則風」口訣，據說也出自其對沿海氣象的研究。傳說中，戚繼光還為軍隊在追擊打游擊戰的倭寇時，能方便進行糧食補給而發明了「光餅」。（這是一種可以串起來的燒餅，裡面可以夾菜，有點兒像中國版貝果。）

戚繼光最著名的發明，則是「鴛鴦陣」編組戰法——以十二人為一組，分成兩列作戰，兩兩互相照應，因此得名。每組組員以組為單位，分別配用藤牌、狼筅、鏜與火器等進行聯合作戰，並視需要拆開為「兩儀陣」、「三才陣」的戰鬥小組，這將在後文詳細介紹。

戚繼光著有《紀效新書》、《練兵實記》，使後人得以傳承利用其寶貴的實戰經驗，貢獻偉厥。他曾留下兩句詩句：「封侯非我意，但願海波平。」這位民族英雄不僅武功蓋世，節操更是令人景仰。

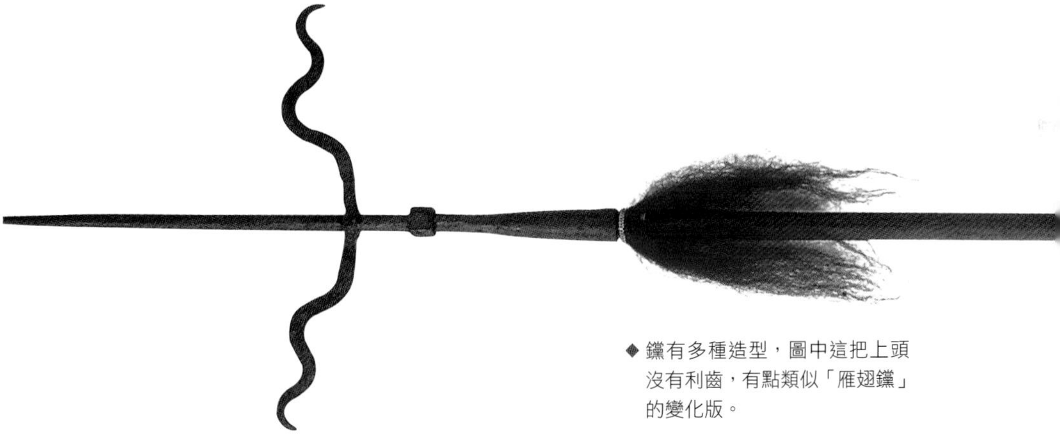

◆ 鎲有多種造型，圖中這把上頭沒有利齒，有點類似「雁翅鎲」的變化版。

戰力分析

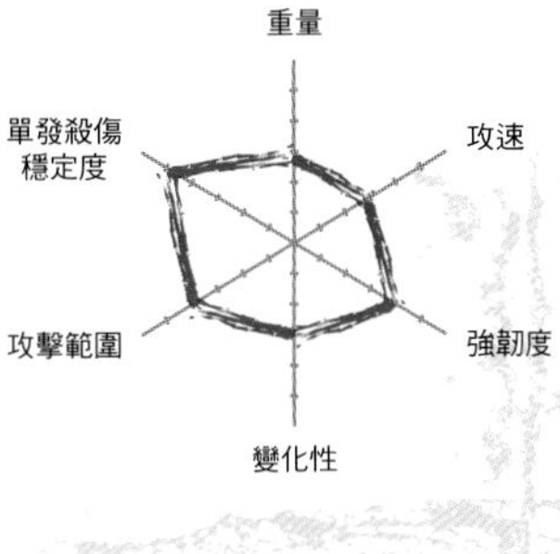

屬性—穿刺

若說耙與鏟、鉞斧與狼牙棒有相近之處的話，則叉、鎲與槍很顯然就是一路的了。叉、鎲同屬穿刺系的攻擊方式，其中叉有分枝，增加重量之餘也強化了強韌度，不僅殺傷穩定程度增加，老手甚至能充分利用武器造型上的優勢來折斷對手武器或逼其脫手。鎲則是叉的再特化版，分叉上的齒有類似釘耙的效果，而戚繼光的鴛鴦陣中，鎲手還能以之作為火槍支架的用法，更是一絕。

釘耙。鏟。

釘耙是標準的農耕器具，當作兵器使用時，能打、能拖，也能鉤，相當實用。鏟，是取其剷除煩惱之意，常為出家人所使用，後來逐漸變成佛門的代表性器械之一。

把這兩種兵器放在一起介紹的原因，大家應該猜到了吧？沒錯，這正是《西遊記》中孫悟空的兩位寶貝師弟——豬八戒與沙悟淨——各自的得意兵器。《西遊記》膾炙人口、馳名中外，使得這兩種不常見的兵器逐漸被廣大讀者所認識。

釘耙與豬八戒

由農牧或漁獵工具演變成的武器很多，卻沒有比釘耙更具特色和草根性的了。不同於斧或叉這些器械，既是工具又兼武器，界線模糊，釘耙原本就是不折不扣的墾地農具。

豬八戒在皈依唐僧之前，原是以高老莊的莊稼漢身分生活，拿九齒釘耙當武器自然合情合理。這釘耙一旦打下去可就是九個傷口，看起來挺嚇人的，跟豬八戒這「大棵呆」莽撞力大的形象滿相配的。

釘耙除了打之外，還可以鉤和拖，算是相當實用的武器。在日本，類似的耙被稱作「熊手」，形狀確實與之相像。而前文提及的

「钂」，也與其有些相近。

釘耙是標準的農耕器具，因此總是出現在農民起義或民兵使用的武器行列之中，與其他武器相比，難免有些不登大雅之堂的味道。再者，使用者常常是程度不高的村夫，容易給人一種憨傻的印象。吳承恩或許打算借用這樣的印象來描寫豬八戒的呆氣，結果把這個角色刻畫得太過成功，竟造成使釘耙者給人的愚魯印象根深蒂固，再也難以翻身了。

話說，中國各行各業都有特定供奉的神，而特種行業拜的正是豬八戒。枉費釘耙作為農具，辛苦墾地、給人飯吃，貢獻多多，沒想到被這位豬哥大神弄得晚節不保，真應了**「豬八戒照鏡子，裡外不是人」**這句俗話了。

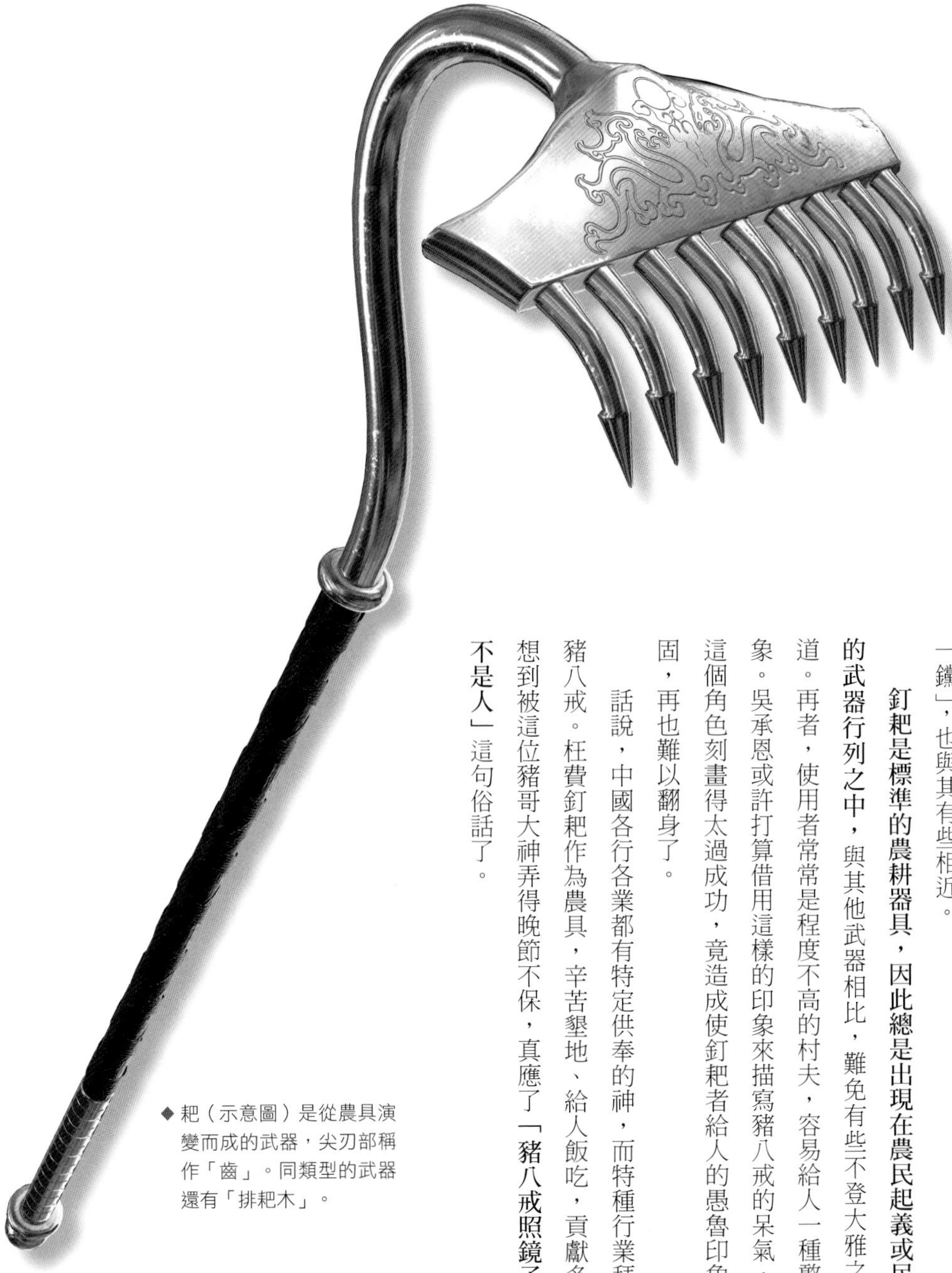

◆耙（示意圖）是從農具演變而成的武器，尖刃部稱作「齒」。同類型的武器還有「排耙木」。

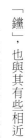

鏟與沙悟淨

沙悟淨愛用的鏟，是另一項由工具演變成的武器。

鏟與釘耙有一個相同點：它也是很能表現出使用者身分的兵器。相較於具農家象徵的耙，鏟則常常是出家人使用的武器。常見的鏟又叫「方便鏟」，一頭是鏟頭，另一頭是月牙，兩邊都可以使用，因而可以用來刺、剁、拍、劃等，用途多多。

有少數是只有其中一頭的，如：「月牙鏟」，還有倒反月牙方向等變化版本。這武器平常還能像卡通中的沙悟淨那樣用來當扁擔扛行李，方便鏟果真是名符其實。

有些鏟會在底部裝上鐵環，舞動起來，鐵環相擊作響，真有虎虎生風之威。原本這種武器是取其剷除煩惱之意，後來逐漸變成佛門中代表性器械之一。

除了沙和尚之外，另一位使用鏟為武器的名人是《水滸傳》的「花和尚」魯智深（這綽號是指他身上大塊花狀刺青漂亮，而非貪好女色）。相傳魯智深是「瘋魔杖法」的創始者，後人習得後將其改編為「瘋魔棍」。由於用鏟的以僧人居多，因此又將這種武器稱作「禪杖」。

然而，我個人覺得兩者似乎該區分開來：否則《西遊記》中也說唐三藏拿著禪杖，想想要是那把禪杖其實是鏟！這畫面能看嗎？

◆ 方便鏟是佛門常見的武器，一頭是月牙、一頭是鏟，也是好用的工具。

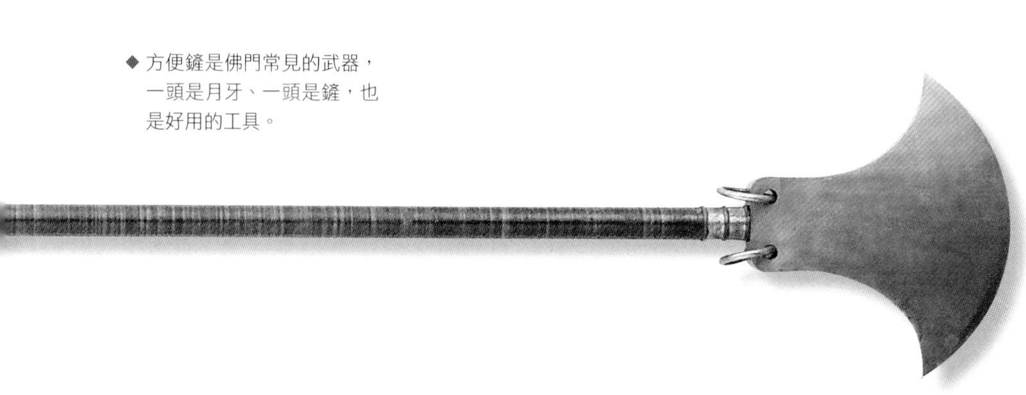

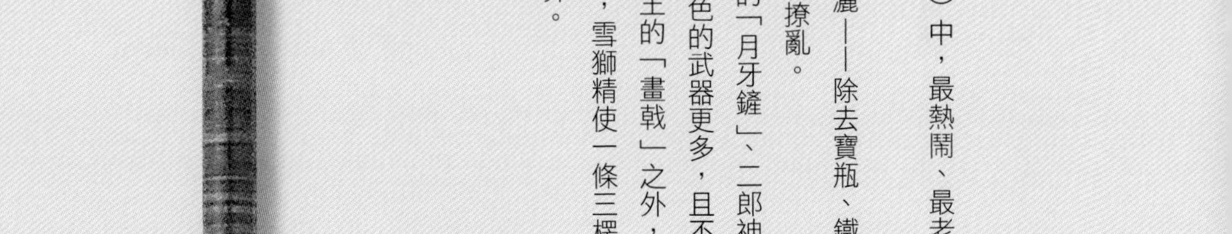

【知識檔案】

《西遊記》

《西遊記》是中國四大名著（其他三部為《三國演義》、《水滸傳》、《紅樓夢》）中，最熱鬧、最老少咸宜的了。

書中出現的神仙妖怪等眾多角色，其隨身法寶多不勝數，所使用的武器也洋洋灑灑——除去寶瓶、鐵扇、捆仙繩之類的「魔法系」道具，光是平時用作一般兵器戰鬥的武器，就讓人眼花撩亂。

正派角色的武器，有：孫悟空的「如意金箍棒」、豬八戒的「九齒釘耙」、沙悟淨的「月牙鏟」、二郎神的「三尖二刃刀」、李哪吒的「乾坤圈」、托塔天王李靖的「天罡刀」等等；反派角色的武器更多，且不論一般常見的刀劍，與金錢豹的「三股叉」、靈感大王的「銅錘」、獅駝國三魔大鵬王的「畫戟」之外，光是「玉華國混戰獅子精」一節，便簡直宛如小型兵器展：「猱獅精輪一根鐵蒺藜，雪獅精使一條三楞簡……狻猊使悶棍，白澤使銅錘，摶象使鋼槍，伏狸使鉞斧。」當真是讓人大開眼界。

◆ 也有只有一頭的月牙鏟。上面的鐵環除了好看，揮舞時還能發出聲響以壯聲勢。

【知識檔案】

豬八戒與歇後語

提到豬八戒，讀者的反應總是又氣又笑，若《西遊記》少了豬八戒，真難想像會變成什麼樣子呢？

由於這角色形象實在太過鮮明，因此民間的俏皮歇後語當然少不了他：

- 豬八戒吃人參果——暴殄天物（根本不知滋味）。
- 豬八戒的脊梁——無能之輩（「悟能之背」的諧音，他老兄法號悟能）。
- 豬八戒三十六變——沒一樣能看的。
- 豬八戒敗陣——倒打一耙。

前文提過不少歷史人物或小說角色，相關歇後語也頗多，例如：

- 關公面前耍大刀——不自量力。
- 周瑜打黃蓋——一個願打一個願挨。
- 司馬昭之心——路人皆知。
- 武大郎玩夜貓子——什麼人玩什麼鳥。
- 武大郎的心痛藥——吃也死，不吃也死。
- 姜太公封神——獨獨漏了自己。
- 如來佛放屁——神氣。
- 孫猴子照鏡——目中無人。
- 孫猴子的手腳——毛手毛腳。

歇後語常因地域與使用者不同而有各種變化，對孰悉故事與角色典故的人來說，確實妙趣橫生，很有腦筋急轉彎的效果！

戰力分析

釘耙　屬性——毆擊、穿刺

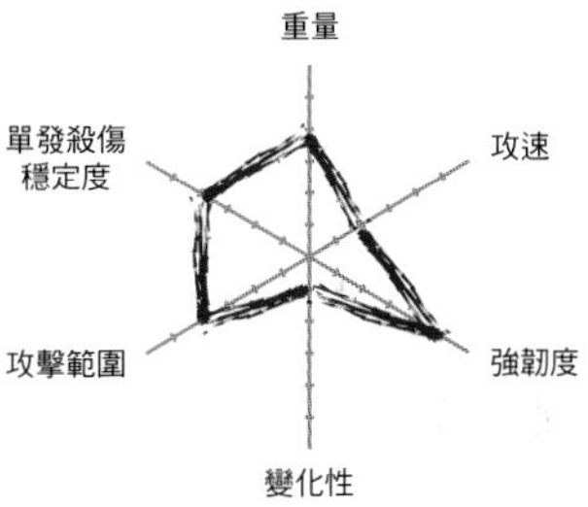
重量
攻速
強韌度
變化性
攻擊範圍
單發殺傷穩定度

鏟　屬性——毆擊、穿刺

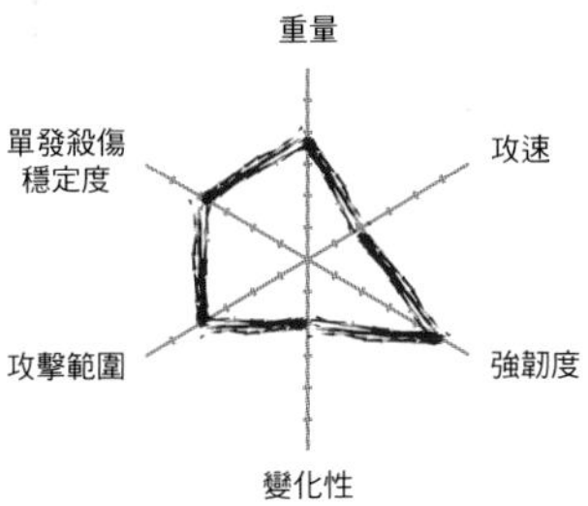
重量
攻速
強韌度
變化性
攻擊範圍
單發殺傷穩定度

不知大家有沒注意到，其實某個程度上，釘耙與鏟這兩把武器，或許可視為是平衡版的狼牙棒和鉞斧。釘耙除了原本的毆擊能力外，更減輕了重量而加強了耙齒的尖刺，雖說因造型不登大雅之堂，連遊戲中東吳名人老好先生魯肅用了這玩意兒後，看起來都頗顯輕佻……不過它「一傷九孔血淋漓」的形象也夠嚇人的。至於鏟則跟鉞斧、大刀更像是一路的了，只是重量再輕一些，而且由於鏟頭的緣故，除了砍、剁等手法外，也多了拍的毆擊用法。

鉞。

長柄版本的斧，就是鉞，又因為尺寸大，也俗稱「大斧」。鉞通常用作武將的主力兵器，活躍於較開闊的騎兵野戰場上。

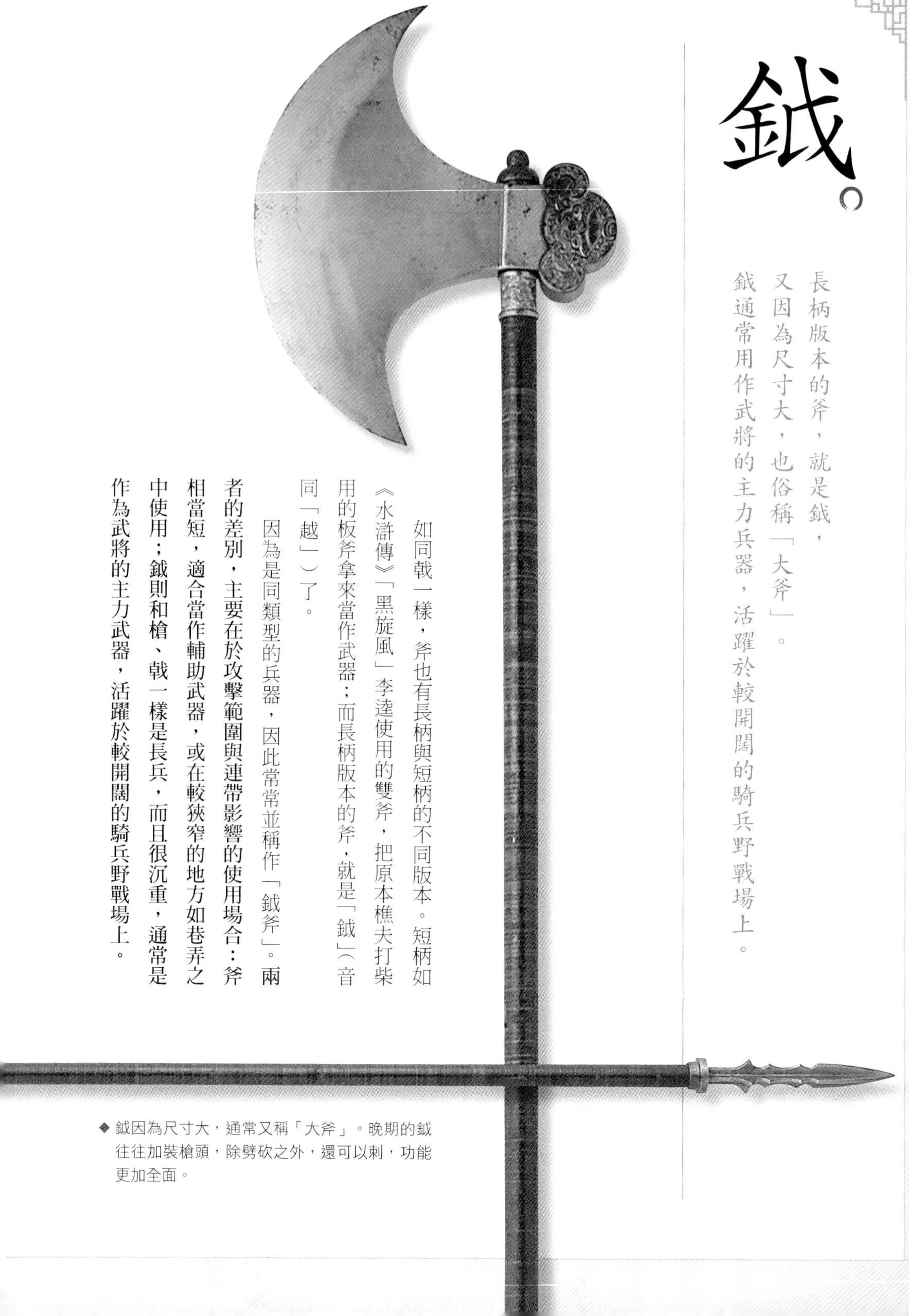

如同戟一樣，斧也有長柄與短柄的不同版本。短柄如《水滸傳》「黑旋風」李逵使用的雙斧，把原本樵夫打柴用的板斧拿來當作武器；而長柄版本的斧，就是「鉞」（音同「越」）了。

因為是同類型的兵器，因此常常並稱作「鉞斧」。兩者的差別，主要在於攻擊範圍與連帶影響的使用場合：斧相當短，適合當作輔助武器，或在較狹窄的地方如巷弄之中使用；鉞則和槍、戟一樣是長兵，而且很沉重，通常是作為武將的主力武器，活躍於較開闊的騎兵野戰場上。

◆ 鉞因為尺寸大，通常又稱「大斧」。晚期的鉞往往加裝槍頭，除劈砍之外，還可以刺，功能更加全面。

鉞的尺寸大，又俗稱為「大斧」。前文說過，斧兵的全盛時期在商朝，這些兵器不但精良且常有紋飾，如**蚩尤**或**饕餮**的圖像等。傳說「蚩尤制五兵」，蚩尤不但勇猛善戰，而且是金屬兵器的創始者，因此被尊為「兵主」（即戰神之意）；而饕餮是食人的凶獸。將這兩位刻在兵器上，自然是再適合不過。

商朝之後，鉞的主流地位被矛與戈所取代。想來是其尺寸與浮雕給人深刻印象所致，鉞逐漸變成儀杖的一種，往往出現在儀式之中，成為皇族貴宙氣派與威儀的象徵。

而其搶眼的外觀，也被用作發揮威嚇效果的刑具。所謂「斧鉞加身」，就是罪人犯法而遭受刑罰的恐怖，此處的斧鉞就是行刑用具了。

演進小史

斧

↓

鉞

（多半為長兵器，
重量與長度均增加，部分加裝槍頭）

*後世淪為儀仗之具

◆ 鉞斧類的全盛時期在商朝，這類重型兵器製作精良，常有蚩尤或饕餮的圖像紋飾。

使鉞的名人

即使主流武器的地位不再，歷代戰場上仍時時看得到鉞的身影。像是《水滸傳》的「急先鋒」索超、《說唐》的福將程咬金，都以使鉞聞名。

民間傳說中，程咬金的斧法是得仙人傳授的，精妙非常。就可惜只記得了前三招，三招之前，犀利無比；然而一旦對手有本事撐過三招，往往換作程咬金落花流水，狼狽不堪。**這可能是斧的使法簡潔直接不花俏，使用者又多是力大的莽漢，才給人這種虎頭蛇尾不耐久戰的印象。**

當然相反的例子倒也不缺。玩過遊戲的人應該都不陌生，曹操帳下鼎鼎有名的大將徐晃，其所使的武器也是大斧。《三國演義》寫他和關羽相鬥百回合不分勝負，足見力量與本事之驚人。值得一提的是，徐晃與關羽原本是交情不錯的朋友，然而上了戰場後，徐晃卻能公私分明盡力對戰，實屬不易。曹操曾讚美徐晃治軍嚴明，有古代名將周亞夫之風。這種武器肅正不軌、剛猛威武的風格，似乎也滲入徐晃的人格與行事之中了。

晚期的鉞上往往加裝了槍頭，除劈砍之外還可以刺，功能更加全面。而鉞身上面也常見鳳頭之類的雕飾。由於分量驚人，即使對上身著鎧甲的敵手，仍能造成強大的殺傷力，這大概便是鉞始終活躍於戰場上的緣故了。

◆鉞斧在後代逐漸演變成象徵貴宙氣派與威儀的儀杖。

【故事檔案】

饕餮

神話中的凶獸饕餮也與蚩尤有關。傳說，饕餮是蚩尤被斬下的首級落地時所變成的，「牛身人面，目在腋下」，保留了蚩尤原本的牛圖騰形象。

在此之後，饕餮本身也變成了圖騰，被刻在器皿與兵器上，這或許與原本的蚩尤崇拜相關。

《呂氏春秋》說饕餮：「有首無身，食人未咽，害及其身。」由於其貪婪形象的緣故，後世稱貪婪的人為饕餮，更衍生稱呼好吃者為「老饕」的字詞。

與饕餮並列為凶獸的還有檮杌、渾沌與窮奇，後者是遊戲中司馬懿武器「窮奇羽扇」名稱的來源。

【故事檔案】

蚩尤

民間傳説中，蚩尤屬於西南的九黎部落，其形象「耳鬢如劍戟，頭有角」、「銅頭鐵額，食砂石」、「人身牛蹄，四目六手」，還有兄弟八十一人，個個「髑髏如銅，能食鐵石」，既凶惡又怪異。

這樣難纏的蚩尤部族，讓黃帝著實打了一場硬仗。即使死後，這位勇猛的戰神仍然故事不斷：他被處斬時所噴出的血染紅了楓葉，這是楓樹紅葉的由來；傳説中，蚩尤葬身之所的蚩尤塚，百姓每年十月皆按時祭祀，此時往往會自塚內噴出一道漫天紅氣，稱作「蚩尤旗」。

在黃帝統一天下後，有許多部落仍然不聽號令，於是黃帝便畫了蚩尤像，藉以懾伏反逆：很有借著其顯赫聲威殺雞儆猴的味道。而後代還有「蚩尤戲」這種儀式戲劇存在。蚩尤自古就被認為是戰神，有相當高的地位，可見雖然這是位形象獰惡的戰敗神祇，但不可否認的是他仍對後世有很大貢獻。

史家認為上古神話往往借用人名來反應部落間的鬥爭，黃帝與蚩尤相爭的故事也是這樣。拜蚩尤部族之賜，黃帝部族才學會了冶煉的技術，所謂「能食鐵石」正是鍛鐵的具象化。西南的苗民仍信奉蚩尤為其始祖。

國產遊戲「軒轅劍」中，蚩尤則數次扮演吃重的強敵角色，在最新幾代裡，蚩尤原本的魔王形象逐漸有了改變。蚩尤與黃帝兩者沒有誰是完全正義或正確，只是勝者有機會接收敗者的力量並貫徹自己的信仰：這或許更接近於現實。

戰力分析

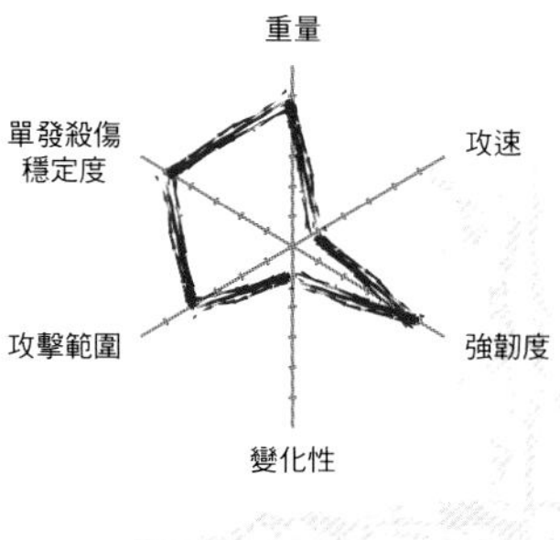

屬性—斬切

構造和使用方式與大刀類似，都是靠著爆發性威力致勝，即使單靠重量硬砸也會出人命，但持久作戰能力相對薄弱。除了攻擊方式稍有差異之外，基本屬性相同。至於遊戲中近幾代把敵人勾來勾去的打法，基本上是「戈」的守備範圍……，大開門闔一刀兩斷的鉞斧是一屑這種小細工的。

所以我說那個折凳呢？

奇兵系。

中國幅員廣大、歷史淵遠流長，
歷代總有許多奇人異士頭角崢嶸、引領風騷，武術界也不例外。
許多性格或武功獨樹一幟的異人們，
以造型或套路特殊的武器廣為人知
——也就是所謂的奇型兵器或奇門兵器。
其範圍之廣，不勝枚舉，
如鐵傘、鐵笛、折扇、釣竿、秤桿、算盤、船槳……皆可列於此類。
值得注意的是，這些兵器除了說明使用者的身分或職業，
也與地理背景有關，還有因為境內外民族交流，而催生的新兵器。

環。乾坤圈。

環是相當奇特的兵器。獨特的中空造型，特別擅長於在鎖拿對手的兵器之後，再予以攻擊，可說具有「後發先至」的特性。

齒刃／以外面有刃的多刃環最為常見，使用時可以利用空心捕捉對手武器，並以外層的齒刃來進行攻擊。

環是項相當奇特的武器。除了外型特殊不說，與其同名的法寶，還曾在古典小說《封神榜》裡引起了一場不小的風波。

傳說中，**三太子哪吒**生下來就帶著「乾坤圈」這樣寶物，另外還有一塊神奇的紅布「混天綾」。這位著名的闖禍大王在夏天時拿著這兩樣稀世珍寶去戲水，結果差點把人家的龍宮給掀了——這就是「哪吒鬧海」的故事。

有興趣的人，請至廟裡看看三太子的神像，通常是一隻手裡拿著武器「火尖槍」，而另一隻手中或手臂上就帶著這樣法寶。

環的造型

環也出現在某個版本的「十八般兵器」中：「刀劍枴斧鞭鐗錘棒杵／槍戟棍鉞叉钂鉤槊環。」

我們平常看到的哪吒神像是拿單環，實際使用上則是以雙環為主。**因為獨特的中空造型，環特別擅長於鎖拿對手的**

◆**握把**／有一派主張認為環和鐃鈸、金剛杵一樣，是由法器變化而來。環在造型上有多種變化，通常內部會留空，且在環身保留四分之一作為握柄。圖中這把較為少見，其握把是在中心的十字形處。

演進小史

圓環
↓
多刃環
↓
擲環（飛行道具）

◆環通常是成對使用。多數的環都附有刃，鈍器較為少見。這對「太乙日月乾坤圈」（示意圖）是另一種利器形制，有刃的月牙用來護手。

兵器之後再予以攻擊，可說是具有「後發先至」特性的武器；不過也由於它是比刀劍還短的短兵，就攻擊距離而言十分不利，因此跟雙節棍一樣，使用者非要有靈活的身手不可。

環分作兩種：一種是較少見的無鋒金環（其實是銅環），是為鈍器，使用時端靠分量砸人或是配合身法、腿法等攻擊；另一種則是附有利刃甚或是尖齒的利器版本，其中約四分之一的部分是平滑渾圓的握把，其餘四分之三處則較扁而薄，上面裝有尖刺，甚至有鋸齒狀的倒鉤。這種環遠比前者常見，可割可刺，能造成更大的損傷——不過，使用時得特別當心，否則沒傷到敵人，自己要先遭殃了。

環的使用

有句俗諺說：「寧練刀劍，不學鉤環。」正是因為環與鉤都是多尖多刺的兵器，難學難使，又容易傷到自己。

兩種環中，鈍器的代表人物是古龍小說《小李飛刀》裡的大反派，金錢幫幫主上官金虹，他老兄可是兵器譜上排行第二的狠角色，武功之了得可以想見。

◆ 傳統的環是短兵器，直徑大概頂多是成年男人的前臂那麼長，像是國產遊戲「天之痕」中的白髮女角于小雪就是使用鈍器環。然而在設計者的巧思下，遊戲中也有宛如呼拉圈的加大版，如「真三國無雙」第七代的吳將丁奉、「Soul Calibur」中的女角Tira、「戰國 Basara」的毛利元就等等，都使用同類型的武器，顯然這是遊戲中頗受歡迎的選項。

而星爺電影《鹿鼎記之神龍教主》之中的六合童子雖說也用過這種武器，還表演了合體技，不過恐怕沒有什麼人想看他們……

至於利器的環，由於遊戲「戰國無雙」中的阿市是隔壁的櫻花妹，是以最佳的代言人，還是非「真三國無雙」裡的人氣美少女孫尚香莫屬！

值得一提的是，環還有暗器的版本，別名「陰陽刺輪」。據說，元朝時的蒙古戰士就擅長使用這種飛行道具，平時裝在皮囊裡或套在左腕上，使用時以手指套入環中，搖動旋轉後藉由離心力將刺環擲出取敵——聽來像是不大好用的暗器，使用者非多練習不可。

話說這東西在印度也有，其原文名字叫作「查克拉」（charkra），即是環或是輪的意思，這可與漫畫《火影忍者》裡的意思不太相同。

◆ 示意圖中為環的變化版，以獸皮包覆木質握把，外圈增加火焰狀的利刃，更適合於近戰。多刃環其實是很不容易練的武器。

【故事檔案】

三太子哪吒

廣為民間信奉的三太子哪吒，據《封神榜》所述，是陳塘關總兵李靖的第三個兒子。李靖夫人懷孕三年後生出一個肉球，李靖以為是妖怪，拿劍一劈之後，哪吒遂從其中生出，後來蒙太乙真人收為徒弟。

這位三太子從小天不怕地不怕，某次去東海玩水，將隨身法寶「乾坤圈」與「混天綾」往水中一攪，攪得整個龍宮為之晃動。龍王派出的巡海夜叉對他不客氣，當場被打趴不說，連前來興師問罪的龍王太子也跟著倒楣——被哪吒抽了筋回去當皮帶。

哪吒不僅得罪龍王，還在玩弓箭時，一箭將石磯娘娘的兒子射死。由於闖的禍實在太多，之後為不牽連父母，竟「割肉還母，剔骨還父」，自戕謝罪。後來蒙太乙真人搭救，以蓮花化身重生。

故事中，哪吒死後本欲讓百姓供奉以藉香火重生，不料廟宇竟為父親破壞，蓮花化身後怒而欲報此仇，多虧燃燈道人搭救李靖並傳授以玲瓏寶塔，方才將哪吒制住——這就是「托塔天王」的由來。古典小說《西遊記》中也有類似的說法。

戰力分析

環（鈍器）屬性—毆擊

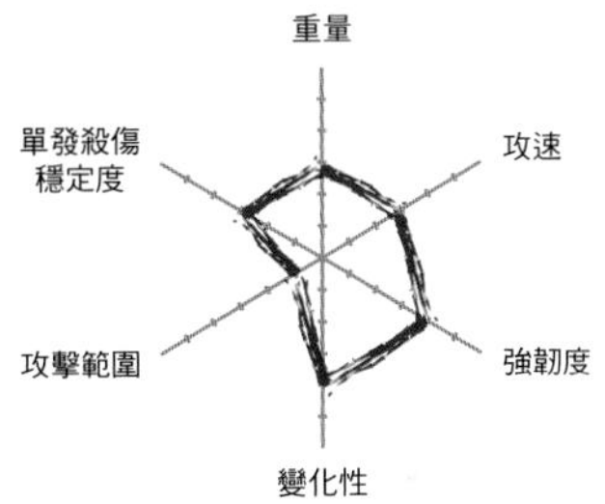
重量
攻速
強韌度
變化性
攻擊範圍
單發殺傷穩定度

環（利器）屬性—斬切

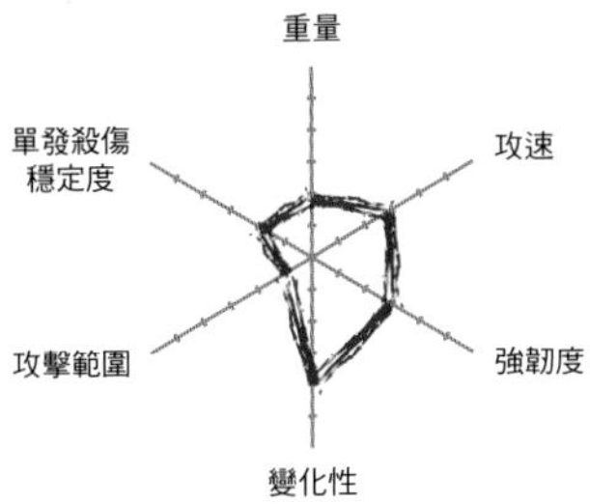
重量
攻速
強韌度
變化性
攻擊範圍
單發殺傷穩定度

環分為鈍器與利器，屬性與取向稍有不同。因為攻擊範圍很短，是以使用者的身手相當重要，全要靠身法與速度，閃過對方攻擊後，欺身逆轉戰局，就這一點而言，兩種版本皆然。然而，由於造型不同，使用方法有所出入，戰力分析也可以分為鈍器與利器兩種。鈍器的攻擊模式基本上以砸擊為主，往往頗具分量。有了重量與造型賦予的物理特性加持，強韌度相對高。利器由於開鋒有刃（而且往往有多刃），通常以或切或帶或割或劃的方式來造成對手損傷。相較之下，利器能透過造成創口失血來增加傷害力，但傷害輸出不穩則是缺點，視對戰兩人的身手與運氣，有可能直接傷到大動脈造成致命傷，卻也可能只割斷一撮頭髮。實戰中，環主要是靠著靈活度或鎖或拿，破壞對手的武器甚至手腳，後發制人誘敵出招後再伺機制服對手。正因是較輕的短兵，持久作戰的能力相對較佳，倒也是賣點之一。

鉤。

鉤的造型十分特殊，其尺寸近於一般刀劍，但頭部呈反轉彎曲狀。造型所賦予的多變戰法與攻防一體功能，是為魅力所在。

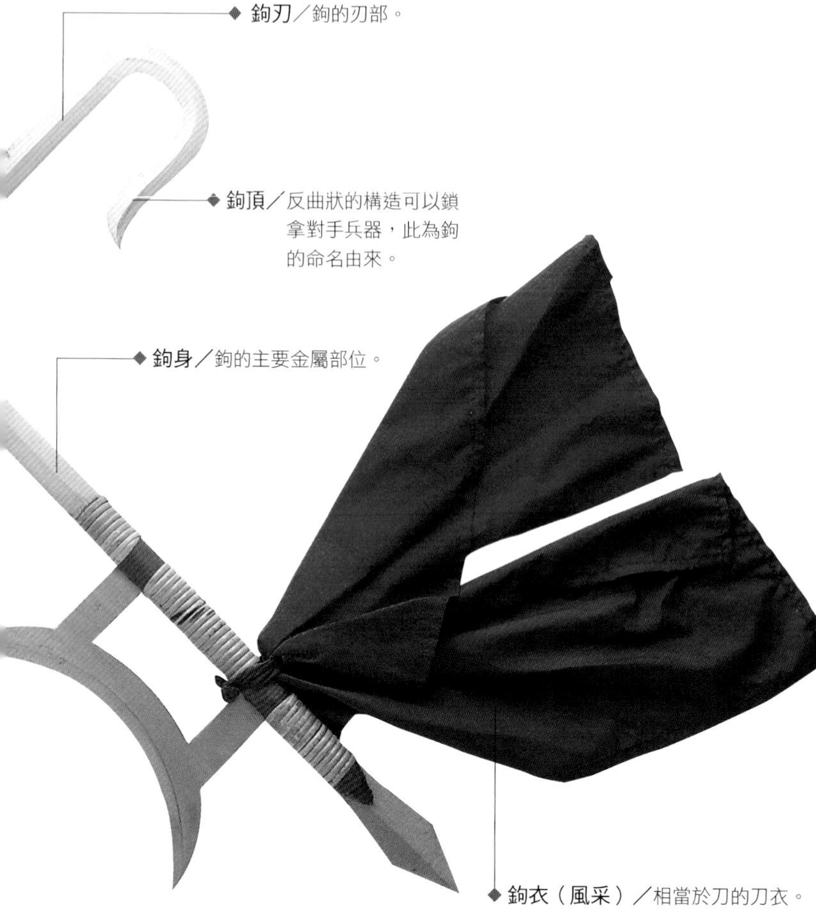
鉤刃／鉤的刀部。
鉤頂／反曲狀的構造可以鎖拿對手兵器，此為鉤的命名由來。
鉤身／鉤的主要金屬部位。
鉤衣（風采）／相當於刀的刀衣。

若說刀劍是最普及的短兵器代表，那麼最常見的奇門兵器，應該就是鉤了。鉤曾出現於許多武俠小說之中，包括在《施公案》、《小五義》乃至於近代的《書劍江山》（《書劍恩仇錄》）都露過臉，而京劇**《連環套》**的反派竇爾敦使用的也是雙鉤；甚至現在不少國術社團仍有雙鉤教學，其曝光率可謂不低。曹魏五子良將之中的衝鋒隊長樂進，在遊戲中也以雙鉤為武器，配合其過人身法，讓玩家們留下了深刻印象。

鉤通常是成對使用。很少有人只用單鉤，而《倚天屠龍記》的張翠山就是一個例外，他是搭配判官筆使用。

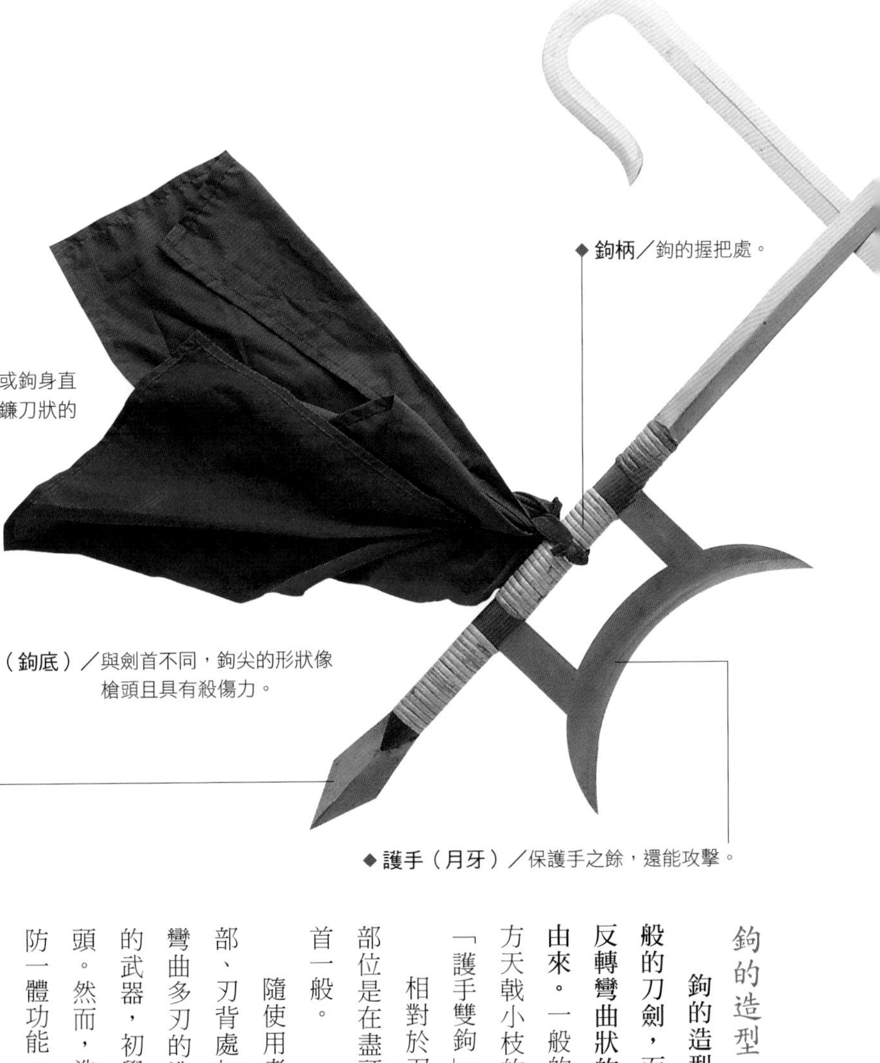
◆ 鉤柄／鉤的握把處。
◆ 鉤也有呈利齒狀，或鉤身直如劍，而劍尖附有鐮刀狀的變化型。
◆ 鉤尖（鉤底）／與劍首不同，鉤尖的形狀像槍頭且具有殺傷力。
◆ 護手（月牙）／保護手之餘，還能攻擊。

鉤的造型

鉤的造型十分特殊，其尺寸近於一般的刀劍，而不同於刀劍，鉤的頭部是反轉彎曲狀的——此為鉤之所以命名的由來。一般的鉤在握把部位都有形狀如方天戟小枝的月牙形護手，因此又稱為「護手雙鉤」或「虎頭雙鉤」。

相對於刀劍的尖頭，鉤具有尖刺的部位是在盡頭的握把末端之處，宛如匕首一般。

隨使用者的不同，還有在護手、頭部、刃背處加裝尖齒或利刃的鉤。由於彎曲多刃的造型影響，鉤不是容易使用的武器，初學者練起來大概得吃好些苦頭。然而，造型所賦予的多變戰法與攻防一體功能，則為其魅力所在。

鉤的用法

對敵時，雙鉤隨對手攻勢帶動，鎖、拿、攔、撥等技法運用自如，充分封住對手兵器，而握把處的月牙護手，則可以保護使用者的手不受利刃傷害。

此外，護手本身與把手末端的尖刃，更能在貼身戰之中發揮攻擊效果，相當有《孫子兵法》中「無恃敵之不來，恃我有以待之」的味道。難怪小說中使鉤的，有不少是個性深沉的反派。鉤類似於刀劍，但造型和用法與其相左，還有那「拐彎抹角」、「後發制人」的特性，想來正是它給人這種印象的原因。

平心而論，這武器確實擅於「牽拖」而不易應付，小說中常見的破解法大致上不是以軟鞭纏打，即是以寶劍削折；不是以至柔剋剛，「一山還有一山高」般迂迴致勝，就是以至剛長驅直入，快刀斬亂麻地破除曲折。這樣的應對方式，或許也是出自人性吧？

【故事檔案】

《連環套》

傳說，竇爾敦雖然是大盜，卻劫富濟貧。在國劇《連環套》中，竇爾敦和黃三太比武，被對方以飛鏢得勝，不服氣之下偷走了皇帝御馬，留言說要知道馬在哪裡就問黃三太。

這時黃三太已經死了，黃三太的兒子黃天霸負責抓偷馬賊。直到黃天霸找到了竇爾敦，在好友朱光祖調停之下，兩人和解，竇爾敦也將御馬奉還。

實際上，竇爾敦真有其人，而且曾經帶領農民起義抗清。起義失敗後，有人說他下落不明，也有人說他被流放黑龍江。後來的人為了紀念這位反清俠盜，於是有〈盜御馬〉這齣劇碼。劇中的竇爾敦雖然是反派，倒也算是條好漢，而且頗為討喜，原因即是出於這裡。

這個故事與其他黃天霸的事蹟，出自小說《施公案》與《彭公案》。

鉤的起源，有人說是螳螂門的獨特兵器，也有人說是自戈戟類的鉤兵變來。考慮到其特殊的造型與用法，這樣的推測倒也合理。

前文說過「戟不舞花」，而與其相似的鉤，應該也不宜舞花——一不小心只怕會兵器相纏，甚至傷到自己。然而目前所見的鉤，卻常有舞花鉤住其中一鉤，脫手用作雙節棍般甩舞的用法。

至於在實戰中的效果，則要請高手來解答了。武術界的俗諺說：「鉤走浪勢。」足見其手法身法連綿不絕，非但好看，而且還難以對付。

戰力分析

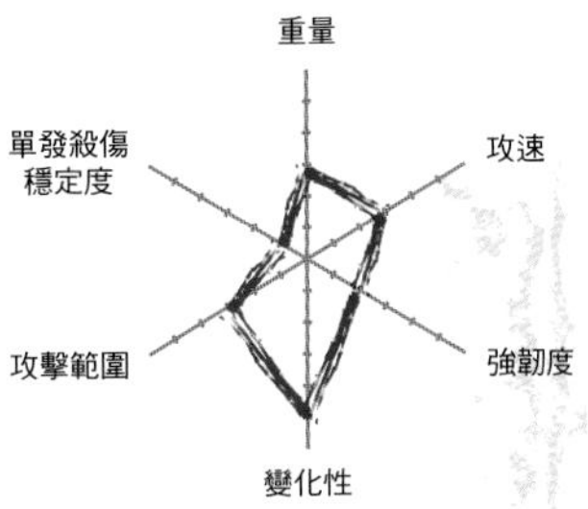

屬性—斬切、穿刺

鉤的長度、重量與劍類似，但特異造型與用法自樹一格，是高人氣的奇型兵器。除了主要的鉤與斬外，握柄處的月牙小枝與尖刺提供了挑、劃等多種用法，又因往往成對使用，更有以一鉤牽另一鉤甩舞，變化性之多，令人稱奇。然而，多尖刺的造型與難以掌握的變化，被公認為難用武器，初學者如何不傷到自己也是問題……

峨嵋刺。鐵尺。

峨嵋刺適合在多河流湖沼等地形的南方使用；鐵尺用法與叉相似，利用分枝鎖拿對手的武器之後，再施與攻擊。

鐵環／將中指套入，以旋轉峨嵋刺。
刺／也有針狀無菱形尖頭的峨嵋刺。
◆ 峨嵋刺示意圖。

峨嵋刺又稱作「分水刺」或「分水峨嵋刺」。它與小說中的峨嵋派是否真有關係難以考證，只是這名字一直被沿用——就像很多老美以為幸運餅乾是中國人的傳統食物一樣。

峨嵋刺算是近代武俠小說中，首屈一指的紅火武器，網路上隨便找找都能看到好幾個善使峨嵋刺的角色，然而，真的曉得它模樣的人卻不多。我曾在網路上看到註解中標著「分水刺」的圖片，結果看到宛如F-16戰機縮小版的兵器時，差點沒有昏倒……

峨嵋刺的造型

峨嵋刺的造型其實很簡單，就是一支兩頭尖細、中間較粗的長鋼錐。兩頭帶有菱形的尖刺；中間釘有鐵環，鐵環可靈活轉動。峨嵋刺通常成對使用，幾乎沒有人只用單支。取其造型，又有「雙蜂針」的別名。使用時將中指套入鐵環中，靠著手腕抖動或手指撥動的力量，快速轉動，進行攻擊，而其主要的用法為刺擊。雖是簡單的一根刺，擊中對手的動脈等要害，一樣致命。

峨嵋刺造型簡單而流線，不像一般兵器在水中會受阻力影響無法施展，因此，水戰時仍可運用自如，是以得到「分水」這個異名。**這樣的武器自然適合在多河流湖沼等地形的南方使用，它不但是適合水戰的利器，還能用來鑿穿船底。**

別看它造型不起眼、攻擊距離又短，一旦遇上了可危險得很。武術中說：「一寸長一寸強。」敢用這麼短兵器的人，若不是江河之上擅長水戰者，就多半是對自己身手很有自信的好手——這兩者都不是好惹的啊。武林高手使起峨嵋刺來，真有殺人蜂輕巧、迅疾，奪命於瞬間的恐怖。

在《七俠五義》中，「五鼠」的老四「翻江鼠」蔣平，即是擅長使用峨嵋刺的名人。小說描寫他面黃肌瘦宛如病夫，再加上兩撇鼠鬚，真是長相和兵器都一樣其貌不揚，然而他身手矯捷、機靈無比，是數一數二的智囊人物；配上峨嵋刺，既符合其精熟水性的特長，也點出「扮豬吃老虎」的厲害之處，身手與腦袋皆異常靈活，大意栽在他手裡的壞蛋還不少哩。

峨嵋刺屬於輕巧的武器，也常為小說中的女性角色所愛用。

鐵尺的形制

鐵尺是另一樣有地緣特性的武器。這裡說的可不是用鋼鐵做成的尺，這種鐵尺又叫「釵」或「叉」，從後者的名字比較能知道它的形狀，但也容易與長兵器的叉弄混。

鐵尺與長兵器的叉類似，是從生產工具發展出來的武器，只是它在造型與用法上又有更大改變。**與鐵尺類型相似的兵器廣泛地見於東亞各地，如中國及印度等，其中又以琉球為最主要流行地。傳說是由中國傳過去的防身器具，但確切的發源地已難以考據，說它是文化交流的產物比較沒有疑問。**

說到鐵尺的形狀，大家應該並不陌生。因為它的造型很有趣，在許多電影與遊戲中，鐵尺都曾亮相過，例如：《忍者龜：炫風再起》的拉斐爾（Raphael）、《夜魔俠》女主角都使用這種武器，另外「真人快打」系列遊戲與二十幾年前的街頭遊戲機「吞食天地二：赤壁之戰」也出現過。近幾年的例子，首推曹魏陣營的悲情女角王異，除了武器之外，其美豔造型與坎坷身世，使得她好一陣子以來成了最受歡迎的話題角色。

鐵尺的用法

不同於匕首或峨嵋刺，鐵尺一般是不開鋒的，連同兩翼都沒有刀刃和刺，換言之整把都是鈍器。**鐵尺是成對使用，用法與叉相似，利用它的分枝來鎖拿對手武器後再施與攻擊**。而作為短兵器，除了和峨嵋刺一樣需要使用者身手靈活之外，它一樣可以「轉」。

鐵尺有多種握把方式，使用者會將手指鉤在分叉的空隙之間，視情況旋轉與變化握法，以進行攻擊或防禦。例如，將鐵尺反轉過來，柄朝敵手時，因長度約與前臂相等，就可以用來防護手臂而以柄擊打敵手，這就和後文要介紹的枴有點相像。

此外，鐵尺還能用來投擲或戳刺，《北斗神拳》裡面的拳王拉歐就示範過把敵人的腳釘在地上；而當作投擲武器使用時，鐵尺的分量能產生相當的殺傷力。基於使用這些招數的場合，使用鐵尺的人不會只帶兩把，總要多準備個一、兩把備用。現在有些空手道的道館還會教授這種兵器。

◆ 鐵尺，又稱作「釵」或「叉」。電影中的鐵尺常常被做成像「三叉戟」般的銳器，實際上，鐵尺是不開鋒的，整把都是鈍器。

【知識檔案】

十手

鐵尺有個日本親戚，叫作「十手」（Jitte），其形狀像是單翼鐵尺，而翼的部分比鐵尺長而直得多，因此兩側都能發揮打擊效果。

十手是江戶時代日本捕快的佩賦武器，跟鐵尺一樣，功能在於擒拿效果，以十手制壓對手的刀，使其脫手，以抓住帶刀的犯人。因為是鈍器，提供捕快防身，卻不會誤傷人犯。通常在戲劇中只佩用一把，這一點與鐵尺不同。電玩「快打旋風Zero」（Street Fighter Zero）裡面的角色Sodom就以一對十手作為武器。

戰力分析

峨嵋刺　屬性—穿刺

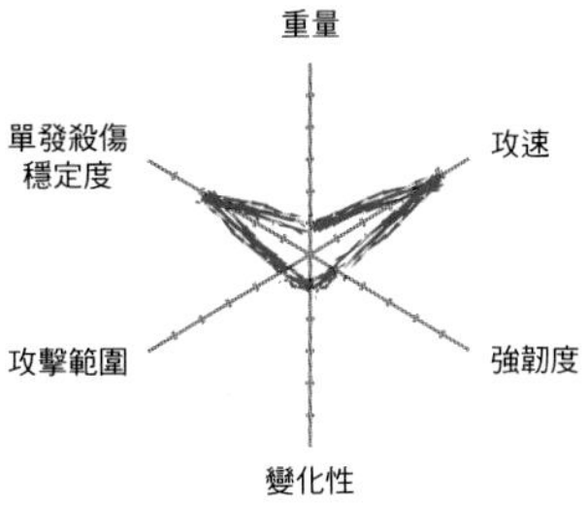

鐵尺　屬性—毆擊

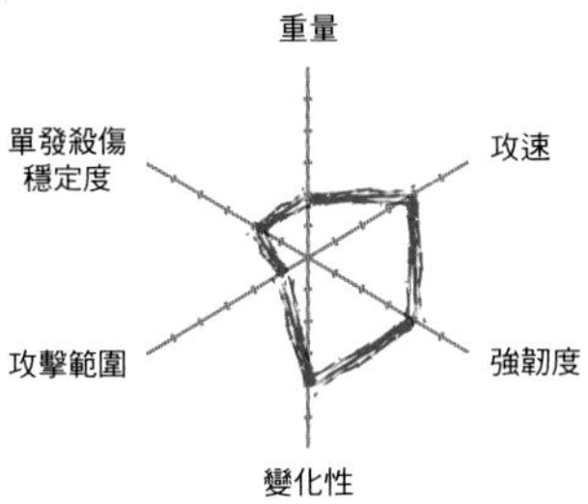

這一對該是同質性卻彼此差異最大的兵器了。因為造型緣故，峨嵋刺的強韌度和攻擊範圍異常貧弱，完全得靠使用者的身手補足劣勢；然而若是高手操控，攻速非比尋常，在水中更是其他武器難以望其項背的利器。而一旦出手只有中或不中，因此殺傷力反倒異常穩定。相對之下，鐵尺一般是鈍器，極少有開鋒的，穩定度就差了不少，然而獨特造型補足了強韌度，更提供了變化多端的用法。兩者大概只有攻擊範圍與速度相似。

枴。

枴是從工具脫胎而成的奇型兵器，比棍多了一個橫柄，形狀呈「丁」字形，可以頂，可以鉤，威猛的程度或許不如棍，卻多了一層巧妙。

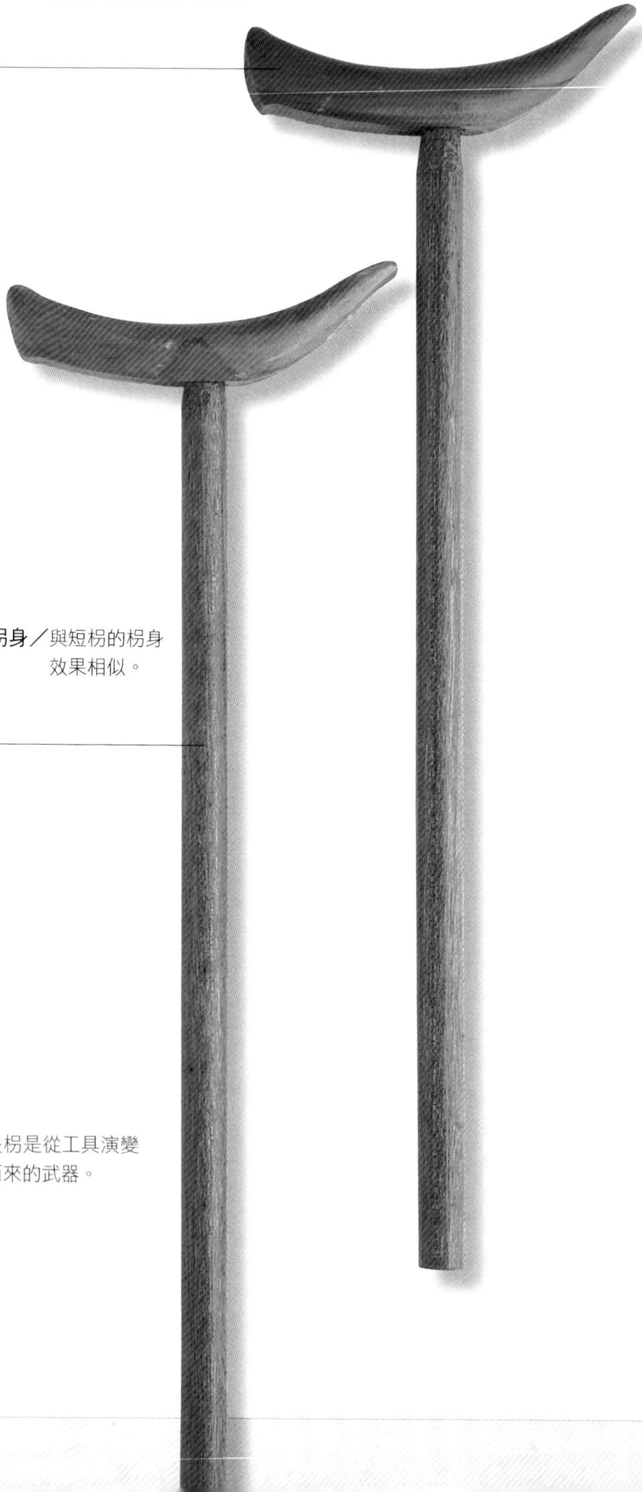

◆ **橫枴枴頭**／原本是作為支撐的部位，成為兵器則有多種用法。

◆ **豎枴枴身**／與短枴的枴身效果相似。

◆ 長枴是從工具演變而來的武器。

枴也叫作「枴子」，也是一項由工具脫胎而成的奇型兵器。

枴和棍很像，質材有金屬、有硬木，尺寸可長可短，形制上有不少變化。有這麼多分歧的版本，推想枴是廣受歡迎的鈍器：不但能支撐身體，還能用來隱藏殺機，跟星爺的折凳有異曲同工之妙。

早期的枴多是長枴，是從老人家或行動不便者的枴杖演變而來，通常只用一支。長枴由於造型與長度的緣故，使用方法與棍相似；但枴相較於棍多了一個橫柄，形狀呈「丁」字形，這便成了與棍不同之處。

長枴的使用

多了橫柄的枴可以頂、可以鉤，威猛的程度雖然不如棍，卻多了一層巧妙。民間信仰的八仙裡有位李鐵拐，正是拿著枴杖，因此許多枴的套路裡總會提到這位仙人。

枴在武俠小說中也曾多次出現，金庸《射鵰英雄傳》的「江南七怪」老大柯鎮惡、《天龍八部》的「四大惡人」頭頭段延慶，都是用枴的名人，而且都是身分地位較長的，果然符合枴這項武器的特色。其中段延慶用的是金屬雙枴，他老兄雙腿被廢，機緣湊巧遇到段譽母親後，還能重新振作，變成武功獨樹一格的惡霸，也算是挺不簡單。

有些枴的設計是枴杖劍，又名「二人奪」，能趁敵人抓住枴杖時，從裡頭抽出一把劍來猛地刺去。這就有趁人不備的陰狠味道了！

短枴的形制

相較於長枴，或許大家對短枴更熟悉些。**短枴，又稱作「旋棍」或「鉤棍」，通常是成對使用，造型呈「卜」字形，**有些警棍至今還保留這樣的造型。

短枴是由長枴演變而來，不過很神奇的是，這樣武器跟鐵尺一樣，在琉球非常普及，該地管這兵器叫作「tonfa」。可能是因為古代琉球不許民間私有武器，而像這類的短武器比較便於藏匿以防身吧？

類似的武器也廣泛地出現在東南亞各地。俗稱中，把肘擊叫作「幹枴子」，想來是我們的手肘與短枴都是具備直角狀的硬物之故。

短枴通常以橫柄作為把手，因垂直橫柄的特殊造型所賜，而具有可以旋轉的特色。平常持用時，棍的部分與前臂平行，保護雙臂；攻擊時，直接以原本握法，利用短梢與貼臂的棍攻防一體地出招，還能利用轉動的力量，甩動棍以強化攻擊力道，而將棍的長端反轉還可以用以刺擊。此外，還有抓握長梢與短梢的特殊變化用法，使用方式相當多元；只是，擅長用枴的人自然必須能夠靈活變換握把方式才行。

◆ **手把**／橫枝的位置是手把，有多種握把法。傳統的短枴有兩個橫枝。

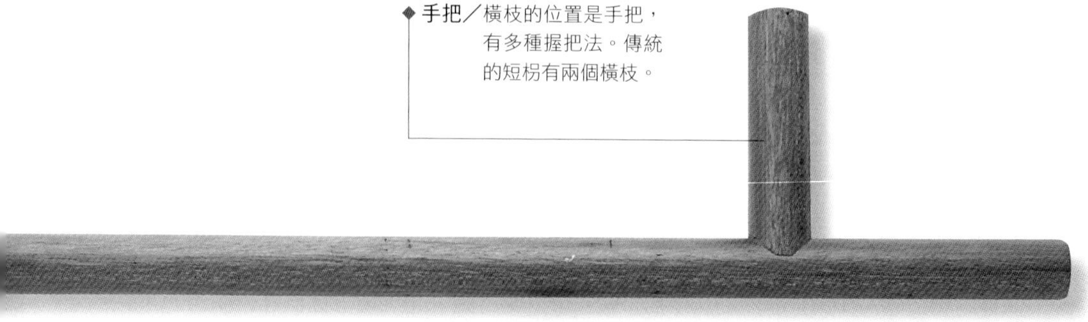

◆ 短枴的形狀與現在的警棍類似。

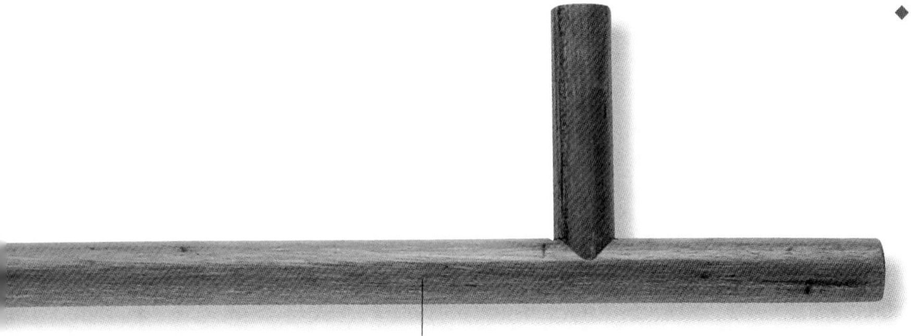

◆ **枴身**／長的部分為枴身，攻擊與防禦時所使用的重要部位。

因為這個緣故，枴也是電玩與漫畫中的熱門武器之一。遊戲「真三國無雙」的小霸王孫策用的就是雙枴，「劍魂」（Soul Calibur）中的少女 Talim 用的是有刃的雙枴，而「聖鬥士星史」（Saint Seiya）中天秤座聖衣附帶的武器中也有枴存在。

枴是短武器，使用者的身手與速度相當重要——不過，攻速要快到像遊戲中的孫策那樣，恐怕就很困難了。

【故事檔案】

八仙

八仙，指中國民間神話中的八位神仙。八仙的說法很多，最常見的是：鐵拐李、漢鍾離、曹國舅、何仙姑、藍采和、張果老、韓湘子、呂洞賓。

八仙之中，男女老少、貧富貴賤都有，性格與樣貌也近於一般人，各有些小缺點且喜好嬉鬧，而不像其他高高在上的神，因此對市井小民來說，特別親切。因為這樣，八仙出現在許多故事中，有時一、兩位，有時全員到齊。

最廣為人知是「八仙過海」的故事。據說，某次八仙去蓬萊島赴宴，回程時一時興起，相約各憑本事，以自己的法器渡海，因而有「八仙過海，各顯神通」的說法。因為廣受歡迎，許多事物或地點的名稱都與八仙有關。醉拳裡也有「醉八仙」的說法，這在成龍的電影裡就曾出現過。

戰力分析

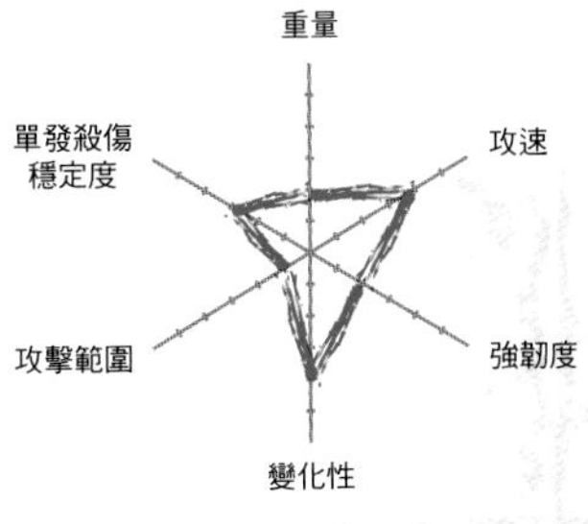
重量
攻速
強韌度
變化性
攻擊範圍
單發殺傷穩定度

屬性—毆擊

柺絕大多數是鈍器，因此攻擊方式僅有「毆擊」一種。攻擊距離往往很短，重量除鐵柺外也不是太夠，然而靠著使用者的身手與使柺的精髓「換把」手法，得以流暢地在攻守之間切換，運用方式相當靈活多元。雖說要造成致命傷不大容易，但熟練者若要制服對手倒也綽綽有餘。

鐵鍊夾棒。多節棍。

鐵鍊夾棒的棍一長一短，而雙節棍的雙棍長度相等，三節棍的棍則比雙節棍又更長一些，三支短棍相連起來的長度，就與一般長棍相仿。

前文所說的都是硬兵器，本體是金屬或硬木構成的，雖然有些具有彈性，但大體上整把武器還是一體，無法折彎或甩動攻擊。

此處要介紹的武器就與前面的有很大不同，算是兼具軟兵的特性了。顧名思義，**鐵鍊夾棒的構成包括了鐵鍊與棒兩部分，基本構造是一根長棍與一根短棍，而其間以一段鐵鍊相連，也有少數是用繩索的。**

鐵鍊夾棒的名稱很多，還有「連梃」、「連枷」、「梢子棍」等等，不同的棍在細節部分也有所差異，

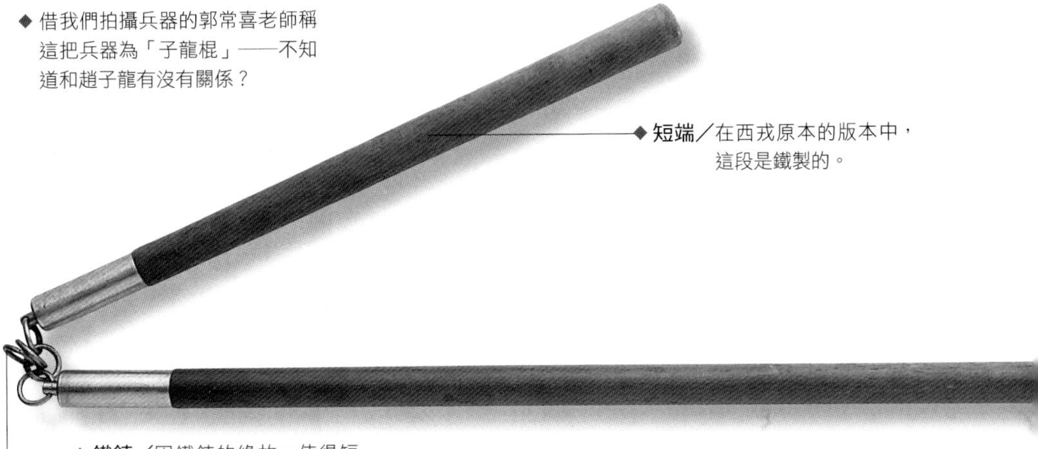

◆ 借我們拍攝兵器的郭常喜老師稱這把兵器為「子龍棍」——不知道和趙子龍有沒有關係？

◆ **短端**／在西戎原本的版本中，這段是鐵製的。

◆ **鐵鍊**／因鐵鍊的緣故，使得短棒處可以彎曲打到下方或盾後的人。

如連接的鐵鍊可長可短，而長短兩棍用的質材也有分作全為金屬或全為硬木，或是硬木長棍配金屬短棍等多種變化版本，不過基本構造大同小異，大致是由鐵鍊連結兩或三段長短不等的棍，也有呈「丁」字形連著兩節短棍的（即後來雙節棍的前輩）。

鐵鍊夾棒的流變

鐵鍊夾棒與前文提到的鐵尺與枴一樣，具有民族文化交流的背景，而它或許更像是舶來品。

據《武經總要》一書記載，**鐵鍊夾棒本來是中國西方異族——西戎——所使用的武器，用在馬上對付漢族的步兵。**當時的防具對有刃武器已有一定的防禦能力，因此像錘之類能無視鎧甲給予傷害的重兵器隨之盛行，鐵鍊夾棒想來也是在這樣背景下所發展出的鈍器。

相對於傳統的棒，**多了鐵鍊的夾棒，在馬上使用起來方便得多，靠著鐵鍊的甩動，能夠減少傳統棍棒由上往下攻擊的死角，更能藉由較小的甩動動作，在有限空間內加強打擊力。**這是西戎當時獨特的騎兵武器，然而類似的東西中國可不是沒有，傳統農家打麥用的連枷等工具，和這武器的形狀恰恰十分相似。

到後來，漢人拿出了「**師夷之長以治夷**」的方法，許多原是農家出身的士兵一學就會，用起來反而比戎人順手——原來是在家鄉打麥子打慣了，這下子換成把敵人當麥子打就是。

鐵鍊夾棒於是成了中國的武器，尤其像是騎兵對付步兵，或如守城時由上往下打的場合特別好用。這恐怕是西戎人始料未及的吧？

雙節棍與三節棍

和鐵鍊夾棒相似的，則是雙節棍與三節棍。

鐵鍊夾棒的棍是一長一短，而雙節棍的雙棍則等長，通常尺寸比鐵鍊夾棒來得小些，鍊子也較短，不過仍然存有許多變化的版本。**三節棍的棍又比雙節棍更長些，三支短棍連起來的長度也就與一般長棍相仿**。

雙節棍的來源有「由鐵鍊夾棒改造」與「由三節棍改造」兩種說法，不過，可以確定它應該是三者之中較晚問世的——然而最紅的可也是它。

說到使用雙節棍的代表人物，自然非**李小龍**莫屬。雙節棍今日能如此普及，完全是拜這位傳奇人物所賜。這項武器的威力在李小龍的電影裡發揮得淋漓盡致，使得它變成近代奇型兵器中最著名的後起之秀，甚至**好些國家將雙節棍列入刀劍槍炮之類的違法武器中**。於是，卡通《忍者龜》裡使雙節棍的米開朗基羅，到了英國也不得不改用雙枴。

【故事檔案】

李小龍

大名鼎鼎的李小龍，是揚名歐美、造成功夫熱潮的傳奇演員，更是百餘年來最具國際性影響力的武術家。他早年從葉問大師學習詠春拳，之後不斷活躍於美國武壇，以示範與驗證其功夫，最後創出其獨特的流派「截拳道」。

自一九七一年起，李小龍與嘉禾電影公司合作演出《唐山大兄》、《精武門》、《猛龍過江》等轟動大片，奠定了巨星地位。

直到現在，仍有許多電玩和漫畫角色以李小龍為藍本，例如：「快打旋風」的飛龍、「北斗神拳」的主角拳四郎、「火影忍者」的李洛克、「鐵拳」的Marshall Law 等等，不勝枚舉。在電影《追殺比爾》（Kill Bill）中，鄔瑪舒曼身著的鮮黃運動服，也是向其未竟的遺作《死亡遊戲》致敬。

除了獨特的叫聲外，李小龍以招牌武器雙節棍令人印象深刻——這種武器

◆ 雙節棍與鐵鍊夾棒不同，兩端的棍長是相等的，整體而言也較短。與鐵尺一樣，雙節棍在琉球也很流行。雙節棍有一陣子被認為是忍者的武器，但忍者一般比較偏好多用途且致命的武器，如「苦無」或「鉤繩」（附有鉤的繩子，用來攀爬或絞殺敵人）等。

雙節棍的優缺點

雙節棍與前面一些奇型兵器具有一樣的缺點：攻擊範圍不夠廣，若不熟練的話容易傷到自己。然而，它快速舞動下、難以捉摸的動線則是其魅力所在。

和鐵鍊夾棒一樣，**雙節棍擁有死角少且攻擊路徑多變，能襲敵於不意的優點，近戰中的能力甚至優於前者**。正因如此，自李小龍紅遍國際之後，國外也吹起了一片雙節棍旋風，至今還有許多「雙節棍協會」之類的組織，致力於雙節棍運動的練習與推廣。

首次在大螢幕亮相即是在《精武門》一片中。諸如成龍、周星馳、周杰倫等，都視李小龍為頭號偶像，其中周杰倫的〈雙節棍〉就可見李小龍的影子，這首歌更是紅到歐洲，蟬聯四週義大利 MTV 台冠軍點播歌曲，後由義大利 BMG 重新包裝，正式發行。

對於許多外國朋友而言，雙節棍成了最具中國風的代表性武器。

為了向李小龍致敬，許多卡通及電影、電玩中都曾出現使用雙節棍的角色，這些角色的招式動作十有八九與李小龍相仿，甚至還會模仿其獨特的招牌叫聲。

雖說雙節棍使起來相當炫，然而**使用者的身手與速度才是武器能否充分發揮的關鍵**，否則反而容易受限於其攻擊範圍短的缺點所拖累——這點很多人都忽略了。

雙節棍也有成對使用的，然而這樣反而失去了它換把靈活的優點，有點像單劍變成雙劍，畫蛇添足的感覺。因此，真正擅長使用的人，很少用成對棍的，大多只是在表演時好看罷了。

三節棍的使用

雙節棍不是容易上手的武器，而三節棍比雙節棍多了一節，又更複雜了。

由於是以三節組成，三節棍的握把方法變化更多：可以持用兩端的棍，也能僅握中段以兩端變化攻擊，甚至兩手各握中段與單邊，與只握其中一段甩動整把棍等等，變化多端。至於能否隨機靈活變把則是使用這種武器的關鍵。

和雙節棍一樣，三節棍具有容易收藏且攻擊路徑多變難測，可長、可短、可軟、可硬是其優點，但也相當難練。

三節棍的淵源，據說起源於宋太祖**趙匡胤的「盤龍棍」，將短棍或斷棍連起後創成的新兵器；後來不知什麼緣故，倒成了中國北方鏢局的一種標誌。**

三節棍在許多漫畫與遊戲中也都登場過，通常被刻畫成由一把長棍拉開變成三節的構造，想來和武器造型及其難測多詐的效果有關。格鬥遊戲「餓狼傳說」（Fatal Fury）與「拳皇」（The King of Fighter）裡的角色 Billy Kane 就是拿三節組成的長棍——不過，在現實中要像他那樣把分成三節的棍筆直地戳出去，當然是辦不到的。另外，角色扮演遊戲「幻想水滸傳」的主角也以三節棍作為武器。

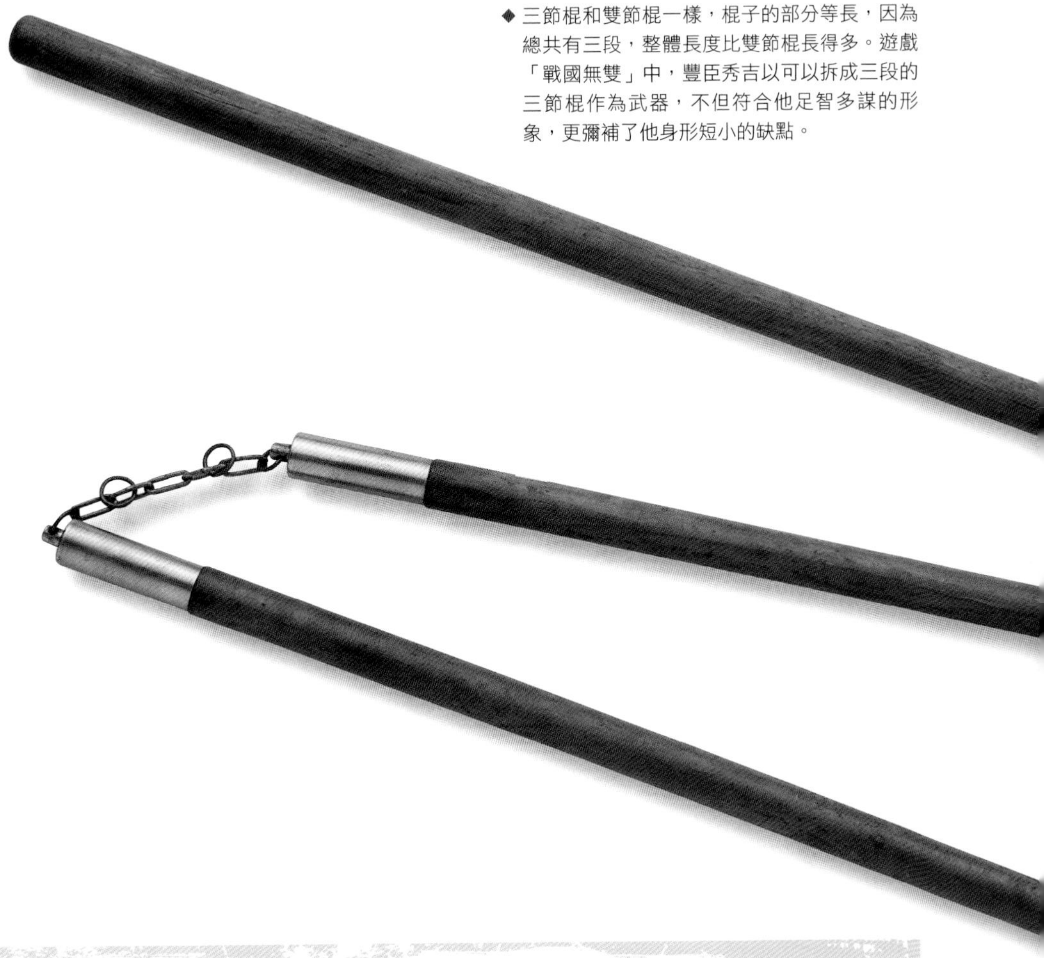

◆ 三節棍和雙節棍一樣，棍子的部分等長，因為總共有三段，整體長度比雙節棍長得多。遊戲「戰國無雙」中，豐臣秀吉以可以拆成三段的三節棍作為武器，不但符合他足智多謀的形象，更彌補了他身形短小的缺點。

戰力分析

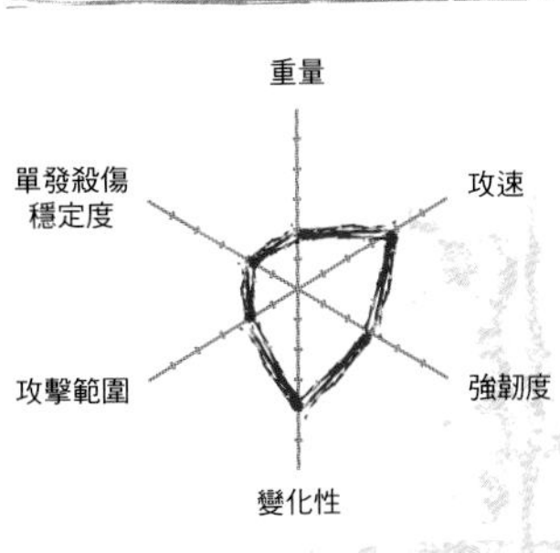

重量
攻速
強韌度
變化性
攻擊範圍
單發殺傷穩定度

屬性—毆擊

同樣是主打毆擊的雙節、三節棍，因為多了鐵鍊，用法也就與其他鈍器略有不同。三節棍可甩、可打、可架、可攔；而雙節棍除了甩與捅，還有「勒殺」的用法。且看李小龍或是電影《特攻聯盟》中超殺女的示範就曉得了。鐵鍊構成的軌道變化，使得死角比原本的鈍器小，更能誤導對手誤判距離而中招。只是三節棍很少整段甩開，雙節棍更不用提，因此除了換把靈活之外，攻擊距離更是使用者需克服的另一項障礙。

撾。判官筆。

凡「具有人手或獸爪形象」的武器，都可稱為「撾」，其中以一隻手握著鐵筆的造型最為常見。

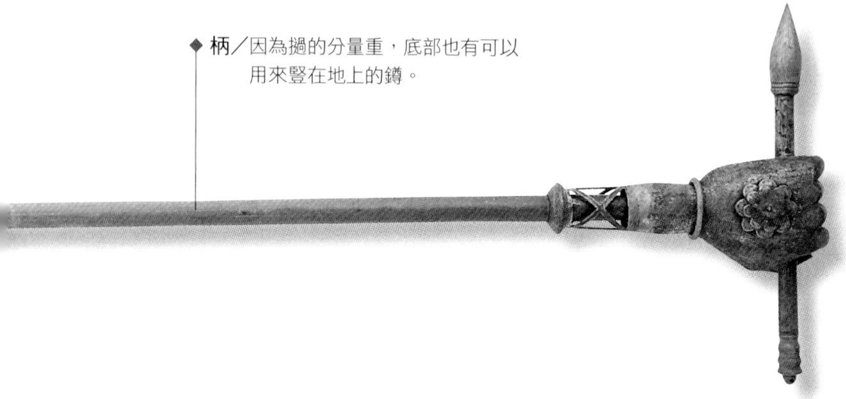

◆ **柄**／因為撾的分量重，底部也有可以用來豎在地上的鐏。

這是令人印象深刻的武器。撾（音同「抓」），其實就是「抓」，兩個字可以通用。

撾這項武器，或許該說是某一類武器的通稱。凡「具有人手或獸爪形象」的武器，都可以稱之為「撾」。撾分為長、短與軟兵器三種版本，其中以軟兵器版本的造型較為不同，它的形狀近似於鷹爪，屬投擲兵器，因此又稱「飛爪」。晚期的飛爪關節甚至可以活動，將於後文再介紹。

至於長短兵器的撾，以鷹爪或虎爪狀較常見。這類武器的產生，想來該是受到老虎或老鷹之類猛獸猛禽的啟發，因此有人主張這類撾和鷹爪功有相近的淵源。此說法仍有待實證。

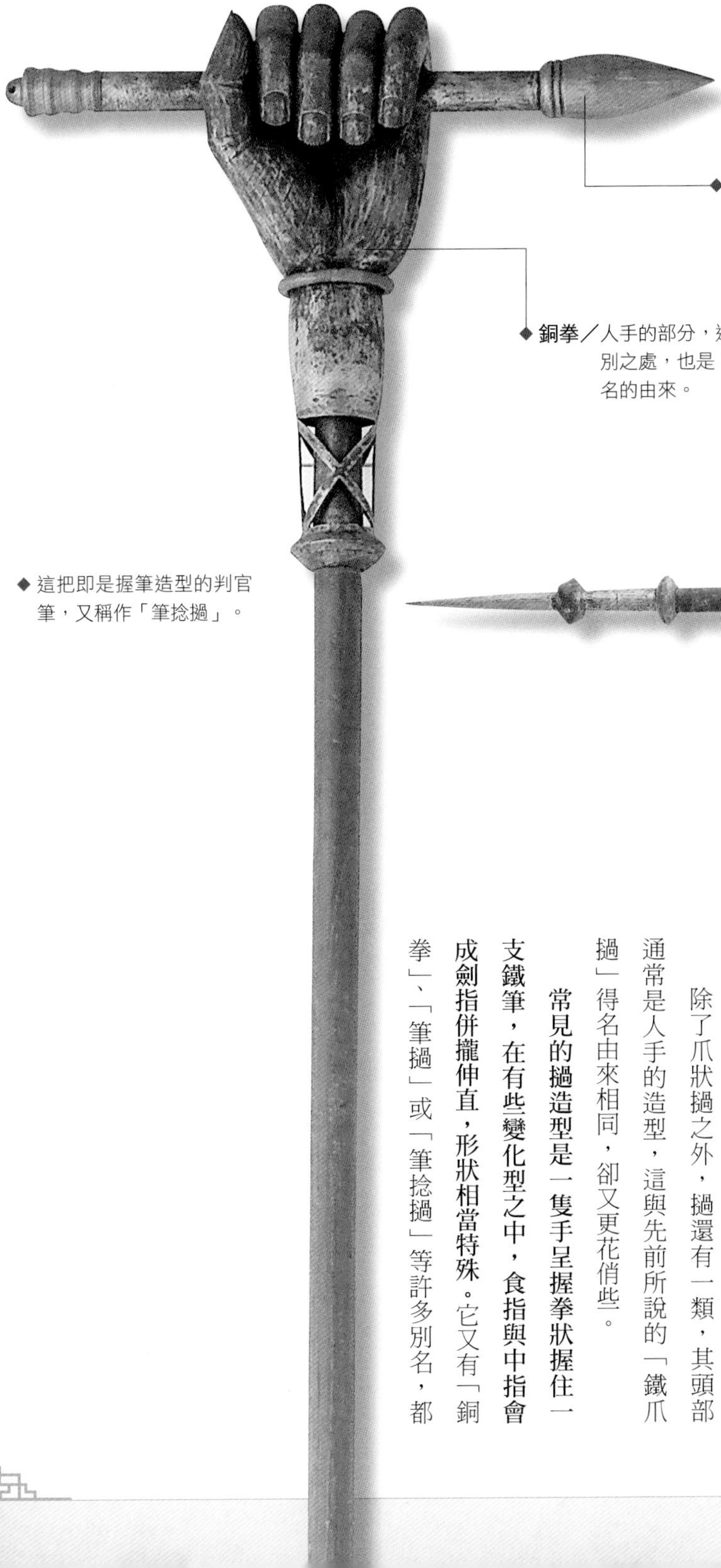

◆ **鐵筆**／具有與戟的小枝相似的功能。

◆ **銅拳**／人手的部分，這是筆捻撾最特別之處，也是「銅拳」這個別名的由來。

◆ 這把即是握筆造型的判官筆，又稱作「筆捻撾」。

撾的形制

前文說過，棍衍生出各類變化型的長兵器，其中抓棒也是。隨著製作技術的進步，晚期的撾也和飛爪一樣出現了關節可活動的版本。

除了爪狀撾之外，撾還有一類，其頭部通常是人手的造型，這與先前所說的「鐵爪撾」得名由來相同，卻又更花俏些。

常見的撾造型是一隻手呈握拳狀握住一支鐵筆，在有些變化型之中，食指與中指會成劍指併攏伸直，形狀相當特殊。它又有「銅拳」、「筆撾」或「筆捻撾」等許多別名，都與造型有關。

因為造型特殊而複雜，使用方式也很多：**劍指部分能夠發揮槍類戳兵的效果，鐵筆兩頭則類似畫戟的小枝或是鑞的雙翼，可砍、可擋、可撩、可刺，用途多端，無論攻防都能夠充分發揮作用，而握筆的拳頭部分還能充當錘頭作為鈍器使用**，是相當多功能的兵器。

撾的造型特異，分量也相當重。五代十國之中，後唐青年猛將李存孝，是後唐王沙陀人李克用的義子，據說就是用這種兵器的名人。

在國劇中也看得到撾，不過手形有點改變，伸出的變成是食指與小指，由一個尖頭變成兩個尖頭，看起來倒有幾分像戲曲中的蘭花指，至於用法上會不會有所改變，這點就耐人尋味了。

介紹鐵尺時提到奇女子王異，巧合的是，與她有血海深仇的名將馬超也與奇型兵器有關。在豫劇《對金抓》中，馬超與本事高超的敵方青年將領鬥得難分高下，兩方都使出家傳絕活的武器「金抓」，這才發現原來是一家人。而對上馬超的這個年輕人，就是後來的馬岱。

值得一提的是，撾有幾種沒有拿筆的變化型：一種是呈握拳人手伸出食指的「朝天撾」；另一種叫作「金龍撾」，撾頭也是人手形狀，五指略張而中指伸出，同時取撾與虎爪的特點。用法上應該大同小異，但以現代人的眼光來看，後者這樣隨便對著人比中指，實在有些要不得……

◆ 圖中為關節可活動的爪形撾，被抓住了可是逃不掉的哦！

【知識檔案】

千奇百怪的奇型兵器

從前文介紹看來，不難發現奇型兵器並不容易使用。有的距離短，需要冒貼身作戰的危險；有的構造複雜，使用時不易控制，或者是多尖多刺，一不小心很容易就傷到自己。

之所以設計成這樣，自然是取其特有的優點：鉤用法多且能鎖拿對手兵器；刺短小精悍，攜帶容易，又能在水中使用；多節棍軌道變化多、死角小……。這些兵器若要能使用如意，勢必得大花功夫，絕非初學者三兩下就能上手的。

刀、槍、劍、棍等各式長短兵器，由於發展得早而使用場合也廣，被視為是「正統」的兵器，比較適合初學武術者。這些兵器的構造相對簡單，入門容易，也比較沒有自傷的問題。然而也因為這些兵器的普及率太高，因此總有能人想要求新求變、與眾不同，於是誕生了奇型兵器。這種「出其不意」的能力，也往往是選用奇型兵器的價值之一。

舉例而言，坊間有教授對應破解各門派刀劍招數的資料，卻不容易找到對應破解雙鉤或三節棍的方法。想想：若自己是剛闖蕩江湖的劍客，第一次對上使子午鴛鴦鉞的對手時，恐怕也會猶疑不定吧？心理戰上的「出奇制勝」，也就是使用奇型兵器的優勢之一。

因為要求出奇制勝，因此奇型兵器的形制千奇百怪，本書所列算是較為普及且具有代表性的，光是這幾項就已經有相當豐富的變化版本，足以想見奇型兵器的種類包羅之廣。

稍作歸納，這裡面有些是利用日常生活器物來當武器，像是扇子、雨傘或船槳等等；有些是「結合現有兵器」來產生新武器，就像是「鹿角蛇身、鷹爪魚鱗」的龍圖騰一樣，是混搭出來的。

以鉤為例，護手部分是不是和畫戟造型很像呢？又如三節棍，也是結合棍與鐵鍊而產生，甚至更有結合了鑹與鐵鍊的「三節鑹」這種兵器。結合現有不同兵器的作法，往往能夠催生兼有兩者優勢的新兵器，例如：戟就是矛和戈組合所產生的。只是奇型兵器的組合往往因為「奇」而讓人吃驚，甚而較像是奇想中的產物了。

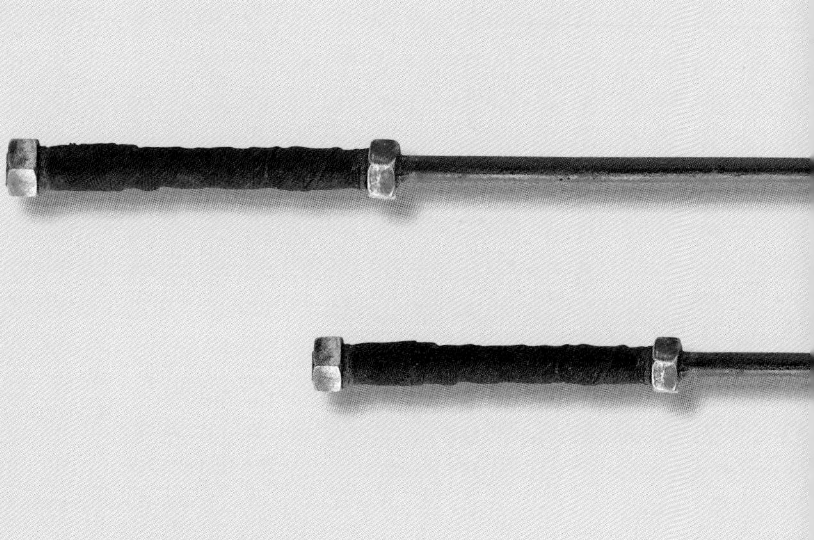

武俠小說中的判官筆

撾在小說裡有個漂亮的名字：「判官筆」，自然是因為那支鐵筆的關係。

所謂的判官筆，其實還有一種同名而較為少見的，是沒有人手、整支鐵製的筆形武器，這與撾不太一樣。**這種鐵筆的筆尖相當鋒利，造型上有點接近短槍或峨嵋刺，主要用在欺身肉搏時攻擊對手要害部位，與刺的用法很類似，但比刺長得多。**有些鐵筆上有類似刺的鐵環，只是不像刺那樣可以轉動。這種鐵筆也跟刺一樣，必要時可以擲出當作暗器。

在武俠小說裡，判官筆還能用以點穴，因此使用者往往武功了得，而且是內家高手。《倚天屠龍記》中，張無忌的父親——武當五俠「銀鉤鐵劃」**張翠山**，就以擅於使用判官筆成名。此外，小說中有些判官筆內還裝有機關，能突然伸長，或兼有袖箭、噴筒之類的效果，射出鐵刺或毒藥，更像是暗器了。

判官筆這樣奇型兵器所以能夠活靈活現，深入人心，小說家可謂功不可沒。

金庸與兵器

除了張翠山的「銀鉤鐵劃」之外，金庸小說中還有許多神奇武器。

以《天龍八部》為例，除了前文提到段延慶的鐵枴，同列為「四大惡人」的另外三人所使的武器也很奇特。其中，老是想收段譽當徒弟的南海鱷神以「鱷嘴剪」及「鱷尾鞭」作為武器，兩種都形似鱷魚身體部位並附有鋸齒——真虧金庸大師想得出來配合這個怪人的奇特武器。而以輕功著名的雲中鶴，則用一對鋼抓作為武器。至於綁架嬰兒的慣犯葉二娘，用過被綁架小孩身上的金銀飾品當作暗器。她的武器相較之下比較常見，但造型很特殊，是把長而薄的板狀刀刃。果然性格與行事怪異的角色，使用的武器在造型上也特別出人意外。

至於《碧血劍》中亦正亦邪的怪傑金蛇郎君，用的雖是較常見的劍，卻是柄造型獨特的金蛇劍，還有專屬暗器金蛇鏢，這位奇人的整體造型可真是講究……

如此說來，金庸先生對奇型兵器貢獻良多；而且在小說家的描述下，許多奇型兵器更顯神奇。

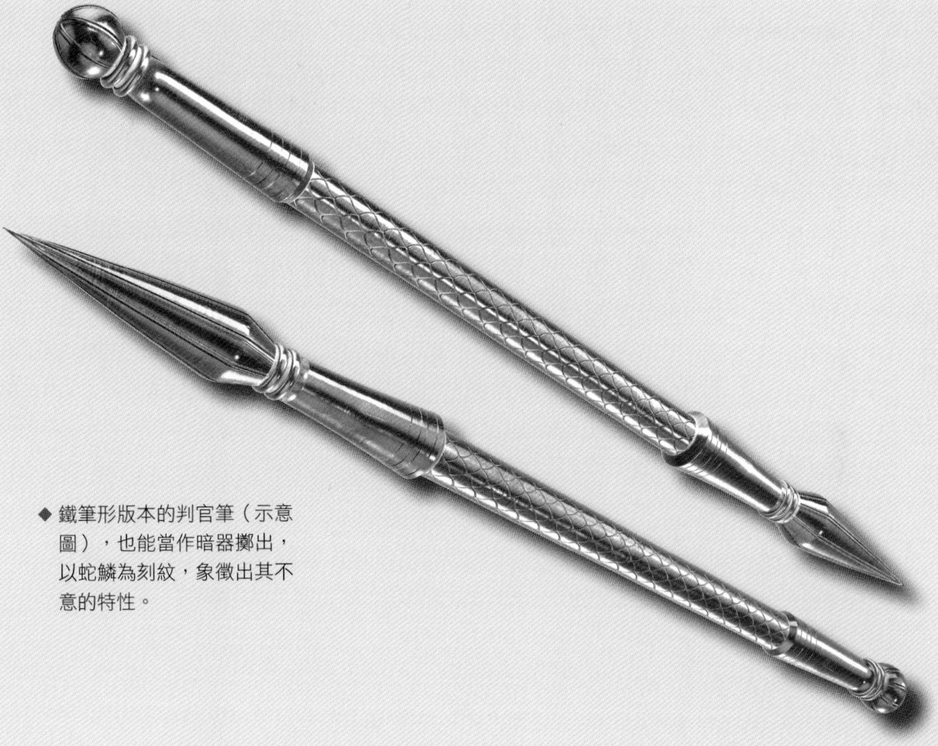

◆ 鐵筆形版本的判官筆（示意圖），也能當作暗器擲出，以蛇鱗為刻紋，象徵出其不意的特性。

【故事檔案】

李存孝

李存孝，是五代十國時，後唐王沙陀人李克用的養子。民間傳說，李存孝本姓石，後來當了李克用的養子才改姓，因為他是第十三個養子，所以稱作「十三太保」。太保是類似於「官人」的尊稱，與後來的意思不大一樣。

據說李存孝有些像孫悟空，身材精瘦，武藝不凡，勇力驚人，少年時曾替人牧羊為生，某次牧羊遇見一頭老虎，竟一陣亂拳空手打死了猛虎。這頭老虎原來是從李克用打獵的圍場中跑出來的，李克用追捕時看到了英雄打虎的場面，驚嘆之餘便將他收為義子。因此李存孝在報名號時往往自稱「飛虎將軍李存孝」，且常用虎皮來作為裝束——有點像希臘神話裡絞殺獅子的海克力士（Hercules）那樣。

除了筆捻撾外，李存孝還能使鐵槊，兩手持用不同武器，真是多才多藝。他在國劇中也出場過，只是那槊的造型變成有點像是錘了。

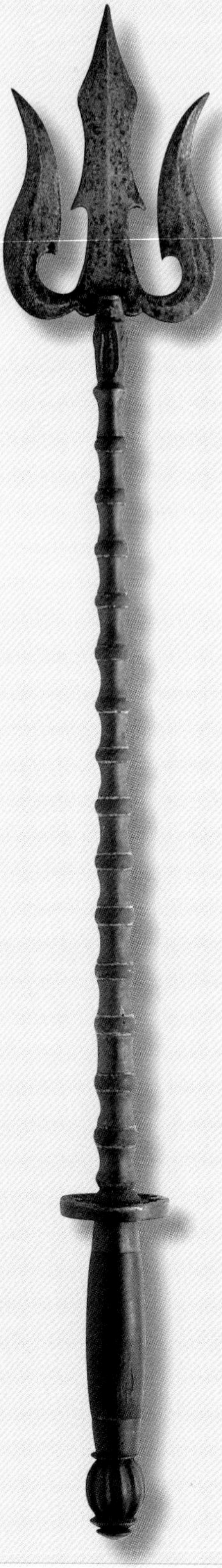

【實物檔案】

非典型奇型兵器

這是郭常喜兵器藝術文物館中的收藏品。

右圖這把的底部構造是鐵鞭，在頭部加裝叉而組成，除了具有鞭的鈍器打擊效果之外，還能以頭部的叉來戳刺。類似兵器是否有人實際使用過？我們不得而知。但這把兵器經過我親手實驗，效果可以保證——拍攝過程，不小心給戳了一下，右手因此還縫了兩針！

左圖這兩把的組成更為複雜。柄的兩端分別有類似矛頭與造型奇特的撾，而柄部的月牙狀護手則與子午鴛鴦鉞的刃部依稀相仿。這樣的兵器若真要使用，除了身法要好，還得通曉組成的數種武器，實在不容易，恐怕不是實戰中使用的兵器吧。但也因為人們豐富的想像力，才有了這許多奇異的兵器與藝術。

【故事檔案】

張翠山

《倚天屠龍記》的「銀鉤鐵劃」張翠山，一手拿判官筆、一手使鉤，這是僅見於小說的搭配使用法。

在金庸小說中，武當是太極武術的發源地，以內功著稱，再加上張翠山後來苦練書法，配上這樣深具斯文氣息的兵器，實在相當合適。

但是，張翠山使用的是鐵筆形判官筆，後來拜此所賜，讓他兒子張無忌險險躲過一樁陰謀。

◆ 有類似槍頭的尾端，有月牙般的刃狀護手，還有造型奇特的撾，且手指處更有直指與橫指兩種變化……讀者要不要試著算算看，圖中這兩把兵器使用起來可以有多少種變化？

戰力分析

撾　屬性—穿刺、毆擊

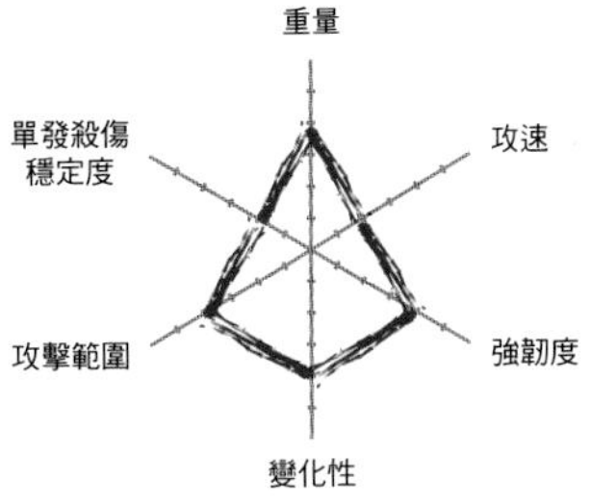

重量
攻速
強韌度
變化性
攻擊範圍
單發殺傷穩定度

判官筆　屬性—穿刺

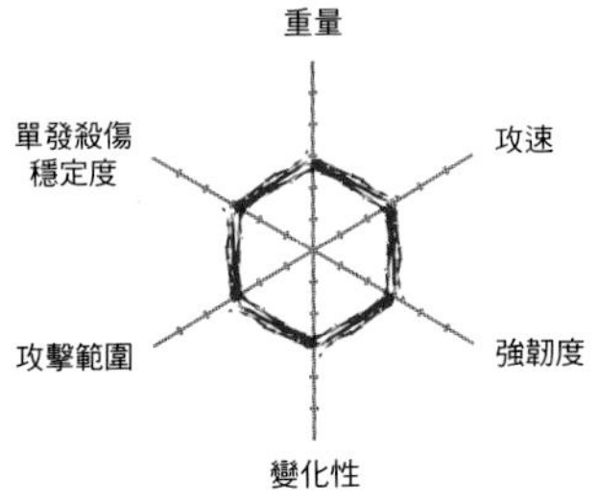

重量
攻速
強韌度
變化性
攻擊範圍
單發殺傷穩定度

以筆撾為例，除了鐵筆與劍指兩部分能進行「戳刺」、「撥」、「撩」之外，整體分量更是驚人，直接砸在對手身上傷害也非同小可。雖說其變化性高、功能多元，然而單發攻擊的穩定性相對不穩——砸個正著或被鐵筆刮破皮，差異相當大。受限於先天重量，最終仍需靠爆發力一擊決勝，拖得越久越不利。至於造型單純的鐵筆形判官筆則相對簡單明快，就像短版的槍，各屬性頗為平均。而與長槍相較，雖然距離優勢不見了，但取而代之的是力矩較短的高防禦性，這點與短戟有點像。另外，由於是短兵，因此與枴相似，透過變把可以更加靈活使用。

子午鴛鴦鉞。拳刃。

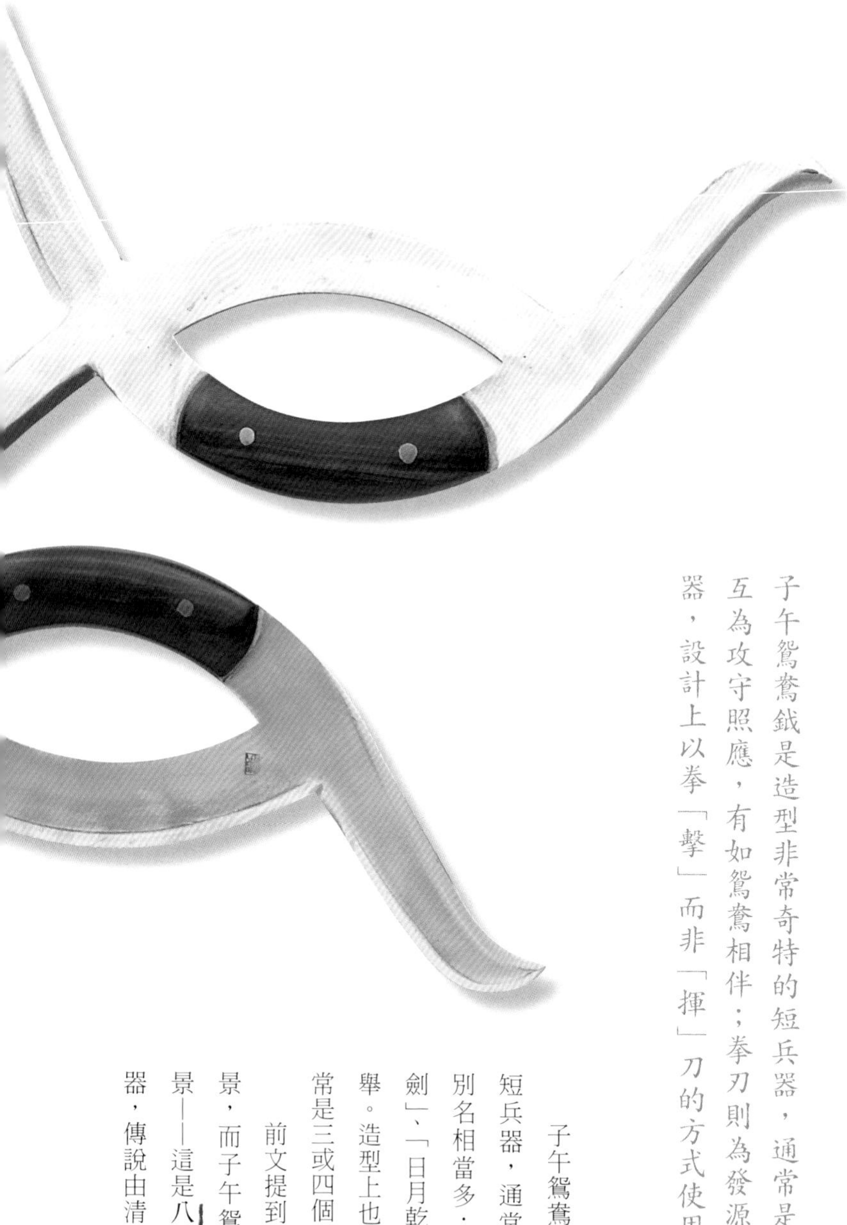

子午鴛鴦鉞是造型非常奇特的短兵器，通常是成對使用，雙手互為攻守照應，有如鴛鴦相伴；拳刃則為發源於印度的特殊兵器，設計上以拳「擊」而非「揮」刀的方式使用。

子午鴛鴦鉞是造型非常奇特的短兵器，通常是成對使用。它的別名相當多：「鹿角刀」、「弧形劍」、「日月乾坤劍」等等，不勝枚舉。造型上也有很多變化版本，通常是三或四個刃尖，外長內短。

前文提到許多兵器具有地緣背景，而子午鴛鴦鉞則是有門派背景——這是**八卦掌**門派所特有的武器，傳說由清朝八卦掌宗師**董海川**

所傳下。

說到此門派，讀者是否頓覺面熟？不錯！在電影《一代宗師》中，章子怡所飾演的宮二先生，正是八卦掌門下，若有讓她使用武器的戲分，想必子午鴛鴦鉞定會出場。雖然它的名字也有個「鉞」字，卻與長兵器的鉞斧相當不同。

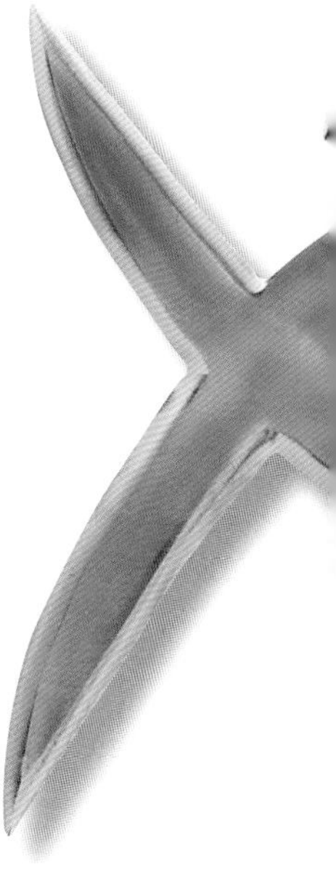

◆ 子午鴛鴦鉞，是八卦掌門派的獨特兵器。造型一般是三至四個刀尖，外長內短。

【故事檔案】

八卦掌與董海川

相對於講究硬功夫的少林拳法，八卦掌屬於內家拳術，而清朝董海川是將其發揚光大的宗師級人物。

據說董海川自幼喜歡武術，之後誤傷人命而避走他鄉，因機緣得異人傳授八卦掌——依《易經》先天與後天八卦變化推演，身法與手法合一變化無窮，日後隱姓埋名進入王府當差（為此，常有人爭議這位大師到底是不是太監）。某次王府宴客時，賓客擁擠無法通過，董海川上茶時秀了一下飛簷走壁的身手，其深藏不露的武藝才為人所知。

民間關於董海川的傳說很多，他不僅身手高超、行蹤飄忽，還應了形意拳高手郭雲深的挑戰，據說比劃數度不分勝負，後來兩人惺惺相惜，結拜為兄弟。董海川的教學方式也相當獨特，擇徒嚴格，因材施教，同門下有許多各具不同特色的流派。

子午鴛鴦鉞與八卦掌

八卦掌與太極拳一樣，是深受中國《易經》義理影響而創出的武術，其拳理以陰陽相生相變作為基礎。**作為八卦掌的代表性兵器，子午鴛鴦鉞在使用上也深具八卦掌的特性：手中雙鉞分子午雌雄，雙手互為攻守照應；使來渾成一片，有如鴛鴦相伴，因此才有此一名稱。**

子午鴛鴦鉞的套路含有八卦掌特有的走位與圓形運動特色，並依陰陽分作順逆之勢，使用時特別注意身法與步法的變換，從位置的移動變化中衍生各種攻防方式。**子午鴛鴦鉞以其多刃著名，其突出刃部可割可刺，弧刃部分則能如刀斧般斬擊運用。若對手攻來時，雙鉞可撥可攔，更能擒拿鎖住對手兵器，具有鉤或圈類兵器的好處。**

或許因為它的造型特異，電影或小說有時會出現拿著子午鴛鴦鉞的角色，卻往往不是善類。這可真是冤枉它了！

光看那多刃的造型就知道子午鴛鴦鉞與鉤相仿，都不是容易使用的武器。而且子午鴛鴦鉞缺乏長槍之類在攻擊距離上的優勢，勢必得靠靈活身法補足其不利之處，因此若要能運用自如，非得下過苦工不可。

拳刃的發源

說到了這裡，不禁會讓人聯想到另一樣在許多遊戲中很出風頭的奇型短兵：拳刃。**它與子午鴛鴦鉞的抓握方法有點類似，都是攻擊距離偏短的奇型短兵，也各自有許多變化形的版本。**

話說，子午鴛鴦鉞是中國的特產，而拳刃則發源於印度。拳刃的本名叫作

◆ 印度的特產「拳刃」，曾出現在乾隆皇帝的兵器中，且加裝了長柄，應是當儀仗使用。此示意圖為多刃機關的版本，其上有精美雕花。

「Jamdhar」，英文卻寫成「katar」。這個原因說來烏龍，是因為當初在傳到西方的記錄中，兩項兵器的名稱被寫反了，此後就一直這樣錯下去。若現在說「Jamdhar」，西方人反而聽不懂了。

顧名思義，相對於一般短刀或匕首，拳刃因為柄的構造，而採水平抓握，在設計上是以拳「擊」而非「揮」刀的方式使用，特別能體現「兵器是手的延伸」的概念。握把兩側通常有護手，提供腕部防護，有些還有精美的雕飾。劍刃的部分有許多變化，有些刀尖會有雙叉甚至三叉，而長度也往往不等，但幾乎都是雙面開鋒。

有些拳刃有多刃的機關設計，在主刃兩翼外附有劍刃，利用握把控制，即可讓兩翼的附刃彈出，用以奇襲對手，發揮像鐵尺箝制對手武器的效果。又因其獨特的抓握方式，若使用得當，好的拳刃能收到貫穿鎧甲的威力。

【知識檔案】

宮天梳

有一樣奇型短兵，與子午鴛鴦鉞有異曲同工之妙，名叫「宮天梳」。它通常也是成對使用，形狀像附有利齒的月牙鏟；或者該說是特大號的梳子更恰當。它的俗名為「梳子拳」，用法有似梳頭，有撥、撩、畫等手法，兵器本身可割可刺，饒富特色。

拳刃的風格獨特，因此成為電玩遊戲中的熱門武器，像在韓國線上遊戲「仙境傳說」（RO）中的刺客，或是日本電玩大作「太空戰士」（Final Fantasy）系列數個角色都用過這種兵器，而經典3D兵器格鬥遊戲「劍魂」（Soul Calibur）中的怪人Voldo使用的也是拳刃。**大概是受拳刃給人的印象所影響，這幾個角色都有動作迅速、令人捉摸不定的特色。**

特別一提的是，拳刃是曾出現在中國過的。乾隆皇帝的戰袍與兵器組就包括過這玩意兒，應是印度進貢的禮物。但中國人畢竟用不慣拳刃，因此被改裝成加上長柄的奇特武器，似乎是當儀仗使用。周緯先生《中國兵器史稿》一書中還看得到這張照片。至於更晚期出現的「手指虎」之類，主要在強化拳擊效果，是民間幫派中常見的近身武器，但用法稍有不同。

戰力分析

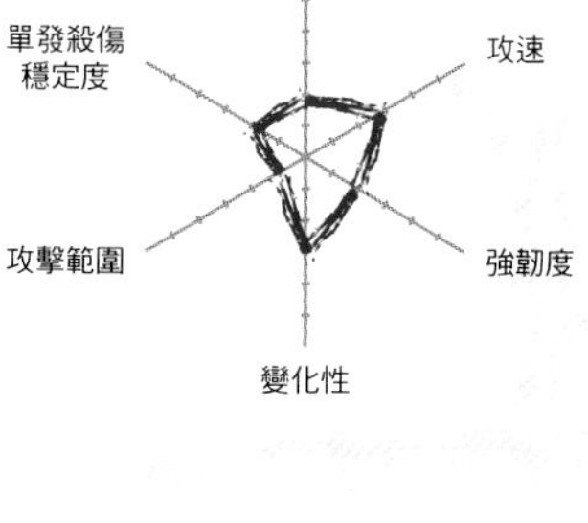
重量
攻速
強韌度
變化性
攻擊範圍
單發殺傷穩定度

屬性─斬切、穿刺

子午鴛鴦鉞造型獨特，配合身法與手法，可以使出「削」、「劈」、「拿」、「戳」等各種攻擊，變化堪稱靈活，然而高攻速的反面則是攻擊距離非常短，且重量也不夠，若對手不是太弱的話，很可能會形成持久戰的局面，靠著讓對手失血與保留我方實力緩緩周旋，較難以靠單發一擊決勝。

直球什麼的最無聊了！

軟兵系與暗器系。

軟兵系，指以繩索或鎖鍊之類構成的武器。
除了索與鍊本身即可作為防身武器使用之外，
許多軟兵器還會在繩索一頭繫上各式造型特殊的武器，發揮更大攻擊效果。
軟兵系具有範圍廣、攻擊方式刁鑽善變，及容易收藏不易為人察覺的特色。

暗器系多以投擲類的小型武器為主，因匕首地位特殊，特別附錄於本節。
《孫子兵法》有言：「兵者，詭道也。」
暗器趁人不備的特性，是此一概念的體現。

軟鞭。鎖鍊。

軟鞭分作「皮鞭」與「金屬鞭」，原是游牧民族用來驅趕牛馬牲畜的常見工具。這類武器在游牧民族間流傳特別廣，清軍入關後，才在中原普及起來。

節／各節以金屬製成，通常是九節，所以又稱「九節鞭」。

軟鞭可分作「皮鞭」與「金屬鞭」兩種。皮鞭原是游牧民族用來驅趕牛馬的常見工具，通常是以生牛皮或牛馬的筋纏結浸油製作而成，也有以麻繩製作的繩鞭。

北方關外趕牛馬車的車伕與放牧牲畜的牧人使鞭久了，相當熟練，往往拿來作為隨身兵器；擅長用鞭的人，無論揮鞭抽擊或甩鞭捲物，都能使用如意，在荒郊野外防範歹徒或野獸相當管用。

因誕生背景之故，長鞭成了具有豪邁野生氣息的武器，例如早期電影中的同名主角印第安納・瓊斯（Indiana Jones）是使長鞭的高手，而遊戲「惡魔城」也是玩家所耳熟能詳。最近的例子當推電

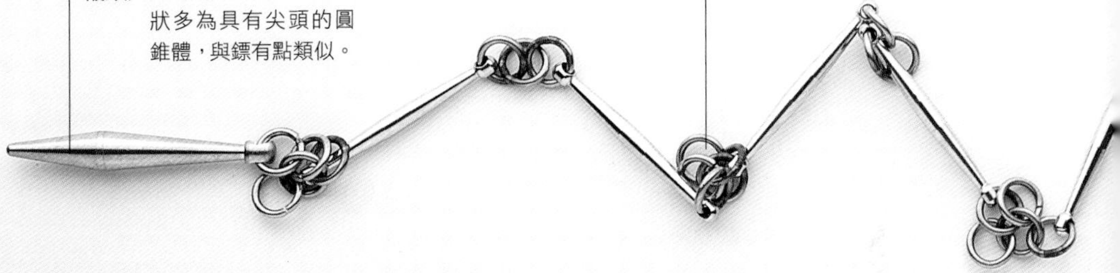
鐵環／鞭的每節之間以鐵環相連，除了具活動性，還能增加舞動時的聲響效果。
鞭頭／九節鞭的頭部，其形狀多為具有尖頭的圓錐體，與鏢有點類似。

影《危城》中的英雄楊克難，兩尺來的長鞭，與其大器磊落性格相得益彰。

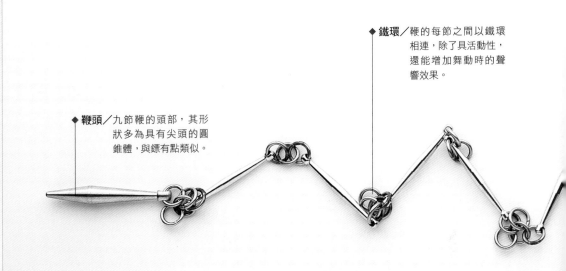

金屬鞭與鎖鍊

另一種是由多節結合而製成的金屬鞭，各節約長三、四寸，分離而相連接。這種鞭多半是九節，所以又叫「九節鞭」，另有七節或十三節等變化版本。

金屬鞭和皮鞭一樣，是由北方趕牛羊的馬鞭變化來的，這種武器在滿族等游牧民族間的流傳特別廣，清軍入關後，才在中原普及起來。

現代國術表演仍看得到九節鞭，有時會搭配刀或其他武器使用，舞起來銀光閃閃，非常好看。

鎖鍊的造型與九節鞭有幾分相像。與多數軟兵器一樣，平時可以輕易地收攏或圍在腰上，以將其隱藏起來，使用時只需一抽即可取出。因為是多節鐵環構成的軟曲兵器，使來靈動自如，伸縮如意，尤其善於糾纏鎖拿對手的手足或武器，有如俗語所說：**「打蛇隨棍上。」**其攻擊力雖不如刀劍，但擅長的人使起來也頗難應付。

鎖鍊的使用

在《水滸傳》中，「智多星」吳用曾出人意料地以一對銅鍊將酣鬥中的雷橫與劉唐兩人分開。這位梁山泊軍師一向給人白面書生的印象，誰料得到他竟隨身帶著兵器，而且武藝「深藏不露」，居然靠一擊就分開本事不算差的兩人。若不是這段插曲，只怕誰也不曉得這位教書先生，竟是頗有兩下的會家子。

這段描寫，同時把吳用與鎖鍊性質中「陰」的一面清楚地呈現了出來。如前所說，**與刀劍類明著來的武器相比，鎖鍊更有「攻敵不備」的效果**。吳用與鎖鍊的組合正是很好的例子，充分點出了「智多星」的心機深沉與多詐個性。

【知識檔案】

語言與兵器

戰鬥始終是文化中極為鮮明的一個塊面，因此性格不同的兵器，也往往因為其獨特的型態、意義或事蹟等，而成為語言表現及象徵。其中有許多相關詞彙與成語，至今仍為我們所沿用：

- 劍以身法招數靈動制人機先聞名，是以「劍及履及」是稱讚人積極明快有行動力。
- 「大刀闊斧」、「快刀斬亂麻」形容作風乾淨俐落不拖泥帶水，恰如其分地呈現了這兩種武器橫掃千軍的豪快風格。
- 呈現古代武士全副武裝守夜樣貌的「枕戈待旦」，是指人全神貫注、積極戒備，不敢掉以輕心。
- 典故出自荊軻刺秦王時，藏在地圖中的匕首最後仍被發現的「圖窮匕現」，則說人企圖曝光或事蹟敗露。
- 合作同仁之間「同室操戈」或言論「自相矛盾」，這類自己人互打是組織的大忌。
- 而點出弩或鞭等武器儘管有效範圍廣大，卻仍有其限制的「強弩之末」、「鞭長莫及」，是徒有心意卻已無能為力的表現。
- 至於遭到暗算，被「暗箭傷人」、「中箭落馬」的倒楣事，則是人人避之唯恐不及。

這類例子不少，足見兵器無形中對語言與生活的影響。

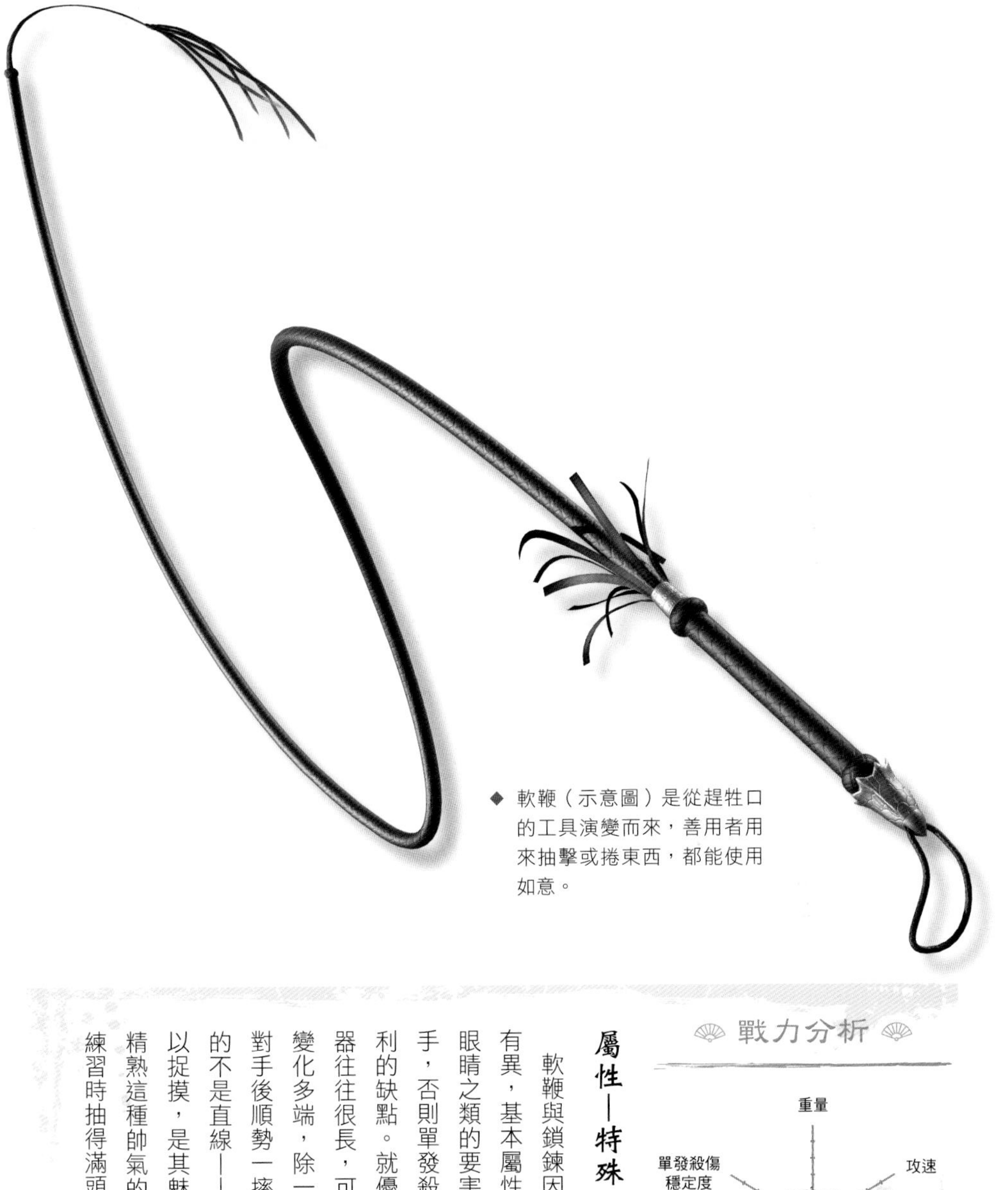

◆ 軟鞭（示意圖）是從趕牲口的工具演變而來，善用者用來抽擊或捲東西，都能使用如意。

戰力分析

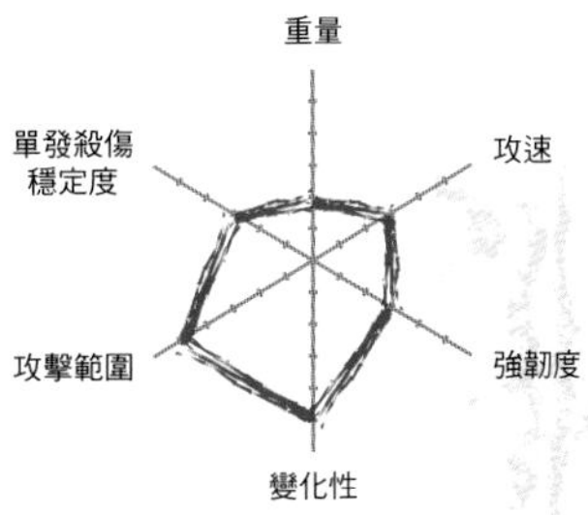
重量
攻速
強韌度
變化性
攻擊範圍
單發殺傷穩定度

屬性—特殊

軟鞭與鎖鍊因質材不同、強韌度有異，基本屬性卻相同。除非抽在眼睛之類的要害或用作絞繩勒殺對手，否則單發殺傷力有限，這是不利的缺點。就優點而言，這兩種兵器往往很長，可抽、可掃、可捲，變化多端，除一般攻擊之外，鉤住對手後順勢一摔是家常便飯，且走的不是直線——鞭會倒捲，路徑難以捉摸，是其魅力所在。當然，要精熟這種帥氣的武器，得有被自己練習時抽得滿頭包的覺悟……

流星錘。

錘索／少數流星錘會使用鐵鍊相連，而大部分為繩索，長度則因人而異。

流星錘是一段繩索或鎖鍊，兩端再加上兩個錘頭。繩索的質材是以鹿筋（或牛筋）、蠶絲與人髮，三者夾雜揉合，相當堅固，普通的刀是割不斷的。

流星錘的組成很簡單，即是一段繩索或鎖鍊，兩端加上兩個錘頭，也有僅一個錘的。

少數的單錘構造組成中包含把手，一般說來，把手多是初學者練習時使用，熟練後會將其取下。有些流星錘的軟索部分用的是鐵鍊，也有不少是使用繩索。繩索的質材是以鹿筋（或牛筋）、蠶絲與人髮三樣原料夾雜揉合之後，以辮狀編成繩索，據說相當堅固，普通的刀是割不斷的。

流星錘的使用

錘頭的部分如短兵的錘一樣，多半呈渾圓的瓜形，然而也有八稜錘、六稜

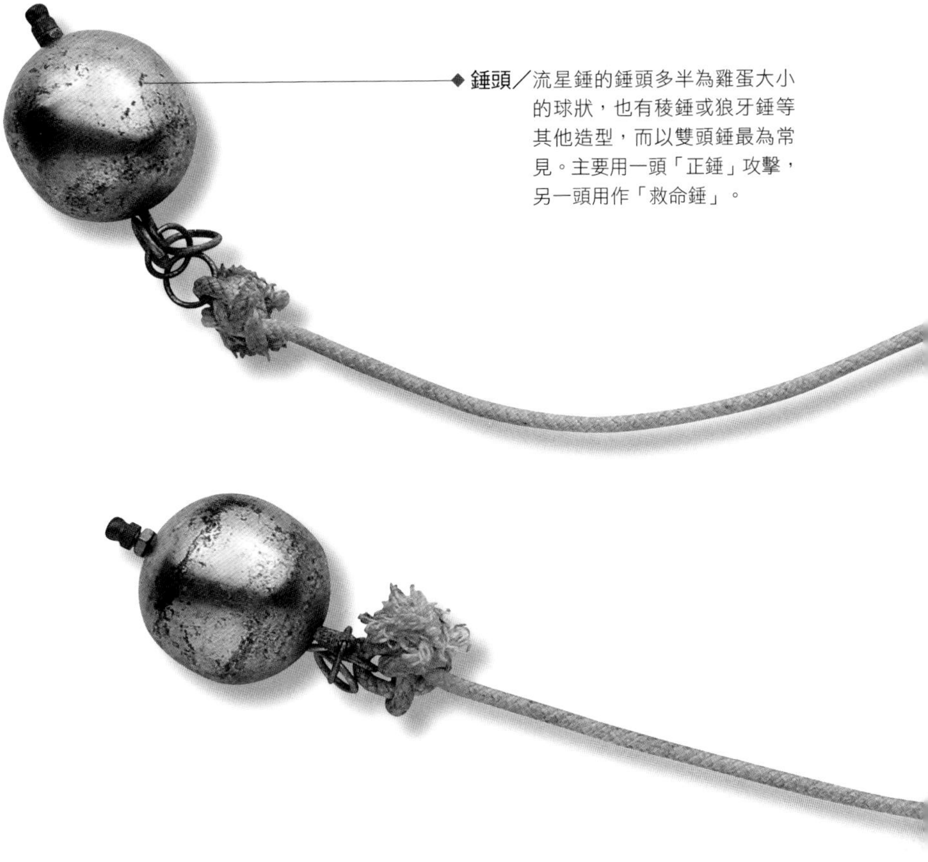
◆錘頭／流星錘的錘頭多半為雞蛋大小的球狀，也有稜錘或狼牙錘等其他造型，而以雙頭錘最為常見。主要用一頭「正錘」攻擊，另一頭用作「救命錘」。

錘或狼牙錘等其他造型。

常見的流星錘以雙頭錘居多，通常主要用一頭攻擊，稱為「擲錘」或「正錘」，另一頭則用作「救命錘」，在敵人趁隙切入等危急之時保命之用。

使用時，或將其舞開護身，或以單線甩出取敵；其功能可纏、可打，防備不易，高手使開來時連錘帶索渾成一片，頗有常山之蛇首尾相顧之勢。

正因為流星錘屬於軟兵器，不僅其甩動出擊的方向路徑詭譎多變，武器的長度範圍連武術老手也時有誤判，相當令人頭疼。

【知識檔案】

兵如其人

老一輩的人常說「字如其人」，在武術界更是「兵如其人」。

學武的人都知道，兵器是肢體的延伸，會使用什麼樣的兵器，往往取決於使用者是怎樣的人。因此，身分地位較高的貴族與文人，多半選用高雅靈動、象徵君子的「劍」；相對而言，易練易用且具有霸氣的「刀」，多是縱橫戰陣的士卒，或行走江湖的捕快、豪士等所用；使用狼牙棒或大槌這種笨重武器的，往往十個有九個是有勇無謀的莽夫；而使流星錘或雙鉤之類奇門武器的，常是性格神祕難以捉摸的角色。

在不同形制、套路與使用者的交互影響之下，兵器除了具有戰鬥用具的性質，更增添了文化特色。例如在小說中：

- 李逵的雙斧表現出「黑旋風」勇猛而魯莽的性格。
- 青龍刀讓人聯想起關雲長義薄雲天的形象。
- 治軍嚴謹有周亞夫風的曹營戰將徐晃，使的是風格磊落大開大闔的鉞斧。
- 「霹靂火」秦明脾氣暴躁，凡事先衝再說，能無視防禦橫掃千軍的沉重狼牙棒與其相配無比。
- 老謀深算心機深沉的「智多星」吳用則以一雙銅鍊作兵器，能纏能鎖，平時還隱藏不顯，簡直像是蟄伏暗中伺機攻擊的蛇。
- 齊天大聖的金箍棒，打得神鬼皆驚怕。
- 豬八戒的釘耙往往讓人想起它主人那不中用的德行。

這傳統不但延續至今，且在後來的創作中發揚光大：丐幫幫主的綠玉打狗棒，劍魔獨孤無敵留下的無鋒玄鐵重劍，奮勇面對一切的霸王槍，怨恨癡纏損人毀己的多情環……在在都是形象獨到且寓意深刻。

兵器可說是使用者的代名詞，即便到了近代，依然如是。看看有多少年輕氣盛的小伙子們曾經幻想自己舞著雙節棍，像電影中的李小龍那樣，「嗶噠」一聲，打得一群壞蛋滿地找牙就知道了。

流星錘的使用者

流星錘的**錘頭重量由二至五公斤不等，繩索長度各異，視使用者身材高矮與力量而定**。也有繩索長度與精熟程度相關的說法，精通者常用長索，取其攻擊範圍較大且變化較多，最長可到六至七公尺。

如前所述，流星錘的主體是由長索構成而多半沒有把手，這是它與連枷類武器或西方「flail」的不同之處；套路上自然也大相逕庭。

《水滸傳》的「混世魔王」樊瑞能一手使劍、一手使流星錘，還真是多才多藝！但這位老兄的名氣不大，恐怕是貪多嚼不爛，同時要顧好兩種兵器實在不容易吧？

另外一位以流星錘知名的人物，是三國時代曹魏的武將王雙，據說他相貌凶惡且本事不凡，只是不慎惹錯了人，想趁諸葛亮退兵時追擊以立功，結果可想而知……

值得一提的是，漫畫《火鳳燎原》中有過吃重戲分的單手人郭昂，也是善使流星錘的高手。劇情中，透過他與刺客組織「殘兵」的淵源，巧妙地交代了王雙的武器由來。「殘兵」是一群身有殘疾，卻能化劣勢為優勢的刺客高手。同隸屬於該組織的還有：一腿殘疾，改裝成利刃，善使凌厲腿法的「單蹄馬」張雷；使用類似居合刀的秦將刀法，語言不通但武功高強的異國人「聾啞客」三船。至於核心人物的首領「燎原火」與神射手「小孟」，更是作者陳某以獨到角度，刻畫出三國中人氣極高卻又頗為神祕的兩個角色。原著相當精采，推薦給對三國或是這些奇門兵器有興趣的讀者入坑。

戰力分析

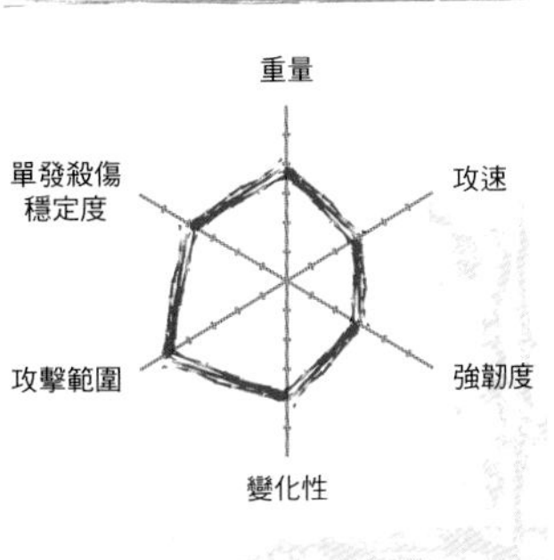
重量
攻速
強韌度
變化性
攻擊範圍
單發殺傷
穩定度

屬性—毆擊、特殊

軟兵器的強韌度普遍偏低，然靈活度是其魅力所在。流星錘具有多種變化應用，但是最主要功能仍是毆擊。流星錘較軟鞭沉重，因此犧牲了部分攻速，換來單發高傷害輸出。同樣有著廣大的攻擊範圍，流星錘也因此不利於近身格鬥——所以各屬性皆有利有弊。

繩鏢。鎖鐮。

繩鏢是軟兵系中具戳兵效果的武器，結合了軟鞭與鏢。鋼鏢可以擲出取敵以外，繩索本身也能有鉤、纏、絆、掃等攻擊效果。

繩索／與原本的鏢相較，多了繩索，使用上有利也有弊。
套腕／套在手上使用。流星錘通常兩頭是錘，所以沒有此項設計。

相對於多屬鈍器的流星錘，**繩鏢是在原本錘頭的部分繫上槍頭狀的鋼鏢，成為軟兵系中具戳兵效果的武器。鋼鏢的形式有多種變化，以三棱鏢為最常見。**

繩鏢結合了軟鞭與鏢兩種武器的效果，說來有點像長兵系的槍：槍頭用以刺擊、槍身則套入棍的套路。同樣的，**繩鏢除了可以擲出鋼鏢取敵，也能用繩索起到鉤、纏、絆、掃等的攻擊效果。**

就投擲武器的角度而言，繩鏢具有可以收回、持續使用的優點，能夠符合中國人講求「經濟」的美德；而且，繩索更提供了不只一種的攻擊模式。**然而作為投擲武器，繩索難免使得鋼鏢的射程範圍受到限制，更有繩索被絞住或投**

◆鏢／繩鏢的鏢與一般鏢相同。
軟兵系中，流星錘是鈍器，
繩鏢則是利器。

出後回收不及的可能性，在狹窄地形中戰鬥就非常不利了。

話說，若熟悉遊戲「刺客教條」的讀者看到這，會覺得異常親切，這玩意兒不正是三代主角康納的好朋友嗎？印第安混血的美國人竟擅長這種武器，果然東方的神祕不可小看！

演進小史

鏢
↓
繩鏢
（由投擲道具變為軟兵性質）

繩鏢的變化

有一類繩鏢的變化型，是在繩子末端加上一節短槍，稱為「鞭桿」，或許是為了改良前文所說，繩索投出後無法即時回收的缺點而設計的，以免在近身戰時，落得毫無武器可用的下場。

如此設計，相當於將鏢、鞭與槍合而為一了，功能雖多，卻也割捨掉這三種武器本來各自的優勢，可說有利有弊。

除短槍之外，**也有在鍊子上接著短劍的「劍鞭」，或雙頭都接短劍的「鍊子劍」等變化，原理上大抵相同。**

與這類武器有異曲同工之妙的，是日本時代劇中忍者的一種武器「鎖鐮」。

鎖鐮的形制

鎖鐮的一端是短柄鐮刀，另一端是鐵鍊繫著一個錘頭，錘頭大約與秤桿的秤鉈差不多大小。

遊戲「戰國無雙」中，伊賀的忍者頭目服部半藏用的就是這個；電影《滿城盡帶黃金甲》中的刺客們也用過類似武器。

不過，與遊戲及電影中不同的是，**鎖鐮通常是將錘頭甩出攻擊而非鐮刀。先利用鎖鍊纏住對手的身體或武器後，再近身以鐮刀攻擊是較標準的用法；**否則鐮刀形狀不規則，甩動時使力困難又有成直角的利刃，未免太過危險了，要是鉤在敵人身上拿不下來或被打回來削到自己，就不是好玩的。

值得一提的是，雖說這種鎖鐮看起來很炫，但事實上較廣為使用的，卻不是將鎖鍊接在柄尾的版本：這種配置需要兩手配合，若有任一手空不出來就難以依照預想作戰。因此，將鎖鍊接在柄頭，讓使用者可以一手掌握，反而是較受歡迎的設計。

鎖鐮和繩鏢、鞭桿都有一樣的弱點：地形不開闊時就會難以施展。據說，曾有善用這類武器的名手，被對手用計誘入密林之中，得意武器受到剋制而因此送命。可見不論使用什麼武器，依照其特性配合地利使用是非常重要的。

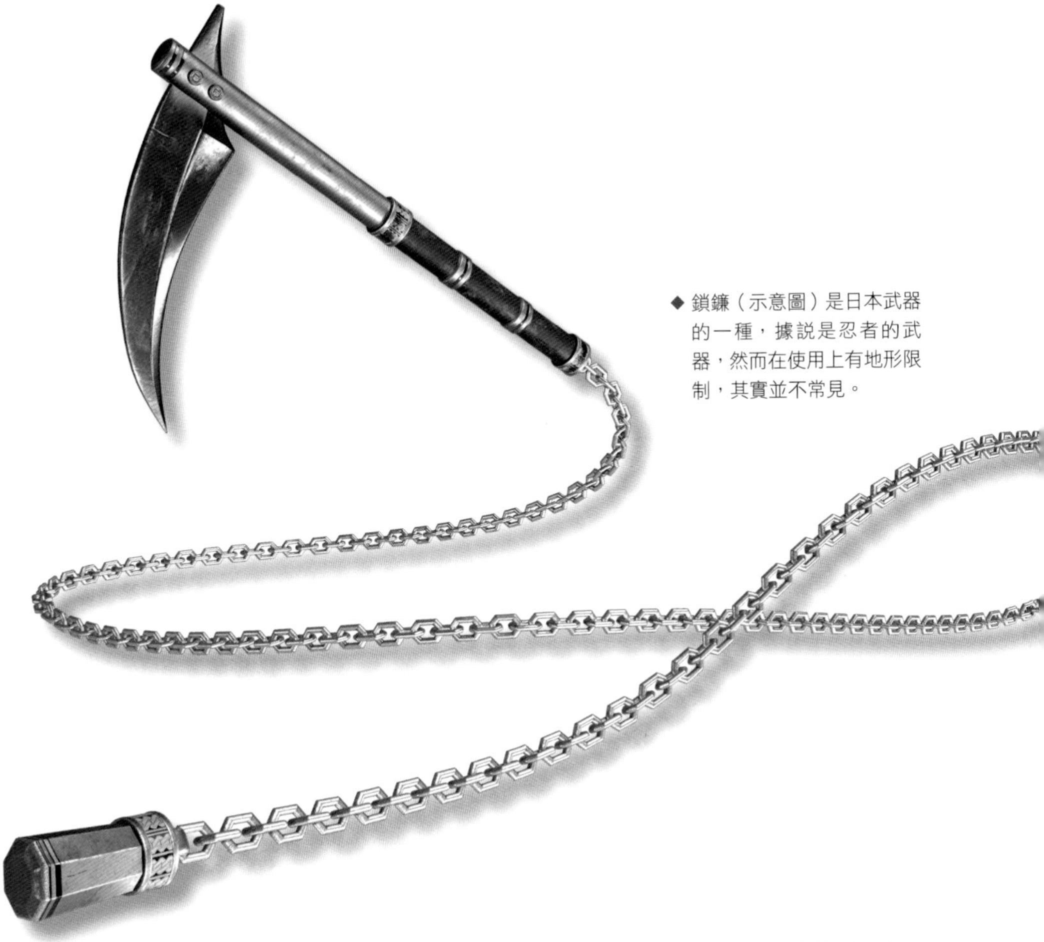

◆ 鎖鐮（示意圖）是日本武器的一種，據說是忍者的武器，然而在使用上有地形限制，其實並不常見。

戰力分析

重量
攻速
強韌度
變化性
攻擊範圍
單發殺傷穩定度

屬性─穿刺、特殊

繩鏢與鎖鐮都是複合型武器，具有不只一項特性，除了軟兵系使用靈活與攻擊範圍廣的特色，也能發揮戳兵的穿刺切割效果。凡事有利必有弊，原本各屬性均需互相牽就，難以發揮完整功效，而且學習與使用不易也是難題。雖說如此，若能得其巧妙，發揮擒拿對手武器之效的話，即可立下奇功，讓人刮目相看。

飛爪。血滴子。

飛爪是將錦套索的錨狀鐵鉤變化成鐵爪。其設計靈感應該是來自老鷹的鷹爪，利用爪尖銳利的倒鉤取敵。

◆**鎖鍊**／聯繫飛爪的鎖鍊。此圖為兩支同型飛爪；早期則是與流星錘相同，鐵鍊或繩索的兩頭都是爪。

飛爪是錦套索（詳見後文介紹）的再變化版本，將錦套索的錨狀鐵鉤變化成為鐵爪，其設計靈感應是來自老鷹利用爪尖銳利的倒鉤取敵。

在明朝茅元儀名作《武備志》裡就有寫到這項武器，說是以淨鐵打造成雙爪，繫於繩索的兩頭製成。爪中有活動機關，以另外連至腕部的套索樞紐控制，擲中人後抽動套索，將機關收攏便難以掙脫。可見當時已經開始利用機械知識，來製作關節活絡的可動式鐵爪，這比早期只具爪形的飛爪又更厲害得多。

演進小史

棉繩套索　（撾）

↓

鐵鴟腳
（關節不可動的大型飛爪）

↓

飛爪
（附機關，關節可動）

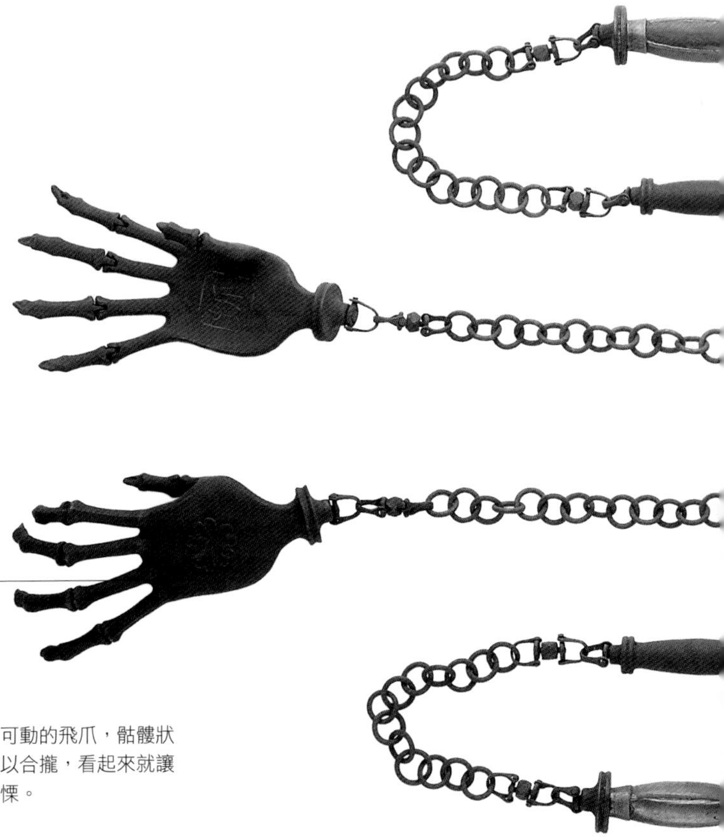

飛爪／這是關節可動的飛爪，骷髏狀的利爪可以合攏，看起來就讓人不寒而慄。

鐵鴟腳的使用

其實，不具可動關節的套索型爪兵仍是相當厲害的。

同在《武備志》中就有另一樣軟兵器：「鐵鴟腳」。**鐵鴟腳又名「飛鉤」，是種類似船錨的四刃鐵鉤爪，算是早期飛爪的加大版，鉤後方用鐵環與粗繩扣牢以增加重量。**這麼大的傢伙，飛擊力道與距離都很可觀。

茅元儀在註釋中說：「每鉤可取二人。」足見其驚人效果。這東西不但適合在陸戰用來守城，在海戰中更是連人帶船都能鉤的利器。

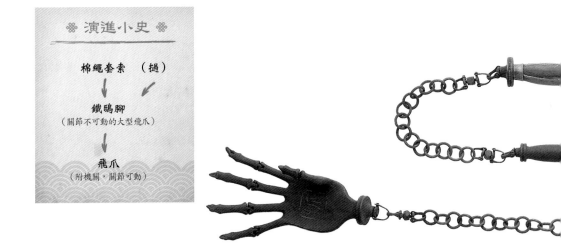

鐵蓮花與血滴子

至於可動式飛爪，到了後期往往只用單爪，猜是雙爪反而彆扭不好使用吧？不過因為造型搶眼之故，在電玩遊戲中自然不會缺席。「三國無雙」最早用爪的是曹魏名將張郃，獨特的造型與對美感的異常執著，使他成了玩家間的熱門話題；後來登場的司馬懿夫人張春華，使用的武器可視為鎖鍊飛爪的變化版。她在史實中是出了名的不好惹，遊戲裡使出這麼恐怖的武器也是很合理的。當玩家看到大名鼎鼎的司馬懿，在這位美熟女面前連頭都抬不起來時，該是莞爾羨慕和害怕兼而有之吧？

從飛爪又變化出**「鐵蓮花」，是以兩道鐵片做成花苞形，花苞頭部合攏之處相當銳利，表面裝有利刃，裡面為空心的彈簧機關，一樣利用腕部的套索控制；擲出擊中後將機關的樞紐一拉，彈簧便將荷苞撐開，表面的利刃會立即將受創的傷口割開擴大**，不但增加失血而且醫治不易。實是歹毒的武器！

另有一樣大名鼎鼎的利刃型軟兵器，那就是「血滴子」了。

依照民間傳說，**這兵器是清朝雍正手下祕密特務們開發來剷除異己的暗器，能殺人於百步之外，相當恐怖。**因為它的惡名昭彰，幾乎成為雍正的代名詞了。

詭異的是，這麼有名的近代武器卻完全沒有遺留任何相關實物可供查證或考究，而始終只見小說和電影中的描述。**這種武器的出現，反應出當時情治單位盛行，「扣帽子」與密摺告密之下的恐怖統治。**無論雍正多有建樹，他的形象從此與這種陰毒武器相結合，再也無法分開。

【實物檔案】

血滴子

電影中常見的血滴子造型是一段長鐵鍊，尾部裝上一個鐵帽或鳥籠狀的金屬罐子，邊緣有許多倒扣的利刃；使用者使用時將血滴子甩出，那鐵帽往敵人頭上一扣再一拉，受害者當場身首分家，變成一具無頭屍……真是恐怖。

在電影《追殺比爾》（Kill Bill）第一集裡，劉玉玲飾演的反派大姐頭「御蓮」身邊有位少女Gogo，使用的就是血滴子型的武器。

仔細想想，其實血滴子的構造很不合理，怎有每個人頭一樣大小，一具武器割遍天下人的道理呢？此外，若裡面裝有朝內的利刃的話，應該還沒扣到敵人頭上，就把人割得體無完膚了吧。若真照著傳說中的機關設計，則血滴子不僅重量不輕，要正好套在人頭上更是困難！使用者除了要有過人的臂力、驚人的視力與空間感外，恐怕還得有超人的耐心，去慢慢練這個得完全靠運氣瞄準的難用武器……能取人腦袋的武器很多，比較起來，血滴子實在是種需大費周章使用的不實用發明。然而，看起來很恐怖倒是真的。

◆ 傳說血滴子是雍正時期的祕密武器，因為沒有實物可供考證，始終只見小說和電影之中。示意圖中的血滴子以雙頭蛇對視，傳達出監視與陰暗的效果。

戰力分析

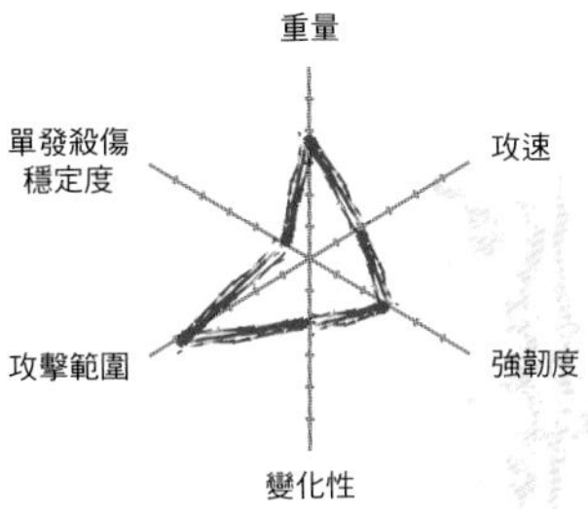
重量
攻速
強韌度
變化性
攻擊範圍
單發殺傷穩定度

屬性—斬切、特殊

呃……終於輪到鼎鼎大名的空想兵器上場了。以飛爪而言，還算有基本實用度，除了爪尖造成切割傷害，本體重量也能當流星錘，兩者基本屬性相似。至於血滴子這玩意兒就有趣了……本體重量不輕，使用手法卻很單一，只能往對手的頭上套下去，落在別的部位都是脫靶，以結果來說只有「Bingo!」和「Oh, shoot!」兩種而已。穩定度完全不能看，而攻速或變化性什麼的更是想都別想，史上最不實用兵器名不虛傳啊！（茶～）

匕首。飛刀。

匕首，其實就是極短的劍，或者說像是把雙刃的小刀，基本精神在於接近戰時的「一擊必殺」，專以敵人的要害作為攻擊目標。

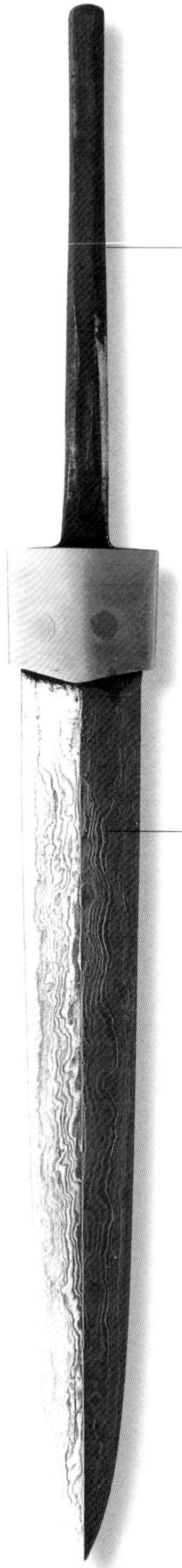

◆柄具／柄具就是握把，是後來加裝的。此把為沒有加上柄具的匕首原貌。
◆刀身／匕首的刀身。傳說中的匕首「魚腸劍」即因為刀身上的紋路而得名。

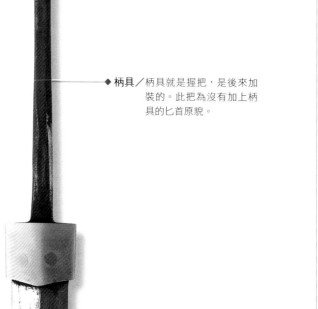

匕首，其實就是極短的短劍，或者說像是把雙刃的小刀。

早在石器時代已有石製及骨製的匕首出現，當時應該仍是作為工具，在狩獵時用來剝皮或削東西之類；之後由於它攜帶方便、用途廣泛，逐漸演變成為防身器具。

古人除了佩帶長劍與刀類武器之外，往往也在靴筒裡藏著匕首，以備不時之需。

作為工具，匕首的來源相當悠久；而作為武器，它更可說是暗器界的前輩。

匕首的使用

武術界說：**「一寸長，一寸強；一寸短，一寸險。」**匕首是極短的武器，就攻擊距離來說，幾乎沒有優勢，使用時勢必要與對手進行貼身肉搏，因此匕首除了在水戰中有利之外，大概就是利用於攻其不備的奇襲中了。這也是暗器「用於偷襲」的廣泛定義。

別看這種武器的尺寸小，在歷史上卻赫赫有名。中國歷史上的兩大刺客——**專諸與荊軻**，成與敗都是靠這樣兵器。

匕首可以刺、可以砍，卻在攻擊範圍上非常不利；因此，其基本精神即在於接近戰時的「一擊必殺」，專以敵人的要害作為攻擊目標。

而為達到此一效果，許多匕首會塗上毒藥，以期「見血封喉」。

匕首除奪命，也可以救命。《鹿鼎記》中韋小寶的那把玄鐵匕首，就三番兩次救了他的命，讓他死裡逃生——只是原本要奪他命的人就得送命了。

在歐洲，有一手持單劍、一手持匕首的「二刀流戰法」，以匕首格擋，再利用長劍進攻，被認為是「紳士」的戰鬥風格。

至於中國，因為武器繁多且武術發達，若非情不得已，戰鬥中很少有請出匕首的時刻，因而較少搭配其他武器一起使用。使用匕首時，通常是單用（偶有成對），像漫畫中日本忍者的錐狀武器「苦無」那樣使用。

遊戲與漫畫裡的忍者常會將苦無擲出，而匕首當然也可以擲，看荊軻的最後一擊就曉得了。然而，對匕首而言，這畢竟是最後的手段，一旦擲出去了就真是「手無寸鐵」了。

在某代遊戲中，孫吳大將甘寧曾以一對匕首當作武器，若考量其水賊出身，善用短兵的背景和勇於涉險的性格，這個設計倒是頗得神髓。

飛刀的使用

說到以「擲」作為攻擊手段的話，飛刀是更為人所熟知的同類型武器。

《水滸傳》的「撲天雕」李應與「八臂哪吒」項充都隨身佩帶飛刀；《三國演義》中南蠻王孟獲的妻子祝融夫人也以善用飛刀著名，她在「三國無雙」系列遊戲中多次登場，而飛刀的威力同樣再現。

至於最具代表性的人物，則首推古龍筆下的小李飛刀了。「**小李飛刀，例無虛發。**」這響噹噹的稱號，倒正合於這類武器一擊必殺的特徵。

值得一提的是，李尋歡的飛刀一反暗器「暗箭傷人」的陰毒形象，變成了正義的象徵，是相當罕見的特例。

無論飛刀或匕首，都有著極強烈的性格，武器雖然輕薄，卻讓人難以忽視它的存在。

【故事檔案】

專諸與荊軻

《史記．刺客列傳》中的專諸，為刺殺吳王僚，苦練對方最愛的魚料理，練到技術出神入化，終於有機會親自面見吳王僚，呈上佳餚時，就是將匕首藏在魚肚中得手的，而公子光才得以奪權成為後來的吳王闔閭。

能夠藏在魚肚之中，說明匕首的短小輕薄，後世傳說這是鑄劍大師歐冶子所做五把名劍的最後一把——「魚腸劍」。這把名器刺穿三層厚甲，直達吳王僚的背心，真是鋒利得匪夷所思。

魚腸劍之名來自劍上的紋路，沒想到最後居然真的進了魚的肚子，這個名字也算是未卜先知了。而專諸為求刺敵而苦練炙魚以達化境，其專心致志的程度，或許才是魚腸劍得以一擊奏效的原因吧？

另一位名氣更大的刺客是荊軻，他原本準備使用的匕首是藏在地圖中的，雖說那份地圖遠比現在的紙製地圖來得大，但若武器不夠迷你，恐怕也藏不住。「圖窮匕現」這句成語就是生動地描述出當時的場景。只是這次的刺殺以失敗告終，否則中國歷史或許會完全改寫。

匕首「險」的性格在這兩位手上表現無遺。「風蕭蕭兮易水寒，壯士一去兮不復返。」早在日本神風特攻隊出現之前，這些只求與敵同敗共死的刺客，就已經以鮮血寫下古代的歷史了。

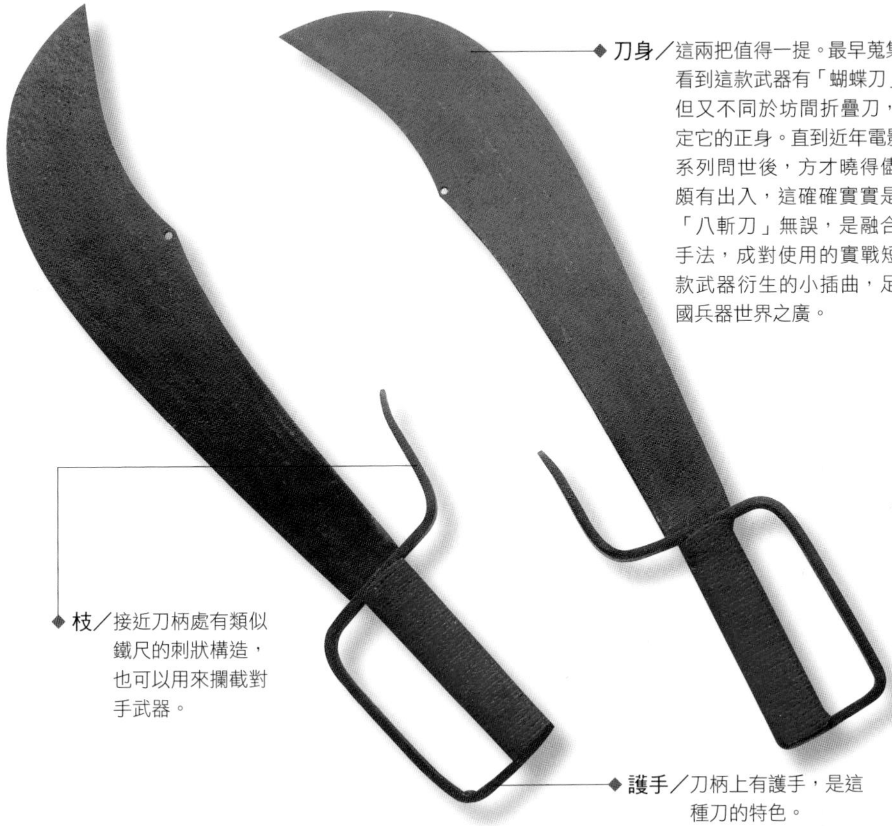
◆刀身／這兩把值得一提。最早蒐集資料時，看到這款武器有「蝴蝶刀」的異名，但又不同於坊間折疊刀，始終不確定它的正身。直到近年電影《葉問》系列問世後，方才曉得儘管造型上頗有出入，這確確實實是詠春招牌「八斬刀」無誤，是融合詠春攻防手法，成對使用的實戰短兵器。這款武器衍生的小插曲，足以見證中國兵器世界之廣。
◆枝／接近刀柄處有類似鐵尺的刺狀構造，也可以用來攔截對手武器。
◆護手／刀柄上有護手，是這種刀的特色。

戰力分析

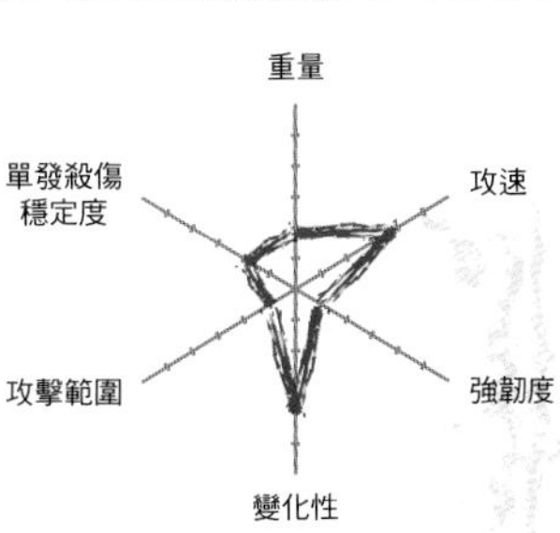
重量
攻速
強韌度
變化性
攻擊範圍
單發殺傷穩定度

屬性—斬切、穿刺（特殊）

江湖上說：「一寸短一寸險。」匕首算是極盡險中求勝的代表武器。它的優點不少：易隱藏，攻速快，變化性極高，可割、可戳、可撩、可擲；缺點是攻擊範圍太短——連用來防禦都困難。是以匕首除了當防身武器，在意外時多一分保障，大概只有刺客用這玩意兒了。不是你死就是我亡，甚而同敗共死，完全不留其他餘地，說起來真是險到極處。

擲箭。標槍。

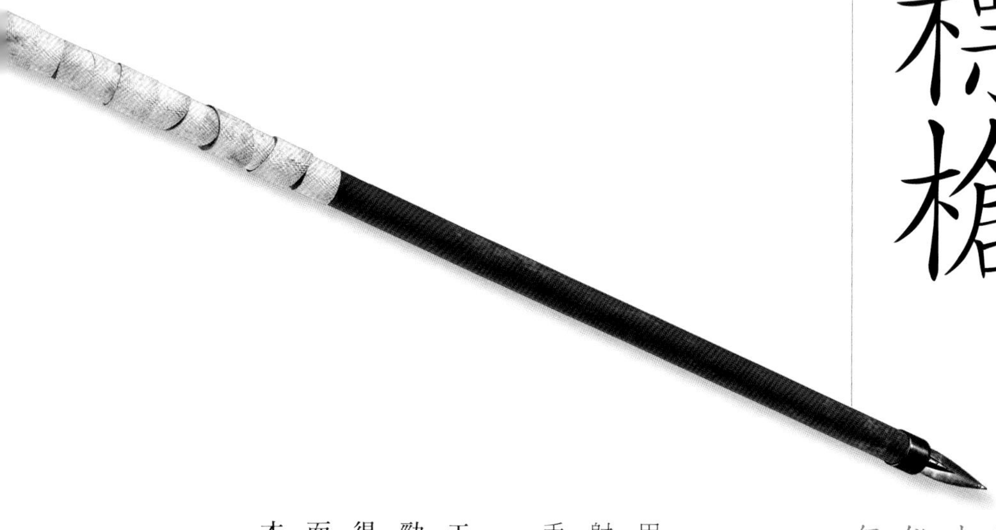

擲箭使用時全憑使用者的手勁與腕力，尺寸比弓箭用的箭來得小，分量卻更重。標槍則類型相似，尺寸較大、飛行距離有限，但殺傷力絕不容小看。

箭，除了有弓箭、弩箭、袖箭等使用投射工具的武器之外，還有不需配合射具而單以手擲出的版本，俗名叫作「捽手箭」或「甩手箭」。

擲箭不比弓箭之類，有強力的投射工具將其射出，使用時全憑使用者的手勁與腕力，因此尺寸會比弓箭用的箭來得小一點，這樣也方便攜帶或藏匿，然而在分量上卻要比弓箭來得重，擲出時才有力量跟效果。

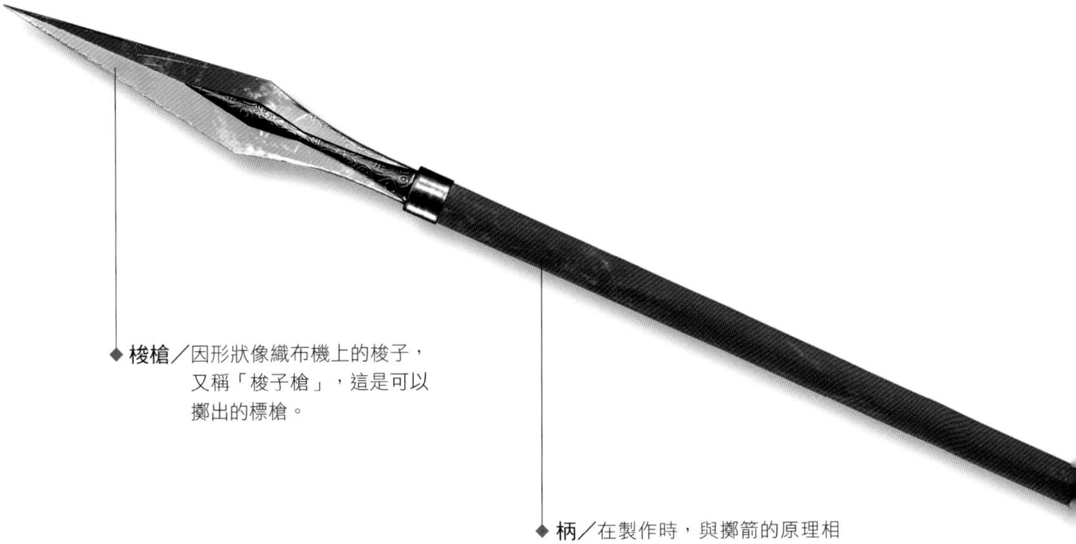
梭槍／因形狀像織布機上的梭子，又稱「梭子槍」，這是可以擲出的標槍。
柄／在製作時，與擲箭的原理相同，標槍的尾部會稍微加重，讓槍身的重量達到平衡。

擲箭的形制

除了有與弓箭相同的擲箭，還有整體完全以鐵製成的版本，這種擲箭在箭桿處呈頭細尾粗，用以平衡箭身的重量。

據說善於此道的高手能使用整體全為竹或木製的箭。這種箭沒有鐵製的部分，甚至沒有箭鏃與尾羽，僅在頭部削出一個尖，整支就如同是竹或木製的飛刺一般。

沒有金屬成分的影響是箭身大為減輕，因而使用者的腕力與準度勢必相當好才行，否則甩出後飛不遠而且容易飄離目標。不過，這功夫若是練成了，手上的筷子或隨手折下一小段樹枝都能當作武器，材料取得比其他暗器容易許多，算是方便經濟又環保的暗器了。

標槍與飛叉

標槍也是與擲箭類型相近的暗器，只是尺寸要大得多，使力的方式自然也不同。

因為形狀像織布機上的梭子，所以又作「梭子槍」，雖然飛行距離有限，但殺傷力絕對不容小看。在歐洲，標槍的使用較為頻繁，例如，希臘羅馬軍團就曾廣泛使用；而中國邊境的少數民族也常使用標槍來狩獵與作戰。

相較之下，漢族較少使用標槍，然而相關的記錄並非沒有。古代流行的遊戲「投壺」，即在訓練投擲的準度。

《三國演義》中大名鼎鼎的「五虎將」馬超，其轄下的西涼部隊即以標槍作為遠距離的攻擊武器，殺傷力異常強大，遊戲新角色「文鴦」的武器，說來即是向其致敬。而《水滸傳》中張清的副將「花項虎」龔旺，就擅長飛槍取敵；元朝更有許多蒙古戰士精於此道。

至於龔旺的難兄難弟「中箭虎」丁得孫，則擅於使用飛叉。前文介紹叉時曾提過**飛叉，也是同類型而相當厲害的飛行道具，形狀與長兵的叉相仿，只是外緣兩股的外側也是利刃。**滿族人喜歡用叉，因此清朝時有許多兵士擅長使用這項武器。

真要說起來，許多長短兵器都有縮小的暗器版本。在《三國演義》中，曹操的護衛猛士典韋就秀過一手五步內飛擲小戟、百發百中的絕活；而馬超與張飛單挑時，也曾經擲銅錘想要暗算張飛。

這些兵器種類繁多，這裡僅舉這幾個作為例子。

【知識檔案】

投壺

《周禮》中有貴族所學六藝的記載：禮、樂、射、御、書、數。翻成白話是指禮儀、音樂、射箭、駕車、書寫與計算。由這裡看出古代的「士」接受文武合一的教育，除了武藝的射箭與駕車外，還有書寫、計算的實用技術，以及禮儀、音樂等文藝與外交性質的技藝。這六藝後來被孔子發揚光大，孔子說：「君子無所爭，必也射乎。」

從射禮演變出了簡易版的，兼具娛樂與訓練效果的遊戲：投壺。

《禮記》有投壺的相關記載，這是古代貴族的交誼遊戲。簡單的說，就是賓主分成兩邊，比賽誰能準確地把箭矢投入小壺的口中，輸的一方要罰酒。孔子在文中提到：「揖讓而升，下而飲。」即與這程序相關。

戰力分析

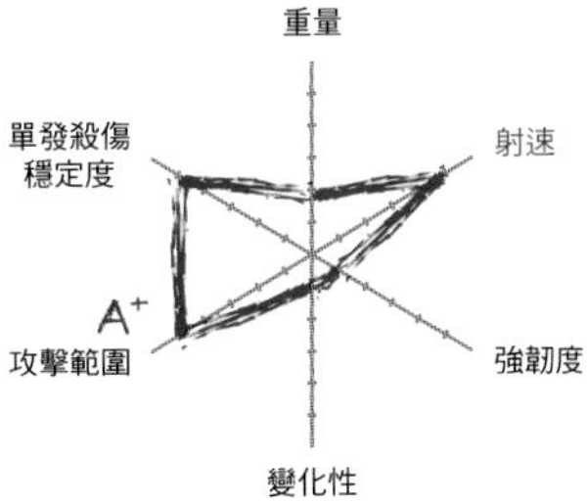

屬性—特殊

乍看之下，標槍似乎是橫跨兩界的武器，然而最主要功能終究還是在投擲。必要時，固然是可以充當近身武器沒錯，但由於結構問題，這個用法只能是權宜之計，若真要用來當白刃戰兵器的話，沒兩下就會損壞；也就是說，像遊戲中那樣先近身打個一兩輪後再丟出去的狀況，基本上不成立。這玩意兒本質上畢竟是射程武器，因此，標槍的長相雖然與長兵表兄弟「槍」一雷同，但基本屬性卻差異很大，反而與射程系是一路的。使用上相當單純沒有變化性，就是瞄準了擲出去而已，是以在速度這項同樣套用了射程系的設定，是「射速」而不是「攻速」——因為根本沒什麼招式變化可言。至於武器本身結構更是刻意做得比較脆弱，往往擲出後就會損壞，一來讓敵方受傷後清理不易，再者如果落空也不必擔心被對手撿拾後反過來拿來對付自己。

雖說聽來缺點多多，但射程系最大優勢的犯規級範圍，則是其他冷兵器難以望其項背的魅力，在對手根本還沒機會接近前便制敵機先，這可是絕大的優勢。中國使用標槍的記錄相對較少，上場時也多半倚賴使用者的手勁；至於在其他許多文化中，標槍往往是重要的武器，因此甚至有專用的擲矛器可以搭配使用，射程距離更是大幅提升。

鏢。袖箭。噴筒。

鏢是最為人所熟知的暗器，有效射程距離大約在五十步之內。後來，「鏢」這個字變成了暗器的統稱。

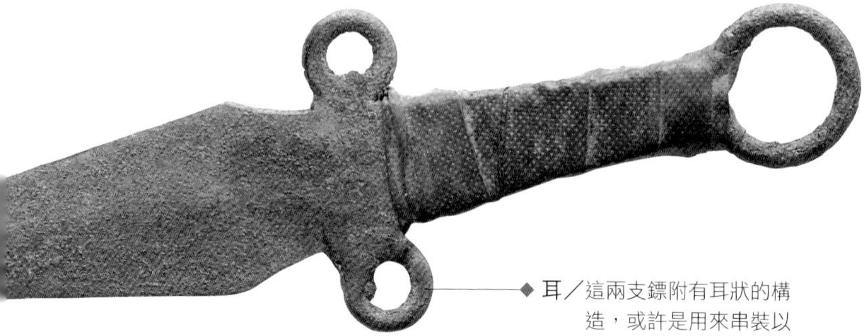

◆耳／這兩支鏢附有耳狀的構造，或許是用來串裝以便於攜帶。

◆圓環／鏢尾的圓環。通常鏢會繫有鏢衣，而此圖為「光桿鏢」。

一說到暗器，大家最先聯想到的應該就是鏢了。這可說是最為人所熟知的暗器類型。

鏢與其他常見暗器一樣，出現的時代已不可考，而清朝為其盛行的時代。**它的全名為「脫手鏢」，**形狀有三稜、八稜與圓筒等數種變化，基本構造則大致相像，其中最常見是「三稜鏢」。

◆**鏢身**／形狀有三稜、八稜與圓筒等變化。此圖與常見的三稜鏢相近。

常見的脫手鏢通常是「帶衣鏢」，也就是鏢身後面繫有稱為「鏢衣」的綢帶，像有刀衣的刀一樣。鏢衣的作用有點像箭羽，幫助飛鏢飛行時的平衡。

而不帶鏢衣的鏢稱作「光桿鏢」。漫畫《火鳳燎原》的主角身上就帶著一堆。可能因為形狀畫得太像忍者用的「苦無」，因此有網友質疑三國的人怎會用日本暗器……千萬別誤會火哥不愛國偷偷使用日本舶來品。恰恰相反，它的發源地正是中國，但出現的朝代不大對就是。

這種鏢不帶鏢衣，隱蔽度更高也更難提防，只是飛行穩定度相較之下得打點折扣。說到近來使鏢的代表人物，想必非司馬昭的妻子——遊戲中的大美女王元姬——莫屬了。

鏢的使用

與小刀相較之下，鏢似乎是更好用的飛擲暗器。鏢的有效射程距離大約在五十步之內，而為了彌補其殺傷力有限的特性，有的鏢會像其他餵毒暗器一樣，在上面淬有毒藥；也有將鏢和毒藥一起煮的，一旦傷人見血，毒素就會滲入。

鏢通常是九支或十二支裝，其中有一支較大的「絕手鏢」。這支鏢特別威猛，通常只在緊急時才使用，據說重量是一斤，因此又叫作「斤鏢」。

話說在暗器盛行的清朝，還衍生出「鏢局」這門特殊的行業。然而，保鏢的鏢客與脫手鏢之間，究竟有什麼關係？我們就不得而知了。或許是取其防範暗算，有備無患的意思吧？

「鏢」這個字，後來變成了暗器的統稱，許多投擲系暗器都可以稱為鏢。其中「**金錢鏢**」就是很有趣的代表例子。

鏢的幾種形制

鏢多為利器，也有少數鈍器類型的暗器，「如意珠」即為其中的代表。

如意珠的造型非常簡單，就是一粒小鐵丸而已，發射時以兩指扣住，然後以指力向外剔出，大概算是最小的暗器了。因為**如意珠分量小、無尖刃，又以指力發射，射程與殺傷力都很有限，主要也是攻擊對手的脆弱部位。**

這樣武器讓人聯想起楚留香的彈指神功來。而《書劍恩仇錄》裡鐵膽莊莊主周老先生使的鐵膽，雖說是同類型的武器，分量可大得多。

另外有一種武器與如意珠有點相像，名叫「**鐵橄欖**」。這樣武器也叫「棗核釘」或「棗核箭」，**形狀是兩端尖、中間圓的橄欖形，兩端有尖頭，因此具有鏢類銳器的效果**。有些使用者會在上面塗上毒液，這點就與較無殺傷力的如意珠不同了。

《神雕俠侶》中，絕情谷公孫谷主的老婆裘千尺能以口吐棗核殺人，可算是這型暗器的變化應用。

飛蝗石的使用

除了敗家的暗器金錢鏢，另有一種最經濟的暗器：「飛蝗石」。顧名思義，就是撿石頭丟人，這可真是夠經濟、夠環保的。

使用的石頭以形狀細長為佳，因為外型類於蝗蟲，因此得名，然而也有使用鵝卵石的。前者是當鏢型的利器用，後者的效果則類於銅錘的鈍器，平時撿拾適合的石頭放在囊中隨時取用，幾乎沒有暗器用完的問題，只是使用時完全得看擲石者的手勁與準頭了。

雖說飛蝗石會因使用的石頭不同，而收到差異很大的效果，但方便性十足，仍有許多人練習。最具代表性的飛蝗石使用者，首推《水滸傳》中的「沒羽箭」**張清**。這個「沒羽箭」的外號，就是指沒有箭羽、卻如箭一般厲害的飛蝗石。

投擲類暗器的種類實在太多，此處只舉這幾個例子，就不一一贅述介紹了。

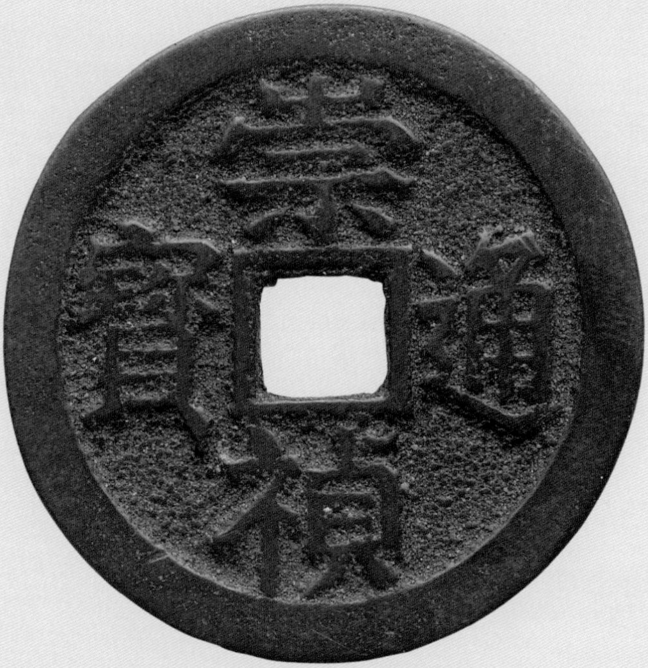

【寶物檔案】

金錢鏢

就和現在的銅板一樣，古代的銅錢也是日常必備之物，把這有孔的銅錢外緣磨利，就是「金錢鏢」了。

鏢的有效射程範圍大約是五十步到百步，因此在疆場遼闊、千軍萬馬的戰陣中，實在難以發揮效果。然而，在武林人士比劃或行走江湖防身之類的日常場合，敵我間往往僅有數人而又相距得近，暗器就能派上用場了。

暗器重視的是隱匿性，金錢鏢可說是箇中翹楚，平時看起來宛如一般銅錢，真是攜帶方便而又實用。只是與重達一斤的鏢相較之下，銅錢的分量畢竟輕得多，使用上自然較為困難，使力時稍一不小心就擲偏了。

此外，金錢鏢的殺傷力也遠不及鏢，因此多半是襲擊對手的眼睛或手腕等脆弱部位，以破壞對方戰力。據說金錢鏢的高手只用一般銅錢就能擲傷人，想來除了腕力足夠，也得下不少功夫苦練才行。

值得一提的是，日本小說中有位虛構的人物——錢形平次，是一名捕快，除了會使用前文說過的「十手」，也以金錢鏢出名。但不知捕快的薪水夠不夠他當暗器用？

【故事檔案】

張清

話說梁山泊眾英雄攻打東昌府時，遇到「沒羽箭」張清這號勁敵，飛石連傷十餘名猛將，連「馬軍五虎將」之一的「雙鞭」呼延灼都被打到手腕掛彩，其厲害可見一斑。最後，還是在水中栽在「浪裡白條」張順手裡，才被抓的。

《水滸傳》說張清是天捷星，想來是因為他飛石迅疾無比的緣故。梁山泊善使暗器的好漢，恐怕沒有人敢說能贏得過他的。這飛蝗石雖不起眼，一樣能小兵立大功，半點輕忽不得。

袖箭的使用

投擲型暗器的飛行距離往往取決於使用者的手勁，隨著每個人的腕力或指力不同而有所差異。接下來，要介紹機關型暗器——袖箭。

稍後會介紹的「背弩」，具有弩利用機關發射且容易隱藏的優點，而**袖箭又比背弩更迷你，發射動作也更小，因此用於暗算時更難以提防。**

袖箭出現得比較晚，約莫流行於清朝。武壇前輩蘇昱彰老師曾經為文，解說八極門的袖箭是以使用者發勁射出

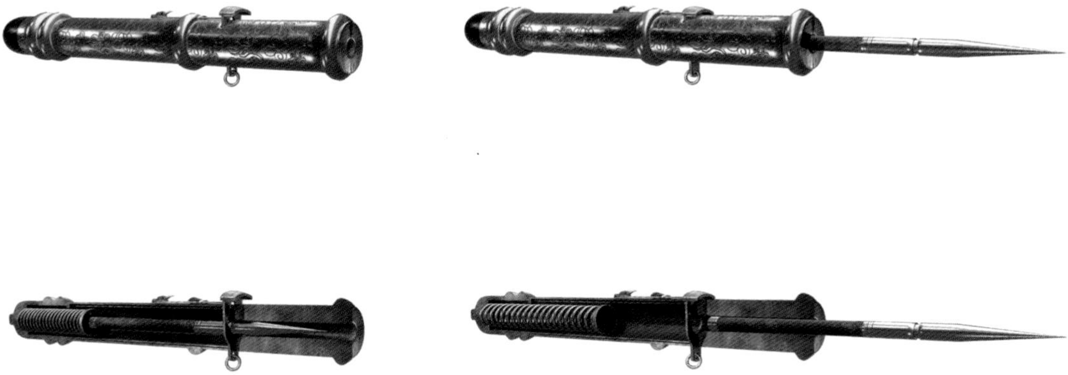

◆ 袖箭（示意圖）是機關型的暗器，一般用的是壓縮彈簧的彈力，將短箭彈射出去。

的。而一般袖箭則是用壓縮彈簧的彈力。

袖箭分為單筒、雙筒，甚而有「梅花袖箭」這種五發的，它們的單體基本構造都差不多。在竹木或金屬的小管子裡裝上彈簧，將小小的短箭從管口壓進去後扣住彈簧，使用時只要一按機關就能將短箭射出。

坊間有很多類似構造的玩具，而袖箭只是將其強化作為武器使用而已。雖然袖箭的射程範圍相當有限，但體積小，可以輕易地藏在袖中或身上其他地方，加上按機關的動作相當細微不易察覺，發現時往往已經來不及了，因此多用於近距離時偷襲。

至於殺傷力有限這點，常以在箭頭上面塗毒來彌補。有些品行不端的使用者會在私鬥中以袖箭暗算對手，是標準的「暗箭傷人」。

飛針與飛刺

與袖箭相似的，還有「飛針」這種暗器，它是眾武俠小說家相當偏愛的武器。記得電影《臥虎藏龍》的結尾嗎？大俠李慕白就是栽在毒飛針之下。

飛針的起源，與峨嵋刺、擲箭等有所關聯。奇型兵器中的**峨嵋刺，雖是近身戰用的短兵器，必要時也能擲出攻擊。由此便衍生出專門用以投擲的「飛刺」。**

飛刺除了沒有指環的部分之外，其他造型與峨嵋刺相仿，只是體積更小、重量也更輕。由於輕便容易攜帶，使用者往往會在腰間或肩帶上裝著一排十來支的飛刺。

飛刺和擲箭相當類似，而飛針則是將前兩者再縮小的版本。這種小暗器的好處是容易隱匿，又不易被發現，然而體積小、質量輕，準頭不易控制，而且容易被對手的武器擋掉。於是又有了以機關發射筒裝飛針的構想，其原理則與袖箭相同。

針也是古代常見的工具，縫衣用得上，針灸治病更是少不了它。或許正因為針灸與中醫人體脈絡穴道息息相關，才構想出飛針這武器吧？

現實之中使用飛針的記錄頗為有限，而小說裡倒是相當活躍。《神雕俠侶》中小龍女的玉蜂針即是一例；而《鹿鼎記》裡，何鐵手送給韋小寶的「含沙射影」則是機關發射的飛針了。

前文說峨嵋刺是女性愛用的兵器，飛針也相同，再加上飛針往往以毒藥加強效力，更讓人有「蛇蠍美人」的聯想。小說還提到中了這種暗器要用磁鐵吸出來，設定得相當詳細。

噴筒的使用

最後再提一種機關型暗器：噴筒。

顧名思義，噴筒的作用是將內裝的藥物噴出以進行攻擊。**與有形的袖箭不同，噴筒往往是噴出液態或煙霧狀藥物，**有點類似現代的防狼噴霧罐，所以更難防禦。

自宋朝火器開始發展後，出現過「梨花槍」這種兵器，在槍頭上加裝火藥罐，點火後對敵噴射，待施放完畢，再以長槍進行第二段攻擊。此處若捨去槍、單取火藥的部分，就是噴筒的前身了。

噴筒填裝的藥物有毒煙或毒液兩種，無論吸入毒煙或濺上毒液都相當危險。《倚天屠龍記》中，明教的洪水與烈火兩旗部眾都曾用過，一邊是火焰、一邊是毒水，沒兩下就送走許多敵軍……

這幾項機關暗器，果真是樣樣毒辣無比，但在火槍興起後，也紛紛消失了。

戰力分析

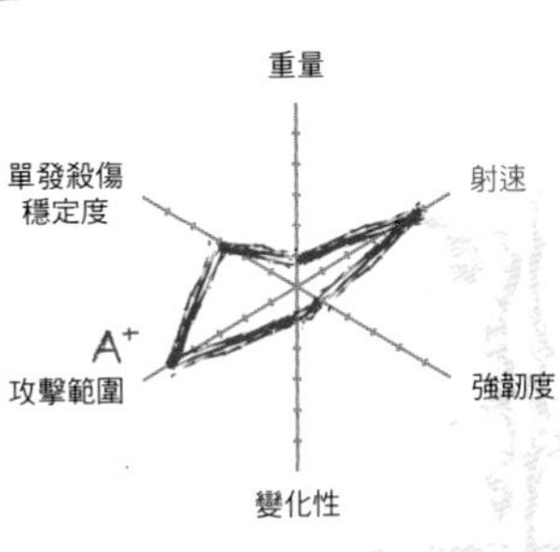

重量
射速
強韌度
變化性
攻擊範圍
單發殺傷穩定度
A+

屬性—特殊

鏢是暗器的代表，基本性質與標槍相仿，但尺寸與重量的差距，使得距離與單發的火力輸出有所不同；打個比方，就像步槍與手槍，尺寸對穩定度有很大的影響。袖箭是透過機關作動，較不受使用者狀況影響是其優點，然而範圍與威力有限，因此與鏢相同，往往餵毒以加強殺傷效果。噴筒更為特殊，所噴射為水柱、毒霧、火焰之類，距離更為有限，但相對來說則更難以防禦。

套索。

棉繩套索是起源於邊境游牧民族的傳統技藝，
完全不具打擊效果，
其唯一作用在於「套取」與「擒拿」。

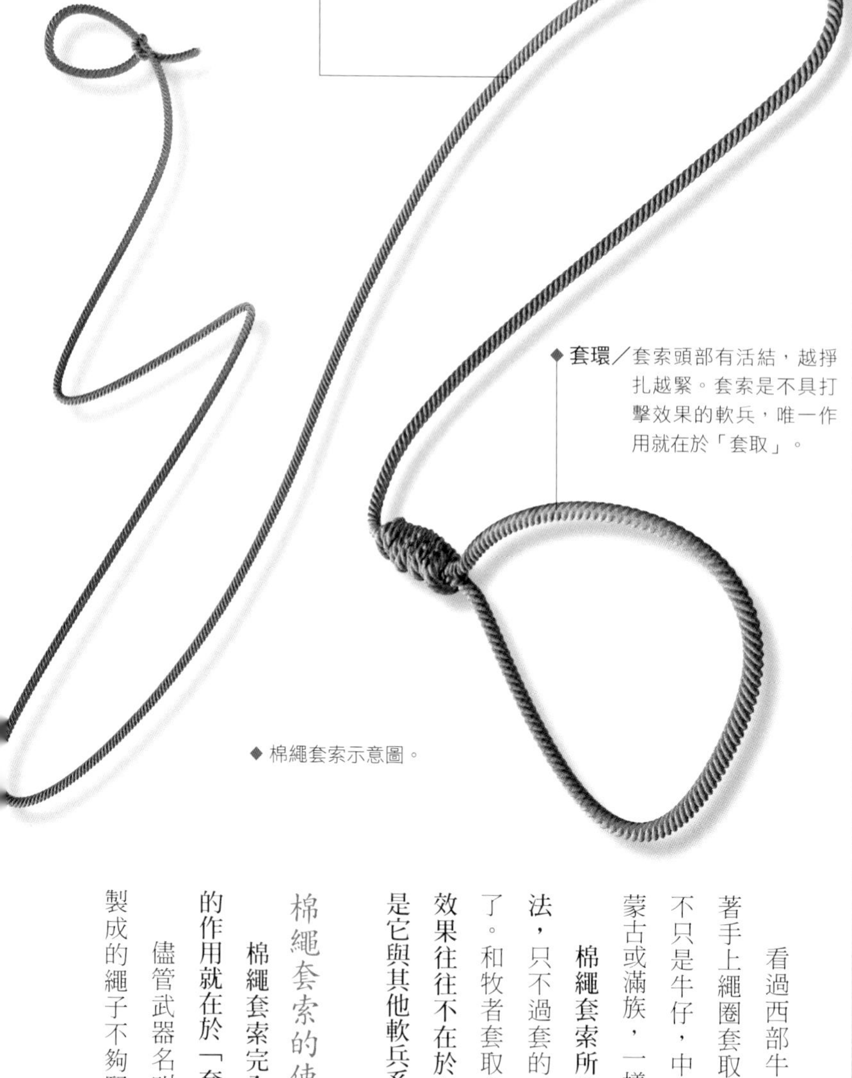
◆繩索／最為理想的繩索是以牛筋、蠶絲和頭髮編成的，堅固強韌，連刀劍都難以砍斷。
◆套環／套索頭部有活結，越掙扎越緊。套索是不具打擊效果的軟兵，唯一作用就在於「套取」。

◆棉繩套索示意圖。

看過西部牛仔的話，應該對牛仔搖著手上繩圈套取牛羊的場面不陌生吧？不只是牛仔，中國北方的游牧民族，如蒙古或滿族，一樣非常擅長此項技藝。

棉繩套索所使用的，正是繩套的技法，只不過套的不是牲口，而是敵人罷了。和牧者套取牛羊一樣，**棉繩套索的效果往往不在於殺傷而在於生擒——這是它與其他軟兵系不同之處。**

棉繩套索的使用

棉繩套索完全不具打擊效果，唯一的作用就在於「套取」與「擒拿」。

儘管武器名叫棉繩套索，然而棉紗製成的繩子不夠堅固，**最理想的繩索素**

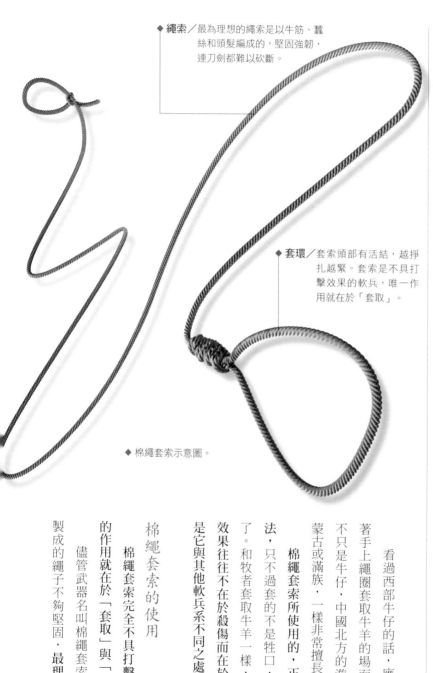

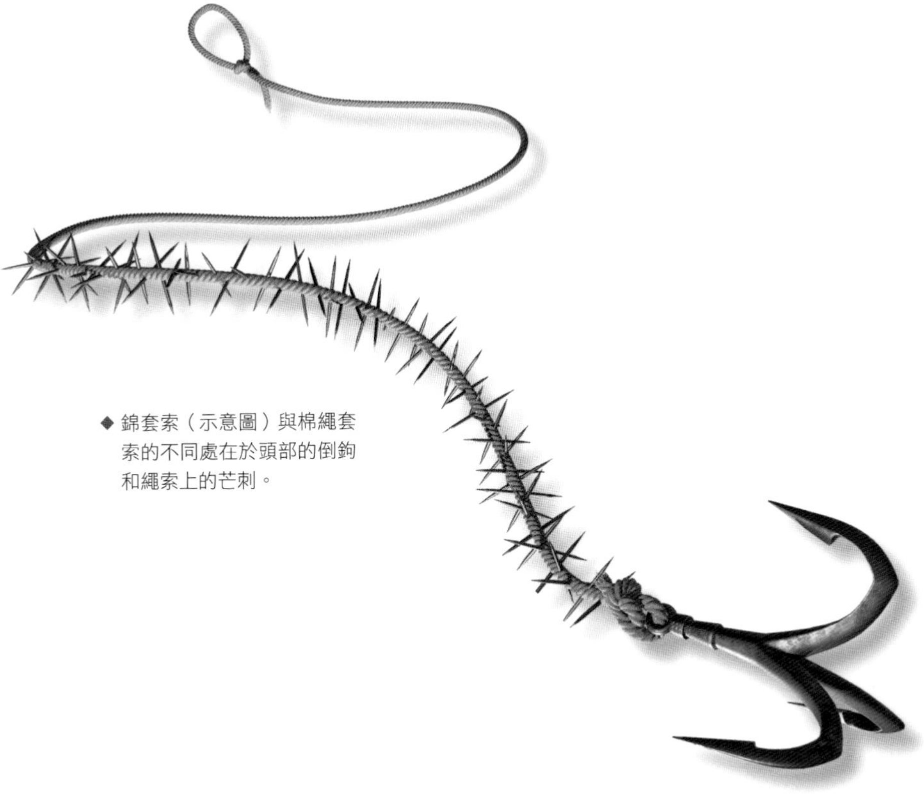

◆ 錦套索（示意圖）與棉繩套索的不同處在於頭部的倒鉤和繩索上的芒刺。

材與前文提到的流星錘、繩鏢一樣，以**牛筋或鹿筋做成的絲、熟蠶絲與人的頭髮，將三者夾雜混合**，以辮狀編成約莫兩指粗細，即成為堅固強韌的繩索，最後在末端打個活結即可。

這繩套一旦套住，越掙扎只會越緊，加上繩索難以割斷，接下來，就準備被五花大綁了。

套索起源於游牧民族的傳統技藝，諸如元朝的蒙古戰士、清朝的滿軍，有許多都以擅長此道聞名。有一個版本的十八般武藝也將此項兵器列入其中。

錦套索的使用

錦套索是棉繩套索的變化版本。在繩索一端加裝船錨形的倒鉤，且在繩索上裝上許多細小的芒刺，以加強鉤與纏的效果，同時防止敵人抓握或解開繩索。

因為有芒刺，使用時需先取出抖動數次，以免繩索纏結。**錦套索的效果也**

在於生擒，但主要功能則從棉繩套索的「套」改為「鉤」。

相較於其他軟兵系，套索具有非常獨特與眾不同的一點：它不像軟兵系對狹隘地形十分忌諱，這兩種套索都適合用於林間等狹窄地形，只是用法由「動態」的甩動主攻轉變為「靜態」的埋伏暗算，而效果可能比主動出擊更好。通常是將套索綁在樹木間不顯眼處當作陷阱，所以又稱作「絆馬索」。

這東西在《三國演義》和許多歷史小說中都出現過，不知道曾讓多少武將人仰馬翻過。就連美髯公關雲長敗走麥城時也著了它的道！想那赤兔馬日行千里，馬力應該相當驚人，面對絆馬索卻一樣一籌莫展。

就這一點來看，套索與其他軟兵器一樣具有「陰」的特性，甚至有過之而無不及。中招時很少會看到流血，但恐怖的是，一旦被套住之後，連命都會整個送掉……

戰力分析

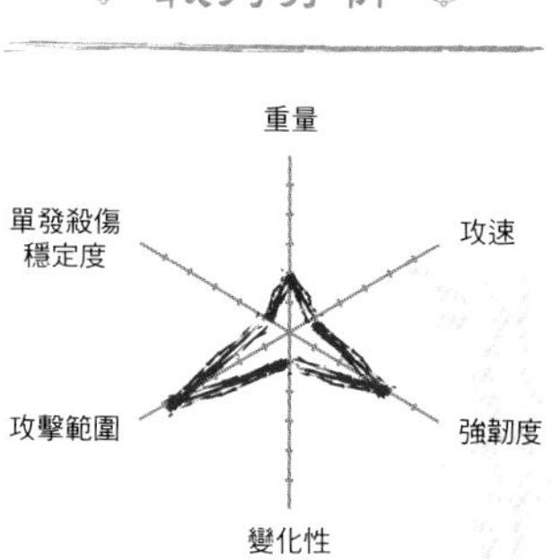

屬性—特殊

套索在軟兵系中最為特殊，它目的只在於「套牢」對手而已，本身幾乎沒有攻擊力，因此在強韌度上特別下工夫，難以輕易切斷。同樣具備軟兵系特有的廣泛距離，套索最大特點在於往往靜置暗處，以「陷阱」的方式讓對手中招，是以沒有什麼攻速可言，該項目甚至比其他同樣得分E的武器更低。但這看似了無強項的武器，卻為古代許多猛士名將所懼怕，連關二哥與赤兔馬都栽在它之下……

射程系。

讓你連車尾燈都看不到！

所謂「一寸長，一寸強」，具最長範圍也最強悍的武器，自然非射程系莫屬。射程系是有力的狩獵用具，更是古代戰爭中絕對不可或缺的要角。至於弩使用容易且射程廣泛，應用更為繁多。

弓箭。

箭，基本上幾乎全無招式可言，卻比任何武器都要來得致命。在古戰場上，弓箭始終是具有決定性地位的強勢兵器。

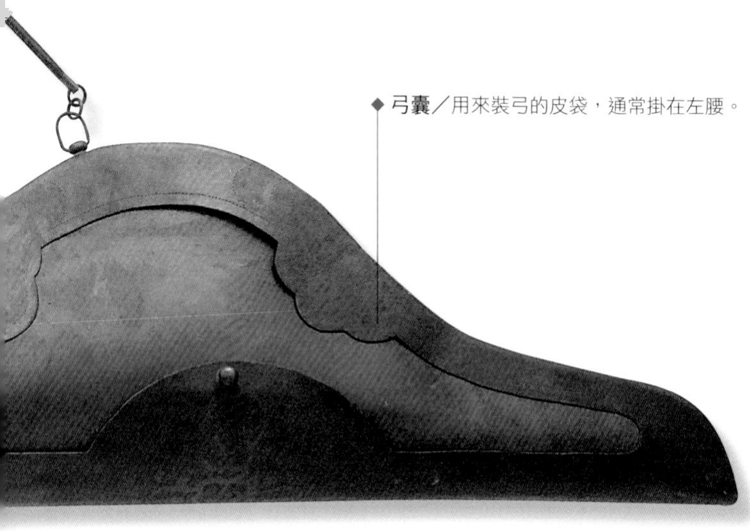

◆ **弓囊**／用來裝弓的皮袋，通常掛在左腰。

介紹過這麼多長短兵器，林林總總，各勝擅場，一時間倒也不容易評判孰優孰劣。

然而，要是有機會給古代的戰士和名將們來個實際採訪，問問他們最怕的兵器是什麼的話，除去火器不算，恐怕十個有九個半的回答會是：「箭」。

箭，基本上全無招式可言，卻比任何武器來得要命。《三國演義》的「草船借箭」一節裡，孔明曾說：「**大江之上，以弓箭為先。**」其實何止是大江之上？**在古戰場上，弓箭始終是具有決定性地位的強勢武器。**

兵器之中數一數二長的槊，了不起就三、四公尺長；相較於射程範圍可以達到百來公尺、兼具驚人速度的箭，兩者在戰場上的致命程度不言可喻。

傳說蚩尤作五兵，是金屬兵器的創始者，技術力本應相當可觀，而且驍勇善戰，結果最後竟敗在

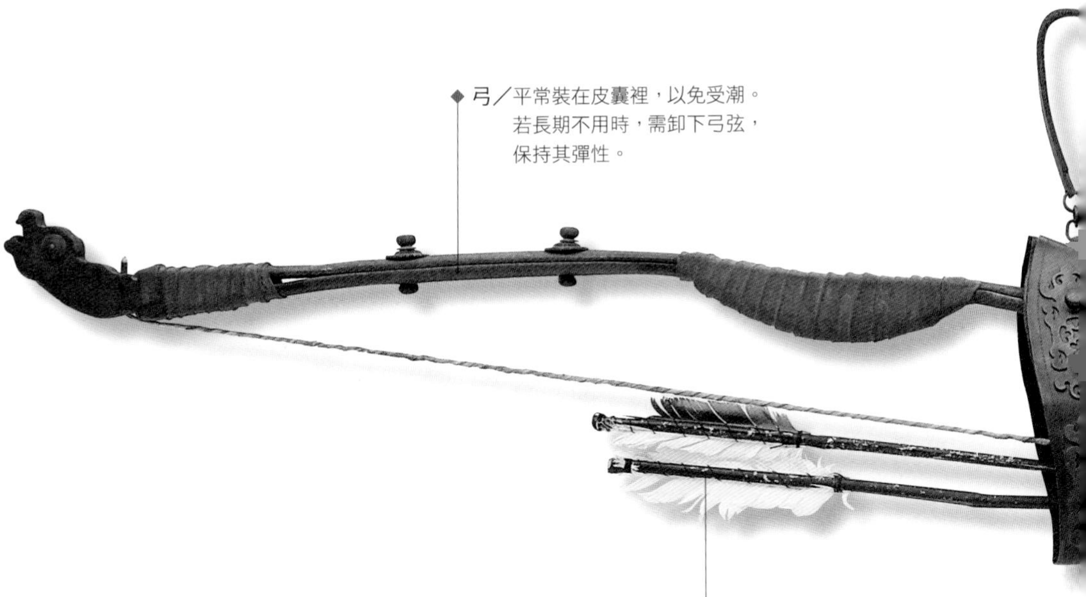
弓／平常裝在皮囊裡，以免受潮。
若長期不用時，需卸下弓弦，
保持其彈性。
箭／通常會另外裝在箭囊中。

仍以玉石作武器的黃帝手下。原因無他，正因黃帝的軍隊以弓箭作為主力。管你矛尖刀利，遠遠地一輪弓箭射去，對手就得下台一鞠躬了！弓箭的厲害由此可見。

弓箭的歷史

弓箭是極其強悍的武器，在古戰場上從未缺席。神話時期的后羿射日，漢朝的名將李廣射虎（飛將軍一箭竟釘進了大石中，膂力驚人），三國時代的呂奉先射戟轅門、五虎之中老將黃忠的百步穿楊弓術，都是弓箭的豐功偉業。從春秋戰國的神弓「養繇基」到《水滸傳》的「小李廣」花榮，從趙武靈王胡服騎射到元朝踏平歐亞兩洲的蒙古戰士弓馬技藝，**使弓英雄始終扮演著歷史的推手，交接推展出朝代興替瞬息萬變的新局，一如他們手中離弓疾射而出的箭。**

儘管弓箭毫無招式可言，使用上卻不比其他武器簡單。使用者不僅視力要好，還要有強勁的臂力和指力，以及很高的穩定與持續力量才行。只要稍微抖一下，箭就會偏出十萬八千里外了。

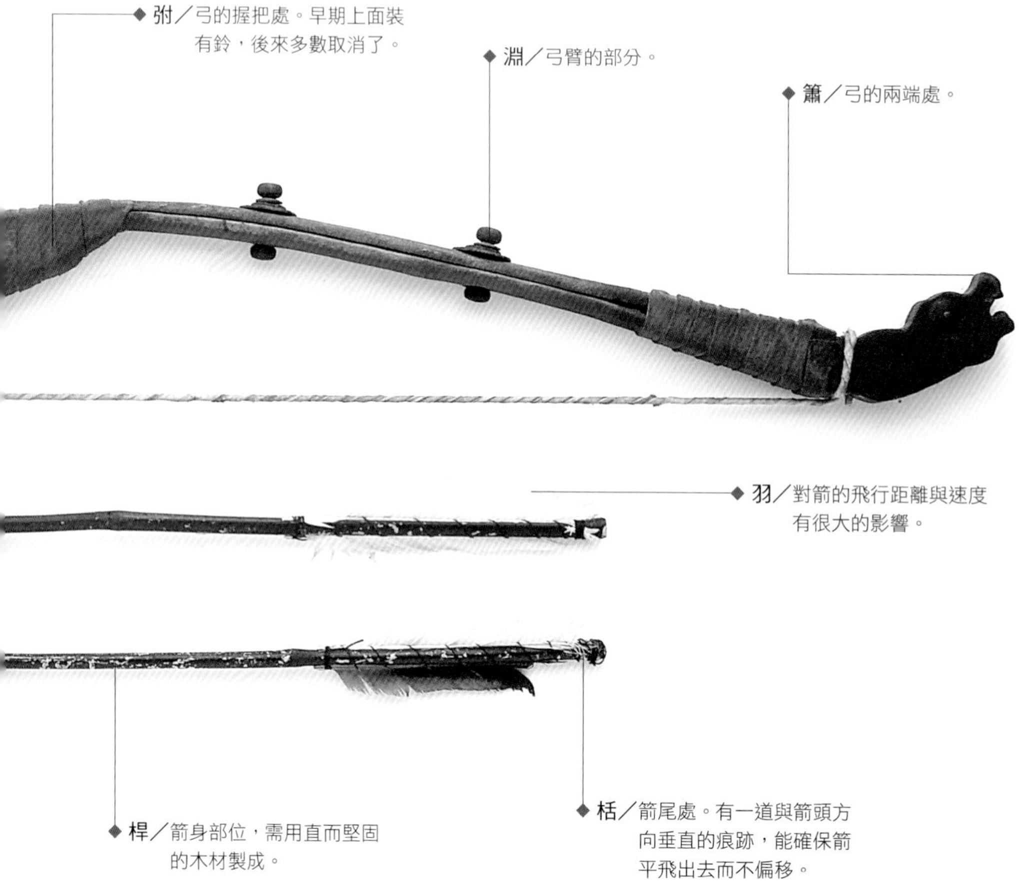
弣／弓的握把處。早期上面裝有鈴，後來多數取消了。
淵／弓臂的部分。
簫／弓的兩端處。
羽／對箭的飛行距離與速度有很大的影響。
桿／箭身部位，需用直而堅固的木材製成。
栝／箭尾處。有一道與箭頭方向垂直的痕跡，能確保箭平飛出去而不偏移。

弓的製作

這種致命武器在形制上十分考究。**太長的弓難以拉滿，威力大減；太短的弓拉滿後，會對弓身造成不必要的巨大壓力而易於損壞。硬弓的威力強、射程遠，然而得花很大的力氣拉開而難以連射；相反的，較不強硬的弓，要持續射擊就容易，但射程與威力就只馬馬虎虎。**因此，弓的長度與硬度，都需視使用者的身材與力量而加以配合。

而弓的製作質材更是大有文章。最簡單的是單體弓，將一根有彈性的木條或竹片折彎後繫上弦就是了，威力自然最小；稍好一點的是合體弓，取數條等長的竹片或木條，以牛筋煮成膠，黏合製成，弓身強度增加，威力隨之提升。

最好的弓是複合弓，先用竹或木製成弓身，再從弓身把手兩端接上多層結合的強韌弓臂，其後對弓梢部分的木片加以強化，最後分別由弓身內外部以牛

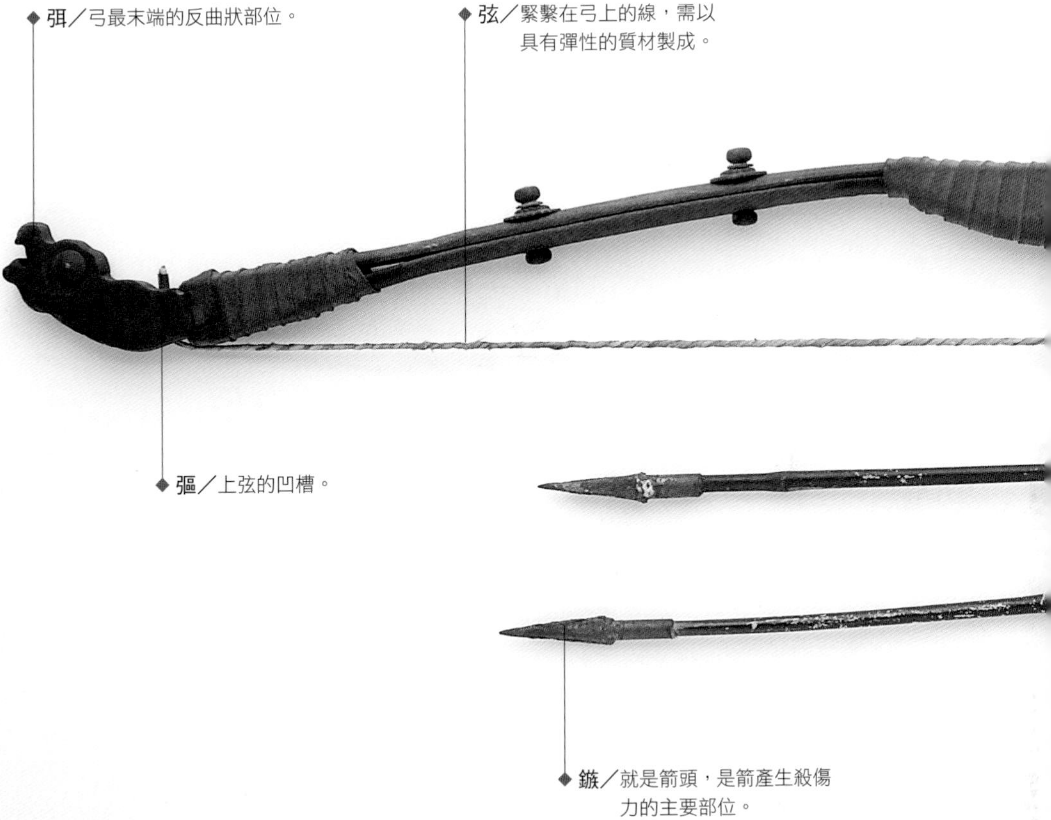
弭／弓最末端的反曲狀部位。
弦／緊繫在弓上的線，需以具有彈性的質材製成。
彄／上弦的凹槽。
鏃／就是箭頭，是箭產生殺傷力的主要部位。

筋膠夾合而成。全弓由多段複合構成，相當堅固。這種弓會在弓面上貼一層磨光的牛角薄片，增加強韌度與美觀性，因此又叫作「角弓」。

製作良弓時會輔以火烤使弓反曲，因此一旦取下弦（此時的弓稱作「馳」），弓身整個反彈成C字形，再裝上弦可得花上一番力氣。若長期不用，就得將弓弦卸下，否則弓與弦的力量都會減損。

至於弓弦的質材，通常以獸類的筋為主，再加上人的頭髮——毛髮纖維是很強韌的東西，將其編入弓弦中，能有效強化拉力。

箭的製作

箭的製作也一點都馬虎不得。**箭分成箭頭、箭桿與箭尾三個部分。**

尾羽關係到箭的平衡，進而直接影響飛行距離和速度，最好選用雕或鷹之類的猛禽羽毛，取其強韌結實，否則羽毛太軟容易裂開，就沒有作為箭「舵」的效果，準度與力量都會大打折扣。**尾羽通常是三或四條，箭尾處（稱作「栝」）需與箭頭方向垂直刻出一道痕跡。**別小看這一道刻痕！它能確保箭平飛出去而不偏移。

箭身是取白楊之類的木材或少節的竹來製作，要求其堅固而筆直，因此濕氣或火氣全都接近不得，否則箭桿一變形就沒用了。

箭頭又叫「鏃」，常見的箭頭有兩種：一種是「雙翼型」，有流線形的效果，分開的兩翼尾端在敵人中箭要拔出來時會鉤在肉上，擴大傷口面積——你想想，若是不開刀而硬拔的話，那有多痛！這是常見於春秋戰國早期的箭頭。

另一種則是「尖錐型」，這個是對付鎖子甲的剋星，箭頭看來細細尖尖不大起眼，射進了動脈或要害，照樣要命。中國早在戰國時代就開始以青銅模具鑄造箭頭，不但有效率，而且能確保每支箭都符合相同制式規格與品質——這想來該是全世界最早的標準化作業程序生產了。

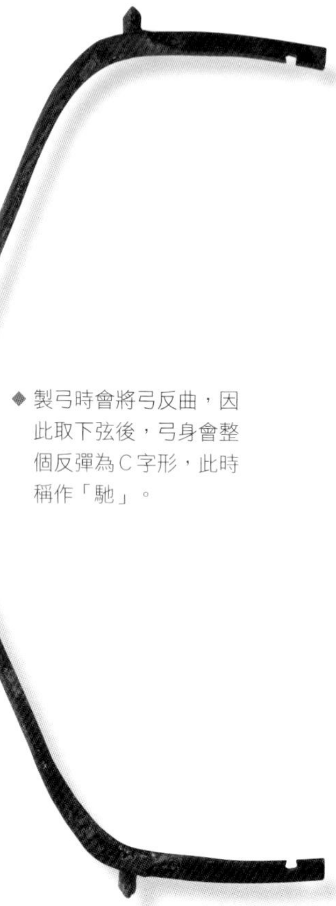

◆ 製弓時會將弓反曲，因此取下弦後，弓身會整個反彈為C字形，此時稱作「馳」。

毒箭與火箭

除了正常的箭之外，還有嫌殺傷力不夠而淬毒製成毒箭。

話說，《三國演義》就有關雲長中箭請華陀刮骨療毒的著名橋段。你瞧，就連中國人最崇敬的武神，都不免著了它的道。

毒箭主要是對單兵用的兵器，而火箭的目標往往是更大的建築物之類了。火焰的威力很早就為人類所熟知，而火箭是為利用火攻而開發出的兵器。

早期的火箭十分簡單，只是利用弓箭遠射的效果進行火攻，使用時點燃箭頭上浸油的艾絨或其他易燃物，對著要破壞的標的將其射出即可。這種火箭雖然生產容易，效果卻得靠運氣。除了弓箭難射需靠天時、地利、風向等配合之外，箭射出的途中，火還可能滅掉。

火藥發明後，較晚期的火箭在設計上也有所改善。在箭上繫著火藥筒，點

◆ 箭頭又稱作「鏃」。圖中是早期的雙翼型箭鏃，到秦漢時代演變成類似手槍彈頭形狀的三角錐狀。雙翼型箭頭各部名稱細分如下：

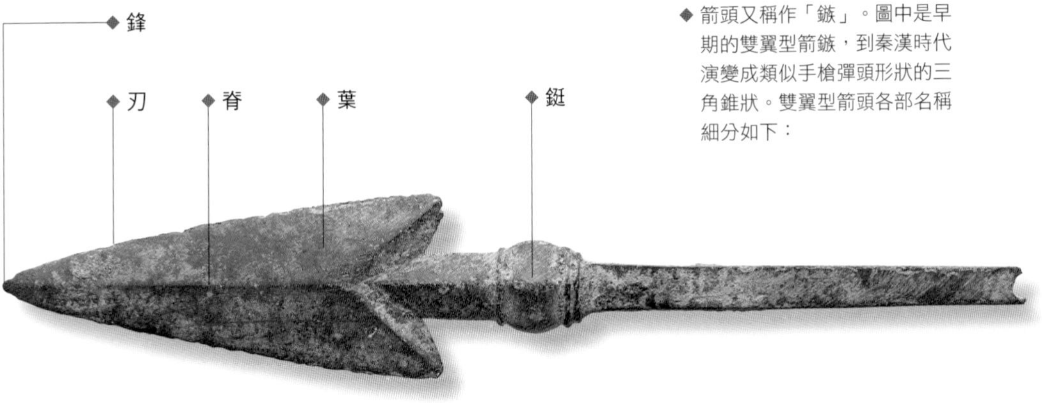

然引信後將其射出，與現代的沖天炮有點類似。這種火箭主要是靠火藥燃燒的推進力飛行，射中目標後，火藥引燃，達到放火的效果。但它也和沖天炮一樣，容易有偏離目標的問題。

以這種火箭為基礎，後期還演變出其他火器，而這些火器已和弓箭無關，就留待後文再詳述了。

弓箭的威力

弓箭的威力早在遠古已為人所熟知，各代無不致力於弓箭的開發與製作，到了戰國晚期，弓的發展已到達顛峰，其後的射程武器大多都以此為本，沒有太大的變化。

連帶影響是使得中國歷代對於盾甲類防具的研發，相較之下顯得沒那麼熱心。原因是重甲或盾在長距離行軍時相當消耗人馬力量；再者，在致命的箭雨之下，任何防具的效果恐怕都是有限的。

戰力分析

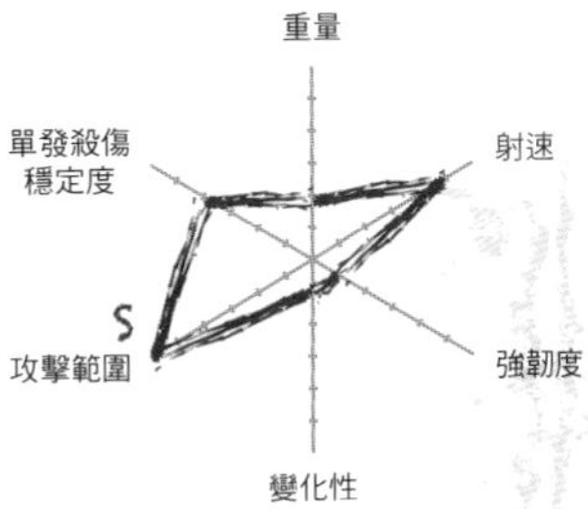

屬性—特殊

弓箭與前述暗器同屬較遠程武器，而它更是射程系正宗，因此具備標準的射擊武器特性。重量輕且強韌度低，攻擊無攻速或招式變化可言，最大賣點僅有射速與攻擊範圍——這可是開掛的強，超變態的S級！遠程時，除同類的弓弩外，任何武器對上它根本絕望，摸都摸不著就準備領便當。當然無論準頭或射程，效果都會隨使用者的技巧與力量而完全不同，但弓箭無庸置疑地仍是古戰場上最強的武器。

弩。

弩，又稱作「窩弓」，早在商周時代就開始出現，是由弓演變而來的武器。

◆ 這把是仿製的連弩。連弩與古代的青銅弩造型不太一樣，各部位名稱如下：

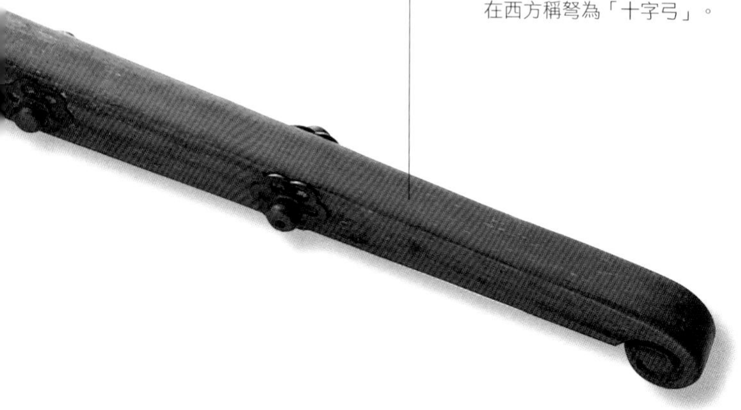

◆ **弩弓**／與弓弦配合。

◆ **箭匣**／機身裝箭的部分。

◆ **弩臂**／機身部位，與弩弓垂直，因而在西方稱弩為「十字弓」。

弩，又叫作「窩弓」。現代人常因為造型，而直接取其英文譯名，稱它為「十字弓」（crossbow），其實這種武器早在商周時代就已經出現了。

弩是弓的好姊妹，兩者都是利用弦線彈射力量的射程攻擊武器；但從弓演化而來的弩又更為凶惡。

照古人解釋，弩與弓都是「彈」（即「彈弓」）所衍生出來的武器。據說是上古某位孝子在父母身後不忍見其遺體被禽獸所食，於是「斷竹，續竹，飛土，逐肉」。製作出了彈弓，其潛在的力量被人們發現後，又演變成了弓，廣泛地使用在狩獵與戰場上。它甚至還是弦樂器的始祖。

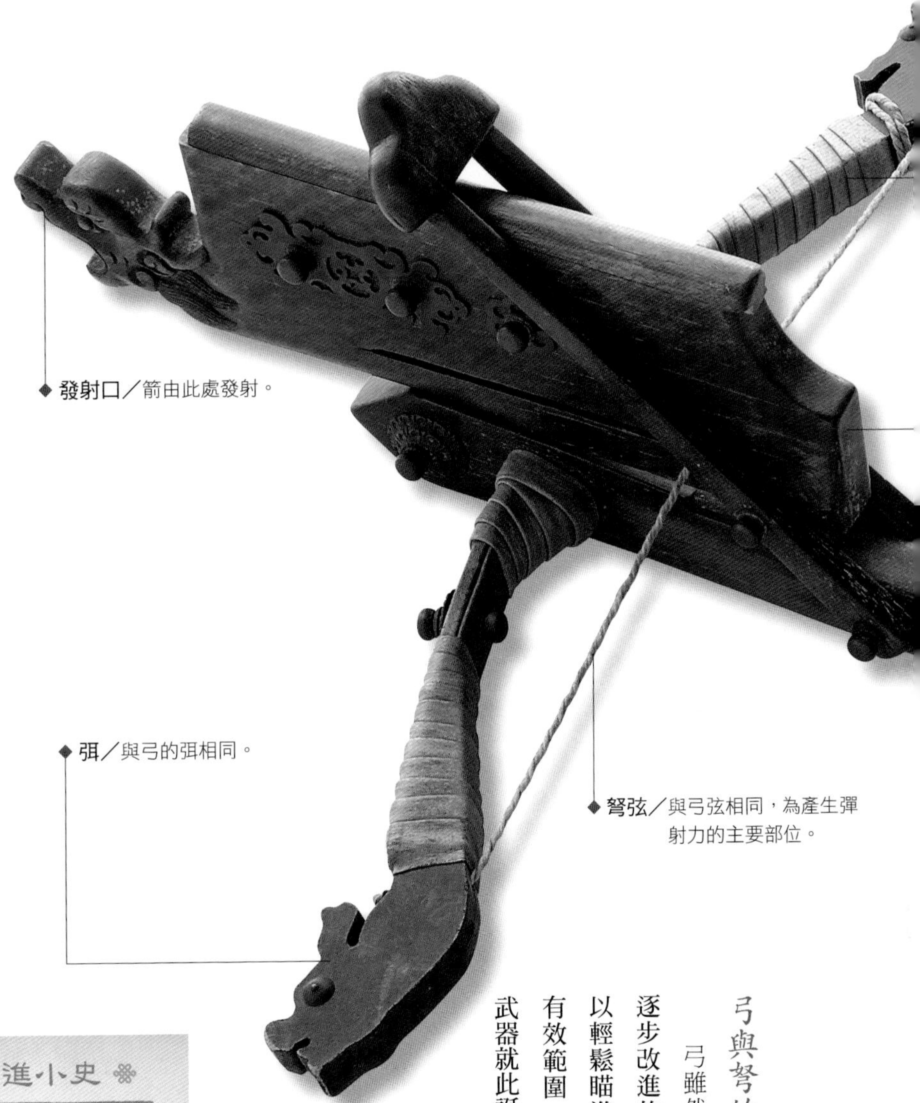

◆ **發射口**／箭由此處發射。
◆ **弭**／與弓的弭相同。
◆ **弩弦**／與弓弦相同，為產生彈射力的主要部位。

弓與弩的差別

弓雖然強力卻不容易使用，後人在逐步改進的過程中研發出了弩，不僅得以輕鬆瞄準，更大幅強化了其射擊力與有效範圍，於是，冷兵器時代最恐怖的武器就此誕生。

演進小史

弓
↓
弩
↓ ↘
連弩（未留下開發成功實物）　床弩（加大加強之攻城兵器）

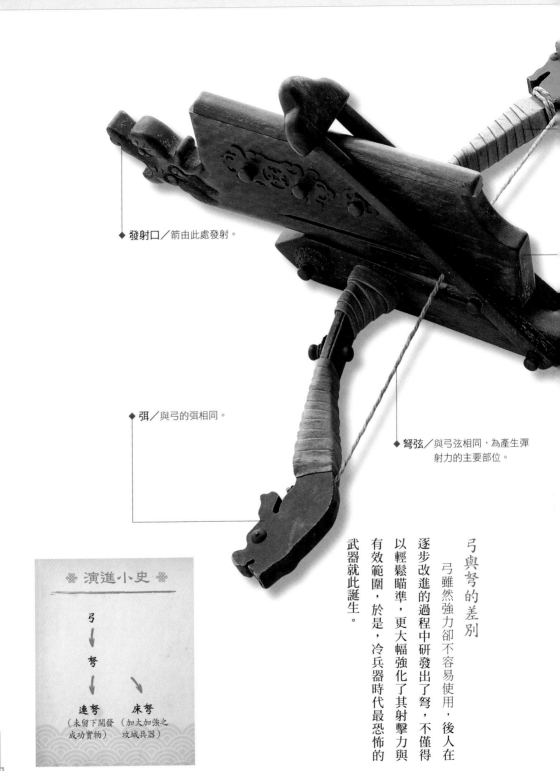

在西方，因為弩容易使用且殺傷力太過驚人，據說曾有教宗要求禁用這種武器。這想當然是不可能的。

前文提過，弓箭是古代戰爭的主力，比其更為強力的弩自然更為重要。兩者的差別在於：**弓具有較高的機動性，無論在什麼場合都可以使用，泛用度較高而且能夠連射；相較之下，弩因有更強大的張力，每次裝填皆耗費比弓更長的時間，是以弩兵往往靠著編組射擊來維持攻擊的連續性。**

弓和弩的拉力均以「石」（音同「旦」）為計算單位，一石約等於三十公斤，這也就是說，光要拉開一張三石弩就需要使出近百公斤的拉力，那麼，有其兩倍力量的六石或更強的弩，就更別說了。

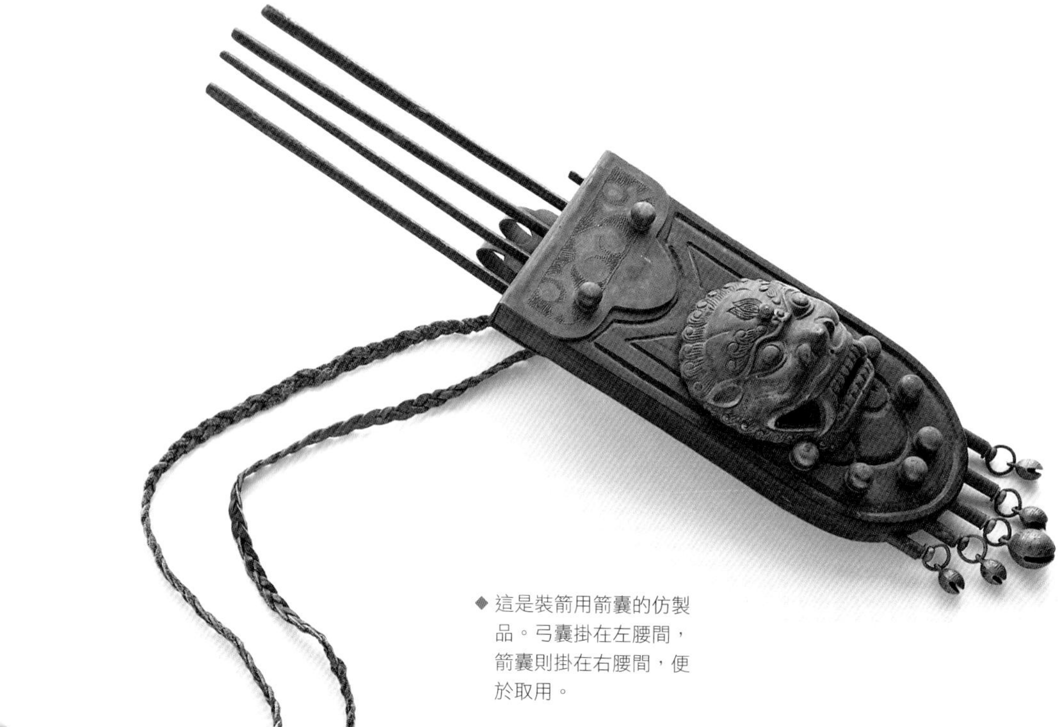

◆ 這是裝箭用箭囊的仿製品。弓囊掛在左腰間，箭囊則掛在右腰間，便於取用。

弩的使用

這樣強勁的弩要以徒手拉開是非常困難的事，因此使用時有腰張或膝張等多種上弦法。看過電影《英雄》的朋友，應該記得其中一幕滿地黑衣秦軍張弩射擊的畫面，這些秦軍使用的即是「蹶張」的上弦方法——以雙腳抵住弩臂，然後以肩背的力量將弦拉開。

這動作看似簡單，但若不是有力的壯漢，還真做不來。**在機具配合之下，弩能產生強大力量，使得無論在貫穿力或射程方面，都遠優於弓。弩箭的飛行距離約可達到一般弓箭的一・五至兩倍，而記載中強弩的射程之遠，甚至達到數百公尺。**

此外，**弓的威力仰賴於射手個人的腕力、指力與瞄準穩定度**，隨著射手不同，其威力往往有雲泥之差，因此弓箭手除需有強大的力道更得苦練箭法，若沒有長時間的訓練，勢必難有成就。弩則不然，**弩機的結構補足了對射手腕力方面的要求，且弩將上弦與瞄準的動作分開，因此比弓容易瞄準**，即使是一般的農村壯丁，稍加訓練後就能使用弩上陣作戰。

前文提過幾個用弓的神射手，卻沒聽說有神射手是以用弩而出名的，這或許是因為弩補足了弓在射手力道與瞄準精度的要求。因此，弩在古戰場上的角色極為重要，在敵軍手上時是莫大的威脅，在我軍手上則是強力的奧援。

早自春秋戰國起，傳說楚國琴氏發明弩機，弩就一直是具有重要戰術地位的武器。如《東周列國志》中名軍師孫臏復仇的「馬陵道之戰」一役，恩將仇報的龐涓就是被伏兵的弩手給亂箭射成蜂窩的——正應了他生前所發的毒誓。對於其後結束亂世一統天下的秦軍而言，強弩更是其克敵制勝的得意武器。

連弩的發明

弩的射程與貫穿力都非常優秀，而且容易使用，是深具魅力的強悍兵器。歷代均將其沿用為軍隊的主力，使用者也不斷地致力於改良與開發變化應用。其中「床弩」即是古代攻守城的重要大型兵器，後文將會詳細解釋。

有鑑於弩最大的缺點在於無法連發，許多設計的重點皆著眼於克服此一問題，另外也有進行多發式放箭改裝的嘗試。基本上，是將弩變成類似散彈槍的效果了。

傳說中，三國時代蜀相諸葛亮曾開發名為「元戎」的連弩，裝填一次即可連續發射，然而，這樣兵器的真正面貌就如同「木牛流馬」一樣，沒有留下任何相關設計資料或實物，完全不可考。這實在是文化與史學研究的一大憾事。

現在留下的「諸葛弩」，事實上是明朝的設計，雖說借了諸葛亮的名字，但已經與元戎無關了。如今所見的這種連弩雖然能夠連射，其威力與射程卻相對的不得不作妥協；雖然能連發，但其射程與威力卻完全不能看，有點像是弱化版的衝鋒槍那樣……算是不成功的發明，所以並未廣泛地用於戰場上。

弩的各種變化

以現有資料來看，弩在連發功能上的改造，減弱了威力，稱不上是成功，然而在其變化應用上則頗有成績。相對於大型攻城兵器「床子弩」，還有單人用縮小版的「背弩」（或「緊背低頭花裝弩」）。

背弩相當小，可以拉開平放在背上，形式和一般的弩相同，只是多了三條繩索：兩條連著弓的兩端繫在肩膀上，一條繫於弩機連在腰帶上。使用時發射端朝上，使用者一彎腰，腰帶上的繩子拉動弩機，裝好的弩箭就射出去了。真不知該說是「先禮後兵」還是「笑裡藏刀」？想來古人在道上看到有人向自己鞠躬時，應該很緊張吧！

類似的還有裝在馬鞍上的「踏弩」，屬於馬上的暗器，只是改成由腳踏來引動弩機發射而已。

背弩雖然適合偷襲，卻曾光明正大地用於戰場上。這原是宋朝弩兵制式配備的一種，到後來慢慢地演變成了民間的暗器了。只是那發射方式實在不大威風就是。成語說：「**暗箭難防。**」對弩而言，連明箭都很難防哪！

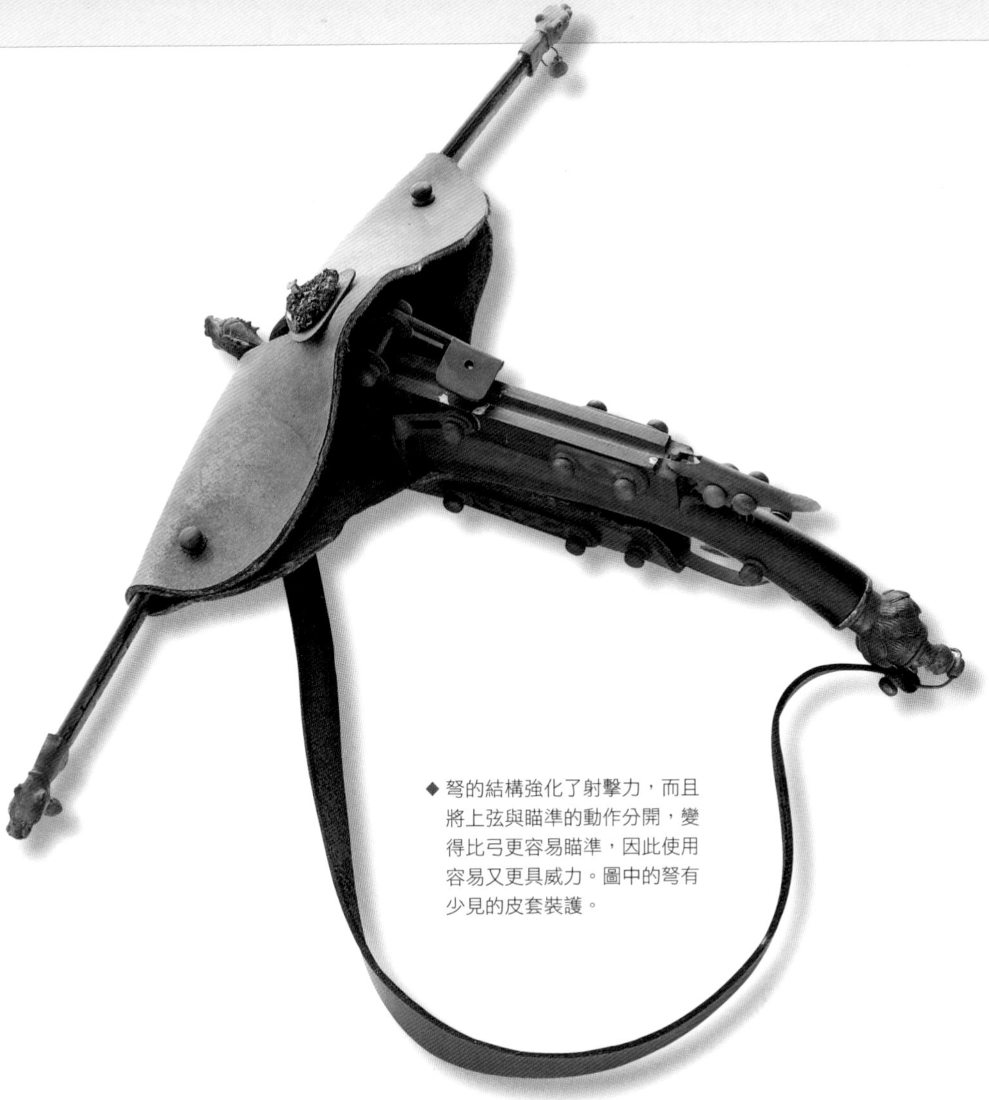

◆ 弩的結構強化了射擊力，而且將上弦與瞄準的動作分開，變得比弓更容易瞄準，因此使用容易又更具威力。圖中的弩有少見的皮套裝護。

戰力分析

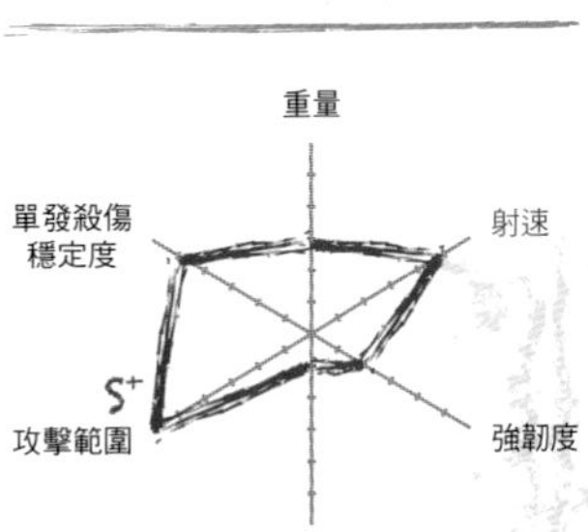

屬性—特殊

在以機械構造將弓強化之後，冷兵器時代戰場上的霸王就正式誕生了。弩的機件補強了原本弓瞄準不易的缺點，上弦後瞄準扣板機即可，更充分補正了深受使用者能力影響表現的射速、威力與距離，能以更穩定的火力輸出射得更遠。扣除上弦不易難以連發的缺點，弩幾乎是完全體武器。若傳說中的「諸葛連弩」真有其物，該是多麼可怕的光景！

先為敵之不可勝

防護系。

攻與防，是一體的兩面。
現代戰爭僅剩下鋼盔仍在疆場服役。
但鎧甲在古代是負責保衛戰士生命的重要護具。
人類模仿猛獸的爪牙創出了兵器，從草食生物身上得到護身防具的靈感。
讓我們由介於攻防之間的盾類防具開始，
進一步介紹歷代戰陣中應用的盔甲防具以及其流變。

盾。

盾的古名叫作「干」，是古代重要的單兵防具，側重於防禦功能；雖然也有撞擊等用法，但真正的作用仍在於提供掩護，而非攻擊。

盾，古名為「干」，成語「化干戈為玉帛」和「刑天舞干戚」所提到的「干」，都是指盾，其重要性可見一斑。

盾又被稱作「牌」，因此常合稱為「盾牌」。在古代，盾是重要的單兵防具，然而以擊打或推撞的運用情形也很常見。因使用場合與人的身材力量不同，使得盾成為在其尺寸及製作質材上，最為分歧的一種兵器。從高近百公分，大到可以擋住大半個人的「梯形殷商戰車佩盾」，到漢朝廣為使用的「鉤鑲」，乃至於清朝步卒的圓形藤牌等，種類之多，令人瞠目結舌。

騎兵騎在馬上，需同時兼顧控馬與武器，通常較少佩盾；然而對步兵來說，

◆ **圓盾**／這是一面仿宋的圓盾，通常為騎兵使用。配圓盾的用意是避免方盾的稜角在使用時刮傷馬匹。

◆ **盾面**／盾的構造通常以硬木為底，在表面蒙上皮革，使其更為堅韌，也有金屬盾。盾面有美觀的獅頭雕飾。盾面上的鋼釘，美觀之餘也有強化的效果。

◆ 盾牌有多種不同形制。步兵通常使用方盾（如左圖），以便於豎在地上，稍作休息或從盾後射擊。

盾就是戰場上重要的伙伴了。

盾的發展史

早期的盾，通常是用木條或藤編出框架，再蒙上皮革，常見的是牛皮，更理想的是更堅韌的犀牛皮（中國在古代可是有犀牛的），青銅製的武器倒也不易刺穿。但隨著弩之類強力射程兵器快速興起後，皮革盾的防衛效果不免受到威脅，為防護戰場上箭雨的襲擊，後期遂有金屬盾的產生，對一般弓箭及近戰武器的防護能起相當作用，因此有「擋箭牌」這個俗語。

演進小史

皮革盾（多為硬木蒙上皮革製成）

↓

金屬盾 → **鉤鑲**（興盛於漢朝，其後沒落）

↓

藤牌

因為地域廣大，騎兵之類以機動力見長的角色相形之下吃重，是以中國如盾牌等防具的發展，與西方相較便沒那麼發達。**慣於在廣大地形作戰的中國軍隊，重視機動力與射程武器更勝於防禦能力。**想想長征時，笨重的盾牌會消耗掉多少人馬力量就能理解了。

盾側重防禦功能

即使如此，盾在戰場上仍立下許多汗馬功勞。清初康熙用福建的**藤牌手**，遠征雅克薩擊敗俄羅斯人（當時稱羅剎國），就是近代盾牌奏功的好例子。藤牌堅韌有彈性，對當時尚不算發達的火器仍有一定的防禦效果，配合使牌者的矯健身手，俄國人自然不是對手，真可說是小兵立大功了。

史實中與盾有關的故事，首推鴻門宴上，樊噲持盾撞翻守衛衝進項羽帳中搭救劉邦這件事。而盾在遊戲中登場的機會又更多了。「三國無雙」中曹魏名將曹仁換過好幾次武器，而最常用的「牙壁」便是盾狀兵器，或許是他曾抵擋武聖的猛攻，防禦能力驚人吧？**與其他所有兵器不同，盾雖然也是武器的一種，卻側重於防禦功能；即使有撞擊的用法，但主要作用仍在於提供掩護而非攻擊。**因此除了盾之外，當然還要配上短槍之類的武器，總不能像美國隊長那樣把盾當飛盤射出去後，再收回使用……

《孫子兵法》說：「**先為不可勝，以待敵之可勝。**」先讓自己的防禦滴水不漏，再伺機尋找對手的破綻，加以利用將其擊潰。這，大概就是盾的精神所在吧。

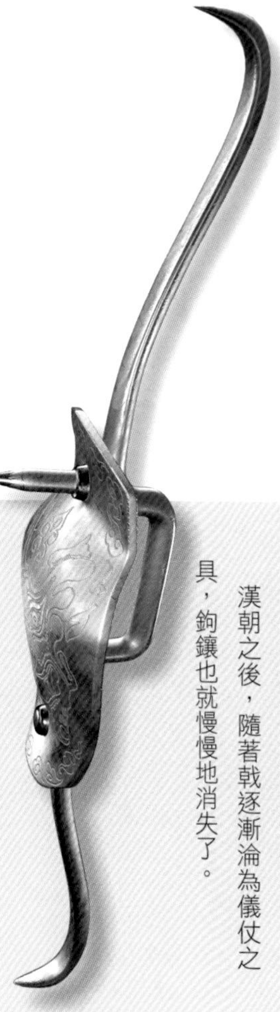

【實物檔案】

鉤鑲

「鉤鑲」這個名字，聽過的人可能不多。這是種專門設計用在白刃戰中，剋制對手武器的特殊盾。

鉤鑲是結合了鉤和盾的特殊防衛武器，廣泛見於漢朝。它的上下有鉤，以微彎的長鐵條所構成，通常上鉤鋒利下鉤較鈍，而中間為護手小鐵盾，有時上面會裝有鐵刺。使用時可利用盾的部分來格擋以及推撞，也可以利用鉤纏住對手武器，甚至直接以鉤來攻擊對手。

漢朝戟兵盛行，鉤鑲可說是針對戟而研發出的防具。鉤鑲通常配合單刀使用，以盾招架並利用鉤纏住戟的分枝，然後將對手拉近以刀斬殺。

漢朝之後，隨著戟逐漸淪為儀仗之具，鉤鑲也就慢慢地消失了。

【故事檔案】

藤牌手

清初內憂外患不斷，內部有三藩問題，外有俄國進犯寇邊，強占屬地雅克薩城。

傳說康熙收編台灣部隊後，得知鄭成功曾為剋制荷蘭的火器，開發訓練出藤牌軍，因此召見泉州將領林興珠，命他帶領福建的五百藤牌手遠征雅克薩，果然成功擊退俄人，其後並影響了「尼布楚條約」的訂定。

據說林興珠是利用水戰，讓藤牌手在水中以盾護頭，砍殺俄人腳脛，將其逼入水中而獲勝的。

金庸小說《鹿鼎記》寫成是韋小寶奉命征俄，內容十分精彩逗趣。

戰力分析

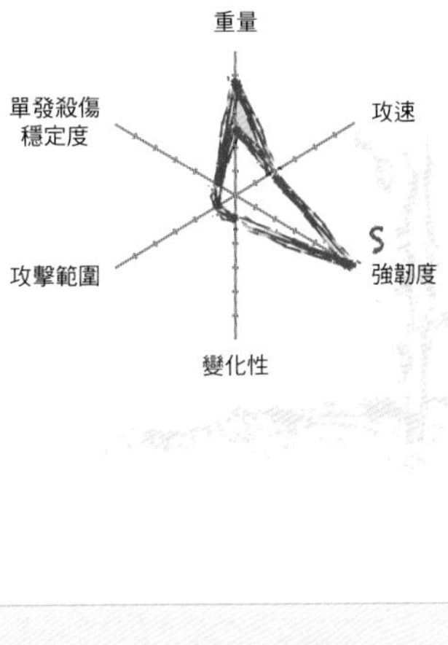

屬性──毆擊

盾的主要用途仍是防具，因此攻擊面並非強項，其單發火力低，攻擊距離更是極其低落──畢竟無法像美國隊長那樣扔出去。此外，製作質材多樣，重量差異很大，例如，藤牌便相當輕巧。但若論強韌度，應為短兵之冠無誤。

皮甲。青銅胄。

◆ 東周皮甲示意圖。

◆ **白雪公主領**／宛如白雪公主衣服的領子，有防禦刀槍的效果，又被稱為「盆領」。這個構造一直到了魏晉南北朝都還看得到，影響所及，連韓國都出土過類似的鎧甲。

皮甲是是商周時代常見的防具，
具有輕便與廉價的優點，直到秦、漢都還活躍於疆場上；
青銅胄則用來保護頭部，抵禦鉞斧類的「重擊」兵器。

最早的裝甲，是以整張獸皮裹住身體要害，就像希臘神話中的英雄海克力士（Hercules）身著獅皮那樣。經過戰鬥經驗的累積，在使用上對應出更合身的剪裁與修改，增加防護力也更便於行動。

秦漢以前的防具

隨著製革技術進步與形制確立，誕生出最早期的護具——皮甲。**皮甲是商周文明常見的防具，直到秦漢時代都還活躍於疆場上。**

皮甲的質材通常是牛皮，較高級的則用犀皮或兕皮（兕，音同「四」，據說是與犀牛相似的生物，也有人說是雌犀牛或野牛）。先將這些強韌的獸皮裁製成甲片，歷經曝曬、壓製、揉皮等步驟強化後，再以獸筋或生絲繫合各甲片，做成皮甲。看到這裡，不免有人質疑：這樣的裝備真的沒問題嗎？沒問題，請安心吧！經過層層處理後的皮甲有一定防禦力，對上強度遠遜於鐵器的青銅兵器，三兩下都還擋得住，至於串繫皮甲的獸筋或生絲經過炮製更是堅韌無比，沒那麼容易被砍斷。

皮甲的特色

另外，**皮革怕水，因此皮甲表面需上一層漆，出土文物大多為黑漆，如此處理過的皮甲美觀又耐用。**

古書《考工記》有詳盡的皮甲製作程序與規格記載，可見當時技術已很先進。值得一提的是，除皮甲之外，靠海的齊、魯等國在歷史上也曾有以貝殼為素材製作武器與甲冑的記錄。

對青銅器時代的武器而言，皮甲已能提供一定的防禦力，而**輕便與廉價更是它的兩大優點**。拜生產成本低廉之賜，皮甲成為商周時代普及的軍用裝備；事實上，皮甲使用的時代與地域非常廣泛，直至唐宋還可見到其蹤影。

皮甲輕便有彈性的特色，是其大受歡迎的原因，不使用時捲起來，攜帶與收納都十分方便；但皮甲基本上是有機物，很容易發霉或腐化，這也是為什麼它曾有龐大生產規模，而今考古所得卻寥寥可數。

《考工記》說犀皮甲可以保存百年，而「合甲」甚至達三百年，恐怕是誇大了點。或許因為早期各國多在北方，氣候乾燥，比較沒有問題；隨著戰事擴展到氣候潮濕的南方時，鎧甲的保存就成了頭疼的課題。鎧甲與兵器保養是歷代所有部隊重視的常例工作——當過兵的男生大概都對沒完沒了的槍枝保養分解結合印象深刻。說也難怪，平時若不照顧好兵器，戰時就別指望它們罩你啦。

青銅盔護頭

我們常說「盔甲」或「甲冑」，冑與盔皆指頭盔，與鎧甲同樣是重要防具。除了皮甲外，商周士兵也戴青銅盔以保護頭部。殷商時代以鉞斧類重擊型兵器為主流，是以，能夠包住腦袋以抵禦擊打的銅盔和護身的鎧甲同樣重要。

早期文化崇尚猛虎圖騰，銅盔常作猛虎或怪獸形象，因而稱甲士為「虎賁」（賁音同「奔」），應該商朝先民認為此具有辟邪與增長威風的效果吧？士兵赴戰時以包巾裹頭後戴盔上陣，以免遭金屬磨傷。

此外，幅員廣大，需長途行軍，靴子同樣是不可少的裝備，有時靴上會打銅釘以為強化。

秦俑戰士的裝著

除最陽春的單層皮甲外，許多皮甲是由雙層皮革合成，以進一步增強防禦效果。身分顯貴者的特製皮甲往往以金屬飾片裝綴，既強化防禦力，更彰顯其地位與權力。

隨著戰事日益頻仍，金屬使用日漸普及，一統天下的秦王朝可說是皮甲與銅甲混用而集大成的時代。由出土秦俑的裝束發現，秦帝國的階級嚴明、秩序井然，兵器製作有詳盡的分層負責制度，作戰建置與鎧甲的分配上也毫不馬虎。秦俑戰士依編制區分為步兵、騎兵、弓兵、車卒與將校等，而步兵或騎兵又有輕重裝之別。

擔任指揮官的高級將官身著較輕薄的皮甲，有些還裝有強化的金屬片，並披掛護肩的「披膊」。將官鎧上有醒目的彩色幾何花紋，領口與肩背以彩帶結飾，裝束與一般士兵不同，遠遠望去一目了然——當然也成為顯著的敵軍標的，所以將官除了平常在車上指揮作戰外，真被敵軍接近的話沒兩三下功夫也不行。

弓兵或弩兵不需直接近敵，防護較簡單。**速度與機動力是騎兵的命脈，因此騎兵的防具最為輕便，**往往只有護胸腹的身甲而已，連披膊都省了！

車卒則分為馭手與戰士。其中馭手需全神貫注駕駛，防衛能力最弱，因此身著由肩臂至手腕均牢牢包覆住的重鎧，是秦軍陣中防具最重的角色。

青銅盔示意圖。

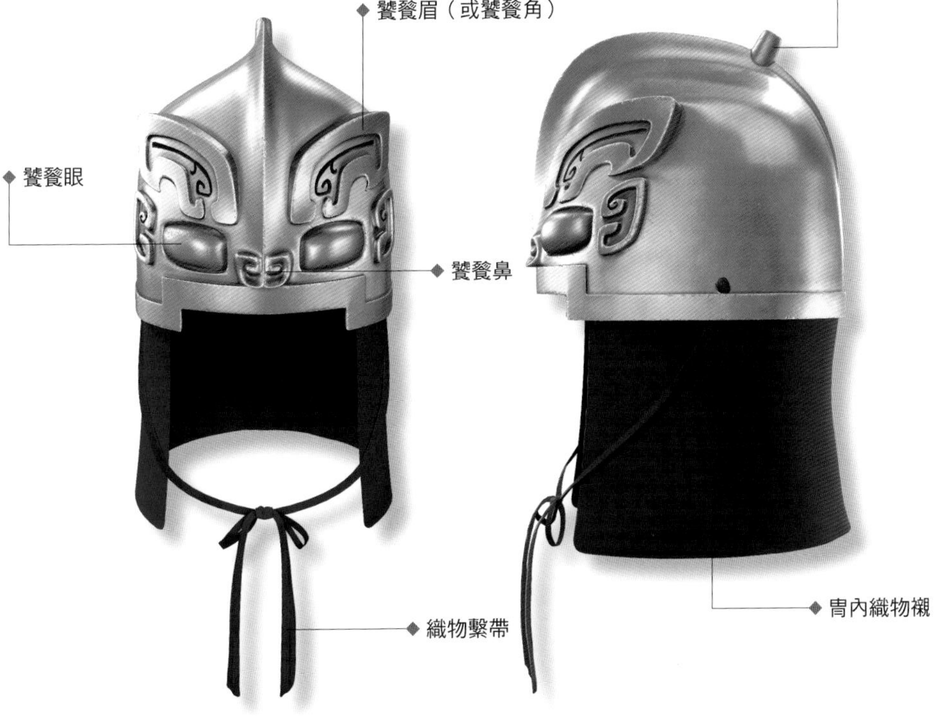
銅管／上面往往插有紅纓或猛禽的羽毛作為裝飾，也有做成尖角的版本。
饕餮眉（或饕餮角）
饕餮眼
饕餮鼻
胄內織物襯
織物繫帶

【知識檔案】

東西兩軍比一比

《戰國策》說：「秦人捐甲徒程以趨敵，左挈人頭，右挾生虜。」（挈音同「器」或「竊」）棄甲徒步有進無退，剽悍可見一斑。

秦軍勇猛天下聞名，絲毫不比電影中的斯巴達三百壯士遜色，只是相較下，規模與編制遠比西方龐大與精細，而且秦軍身上的衣服也比希臘戰士來得多。至少不會在敵前露出健美體魄，弄得對手像電影中波斯王那樣小鹿亂撞……

中國領土遼闊，機動力特別重要，加以秦軍向來強調猛攻而不在意防守（引文即可為證），是以僅著簡單防具，且不像希臘人佩賦重盾。又，不同於西方戰士頭戴造型精美的沉重頭盔，兵馬俑只有類似帽子的巾幘——想想戰陣上弓兵海滿天箭雨的場面，真幫他們捏把冷汗。

有人認為兵馬俑身著的戰甲性質近於禮服，因此未配重盔；此種說法有待商榷。秦俑坑中確實曾發現石盔石甲，然而石製防具難修易碎又沉重，絕非實戰之物，因此石盔甲應是祭物才對。看看《戰國策》的記述就知道，剽悍的秦軍是「攻擊即最大的防禦」的實踐者，連戰甲都不要了，恐怕也不屑戴盔的啦。

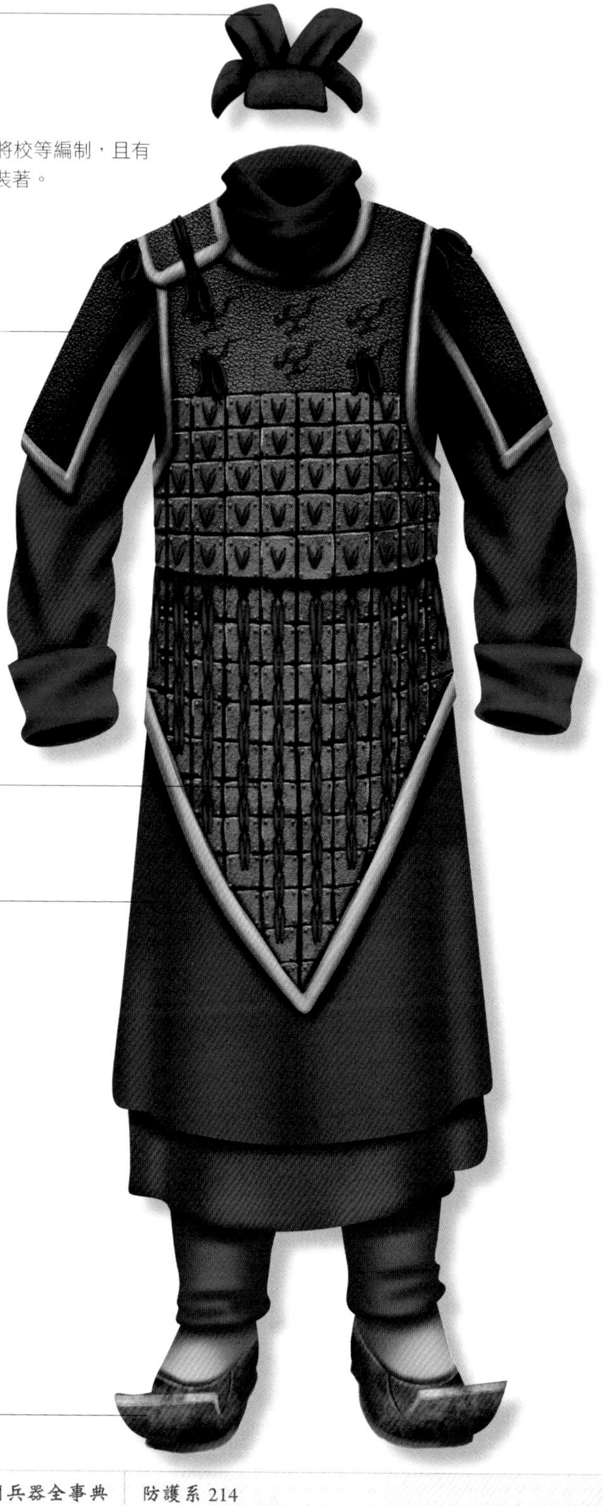

◆ 秦朝有步兵、騎兵、弓兵、車卒、將校等編制，且有輕重裝之別。此示意圖為秦代將軍裝著。

◆ **披膊**／保護武將肩膀部位的護甲。

◆ 秦軍駕車御者裝著示意圖。

◆ **巾**／依照秦俑的形制來看，秦軍似乎並不大戴盔，僅以巾幘束髮而已。武將則以赤色頭巾表示身分。

◆ **筒袖**／延伸到上臂的護甲。御者由於需專心駕車，護甲也最厚，由肩膀到手腕均有鎧甲覆蓋。

◆ **身甲**／護甲依照部位有大小片之分。腰部之類部位由於動作需要，往往以小片護甲拚成，並以鉚釘固定。將軍的護甲更有紋飾彩帶等表示身分。

◆ **深衣**／武士鎧甲身下統一穿著的戰袍，長至小腿。

◆ 履／常見的是方口翹頭的造型，但騎兵似乎通常穿著短靴。

魚鱗甲。鐵片盔。

魚鱗甲以許多小甲片組成，形似魚鱗，製作起來複雜且講究，防護力比皮甲更上一層樓；鐵片盔到了漢朝，成為疆場上的普及裝備，與冶煉技術與運輸系統的發展有關。

鐵製兵器自春秋末年即已問世，強度遠勝於青銅，但受限於早期原料產地與鍛造能力而未能普及。至兩漢，冶煉技術與運輸系統有了長足發展，鐵製兵器遂日益普及。

鐵器威力與青銅不可同日而語，先秦通用的皮甲已不足以防禦，鐵甲於是應運而生。**鐵甲古稱「玄甲」，即「黑鎧」之意，因鐵色暗沉且表面塗上黑漆防鏽之故。**漢武帝為英年早逝的名將霍去病治喪時，曾命直屬的「玄甲軍」列隊致祭，場面極其哀榮。

雖受成本與素材兩方面的限制，鐵甲不如皮甲普及，卻也不在少數。史書記載東漢光武帝劉秀受降時，鐵甲器械堆積如山，足有數萬領以上之譜，可見當時鐵甲即使不是人手一領，也有一定普遍性。

當時將士在鐵甲之外，往往罩上一件戰袍以彰威儀，除了防人受傷與防甲生鏽，到了冬天還能發揮保暖效果。此類罩袍內穿鎧甲的著裝法日後更為普及，成了標準裝束。

在戲曲或民間的塑像中，常可看見如岳飛等文武雙全名將，身著半邊裝甲半邊錦袍的袒肩服飾，用以彰顯其允文允武特質——形制上雖起於明朝，但或許是受此一著裝傳統的影響。

◆ 從大片鐵片疊製的「札甲」發展為小片「魚鱗甲」，防護力更為周延。此外，考慮到使用者動作需求，甲片安排上也有巧思。設計上可謂精細，但由於厚重加上成本高昂，往往非一般人所能負擔。更後期則演進出以「山」字形鐵片層層疊構而成的「山文甲」，常見的門神像就往往穿著這類鎧甲。

兜鍪與鐵片盔

自戰國末期鐵器興起，鐵盔隨之出現。因其形狀像做飯的飯鍋「鍪」，又稱作「兜鍪」（鍪音同「謀」）。然而因成本與重量而未能普及，多數士兵仍配戴皮盔。至於秦軍則如前所述，根本不太戴頭盔，僅有帽狀的冠或巾。

漢朝時鐵盔再次現身疆場，逐漸成為普及裝備，但數量仍然有限。電影《赤壁》中，部分武將頭戴鐵片編成的盔，基本上與其相似，相較於傳統的一體盔，鐵片盔的重量與貼身度都較理想。

相對於武將，一般兵泰半只戴著布帽——以漆料浸泡再打上幾片鐵片的步兵帽，或許是礙於行動力與成本考量，才要用這麼陽春的防具吧。

魚鱗甲

人們對漢末三國的歷史故事耳熟能詳，其後的魏晉南北朝連年亂世，烽火

【知識檔案】

兵器與防具的改良趨勢

學習傳統武術的人會發現，起頭往往先從基本型與套路開始，熟練後逐步灌注並修正細部，讓流暢度與勁道得以在細處發揮，例如「寸勁」這類高級技巧便很能說明這個鍛鍊歷程。有趣的是，與中國武術相仿，許多兵器和防具，籠統地說來，也是由大而起，逐漸向細部小處改良。

舉例來說，早期的戳刺長兵通常是矛，矛頭宛如短劍，可砍可刺。但隨著戰場與手法的演變，逐漸成了較尖較細、尺寸較小，卻也較能抗力的槍。雖然槍的使用功能相較於矛更為單一，但不僅耐用度增加，靈活度與速度也更形提升。箭頭更是如此，早期的雙翼型箭頭，在後期常為尖錐型所取代，原理與步槍子彈相同，穿刺力強化，對付甲士時格外好用。

鎧甲也是這樣。以魚鱗甲為例，早期的甲片較大較厚，服貼度不佳且防護力也較低；後期則改良為小片組裝，不僅貼身、美觀，更加強了防護效果。更晚近的「山文甲」則是以類似「山」字形的鐵片組裝而成，原本的優點便更上層樓。

說到這，或許算是幫兵器同好常見「中國為什麼沒有西方騎士那種金屬板甲？」的疑問，找到了可能的解答：首先，早期冶煉技術不足，青銅的耐熱度與強度都不夠（連作為煮食器具都有點勉強——因此前秦古人肉湯裡的肉大概是不熟的……），製成板甲後重量不輕，防禦力卻可能沒強化多少。再者，早期殷商文化中，鉞斧類的大尺寸重型兵器是主流，這類憑重量硬砸的武器，恰恰是板甲的剋星。其三，是隨著技術演進，古人認識到了「小」甲片的好處，自然不會再走回頭路。

早期技術力不夠，剋星早早就登場，晚近又有更好的選擇，自然輪不到板甲上陣囉。

不絕，催生了種種兵器的演進與發展。

就鎧甲而言，不僅是質材不同，自秦漢以降在製作技術上也已大有進展。早期戰甲常以甲片平行排列後串成板狀，貼身度與防護力較差，且容易損壞；秦漢以後，則將甲片重疊製成，既美觀更大幅增進防禦力。這顯然是長期實戰經驗累積所得的成果。

以秦俑身著的皮甲為例，是以甲片層疊製成，依身體部位不同，有「上片壓下片」或「下片壓上片」之異（腰腹部位屬於後者），既顧及防護效果，又不妨礙動作靈便。

其後的戰甲以鐵片疊製，且從大片「札甲」的鎧裝，進步至小片組成的「魚鱗甲」，防護力更上一層樓。話說，魚鱗甲雖防禦周延，製作成本與整體重量卻絕非一般人所能負擔，因此普及度相對有限。

◆ 魚鱗甲，顧名思義，由於整件鎧甲均由形似魚鱗的鐵片構成，因此命名。雖然魚鱗甲的防禦效果良好，卻相當厚重，在南方濕熱地形作戰時，更有容易鏽蝕的問題，因而到了後期逐漸被「布面甲」所取代。圖中為郭常喜兵器藝術文物館的展示品。

裲襠鎧。明光鎧。

裲襠鎧與明光鎧，是南北朝的代表性裝備，質材堅硬，提升了戰士的整體防禦力。

◆ 裲襠鎧又名「兩當甲」，是前後兩片構成的防具，強調胸腹與背部的防護。

裲襠鎧（又名「兩當甲」）與明光鎧，是南北朝的代表性裝備，質材堅硬，整體防禦力提升。身著全副武裝的戰將，軍威十足。

自兩漢至南北朝，騎兵戰日益重要，戰鬥裝備逐漸重裝化，防具不僅戰士裝備而已，連戰馬也包含在內，這將於車戰與騎兵處再介紹。

就裝甲形制來說，鐵甲的製作日益精美，款式多有變化，此處僅就當時主要的鎧型稍作概要解說。

首先，是同樣掛上臥龍先生大名的防具：筒袖鎧。它跟天燈、饅頭及民間傳說的許多發明一樣，據說也是出自諸葛亮的巧思。**顧名思義，筒袖鎧是連有袖筒的套頭鐵甲，與秦俑馭手所穿防具類似。**早期鎧甲往往是側開，而筒袖鎧除套頭裝著方式與其不同外，更加強兩臂與兩腋脅下要害的防禦效果。或許是一體成形且製作考究（古書中說是「五折鋼鎧」，即以反覆鍛打五次的良鋼淬煉製成），因此據說製作難度極高，但也異常堅固，號稱「二十五弩射之不能入」（驚）。這這這，有沒有這麼猛啊？諸葛武侯果然真是神人……

裲襠鎧

先前提過，騎兵戰自戰國末期逐漸興盛，至兩漢成為戰鬥主力。其最大特色在於驚人的速度，是以如何將騎兵的機動力發揮到淋漓盡致，便成了軍事家所關心的共同課題。

武器上，能夠承受高速衝擊的刀取代了劍，成為主要佩賦兵刃；防具上，減輕負重而僅防衛要害的輕裝甲則成了騎兵首選。此一趨勢在秦俑的騎兵俑鎧中即已反映出來，至漢後更形明顯，而有所謂「裲襠鎧」的興起。

襠，其實就是「擋」，因此所謂裲襠，指前後兩片所構成的防具，由肩上的皮帶串起固定，藉此防禦胸腹與背部兩面的背心式鐵甲，是早期的內衣外穿創意設計。這樣，一方面對騎兵提供了基本重點防護，另一方面則捨棄了非必要的重量，提升整體機動力。

因為騎兵戰普及，與裲襠鎧的輕便特色，成了當時頗為普及的裝備。北朝樂府民歌有「**前行看後行，齊著鐵裲襠。前頭看後頭，齊著鐵鉦鉾**」的詞句，說明其受歡迎的程度。

明光鎧

防禦性更徹底的「明光鎧」，除了裲襠鎧原本的胸、背外，再加上防衛肩膀與頸部的「披膊」及「護項」共三部分式的設計，且將防護範圍向下延伸，拉出的甲裙將下襬至大腿部分也充分保護，之後甚至有延伸蓋至腳踝的鐵甲腿裙。**最特別之處是兩塊圓形金屬護片製成的胸甲，往往拋光打磨，呈水亮的圓**

形護心鏡狀，防鏽之外更兼美觀，此即明光鎧的命名由來。陽光下，明光鎧的鏡片反射出耀眼光芒，不僅看起來威風凜凜，據說還有眩敵眼目的效果，對於穿著者而言，是守中帶攻、攻不離守的體貼好東西。

如前所述，明光鎧充分防禦軀幹要害，連肩膊與大腿等四肢出力處也能獲得良好保護，兼顧裝著戰士如砍殺、奔跑動作的力量。若再搭配護頭的「兜鍪」、保護下臂的「臂護」與小腿的「吊腿」，則整體防禦即已完備。

兼顧美觀實用是明光鎧最大賣點，也是其得以廣為流傳的原因。自當代發源後即備受重視，經隋唐發展成熟乃至北宋末，都是武者的防具首選。敦煌莫高窟中，至今仍可見到彩塑的四大天王像，祂們身著的武裝正是以明光鎧為雛形，適足以見證此防具的普及。

值得一提的是，鐵甲在冷兵器時代確實是有效的防具，然而堅硬質材也會刮傷肌膚，在北方天寒地凍時甚至可能因出汗而黏在身上……因此戰士們身披鎧甲時，往往穿著內塞厚棉的「胖襖」。這般全套穿起來的話，人恐怕整整大一號有剩！我們常開玩笑說：「**君子不重則不威。**」這下子可真威武得掉渣。

問題是，跟身著鎧甲的西方騎士一樣，全副武裝的戰

【知識檔案】

諸葛亮與藤甲兵

若問起中國史上名氣最大的人物，諸葛亮穩列前三名沒問題。史書上，這位「千古一相」的形象似乎較傾向老成持重，穩紮穩打；演義中則搖身一變，成了上通天文、下知地理，神機妙算天下無雙的智絕策士。

不論何者為真，諸葛孔明對於劉備勢力的貢獻，乃至於對整個大時代天下三分的局勢，有著無法抹滅的影響。可以說，沒有諸葛亮就沒有蜀漢帝國。

在歷代故事廣為流傳渲染，諸葛亮「謀冠天下」的智者形象深植民間，除了史書傳記提及的連弩、刀、鎧與木牛流馬，許多發明也歸功至其傳奇事蹟，坊間更有「諸葛神算」之類的卜筮之術推其為始祖。

至於兵器，除了上述項目與筒袖鎧外，演義中「諸葛亮火燒藤甲兵」亦傳為逸話。諸葛亮七擒七縱南蠻王孟獲，使其心服。在最後一次挑戰，孟獲請來烏戈國王兀突骨領軍的藤甲兵。

這支部隊據說身穿以藤浸油製成的鎧甲，箭射不入，還能用來渡水。這批奇特的異族軍隊使蜀軍大感頭痛，而諸葛丞相在考察後，推定「利於水者必不利於火」，遂以地雷之術設下埋伏，全部轟殺……

雖說當時應該沒有先進的炸藥技術，不過藤甲確實有存在的可能。蘭嶼達悟族原住民在文獻中就有穿著藤甲的圖片資料流傳於世。在小說家的生花妙筆下，遂成了為人所熟知的一段故事。

士上下馬要靠人扶持，就連平時行動走路都十分不便，因此古代軍禮中說「**介冑不拜**」，即使見到皇親國戚朝廷重臣也只拱手為禮，除了維護軍威，恐怕也擔心平時威風八面的將軍們萬一拜完後站不起來，場面就相當尷尬了。

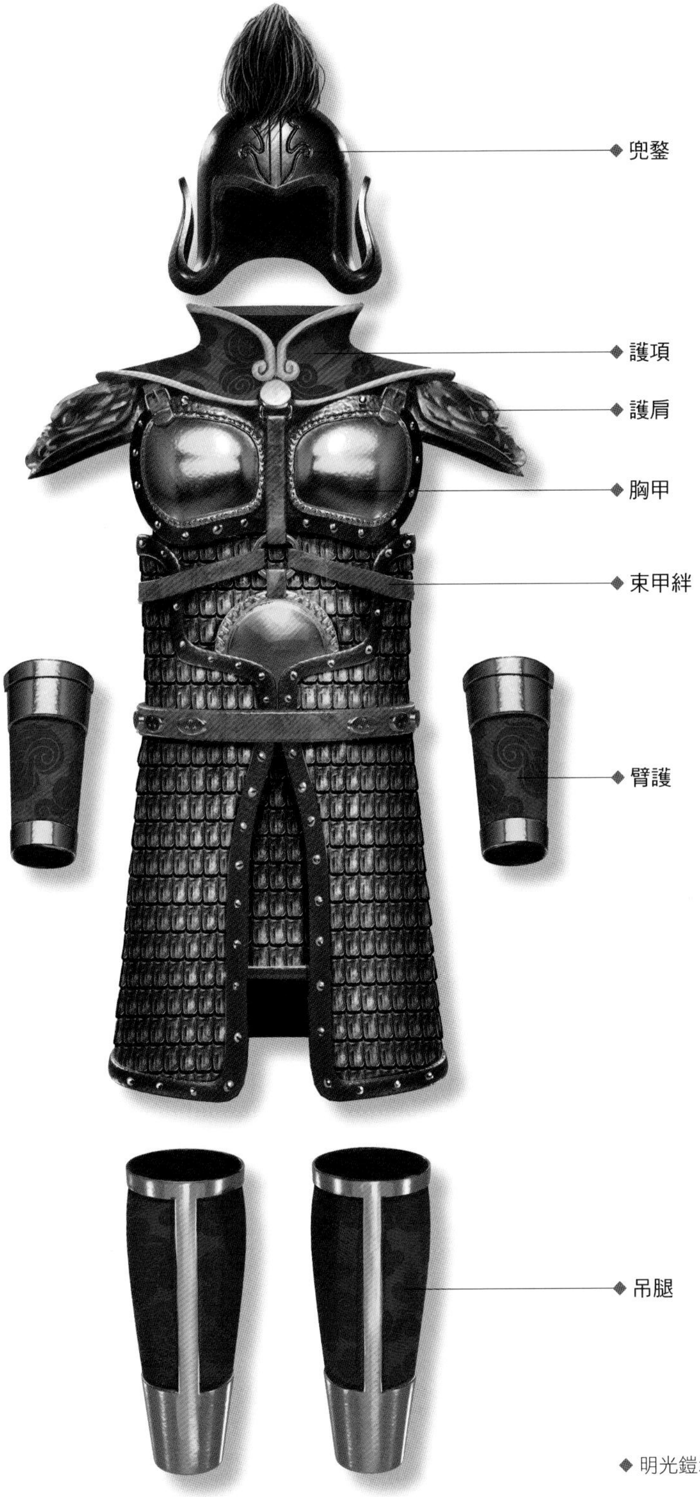

◆明光鎧示意圖。

細鎧。鎖子甲。

◆ 鎖子甲示意圖。相對於傳統甲片組合的鎧甲，鎖子甲是以鐵環相扣構成，既減輕重量，也提供了一定的防禦效果。

隋唐防具進展為以細小鐵環串結相連，又稱「連環鎖子甲」，既提供鐵甲的防禦力，又有效地減低了非必要的重量。

南北朝鎧型與技術發展多元，沿襲至隋唐可謂集大成。唐朝國力鼎盛，這一點也充分反映在武備上。

除型態上的不同發展外，甲冑在製作工藝上也不斷進步。以鎧甲甲片為例，**隨煉鐵鍛造技術日益精湛，後期工匠已能充分掌握淬火脫碳技法，有效控制鐵片中的碳含量比例，造出的鐵甲強固更富有韌性**，不會因含碳量過高而脆硬易折——這是質的提升。

就量的方面而言，裝甲普及程度大有成長，據估計，原本漢朝的甲士約僅占軍隊人數的百分之四十，至唐朝已有近七成戰士備有裝甲，可見軍容之盛。

細鎧

唐朝頗重視鎧甲，品目洋洋灑灑多達十餘種，質精且種類繁多，更崇尚華麗。例如，**頭盔上種種誇張飾品，即是由唐朝開始出現。除披膊裝甲上常見的獸面文飾外，更時有以彩色塗裝及金漆錦紋製作，以求華美的儀仗性質鎧甲。**詩聖杜甫即有「**金鎖甲，綠沉槍**」的詩句名世，可見「**滿城皆帶黃金甲**」的盛容其來有自。

至於一般金屬鎧甲製作也頗精緻，民間繪畫中常見的「山文甲」，即以形似「山」字的金屬甲片層疊製成，不僅美觀且防禦效果優秀。此外，傳統皮甲也再次風行，然而已不再用作士兵裝備，而是皇族貴冑在「師古」之風下，賜贈功臣的珍品，是權力與地位的象徵，如郭子儀即有獲贈犀甲的記載。

鎖子甲

除以往甲冑形制外，始於南北朝的開襟式長袍狀鐵甲也在唐朝發揚光大。隋唐防具值得一提的另項進展則屬**鎖子甲，因以細小鐵環串結相連，又稱「連環鎖子甲」**，不僅具相當的防禦力，更有**效減低非必要的重量，讓穿著者方便動作且不至因厚重悶熱而消耗體力。**

穿過防彈衣的人就知道，那玩意兒重得很，整片鋼板的鎧甲就更別說了。因此鎖子甲對甲士們真可說是一大福音。鎖子甲的英文稱作「(chain) mail」，是西方晚期常見防具。

話說，唐朝號為天朝，各國遣使留學生往來長安，絡繹不絕，文治武備之盛眾所周知。鎖子甲似乎也與此背景相關。《唐書》記載西域於開元初年進貢鎖子甲與水晶杯等寶物，製作的技術或許即是於當時習得的。

雖說鎖子甲最早記錄可遠溯三國，而真正普及則屬元朝前後，但本土化量產之始則仍應屬唐。呂布在《三國演義》出場時身著「**獸面吞頭連環鎧**」，好不威風；不過，到了盛唐，這身配備就不是他的專利品啦。

紙甲。砲彈式頭盔。

紙甲是江南特產，解決了鐵甲沉重易鏽的問題，成為唐、宋戰場的新選擇。

自唐、宋以降，防具發展呈兩極化。在甲冑發展史上，唐朝扮演了由中葉至近代的承先啟後階段，其後由五代與宋朝接棒，確立了晚期的防具發展。

唐、宋兩朝是發明與發現的時代，在防具演進上充分反映出此一精神。一方面，唐朝總結先前各朝代的鎧甲製作技術，護甲的發展與裝配至此達到成熟完備，使得之後斧、鉞、錘、槊之類重兵器再度盛行；另一方面，這段期間也開啟了後代裝具便利化的變革之風，除鎖子甲之類的輕便型金屬甲之外，更有「紙甲」這種革命性防具的問世與普及。

軟綿綿的防具

紙甲起源於唐末，是新時代戰士們的新選擇。金屬戰甲的防禦力固然是沒話說，缺點卻也不少，尤其分量沉重、成本高昂，而這兩者始終是鐵甲的原罪。

據估計，古代士兵若是全副武裝，裝備重量恐怕高達近百公斤。想想，相較於古人得身披如此沉重的裝備攀城廝殺，現代人當兵時扛槍跑五百障礙就顯得小巫見大巫了。

此外，易生鏽又是鐵甲令人頭痛的一大問題，隨著帝國版圖擴大，氣候濕熱的江南更是如此。有鑑於此，便出現「紙甲」這種神奇的裝備。記錄中，紙甲是唐憲宗時河東節度使徐商發明的，算是江南特產。

至於紙甲作法呢？很簡單：將紙張浸濕後逐層疊合踏實，如是重複數次後，曬乾便可製成防具。

可別瞧不起軟綿綿的紙張！經過處理後，堅韌的紙纖維更為強化，雖不比金屬鎧甲能對抗刀劍，但一般弓箭要將其射穿也沒那麼容易。古代戰場上最怕的是弓箭，這下子至少安心一半。

不但如此，紙甲經浸濕處理，因此不至易燃，更不像金屬甲怕水，再加上成本低廉、輕軟、易收藏，很快地成為戰場上的另類防具選擇。到宋朝甚至有製作三萬配給陝西邊防之用的記錄，可見其普及程度。

錦甲

類似的裝備元朝也有，即所謂**「錦甲」，只是將紙甲的內裡改成了以絲綢裝填，據說防禦效果更好**。不過，這玩意兒超級奢侈，成本跟紙甲可就天壤之別了。

是以，一如唐朝確立了近代劍的形制，宋、元、明、清以後各朝的防具演變，其實多以唐朝為基礎。尤其自宋朝起，隨著對射程系兵器的重視與火器導入實戰後，便

◆ 圖為仿隋唐五代風格的頭盔。或許因為是戰亂頻仍的年代，這段時期的鎧甲有了長足且豐富的演變。如圖所見，頭盔除了做工更精緻之外，更多了華麗的裝飾，包括：兜頂的纓或扣、兩側的鳳翼或流雲飾，以及作為護頸但造型誇張的頓項等。敦煌石窟中起出的天王像，身上的武裝即是此為藍本。

於行動且具防彈效果的輕甲遂成為晚期戰場上的主流。前文提及宋朝三萬紙甲的驚人數量，適足以說明配合作戰方式改變的演進趨勢。

比較起來，元朝雖較重視金屬甲，仍不脫此一輕裝化的趨勢。

頭盔的演進：從飯鍋變成砲彈

早期頭盔多是與皮甲相應的皮盔，其後改為青銅盔乃至鐵盔等金屬製品，至南北朝軍隊重裝化後，鐵盔遂逐漸普及，成為軍用常見的防護裝備。

然而，受限於成本與重量，即使是後期的戰士也常不戴頭盔，而僅著輕薄防具稍為保護頭部。看過《水滸傳》的讀者應該記得林沖戴的氈帽。這玩意兒其來有自，如唐太宗李世民命畫家閻立本描繪的〈凌煙閣二十四功臣圖〉中，薛仁貴也戴著這稱作「笠子」的軍帽。

自頭盔改用鐵鑄以來，形制基本上沒有太大變化，只是多了保護後頸的「頓項」，與加裝額上的沖角與兩鬢護耳等配件，以求美觀。盔頂則常配上紅纓或雉翎之類的飾品。後者就是遊戲中呂布頭上那兩根——只是遊戲中變得有點像蟑螂鬚。

◆ 圖為郭常喜兵器藝術文物館陳列的頭盔樣品，可視為本書所提及砲彈式頭盔的變化版。儘管裝飾不如唐朝以後的主流盔甲般華麗，但整體構造完整，以形制而言，與宋後元朝的鐵盔相仿。根據記錄，元朝戰士甚至會在面部加上有如船錨狀的大型護鼻，致使有印度婦女初見時，誤以為是妖魔降世而嚇昏的說法。

前文說過頭盔的古名叫「兜鍪」，原因是形狀像早期的飯鍋（直到現在日本武士的頭盔都還叫作「兜」）；到了元朝，頭盔的造型則變成了類似砲彈的形狀。

護鼻與面具

根據馬可・波羅記載，**蒙古士兵除了配戴這砲彈型頭盔外，往往在面部加裝大型錨狀的護鼻**。或許造型太過誇張，以致在蒙古進犯印度時，看見武裝騎兵的當地婦女，竟以為是神怪降臨而驚嚇暈倒。

其實除了護頭的胄外，在臉部作文章的記錄也所在多有，例如：北齊蘭陵王與宋朝名將狄青都因面貌俊美，而在上陣時戴上鬼面以恫嚇敵方，只是沒有元朝的護面這麼普及就是。

蒙古軍擅長游擊戰，因此缺乏守城器具，但單兵作戰的武器防具倒是講究，除頭盔外，戰士大都配備鎖子甲，尤其騎兵的裝備更勝於步兵。這或許是騎兵必須兼顧戰鬥與控馬，無暇以盾類護具防禦的緣故。中國歷代的騎兵在這點上倒相當一致，基本上是比較不大使用盾的。

棉甲。尖纓盔。

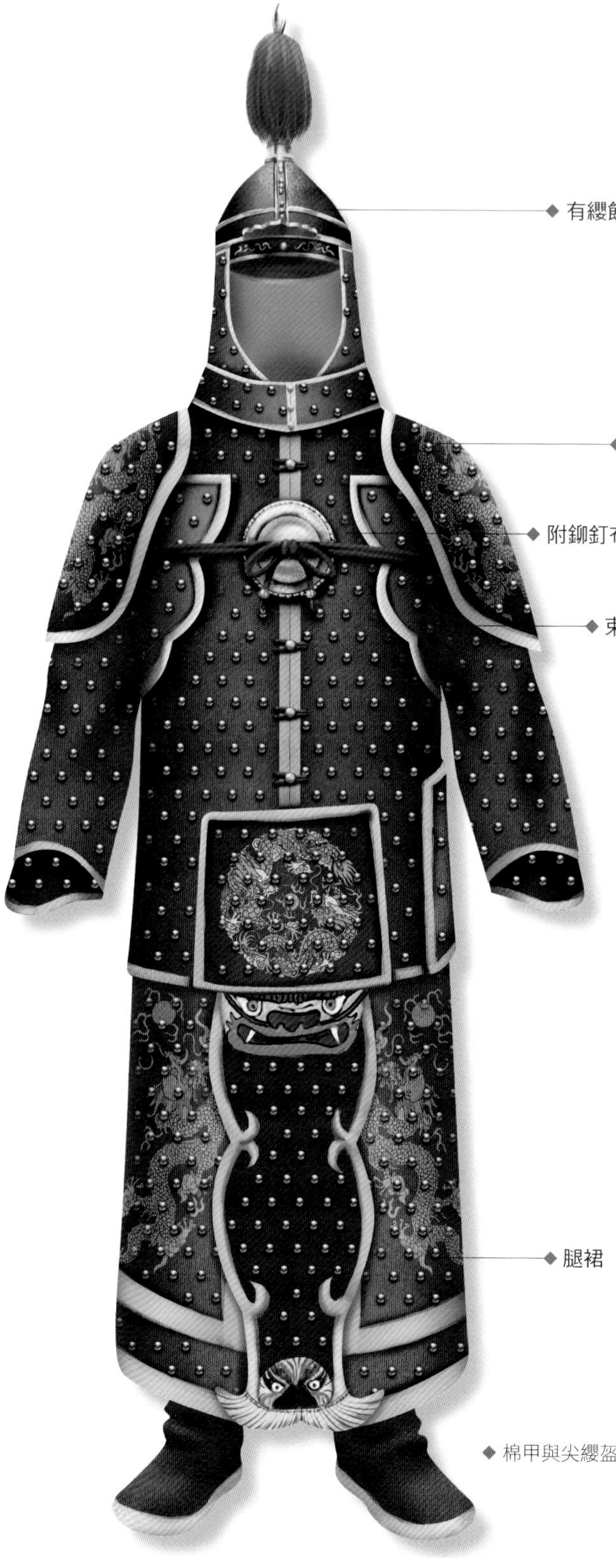

◆ 棉甲與尖纓盔示意圖。

棉甲，又稱布面甲，表面是厚布打上鉚釘，內裡為棉花，其製法與紙甲相似；而尖纓胄最醒目的部分為宛如避雷針般的盔纓，是清朝鎧甲的註冊商標。

繼元朝鎖子甲之後，明朝更將硬甲與軟甲兩大主流匯集並用。早期的皮甲至此幾乎消失，而由鎖子甲取而代之。

此時，鎖子甲與前代相較又更精細了些，除上身外，下身也有鐵網編就的網褲或網裙，再加上護腕與鋼靴，真是上中下三路毫無破綻。

值得一提的是，或許是由於晚近鎖子甲的演進，使得針對其特性而有剋制效果的穿刺性武器也隨之盛行。除了槍這一向廣受歡迎的國民長兵器外，暗器類如峨嵋刺等也先後問世。

至於射程武器，雖然形制早已確定，但相關改良則始終未曾停頓，如鼎鼎大名的「神臂弩」即是一例。根據現有記載，神臂弩發明於北宋，射程據說達到三百步以上，完全是接近步槍的規格了……據說這是來自西夏的舶來品，之後成為宋軍利器，威力之強連剽悍的金人都忌憚不已。然而遺憾的是，其機體機關的製作方式已失傳，直至今日考據者仍努力復原中。

棉甲

至於軟甲部分，宋朝廣為使用的紙甲再度普及成為泛用防具，並衍生出與其相似的「棉甲」。

棉甲，亦稱作「布面甲」，表面是厚布並打上鉚釘，內裡製法與紙甲相同，只是將用料改為棉花而已，講究點的則在要害及關節處打上鐵片以為強化。換句話說，是結合了前文提過的胖襖，並在功能上做了進一步的提升。

自元朝以後，火器開始廣泛運用在戰場上，遠距武器的鳥銃鉛子與弓箭同為戰士最大威脅，是以輕便防彈的棉甲遂大行其道。

與紙甲相同，棉甲特別適於江南沿海地帶作戰使用，名將戚繼光在抗倭戰爭中即製作棉甲供士兵穿戴。

與前代相比，元朝立國時期較短，且軍事資訊均視為國家機密，嚴禁一般百姓研究，是以戰具規格等相關資訊頗為有限。而明朝則不然，國祚長且研究之風盛，如《武備志》等重要軍事研究也就特多，身著戎服武士的繪畫雕像等相關資料更不在話下，不僅給後人留下寶貴文化遺產，影響所及，現在京劇或歌仔戲的戲服，也往往以明朝服飾為參考藍本。有興趣的讀者們不妨略加參照，相信能對明朝甲冑款式有初步的概念。

儘管內政與邊防等問題重重，明朝在科學技術上卻有其表現，復古與創新兼備。一方面試圖復興唐宋的工藝技巧並加以創新，另外更透過交流或交戰，以吸收周邊鄰邦長處；後者尤其特別值得注意。自唐末以降，中國雖時有突破發展，但整體工藝技

◆ 布面甲沿用的時間很長，因此也有幾種不同的版本。圖中同樣是收藏於郭常喜兵器藝術文物館的品項。以風格而論，比較接近明朝的樣式。可以看到較晚近的鎧甲，對四肢的防護也較好，具有保護上臂的披膊與護腿的腿裙等。

術卻有江河日下之勢，完全是倒吃老本。社會與經濟結構變遷及傳統儒學對「雕蟲小技」之類精工的輕視，使得宋代以來雖不乏名刀寶劍問世，但武器與防具品質整體卻每況愈下，這點從歐陽修的「日本刀歌」中感嘆「昆夷道遠不復通」便可窺知一二；最初深受唐文化洗禮的日本，到了明代竟逆向輸出，後來居上影響了中國。同樣的狀況也發生在火器上，至清代更為明顯；這在後面會再提及。

尖纓盔

至於現存資料與文物最多的，仍首推清朝。

旗人以騎射立國，入關之後的八旗軍隊武裝沿革舊制，並略加改良。像常見的清朝古裝片那樣，一般兵著布衣戴笠配腰刀及盾牌，好一點的則在胸前披上掩心甲；將官則依照建制著裝，除了戰袍表面依八旗的紅白藍黃分成正、鑲兩類上色外（其中並無綠色，據說是怕因林中顏色不顯而誤中弓箭，正與現在的迷彩相反），形制部分則採用了寬大的棉甲，甲上綴以泡釘，而最醒目的部分是宛如避雷針般的盔纓了。

這種尖纓的高冑，幾乎成了清朝鎧甲的註冊商標，無論是周星馳的古裝喜劇，或是電影《投名狀》中李連杰的將軍裝束，甚至是前幾代「三國無雙」遊戲中的袁紹，都曾以這令人印象深刻的扮相登場。

這樣的棉甲尖冑沿用了百餘年，現存仍有當年乾隆皇帝典禮用的儀式性精美戰甲可供參照，直至清末列強入侵，船堅炮利的新科技取代了傳統的冷兵器，才將長達數千年之久的傳統甲兵給正式終結。

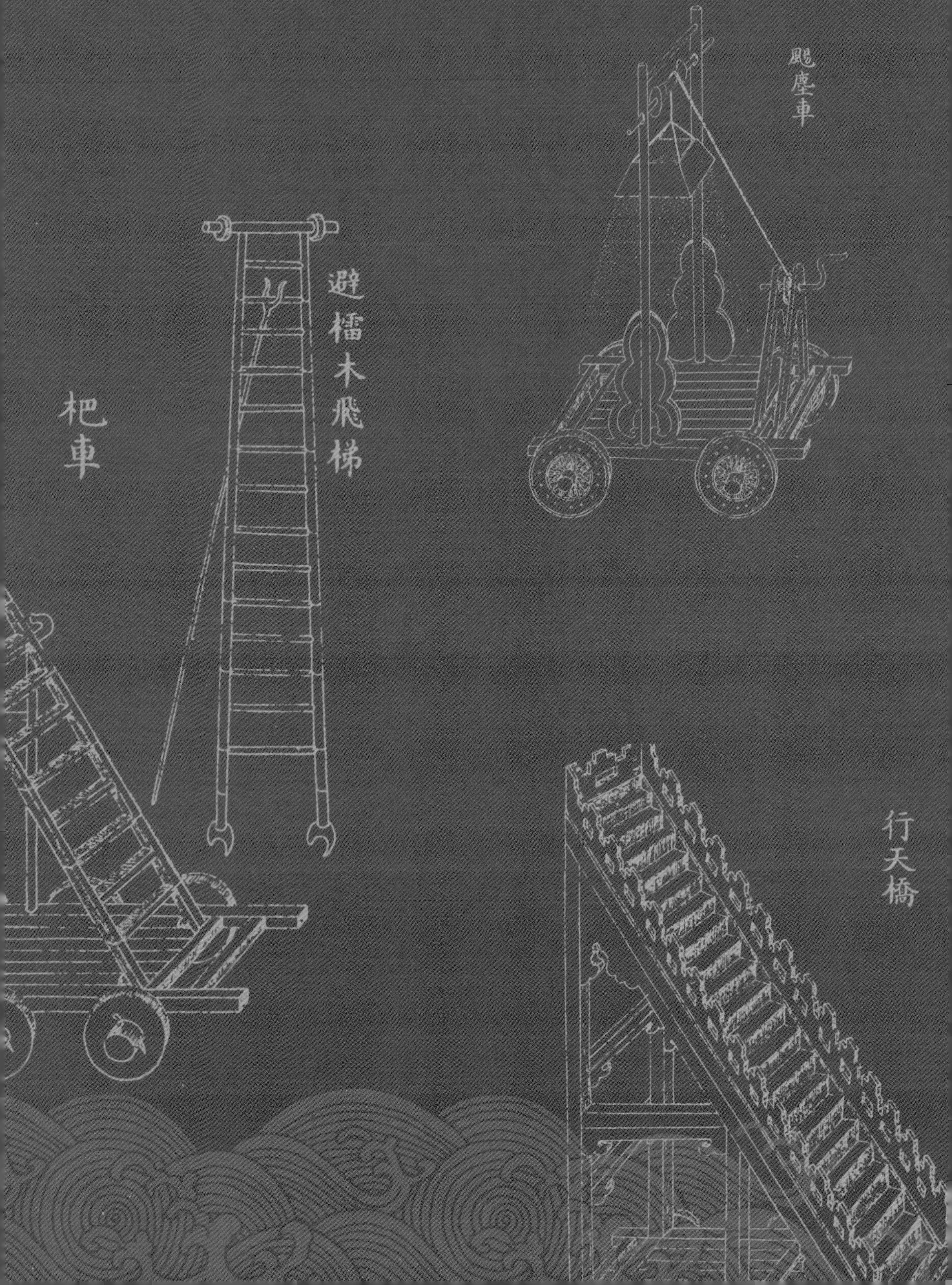
颺塵車
避檑木飛梯
杷車
行天橋

【第二部】

團戰。

眾志成城，鬥智更鬥力

「活著，從來就不是一個人的事。」
電影《霍元甲》中的這句著名台詞，
或許在戰場上最能真切體會。
善盡一己之力不夠，結合群策群力方能對抗強敵。
決定故事怎麼寫，是只有勝利者才具備的特權！

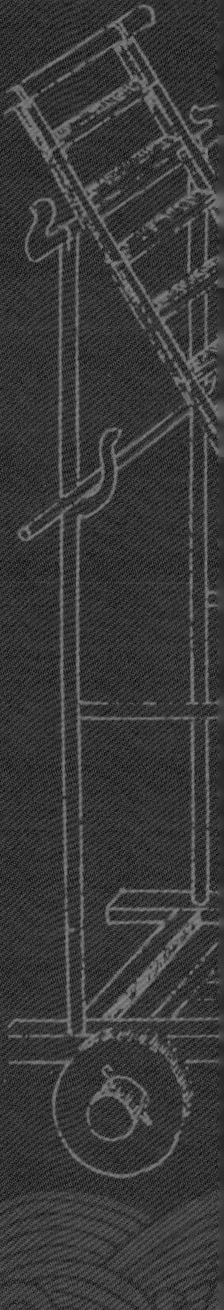

攻城器。

城池是人口集散處，歷來為政治、經濟、軍事的重心，兵家必爭。《孫子兵法》說：「上兵伐謀，其次伐交，其次伐兵，其下攻城。」攻城免不了耗損大量人力與物力，是兵家最後的手段。所謂「攻城之法，為不得已」、「殺士三分之一，而城不拔」，然而，時而仍須明知不可為而為之，眾多攻城器具，也因此誕生。

巢車。

非殺傷性輔助戰具

巢車的發明，解決了古代城池築地為牆、敵軍情報封鎖的境況，將戰場上攻守兩方的視點高度差距拉近，堪稱是現代偵察機的先驅。

《孫子兵法》說：「知己知彼，百戰不殆。」充分了解敵情是開戰前至為重要的準備工作。是以不論古今中外，各國在承平之際也不忘派出間諜，在他國境內活躍，以獲取情報。

現實中的情資人員，與電影裡左擁右抱、穿梭衣香鬢影間無比風光的○○七相比，天差地遠，其實是過著「見不得光」的日子；然而，戰時之所以能取勝、國家之所以能安定，全有賴這些無名英雄所提供「制敵機先」的情報。

除平日敵情偵搜之外，戰場上同樣少不了以下資訊工作：敵方軍力的部署、配備的良窳、人員的多寡、士氣的高低……這些在在是足以影響戰術、決定勝負的關鍵情報，半點疏忽不得。

巢車結構

話說看過GoogleEarth衛星空照圖的人大概都會驚訝於其詳盡——居高臨下，一目了然，這話果然不假。除了衛星，能夠遨翔空中的偵察機甚或空拍機也是功能優異，然而，古代可沒有這些東西。

古代的城池築地為牆，易守難攻，人力攀登不易，萬一守方要自閉，間諜混不進去，該怎麼辦呢？為解決此道難題，遂有了「巢車」的發明。

在八輪的大型台車上，豎起兩根結實的長竿並裝上轆轤，然後利用轆轤將

◆ 橫樑／兩端有轉動軸，正中央為繩索，用來升降板屋。
◆ 板屋／巢車吊在竿頂的小屋，狀似鳥巢，具有登樓望遠的效果。
◆ 巢車示意圖。早在春秋戰國，即有相關的使用記錄可循。
◆ 轆轤／透過在地面者操作轆轤捲線或放線來調整板屋的高度。
◆ 框架
◆ 車輪
◆ 底盤

望樓車

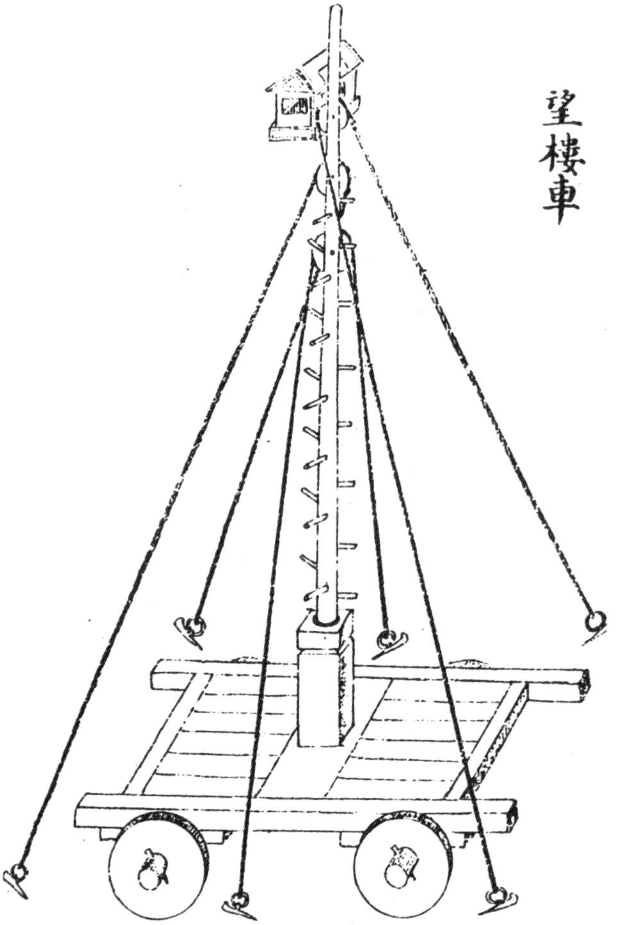

◆此為古書所記載的精簡版巢車。

箱狀的小屋以麻繩吊起，升至竿頂，與水井利用吊桶打水的原理相近。其吊在竿頂的小屋狀似鳥巢，所以名為「巢車」；又因有登樓望遠之效，也稱作「樓車」、「臨車」、「望車」或「望樓車」等。

這東西還有更精簡的版本：將箱型小屋固定在台車上的大竿頂（稱「望竿」）上，偵察者便踩著釘在竿身上的腳蹬爬上去。如此一來，既省了拉繩的麻煩，又增加了高度。卻也因為重心太高，移動時相對麻煩。

至於製作組裝，自然得在戰場上臨時進行。使用時需以粗繩捆牢，然後打樁固定，像是架帳棚那樣。不知道颳大風時會不會被掀翻？

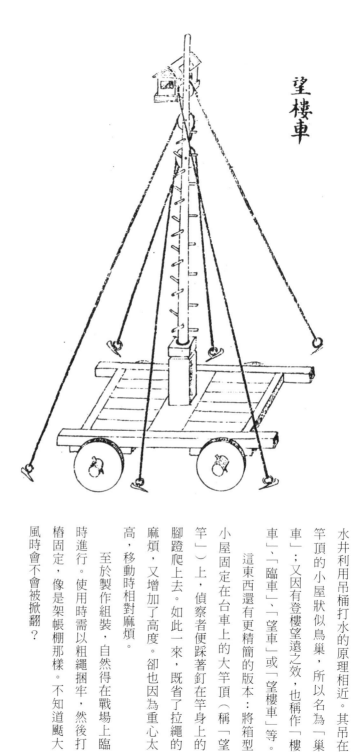

運用戰例

話說有了巢車後，弭平了與守城者在高度上的差距，便可以達到「偷窺」敵軍陣容的目的，基本上可視為古代偵察機的先驅。其實，若單就提高視點而言，現代隨便一棟電梯大廈都能做得更好；不過，古人將這「人力電梯」與車輛結合，利用於戰場上的敵情偵測，也實是饒富巧思了。

巢車的使用歷史久遠，遠在春秋時代晉楚爭霸的鄢陵之戰，楚王便曾由太宰陪同親登巢車窺敵；而在漢朝對北疆匈奴與西域諸國戰役中，樓車也立下了不少汗馬功勞；甚至到了宋朝的《武經總要》中，它也仍是要角。

除刺探敵情的主要功能外，巢車當然也用於戰鬥，但受限於載運量僅有寥寥數人，因此除有時用以搭載射手發箭掩護人員登城外，畢竟不適於傳統運兵攀登攻城的正攻法。除非上面載的全是可以一打十的葉問軍團！

歷史上，利用巢車對付敵軍的例子仍與楚國有關。

春秋時，受楚國猛攻的宋國，危急下向晉國求助，但晉國傳話使者解揚卻落入楚軍手裡。楚王心知晉國無心出兵相救，便命解揚對宋人進行心戰喊話，催促投降。在軟硬兼施下，解揚被迫從命，於是楚王喜孜孜地帶他上了樓車。誰知解揚上去後喊是喊了，卻說晉軍不日即將來救，要宋人切勿放棄，繼續堅守下去。楚軍原本的如意算盤這下收到反效果，最後只得跟頑固堅守的宋國議和。

話說，氣到七竅生煙的楚王，最終卻放走了解揚。身為「春秋五霸」之一的名君主，胸襟與氣度果然不一樣。這是用樓車作戰的名例之一，只是用來做心戰喊話，而且是最終被狠狠擺了一道的負面案例……

填壕車。折疊橋。

非殺傷性輔助戰具

填壕車和折疊橋不具攻擊力，卻能幫助攻城部隊銜接護城河兩岸，順利朝城池推進，對守方造成絕大的麻煩，是戰場上常見的輔助戰具。

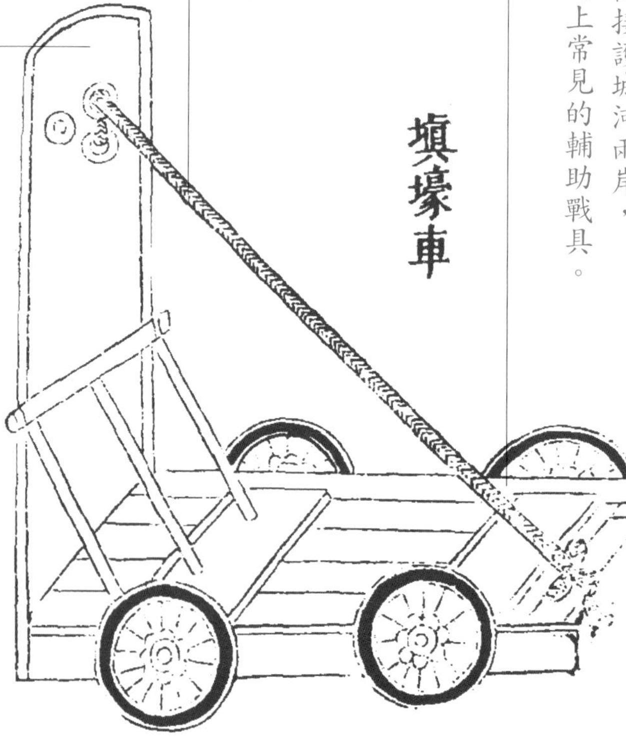
◆衝立／豎起的結實木板，具有擋箭牌的效果。
◆繩索／用以固定衝立。若敵軍折斷橋樑時，也可將繩索解開，將衝立當作橋樑使用。
◆車體／可以載運土石布袋，推至定點後由士兵填平壕溝。
填壕車

「工欲善其事，必先利其器。」古代的城池往往易守難攻，面對種種防禦工事，攻城一方勢必要做好準備。除了巢車這類確認對方虛實的偵察器具之外，其他輔助攻擊的載具，則用來克服護城河或城牆等地形的高低差，更是不可不備。這些工具與負責部隊本身沒有攻擊力，乍看之下並不可怕，不過，一旦讓他們成功湊近，守城方馬上面臨絕大的麻煩。因此，這些單位通常是守城者優先破壞的對象，而攻城者則須審慎調派其他單位掩護支援。兩方指揮調度的優劣，往往決定戰爭成敗。

無論古今中外，壕溝都是戰場上常見的防禦工事，藉由阻斷進攻部隊推進，以便防禦方安排反擊。攻城方兵臨城下時，長長的護城河往往讓人傷透腦筋，這便是「填壕車」出場的時機了。

填壕車的結構很簡單，即是一輛大型四輪車，前面搭著一片名為「衝立」的結實木板。衝立是豎著的，頂端用麻繩拴在車尾，推進時具有擋箭牌的效果，車上則載著土石布袋，躲在木板後的士兵便在這片移動盾牌的掩護之下，到城下進行填壕工事。

填壕車在遇到守城敵軍拆斷橋樑時也能派上用場：將繩子解開讓衝立倒下，便能發揮橋板的效果，攻城者即可利用這道橋渡河。

若遇上較寬廣的河流則改用「壕橋」或「折疊橋」，其基本上原理相同，都是利用裝備折疊橋的車輛來銜接兩岸。

填壕車雖說結構簡單卻十分有用。至於類似「衝車」，但結合皮面防護的填壕車自然也有，不過數量就少得多，應是成本考量吧？

摺疊橋

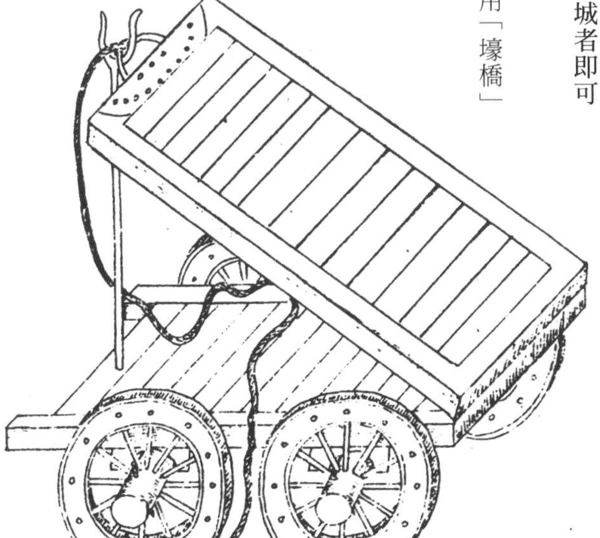

雲梯

非殺傷性輔助戰具

雲梯，又稱天梯，遠在春秋之際便有相關的使用記錄。攻城者憑梯登城，攀上城牆奪取制高點，弭平高度的差異，瞬時反客為主。

◆ **鉤**／將梯子鉤住城牆，迅速攀爬。

◆ 雲梯示意圖。雲梯多以木或竹製成，結構簡單、重量輕，機動性高。

◆ **繩**／用來調整梯子的角度。

◆ **車體**／攻城士兵藏於車內，可提供相當程度的防禦。這類的雲梯也稱作搭天車。

遠在商周之際，中國的城市文明便相當發達，有地利之便的大城是各國文化與生產中心，更是兵家必爭之地。古代城池即是保衛這些據點的重要防禦工事，築土為牆，再圍以護城河，作戰時守城一方只要閉門不出，憑著高牆閣壘在應戰中占盡地利，居高臨下一輪弓箭砲石射去，即可讓攻城方損失慘重。

雲梯，又稱「天梯」，就是攻城者用以因應此一困境的產物。**藉著憑梯登城，攀上城牆奪取制高點，弭平高度的差異進而反客為主。**

其實，雲梯與大家平常所知的攀登工具相仿，稍加變化應用，即成為戰場上的實用道具。攻守城戰自遠古便其來有自，諸如雲梯這類攻城戰具亦是源遠流長。

根據《墨子》記載，墨子曾勸阻楚王對宋出兵，當時楚王即藉口說名匠公輸般（亦作「班」）已為其打造雲梯，攻城志在必得是以不願放棄，可見遠在春秋之際便有關於雲梯的記錄。

雲梯形制的變化

早先城壁較低矮時，攻城方往往堆土為山，由隆起處攀登城牆進攻，然而隨築城與防衛技術日益進步，這個作法越來越難奏效，是以雲梯日益重要，也因此有了不同變化。

在電影中，有的雲梯只是一截超長的梯子而已，先進點的則是折疊梯——算是最早期的陽春設計。這種梯子要是被城上守軍們一推，攀爬者馬上會摔個狗吃屎。

為了避免梯子遭敵軍輕易推倒，會在雲梯頂端裝設掛鉤，用以抓牢城壁。這樣的雲梯在春秋時被稱作「鉤援」，道理也就在此。

除雲梯外，魯班曾提過其設計用於**水戰的「鉤」與「拒」，用鉤拉近敵艦以便攀附登船，用拒推開敵我距離，視風向水流以遂行中長距作戰，用的是相同原理。**

【知識檔案】

墨子

墨子，姓墨名翟，是春秋時代著名的思想家。因出身寒微，有鑑於戰亂對貧民百姓所造成的苦難，於是倡導「兼愛」，主張和平的「非攻」，並鼓勵「節用」、「節葬」，認為透過降低物欲需求能讓人們獲得更大的滿足，與所謂「無欲則剛」一說若合符節。此一概念可說是英國十九世紀思想家卡萊爾（Sir Thomas Carlyle），乃至於近代「樂活」風尚的遠祖。

墨子思想在當時深受各階層百姓的歡迎，一時被稱為「顯學」，形成許多墨家團體，在名為「鉅子」的領導者下進行具有相當規模與組織的積極反戰活動，電影《墨攻》即以其為藍本改編。連孟子都不得不讚嘆墨子可以為天下「摩頂放踵」，粉身碎骨在所不惜。

墨家理想崇高，可惜因刻苦、不近人性等因素，終究未能延續。此外，墨子也是傑出的工匠與軍事家，在聽說楚王將興兵攻宋後，墨子日以繼夜奔走，趕去勸楚王罷兵，並自告奮勇與公輸般進行攻守城戰的沙盤推演，連續數回大敗公輸般所代表的攻方，游刃有餘，終於令楚王不得不打消此意。

【故事檔案】

公輸般

公輸般，即眾所熟知的魯班，是中國傳統工匠祭拜的祖師爺，成語「班門弄斧」就是向他致敬。

關於公輸般的神話非常之多，其中最神奇的是說他造過可以載人飛天的木鳶，不料竟因此讓母親遭遇橫禍……

在《墨子》中，公輸般被同是工匠出身的墨子理念所折服感動，成了墨家的信徒，兩傑後來努力合作研發有利於民的機械設施，讓讀者平添不少想像空間。說起來，墨家應是中國思想流派中，最富科學精神的一支。

有人說墨家重義輕利，不惜為他人赴湯蹈火的精神，是「遊俠」的始祖；更有人說墨家失傳的機關術，是遠古的機器人製造技術，孔明的「木牛流馬」之法即自此傳承；甚至有人說墨家的組織與技術，對後代日本忍者團體起了一定的影響……種種傳說，使墨家傳奇蒙上了層神祕色彩。

國產遊戲大作「軒轅劍五」中的女主角，即被設定為是機關術的繼承人。

躡頭飛梯與搭天車

前述由工兵搬運的雲梯，幾乎是「肉包鐵」（或說「肉包木」才是），扛著笨重梯子的士兵，目標顯著且移動不易，容易成為城下最好的箭靶。

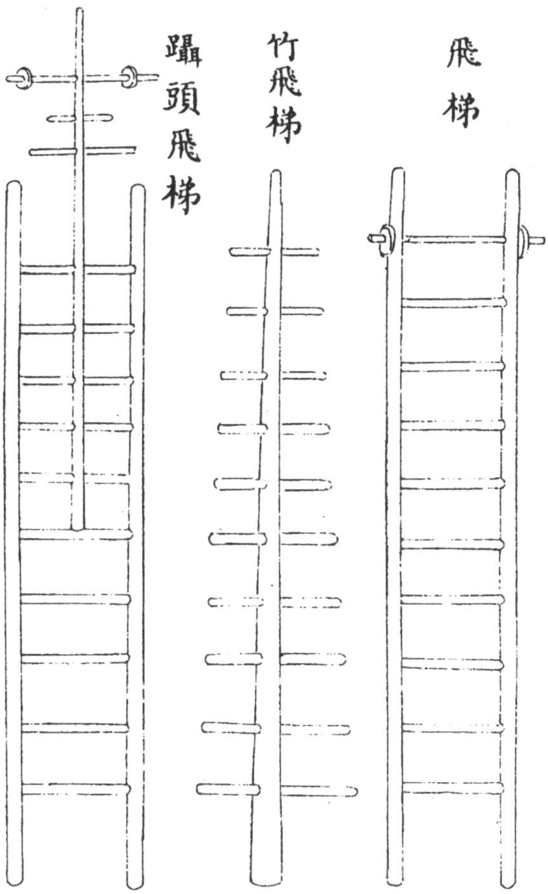

因此隨攻城戰演進，雲梯的構造演變也一分為二。其中一派是極簡的躡頭飛梯，這東西長什麼樣子呢？就是根結實的長竿，上面次第釘上鐵或木枝供踏腳用，使用時往城壁上一靠，讓士兵拚命衝上城牆。這玩意兒比原本的梯子更輕便、廉價、易於搬運，然而防禦力簡直是零，全得靠身手敏捷又不怕死的勇士搏命搶登成功，才能確保作戰進行。

此外，竹竿長度有限，因此這種克難工具在攻打防衛能力強的鐵桶堅城時很難派上用場，多見於非正規軍或奇襲戰。

與之相對，**另一派結合雲梯與攻城車**，就顯得人性多了。攻城方先躲在車中，將車架上的雲梯推至定點，然後將原本的折梯展開鉤上城牆以利攀附。這**類雲梯車又稱「搭天車」，防衛周全，不怕城上守軍弓箭或落石攻擊，因此成功率較高。不過，機動力相對較差，且成本也貴得多了。**

另外，在《水滸傳》等諸多古典小說中，時而可以看到兩方軍師登梯觀看敵陣鬥陣法的橋段，似乎雲梯除攻城外，也多了一項功用。就這一點來說，便與前文介紹的巢車相似。

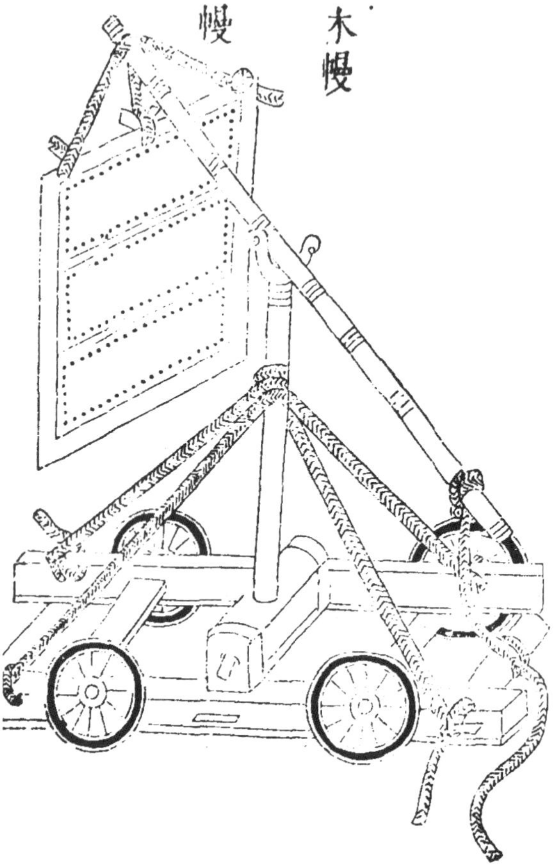

木幔

攻城時除了保護架梯者，也需防禦登梯攻城的士兵，使其不畏矢石、專念進攻，這便是「木幔」的功用了。

一般說來，行進移動間往往是部隊較脆弱的時刻，除了相互支援聯繫困難外，此時多數戰力也處於較不設防的狀態，僅由少數武力單位護衛。這一點，在攻城戰中也不例外。

攻城時，面對城上如雨的矢石，城下部隊通常會閃避或以盾牌等護具防衛，城門口的進攻部隊則有「木驢」或「衝車」之類戰具可供躲避；但緣梯搶攻而上的先頭部隊則身陷險境，往往成為守軍的頭號目標。為求保存戰力、減少無謂傷亡，於是有了木幔的發明。

說來，木幔其實很簡單，即是用牛皮所蒙成的大木牌，以吊車方式架在雲梯上遮蔽矢石，由於覆蓋生牛皮，就算遇上火箭也能抵擋一會兒，支撐木幔的長竿底部還可以旋轉，士兵便可以拉動竿底的繩索來變換木幔方向。

行女牆

雖說木幔是很體貼的設計，不免讓人產生小疑問：若用它擋著雲梯頂端，那梯頂原本用來鉤住城牆的鐵鉤不就不能用了嗎？

想來古人也有這樣的疑問，因此有了「行女牆」的發明。**所謂女牆，是供射手掩蔽的矮牆，現代建築裝潢的「女兒牆」便是沿用此一名稱；而行女牆，顧名思義，就是可以移動的女牆囉**。這是提供士兵射擊時防禦掩蔽的道具，陽春點的叫「木女牆」，即是一片附車輪的移動式木製矮牆，算是攻守均宜的道具。

除攻城者外，守城者也往往準備木女牆以供敵軍破牆時推出抵擋，上面有時還附有尖刀；行女牆則豪華得多，形式是四面蒙上牛皮的大車，壁面上附有供射手射箭的窗，車頂則架有雲梯可供攻城攀登之用。這算來是結合了木幔與「轒轀」兩者的效果，由此更開發出「緒棚車」這種複合式的作戰道具，稍後馬上進行介紹。

衝車。餓鵠車。

防禦工事破壞戰具

衝車，又名「撞車」，是運輸工具與破城鎚的結合版戰具，利用衝擊力破壞城門。餓鵠車末端裝有倒鉤的斧頭，用來攻掠夯土築城時期的防禦工事，也有分散敵方注意力的效果，替己方衝車部隊爭取更多時間。

看過電影《魔戒》的讀者，對於攻城場景中那支有著獰惡獸形雕刻的巨大「破城鎚」應該不陌生吧？如前文所述，古代戰爭都圍繞著攻守城進行，中外皆然；於是，掌握出入樞紐且結構相對脆弱的城門，就成了進攻重點。

電影中的破城鎚是由皮厚力大的食人巨怪操作，而現實世界負責這項工作的都是血肉之軀的士兵，若遭到守城者如雨的矢石攻擊，可要一命嗚呼的。

為確保攻破城門的任務順利遂行，於是有了這類輔助攻城道具的發明。

衝車的雛形：轒轀

初期的陽春攻城器是「轒轀」（音同「焚溫」）。

轒轀很簡單，即是沒有底部，只有架子的四輪車，車中可載八至十人，車頂則蒙上牛皮。

當車裡的士兵一聲令下，便一起推車前進。有了牛皮車頂防護，城上射下的箭矢火炬都能妥善防住，工兵便能安全到城下進行破壞作業，看要撬城門或挖地道都成。

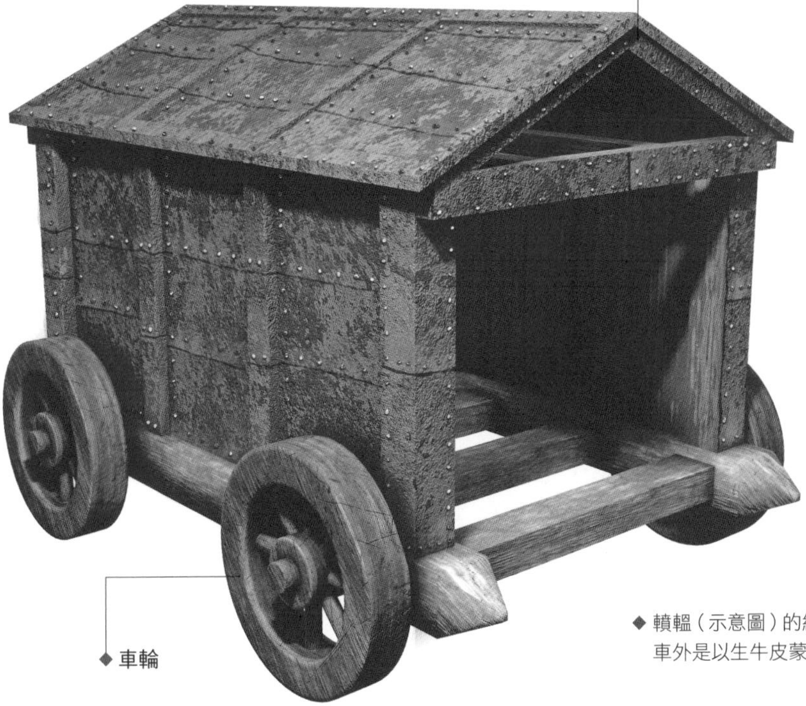

◆蔽障／另有搭成等腰三角形的版本，稱作「尖頭木驢」。
◆車輪

◆轒轀（示意圖）的結構簡單，車外是以生牛皮蒙成。

由於蒙上了牛皮，因此又有「牛皮洞子」和「木牛車」的別名，而後者通常是平頂的。

雖說轒轀不怕箭矢，卻仍可能被守軍擲下的檑木、石頭砸壞。有鑑於此，後期遂有了變化版本的「尖頭木驢」，其車頂以兩片木板搭成尖頭的等腰三角形，原理類似於抗壓力強的蛋殼拱形結構，而輪子也變成了六個。看來有點像帳棚，不過倒是跟拷問用刑具的「木驢」沒啥關係（汗）。

衝車構造

除轒轀和尖頭木驢這類防護性的運輸工具外，更有直接將它們與破城鎚結合的版本──即所謂「衝車」（又名「撞車」），是利用衝擊力破壞城門的道具。

除前述零件外，衝車的核心即是那支破城鎚，基於成本與重量的考量，一般是取粗重結實的硬木，在末端加裝金屬鎚頭製成，尾部較粗，用以平衡整體重量。

多數的破城鎚頭均做成有稜有角的錐狀，以強化撞擊平面時的破壞力，偶有僅附圓形的金屬頭，像臨時拆了柱子做成的克難版。當然也有無頂而只有底部推車的衝車。不過，這麼一來只怕工兵得時時小心頭上，沒法專心作業。

衝車在遊戲或電影中常見，是用以破壞城門的攻城器，而它較不為人知的幾個夥伴，其中一個叫作「餓鴣車」，是專攻城樓等防禦工事的攻城器。

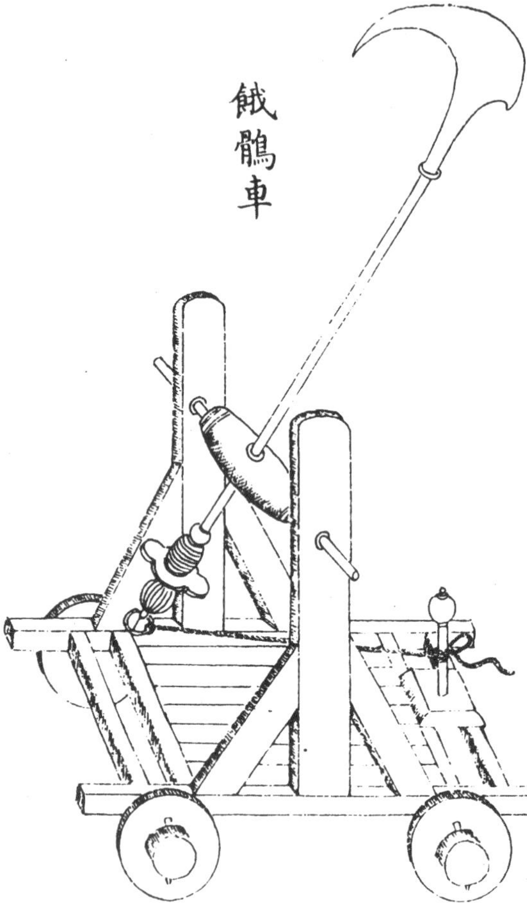

餓鴣車

遇上年久失修、急就章搭建，或遇大雨行將崩塌的土城牆時，直接破壞城牆會比攻擊城門更快，這就是餓鴣車出場的時機啦。

餓鴣車的構造很簡單，在與轒轀相同的四輪車上，用轆轤架起一根可以轉動的大竿，末端再裝上有倒鉤的斧頭。

攻城時，將餓鴣車推到城牆邊，用斧頭那端往城牆上掃去，當倒鉤勾住城垛後，眾人合力拉扯，加以破壞。早期夯土築城時，餓鴣車比較能派上用場，但明朝後城牆以石製居多，這玩意兒就

撞車

火車

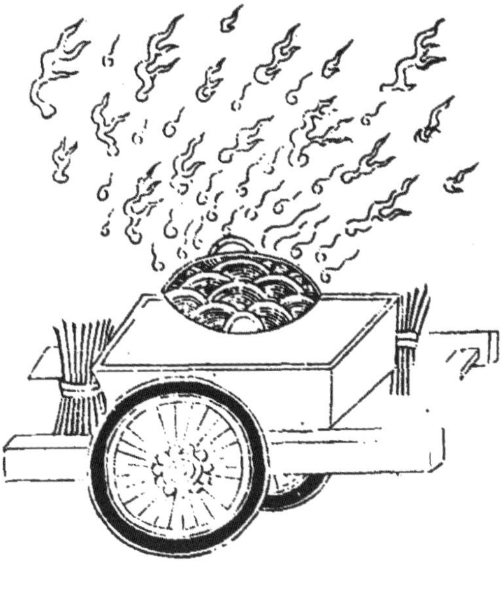

少有用武之地了。

　雖然如此，餓鴟車倒多少具有分散敵方注意力的效果，城樓上的守軍一不留神可是會被那斧頭給鉤下城去的，在守軍分心忌憚之餘，也就替攻城方的衝車部隊爭取了更多時間。

火車（火盆車）

　除此之外，還有「火車」這種東西，這與現代的運輸工具無關，而同樣是一種攻城道具——在車上載著盛滿油脂熊熊燃燒的大火盆（是以又叫作「火盆車」），戰時推到門口，用以燒毀城門。

　因為盆中裝的是油，若守軍潑水救火反會使火勢擴散。後人學乖了，便知道以泥沙來對付，原理即同於現代的消防砂囉。

緒棚車。

防禦工事破壞戰具

緒棚車屬於整合性的攻城器：頭車破門、緒棚掩護、找車調整移動的方向和角度，降低傷亡，提高攻城時的成功率。

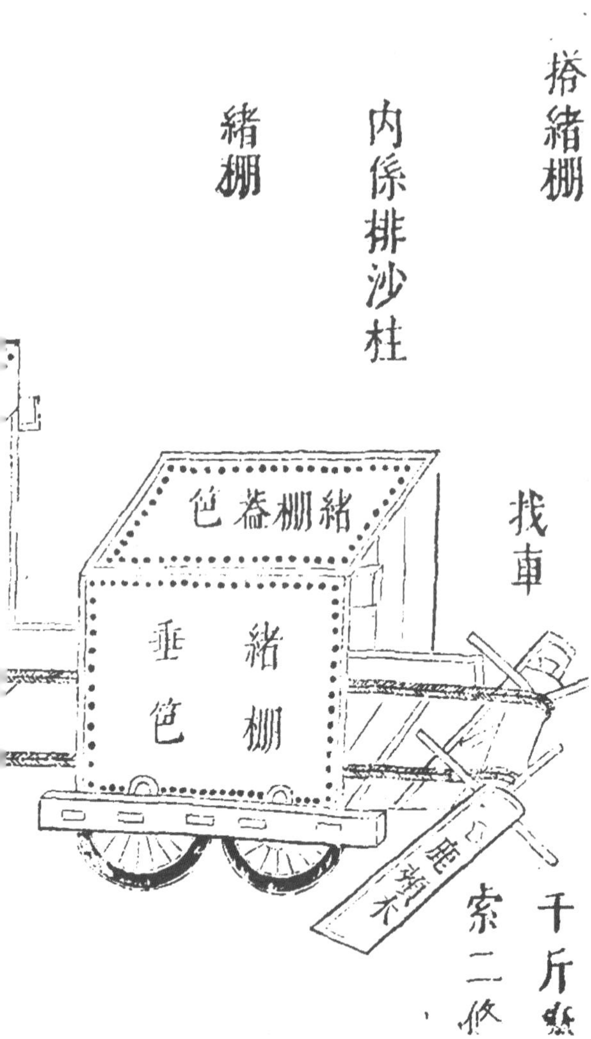

前述幾項攻城道具各有神通，而「緒棚車」則將這些東西結合起來，像是電影《食神》「瀨尿牛丸」那樣的創意發明，這是記載在《武經總要》中的攻城器。

緒棚車本體由「頭車」、「緒棚」、「找車」三截組成。

前導部分的頭車負責破門作業，具轒轀、撞車的效果。車頂開有天窗，射手除透過天窗觀察敵情，還能不時回敬守軍幾箭，掩護進攻；車前配有擋箭牌，用以防禦矢石，且為了預防敵方的火攻應對，車上備有泥漿桶或沙桶以供消防之需，安全性滿點。

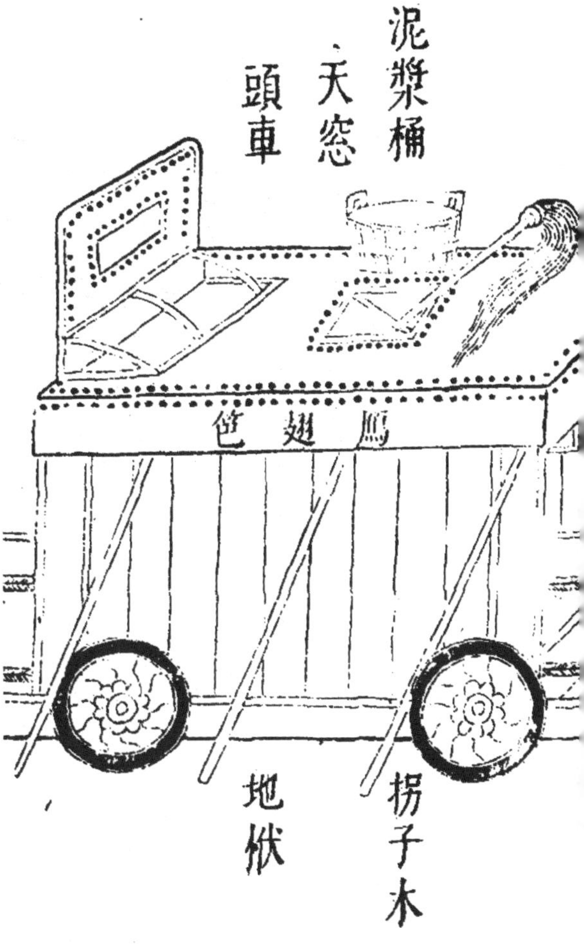

◆ 緒棚車是由頭車、緒棚、找車三段所組成的複合式攻城工具。頭車負責破門作業，緒棚提供掩護，找車可供微調與儲物。

有屋頂的車身緒棚則接續在頭車之後，如此一來，在破門時便能充分掩護，讓士兵不受矢石威脅，宛如在有蓋的走廊下，推進到城下進行器材搬運及人員替換等必要工作。

最後一段找車，上有絞盤，除了可放置作業工具與挖掘時協助運土之外，更能拖移調整頭車與緒棚的移動方向及角度。

有了這完善的整合性攻城器，不僅減低攻城時的傷亡，更增加攻城作業者的時間及信心，成功率自然提升。

井欄。

泛用殺傷兵器

井欄，又稱作樓櫓，基本結構類似木製的活動箭塔，是搭載弓兵的攻城器。其強化版是具備多功能戰力的呂公車。

◆樓台／容納士兵的高台，通常是由弓兵自高角度射擊壓制敵軍。
◆塔身／更有內部可搭載人的版本，名為「呂公車」。
◆車身／另外也有無輪的固定版本。由於建築費時且移動速度慢，通常均是兵臨城下後才開始構築。

前文說古代作戰搶占高處，居高臨下，因此攻城時，城上守軍占盡上風。有道是：「一山還有一山高。」巢車是攻城者用以瞭望與窺伺的道具，若用於攻城，則另有搭載弓兵的攻城兵器「井欄」，以逆轉攻方劣勢。

井欄，又稱作「樓櫓」，基本結構類似木製的活動箭塔，以結實竹木製成後架設或推至城牆邊，其上搭載的弓兵便從高處放箭射擊守軍。如此，既拉近了射擊的水平距離，又逆轉了原本高低差距的不利，無論準確度或安全性均獲得提升。

井欄的高度相當於現在的二十五公尺左右，雖說不過幾層樓高，對上守城者絕對是居高臨下，若嫌不夠，還可以令士兵們取沙袋相疊，在城邊堆成土山。靠著高度與火力優勢壓制守軍行動，配合衝車、雲梯等道具攻城，便成了威力強大的立體聯合作戰。

官渡之戰時，袁紹曾挾著優勢兵力用過這戰法，箭如雨下的壓制攻勢讓曹軍頭疼不已，後來靠著所謂「霹靂車」才破解。霹靂車即是古代的投石砲，請見後文解說。

臨衝呂公車

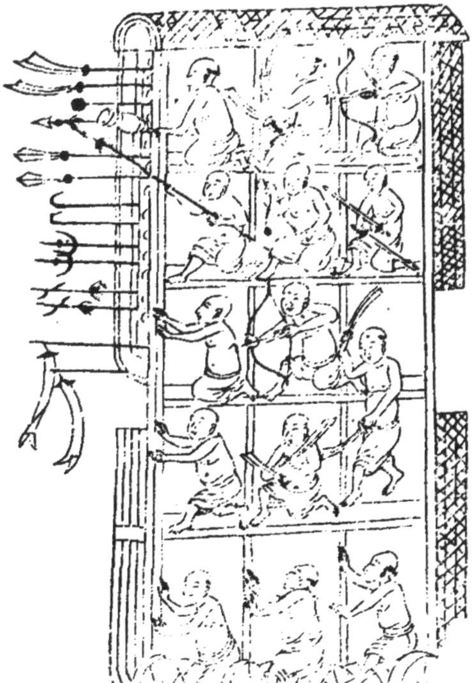

呂公車

井欄的強化版本，稱為「呂公車」，又名「臨衝」。車上分成數層，除了射箭投石之外，還有跳板，可在逼近後搭上城牆，讓士兵直接登城，具備多功能的複合戰力。

看來很威，對吧？

可惜，它的體積太大、速度過慢，反變成守軍最好的標靶，更別提耗費成本驚人，因此實戰應用的機會其實不多。

床弩。

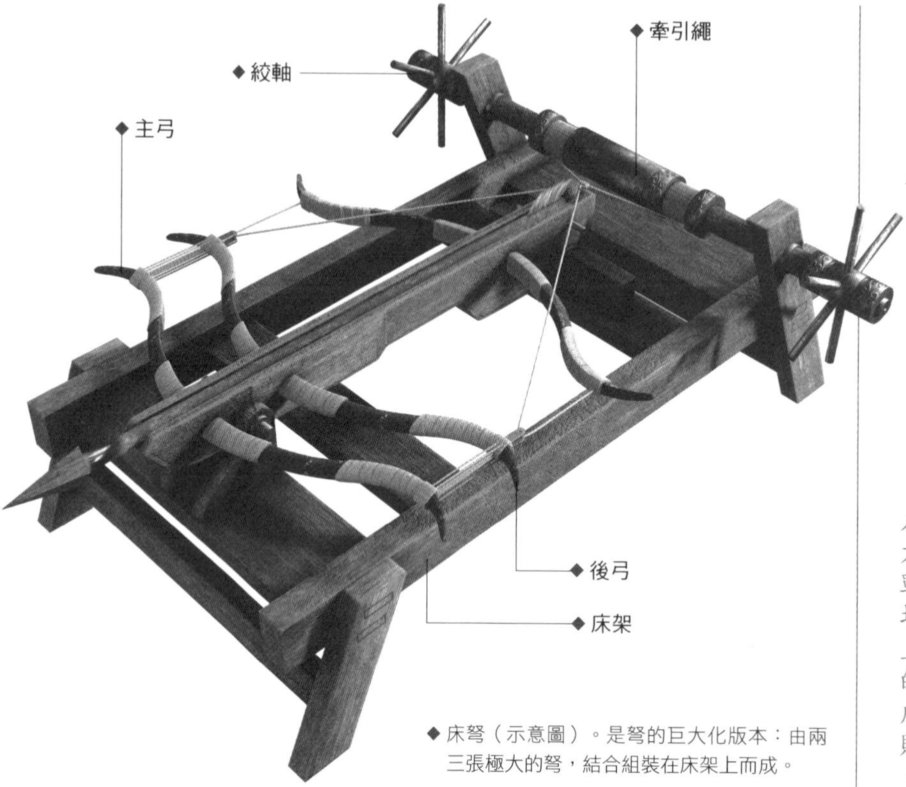

◆床弩（示意圖）。是弩的巨大化版本：由兩三張極大的弩，結合組裝在床架上而成。

泛用殺傷兵器

床弩是弩的巨大化版本，以兩三張極大的弩結合組裝而成，需有數人一起操作。床弩自戰國時代即已出現，用作攻城兵器，威力足以左右戰場上的成敗。

弩，即「十字弓」，因威力強且易於瞄準，是古代中外戰場上常見的強力射程兵器。依應用目的不同，有各種尺寸大小的變化，其中「床弩」就是攻守城時所倚重的大型武器。

所謂「床」是指大型木架，顧名思義，**是架在床上的複合式十字弓，由兩三張極大的弩結合組裝而成。**透過多張巨弩來強化射擊力，床弩的威力因此相當可觀，據說可以達到三至五百公尺，甚至足以摧毀船隻。

中國是最早使用弩的國家，其發明記錄可追溯至春秋戰國，直至明朝後期都還有相關史料。

令人驚異的床弩運用

床弩所使用的箭，是像附上尾羽的巨型鐵槍，又名為「一槍三劍箭」；此處的「三劍」是指劍形尾羽，若被射中鐵定是變成肉串，就算是擦邊也是非死即傷。

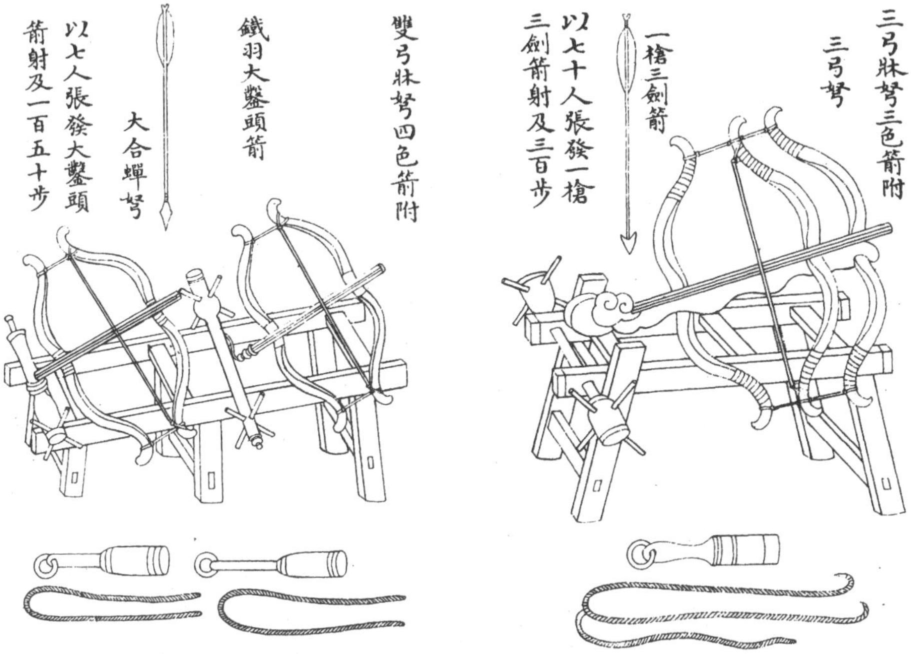
三弓牀弩三色箭附
三弓弩
一槍三劍箭
以七十人張發一槍三劍箭射及三百步
雙弓牀弩四色箭附
鐵羽大鑿頭箭
大合蟬弩
以七人張發大鑿頭箭射及一百五十步

除了當作對人員的泛用殺傷武器外，床弩更有輔助攻城的效果。複合弩的強大射力配合鐵箭分量，射出的鐵箭會牢牢釘在城牆上，攻城方的士兵便可攀附著這些鐵箭登牆。

這麼威的重型兵器，其分量當然不在話下，需有數人一起操作才行。據說大型「八牛弩」就需七、八十人才能運作。使用時，眾人合力將「床」上的絞盤轉動，拉開弩的弦；固定後，由拿槌子的士兵敲開弩機，發射鐵箭。守城方的床弩通常是固定式的，僅在底部裝設轉動方向的台座；而攻城方為求機動，則往往以車載運床弩，隨時改變進攻方向。

床弩威力強大，因此攻守雙方都力求破壞對方的床弩，盡可能將己方裝備戰力做最大的保存；此時，雙方的調度能力便足以左右戰局發展。據說，宋遼當初之所以有「檀淵之盟」，背後原因出人意料：得知敵襲的宋軍驚慌失措下，誤打誤撞發射了床弩，竟然正巧擊斃來犯的遼軍主將，使遼軍放棄進攻而議和……

這、這是古代的「卡提諾狂新聞」嗎？事件雖然烏龍，但床弩對古戰場的決定性卻可見一斑。

砲。

泛用殺傷兵器

砲，指投石器，結合慣性與重量的破壞力，以及射程系兵器遠範圍的攻擊，提升攻城戰力。除了石彈之外，後期有時會裝填火罐、毒煙瓶或其他種類的砲彈，殺傷力驚人。

◆ 砲（示意圖）是利用槓桿原理拋射石彈的攻城兵器。發射前，拋桿斜置在砲軸上，前端著地，末端懸在半空中，當石彈放入皮兜後，由士兵齊力將機索向下拽，使拋桿反轉向上彈，即可拋射石彈。

曾有初學華語的外國朋友問：「象棋裡，為什麼有石字邊的『砲』和火字邊的『炮』兩種寫法呢？」這兩者其實是不同的武器。

火器的「炮」是近代發明，至於它的前身即是此處所說的「砲」，也就是投石器。**面對堅固防禦時，鎚類的重兵器可以無視裝甲，單靠慣性與重量造成極大破壞，而投石器的砲則將此一原理與射程兵器遠範圍攻擊予以結合應用，其戰力之強大不言可喻。**在火器發明前，砲是攻守城戰雙方不可不備的利器，光是恫嚇與擾亂對手攻勢的能力就很可觀，更遑論強大的破壞力了。

這玩意兒究竟有多威？問問玩過「世紀帝國」之類即時戰略遊戲的玩家就曉得了。

【知識檔案】

投石器的名役

投石器的發明可追溯到東周晚期，而最廣為人知的使用記錄則在三國。

在曹操對袁紹的官渡激戰中，面對居於劣勢閉城堅守的曹操，袁紹使用井欄，由弓兵居高臨下向曹軍進行連射。在箭雨致命威脅下，曹軍積極研擬對策——投石砲便是當時的破解之道。

投石器合眾人之力，透過重力加速度彈射出去的石彈飛得又高又遠，威脅範圍遠超過一人臂力所及的弓箭。石彈彈射的拋物線軌跡更使位於牆後的曹軍得以有效進行攻擊，將原本井欄上登高射擊的弓兵砸得狼狽不堪，且投石的威力及其劃破空中的聲響，使得當時為之喪膽的敵軍給它冠上「霹靂車」的名號，其恐怖可見一斑。不過這和美國影集《霹靂遊俠》（Knight Rider）李麥克完全沒有關係……

虎蹲砲

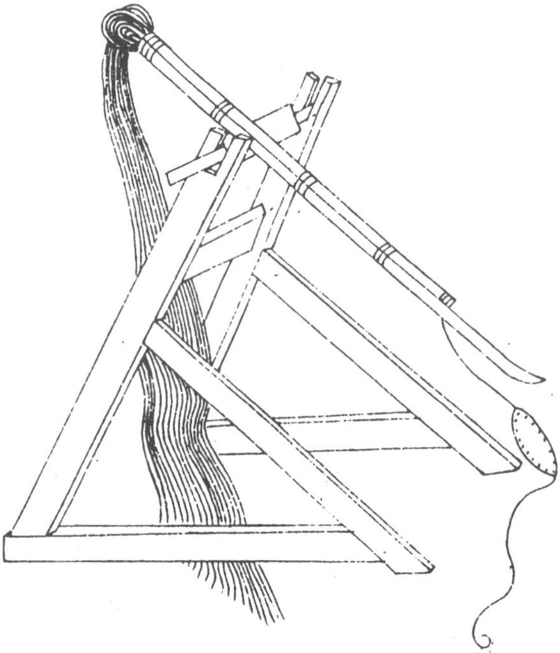

投石器結構

運用槓桿原理的投石砲，主要結構分為三部分：拋桿、機索與砲架。

砲架是用以穩定投石器的腳座，基本款是以支架將砲固定在地上，如「虎蹲砲」即是此類。為了迎擊各方位來犯的敵軍，有些砲架設計成能夠讓砲身轉向不同角度，如「旋風砲」等，便能隨時改變發射方向；更有些在底部裝有車輪，成為「砲車」，便於視需要調派部署移動位置，無論攻守皆大為有利。至於砲身的拋桿則是槓桿的主要部分，又名「梢」，由堅實圓木組成。為有效提升拋桿的承載與彈射能力，大型砲的拋桿往往使用數根梢，因此有「三梢」、「五梢」甚至「九梢」之譜。梢的兩頭，一邊裝納拋擲用石彈的皮兜，稱為「窠」；另一邊是機索，視砲具大小而有數十乃至上百條繩索，每條由一至三名士兵負責。

發砲時，將窠端拉下並裝填石彈，在指揮者下令擊放後，士兵將各自負責的繩索合力往下拽，透過槓桿原理，將石彈拋射而出。這樣可將重達五十公斤的石彈射出百來步遠，連城牆都會被打得粉碎，更別說射入敵陣中的殺傷力了。

後期除了石彈之外，有時更裝填上火罐、毒煙瓶或其他種類的砲彈；更有一說主張，蒙古西征時將黑死病罹難者屍骸投入敵軍城中，是為生化戰始祖。

五梢砲

襄陽砲

如前所述，**在火器發明前，砲是戰場上最主要的重型武器，號為「軍中之利器」；即使在火藥問世的宋朝，仍足以左右戰局的關鍵**。十三世紀後期，元軍圍攻襄陽之役即是最著名的例子。

此役中，元軍長期圍困襄陽城卻久攻不下，於是自伊兒汗國徵召來了回族「阿老瓦丁」與「亦思馬因」兩位工程師，以改良後的大型砲具狠狠回敬宋朝守軍。這種砲將原本由人拉動的繩索改以砝碼狀巨石取代，靠重力落下的反作用力將窠內彈丸拋出，不僅充分節省人力，便於連續攻擊，更強化了拋彈的距離、重量與速度。

這種改良砲具因地緣關係，後來被稱為「襄陽砲」，又因是回人所製作，而名為「回回砲」。這玩意兒據說能發射重達近一百五十斤的巨石，擊出後「入地七尺」，使得宋軍的防禦工事頓時土崩瓦解，最後不得不開城投降。

立下大功的襄陽砲，日後成了元軍侵略戰的重要攻城兵器，隨著遠征傳入了歐洲；直至火炮問世後，投石砲才完成任務交接，走下舞台。然而，若非此一發明，今日歷史恐怕都得改寫呢。

有以待之

守城器。

扮演政治、經濟、軍事重心的城池，
從設計之初，即旨在以各種結構與設施來保障人民安全，
除了高牆堅壁，城池內外更有許多防禦工事。
且讓我們來看看常見的各項城池防禦措施。

拒馬。蒺藜。

路障防線

拒馬是以三支槍或削尖的竹木搭製，而蒺藜則是鐵製暗器。設置路障在於強化防線，阻止敵軍騎兵衝擊陣營。

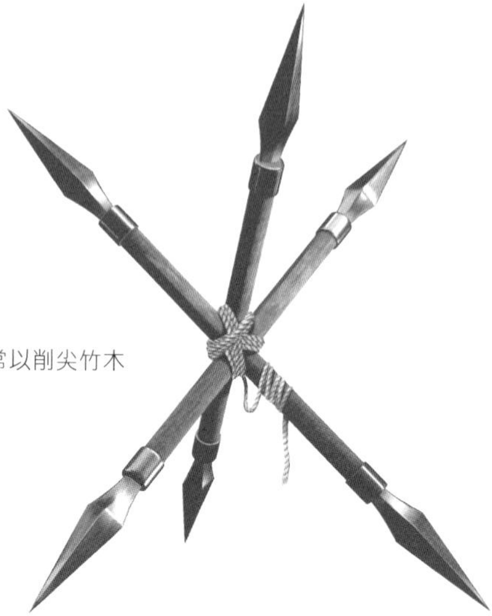

◆ 拒馬（示意圖）常以削尖竹木或三支長槍搭成。

面對遠來侵犯的大軍，守備首要之務通常是阻斷分隔敵軍，使其首尾不能兼顧，待落單成數股勢力後，各個擊破。

拒馬

山城有天然地形與林木可供屏蔽阻絕，而平原的城池相對無險可守，這時布下不同形式的路障以強化防線更為必要，「拒馬」即是頗具代表性的一種。

常見的拒馬是由三支槍或削尖的竹木搭製；此外，視地形需要，也有組裝成整排的大型拒馬。

作戰時，**拒馬能有效阻止敵軍騎兵衝擊陣營，再配合弓兵箭幕掩護，便可產生很好的阻絕與殺傷效果。**

蒺藜

除立於地表清楚可見的拒馬外，地面往往會布上「蒺藜」之類的暗器，用以封住敵軍行動。

蒺藜，古稱「渠荅」，又叫「鐵菱」、「扎馬釘」或「雞爪釘」，本是多刺的草本植物，在沒有拒馬阻擋，看似可通行的路上往草堆裡撒上幾個，便能扎傷敵方軍馬的腳，阻礙通行；日本忍者也常使用這種手法。

蒺藜發源於春秋戰國，後來改為鐵製，中間留下孔洞方便用繩子串連攜帶，是騎兵等機動部隊的剋星。唐詩〈老將行〉中即有「虜騎奔騰畏蒺藜」之句。

若將蒺藜的倒鉤鐵釘排排裝在木板

◆ 鹿角木（示意圖）是形狀類似鹿角的多刺硬木，用來阻礙敵軍通行。

◆ 蒺藜（示意圖）是從多刺的草本植物而來，後來改以鐵製，在沒有拒馬阻擋處，它則成為騎兵部隊的剋星。

上，則稱為「地澀」，置於路中或淺水，即可阻礙行動。

鹿角木

與蒺藜相似的還有「鹿角木」。顧名思義，是形狀類似鹿角的多刺硬木，雖說比較顯眼，但布在路上一樣可以阻礙通行。**有道是：「兵法虛虛實實。」**誰知道清除時會不會被敵方事先設下的窩弓來個萬箭齊發射成蜂巢？

類似的阻礙物還有稱作「奈何木」的變化版本。在城垛之間的間隔處安上蒺藜鐵刺，縱使敵軍攀附雲梯登城也沒法落腳，只能徒呼奈何。

至於用來阻礙騎兵的裝置則有「絆馬索」與「踢圈」。成語「結草銜環」中的「結草」即是踢圈的雛形；而後世的踢圈除絆馬外，其上更裝有鐵釘，纏上馬足後奔馳間會戳傷馬腹或馬腿。「鬼箭」是其變化版，跟電影中的殺人機關一樣，若敵軍誤觸地上繩索時會有亂箭射出，這就更加狠毒……

另外，上蓋草木、底下掘空，並布滿鹿角木或尖刺的陷坑也很常見。

路障的效果

這類路障型道具雖缺乏主動殺敵的效果，但被動防禦奇襲的能力卻不容忽視，在作戰的重要性不亞於刀槍弓箭。

說來殘酷，但兵家都知道，**增加傷患數量對破壞敵方戰力極為有效**。行動不便無法上陣，拖累作戰不說，傷兵還需要軍糧、需要醫藥、需要運送照顧，這些都會耗費後勤補給，而傷殘流血痛苦慘叫的景象更嚴重衝擊戰士的精神意志。**是以「殺傷」敵軍往往比「殺害」更能癱瘓敵方戰力。**

就防守而言，這些障礙物能充分擾敵並使我方安心。拒馬與雞爪釘等仍是至今廣為使用的路障，可見其阻斷效果。

城池結構全拆解。

要塞的本體

古代的城池，從護城河、城門、城牆到建築體，全方位結合了防禦工事，構成堅固的軍事防線，使敵軍淪為箭靶。

◆ **樓閣**／平時容納守軍之處，除偵測敵軍與輪班休息等常見用途外，也可供儲藏兵器之用。

◆ **城牆**／即使古代僅以夯土為牆，但由於其厚度，城牆也往往難以破壞，磚牆就更不用說了。牆上則有守軍以各種道具襲擊來犯者。

◆ **甕城**／通常是半圓形，有點像甕因而得名。俗話說：「甕中捉鱉。」攻方在搶入之後會被關在這裡，在破門前會成為守軍最好的箭靶。

◆ 入口

◆ **護城河**／戰時會將橋樑收起或拆斷。河底常有竹籤或鹿角木，摔入後往往非死即傷。河水還能充當消防用水。

◆ **城門**／通常是厚木門甚或鐵板，要破門並非易事。有的城在門前更有一道L形城牆，限縮出入者外更能防止衝車開入。

護城河

無論中外的城池外都有護城河，即是環繞全城的大型壕溝，既深且長，僅在城門處有跨河的橋可通行，敵軍逼近時則將橋收起或拆斷。

河底往往安插木籤或鹿角木，若摔下去或嘗試渡水，則非死即傷。河水還可充當消防用水，增加火攻的難度。

城牆

城體結構也大有文章，先由城牆說起。一座城總由厚重的城牆防護著，雖說古代大多夯土為牆，然而要將其破壞也不是簡單的事。只要守城者勤於修補，並在連日大雨時記得以氈席等物覆蓋防

馬面／城牆間凸出的角柱狀塔樓。不僅可以看到各處進犯的敵軍，更能利用突出的接敵面安排射手進行防禦。
羊馬牆／又名馮垣，女牆的一種。攻方尚未攻入時，守方會派遣敢死隊在掩蔽後發動攻勢。而攻方在進入此一區段後，則會遭到包夾。

護以免浸壞，基本上是挺堅固的；尤其後來逐漸改成磚牆後，就更難以破壞了。

山不轉路轉。攻城方只好換別的法子，其一是讓士兵背負土袋，在城下層層堆疊土山以接近城頭。但城上守軍可不是木頭，這方法若不能搶快登城，一旦被發現，免不了萬箭齊發，死傷慘重。

另一辦法是改派工兵挖地道鑽過去，即所謂的「掘子軍」。這個辦法同樣消耗人力與時間，更糟的是，萬一守軍有備在先，在城中牆下挖開條大溝等著，那好不容易挖進去的小兵便通通送死。看過《三國演義》官渡之戰橋段的讀者就曉得了。

有些城牆外圍更有層稱為「羊馬牆」或「馮垣」的低矮護牆，讓部分敢死的守軍在矮牆掩體後進行作戰，而敵軍一旦越過此段掩體，更陷入背對矮牆退無可退，正面又遭受城上弓箭手夾射的困境，讓攻城者加倍頭疼了。

城門

城門是一城的出入樞紐，是以建城時必定列入防護考量。

有些城池會在入門後的走道內補上鐵板或厚木板做阻隔，平時以滑車拉起懸吊，戰時則放下，想破門長驅直入可沒這麼簡單。有的城門前則有一道L形護牆掩蔽原本暴露在外的城門，這麼一來，除了可利用動線上增加的曲折來篩檢出入者，更透過縮減門前可供施力的前置空間，增加防禦效果。即使戰時撞車開到門前，也因空間不足無法作動鎩羽而歸。

甕城

規模更大的大城則有所謂「甕城」的構造。

甕城是護牆的升級版，在原有城門外再加一圍門戶，比原本更添一層保障，因形狀半圓有點像甕而得名。攻城方若要攻城，勢必先突破甕城，但突破甕城後，卡在甕城與城門間的敵軍會如甕中捉鱉般變成最好的箭靶。

看過金獎大作《投名狀》的讀者，應該忘不了片中金城武領隊射殺太平天國降軍的場景，那便是甕城典型的作用。

【故事檔案】

城牆、伍子胥與年糕

讀到這，讀者可能好奇：這三者怎會扯在一起？

前文提過城牆是一座城最主要的防禦工事，分量自然可觀。俗話：「臉皮比城牆還厚。」便是這麼來的。若守城者調度得法與各種戰具搭配運用，要強攻一座城絕非易事，因此常見的辦法是圍城，即切斷城中軍民糧食補給之後擺爛耗上，看誰能撐得比較久的消耗戰。這便與伍子胥有關係了。

伍子胥，單名員（「員」音同「雲」），父親伍奢是楚國太傅，即太子的老師。原是貴族的伍員，因一件宮廷醜聞而成為通緝要犯：楚平王在小人費無忌教唆下，將原本許給太子的秦國美女孟嬴占為己有，並羅織罪名處決了太子與太傅等人。在伍奢被監禁時，楚王放話要伍家兄弟贖人，然而不同於忠厚的大哥伍尚，伍員洞察楚王「一網打盡」的算盤，毅然出奔。其後為求出關，一夜急白頭髮，吹簫乞市，乃至於協助公子光成為吳王闔閭等故事，則是大家耳熟能詳的了。

說伍員是吳王闔閭宮廷的靈魂人物絕不為過。吳王即位前的刺客專諸與即位後的兵聖孫武，都是他所開發出來，重要到足以決定歷史走向的人才。在與孫武合力下，復仇者伍子胥所率領的吳軍大破楚國，前所未有地攻入國都郢都。而後世記得最清楚的，大概是他挖出楚平王屍首「鞭屍三百」的壯舉。

然而，最賞識他的闔閭不久後伐越戰死，其後是眾所周知的句踐復國滅吳橋段。伍子胥恃才傲物的性格與前朝元老身分早已令夫差感冒，在小人伯嚭饞言下終被賜死。憤恨不平的伍員遺言要家人將他身後的眼睛掛在城門上，目睹吳國被越所滅，最終果然如其所料。

這位英雄人物生前故事很多，死後也不少。傳說，錢塘潮即是伍子胥死後成為水神，怨氣不滅，發洩在越人身上的結果；年糕的由來也與他有關。伍員死時留言給親信說若國難缺糧，去城牆下挖地三尺便有辦法。後來句踐圍城時，眾人依言去挖，果然找到伍子胥生前所囤，以米粉蒸製後壓成的糧磚，解了斷糧之危。之後每年過節時，家家戶戶都仿製這種米糕磚，紀念伍子胥的恩德，這便是年糕的起源啦。

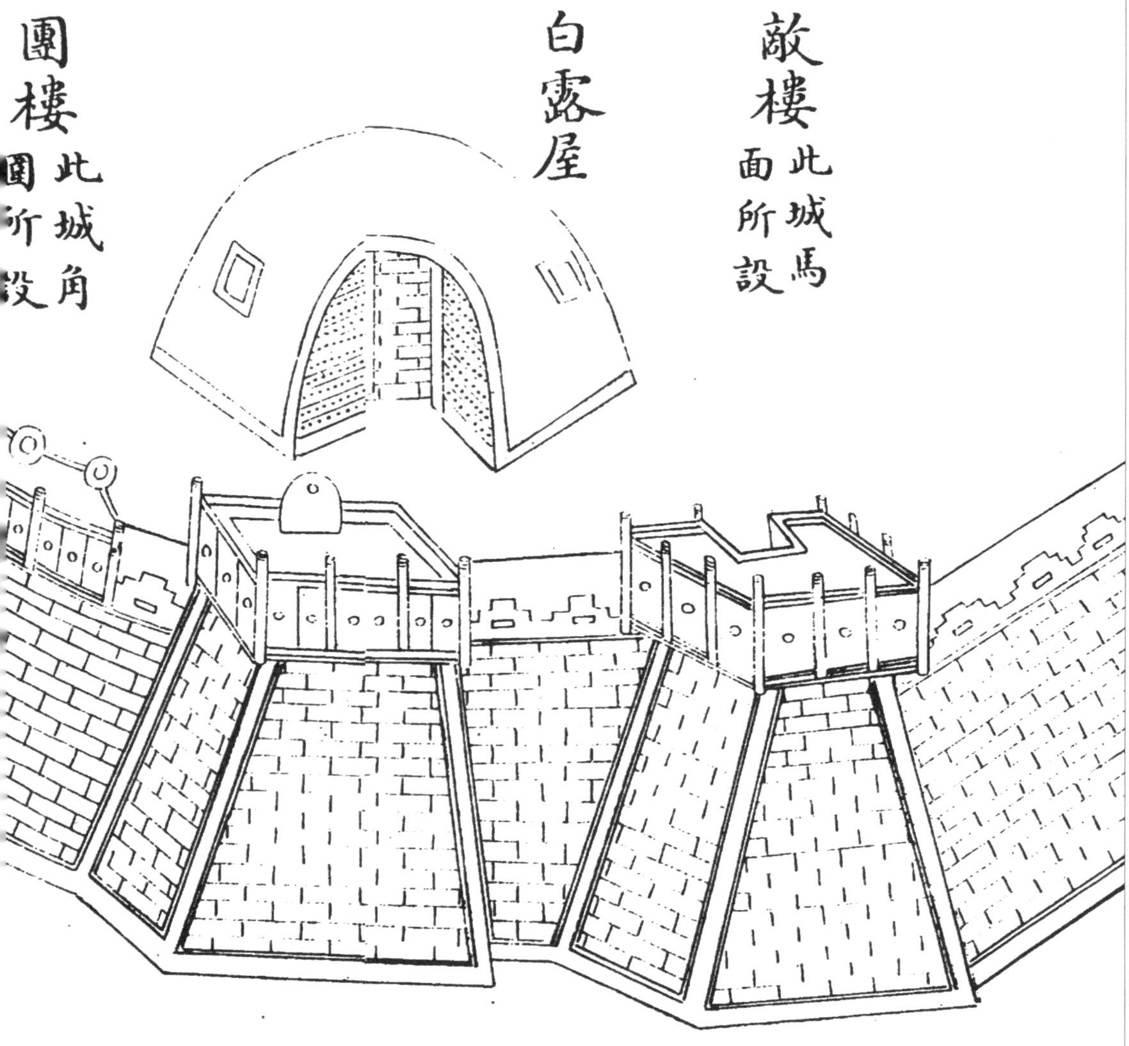

◆ 這個條目在 Wiki 也找得到，上面說：「搭建在馬面（城牆突出的部分）上的棚樓叫敵樓，在甕城上的叫戰棚。」這類城池結構其來有自，因此隨時代與地緣不同，混用的名稱也很多。此外，國外的城堡也有類似的設置。

馬面與團樓

由於中國幅員廣闊，城池往往有防禦上的死角，為了有效監控與防禦敵人攻城，設計城郭時，於城牆間隔及邊角處，每隔一段距離即安排名為「馬面」的結構。

馬面的名字很有趣，其實就是突出的角柱形敵樓，乍看之下確實有點像在城牆上長出了個長長的馬臉。由於結構突出，因此方便察看從任何方向推進的敵軍。不僅如此，在馬面上更能安排叫作「戰棚」的台子，借此容納更多士兵與守城器具，也能當作烽火台來用。至於馬面突出牆外的塔身本體上，也能開窗安排射手攻擊，效果多多；只是對於攻城者而言，恐怕真的像看到牛頭馬面般頭痛吧？

城牆角落配置的弧形箭塔設施，名為「團樓」，結構與作用都與馬面相似。若將馬面與團樓都安排好，那便真是三百六十度全無死角啦。

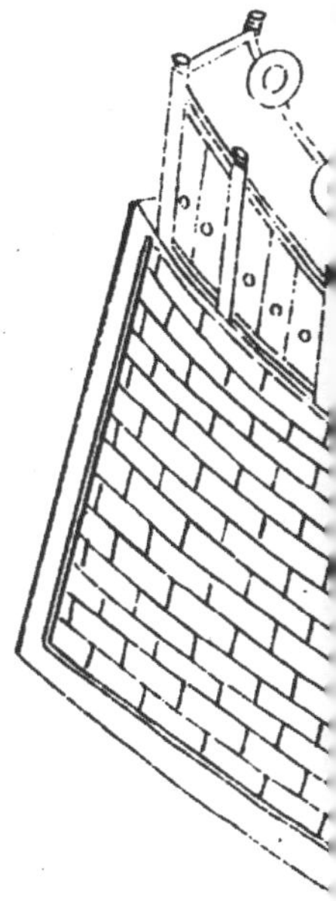

【知識檔案】

地聽

前文說挖地道是攻城者常用手段，為此，守城者也不得不防。「地聽」，就是用來反制的工具。所謂地聽，是倒扣在土中或乾井裡的甕狀容器，其頂端薄薄繃上一層皮，有點像鼓。敵軍若派人挖地道時，守軍便派聽力好的人趴在地聽上，透過傳達的聲響判斷挖掘的方向以應對。甚至以此探知敵軍的人數多寡，算是古代的聲納系統。

塞門刀車。籍車。

機動支援

塞門刀車用以應對敵方的衝車；籍車則是在城牆上支援移動的載具，透過無底箭窗，向城下射擲各式武器。

◆顧名思義，是在門將被攻破時，用來擋住門的道具，也有放置於出入要道阻擋騎兵的用法。

塞門刀車

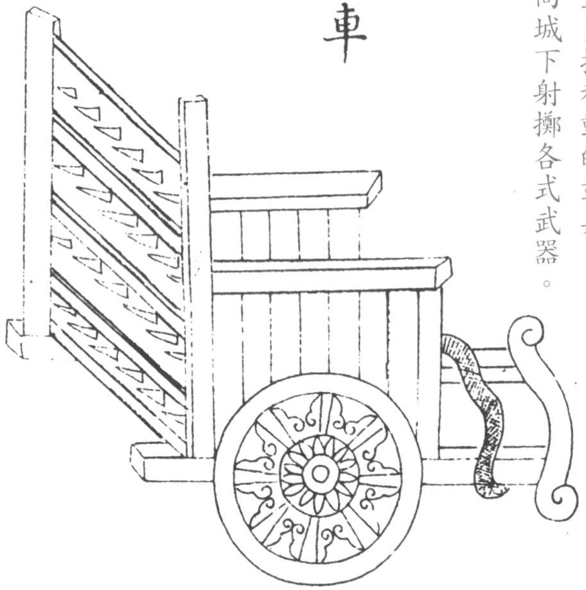

前文說過守城時城外第一線的陷阱、路障與城池的防禦結構，接下來要講的是，當敵方兵臨城下時，會派上用場的應變戰具。

首先是「塞門刀車」，這算是用來應對衝車的守具，是部大型二輪推車，正前方有片厚實的大木牆，上面排滿成列的尖刀，就像狼牙棒般。

話說，電視劇新版《水滸傳》中有大量「戰車」出場橋段，其靈感似乎由此而來。這……推著刀車衝進敵陣的打法或許也有，然而這玩意兒一來笨重速度不快，再者除轉彎移動不便外，地形不平坦時很容易絆倒，在千軍萬馬的場合中，地上只要多兩具屍首就會人仰馬翻，變成活動路障。有以上種種問題，會用這種神風特攻隊式打法的場合，老實說不是太多。

既然叫作塞門刀車，顧名思義是拿來塞城門

◆ 籍車（示意圖）上的承載空間能夠存放各種阻止攻方登城的道具。

用的。若城門被敵軍用衝車撞破時，將它推出去擋門，來爭取點時間，對付騎兵之類機動部隊尤其有效——畢竟沒人想掛在這車上變成肉串。

雖然如此，塞門刀車的作用其實有限，敵軍只需放把火等它燒壞就好。是以當年老蓋仙夏元瑜說這是個笨方法。若想充分發揮效果，還得靠城上守軍配合，這便不得不提另一樣工具：「籍車」。

籍車

籍車是在城牆上移動的高底盤載具，在承載人員的平台上，其中一邊是突出城牆外沿的無底木筐。在城幅廣大而遇敵軍分散各點蜂擁攻城時，籍車便能派上用場。

城牆上守軍快速將籍車推到需要支援處，登車後便透過那塊無底的箭窗向下射箭。而由於車上有乘載空間，是以不僅能存放大量箭矢補給，甚至連石塊啊、木樁啊，乃至火盆啊、滾水啊……只要能轟下去阻止登城的道具都成。

話說，守軍能用來對付敵軍攀登的武器其實還真不少，底下便一起來看看。

重複使用類武器。

城上守軍標準配備

連枷、挫手斧、櫑等是阻擋敵軍攀登我方城池時，得以重複使用的武器。通常是利用從上往下的重力加速度，配合曲線式攻擊軌道，達到殺傷效果。

鐵鏈夾棒

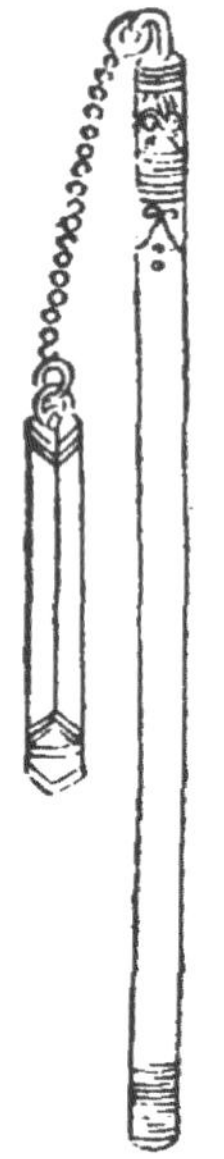

鐵鏈夾棒、本出西戎、馬上用之、以敵漢之步兵、其狀如農家打麥之枷、以鐵飾之、利於自上擊下、故漢兵善用者巧於戎人、

看到攻城者攀登上城時，守軍們通常的反應是刀槍齊下。然而，因立腳處的城牆所致，有一部分的死角是攻擊不到的；此外，刀槍的攻擊軌跡是直線，閃避相對容易，是以前文介紹過的「鐵鍊夾棒」或「連枷」便得以上場了。透過鐵鍊來甩擊短棍那段，曲線式的攻擊軌道便能繞過原本的死角，打擊攀登者。

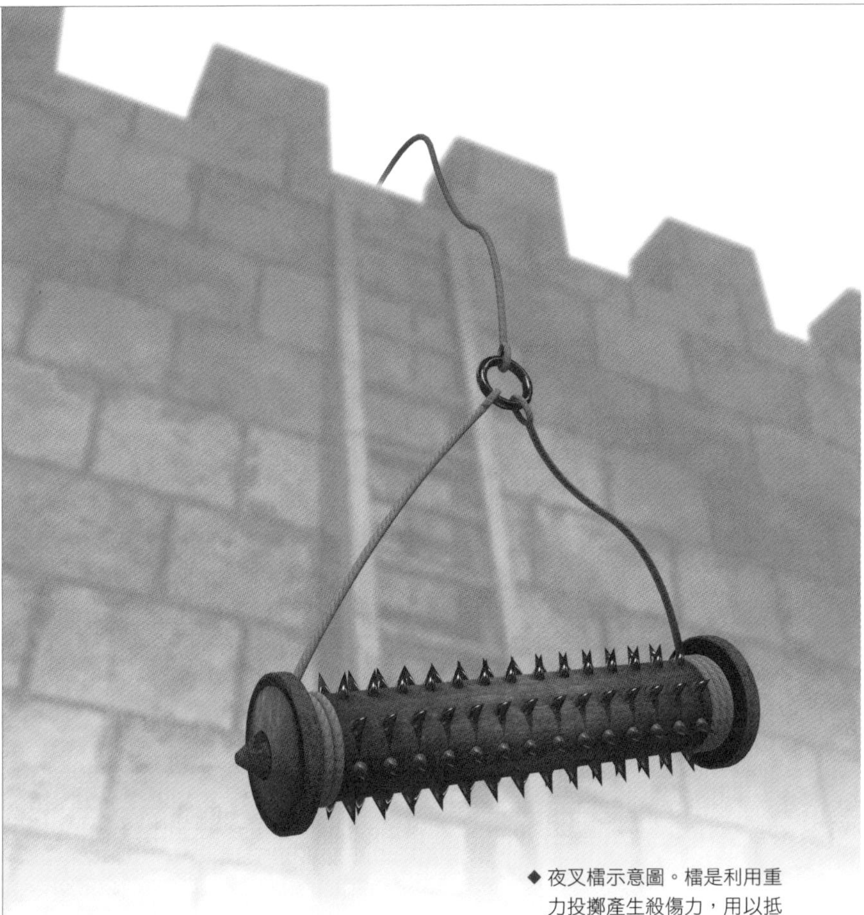

◆ 夜叉檑示意圖。檑是利用重力投擲產生殺傷力，用以抵擋攻城者的器械。

連枷與挫手斧

連枷是用於已將登上城壁的敵軍；而對付正在攀登者的武器則是「挫手斧」。

還記得《水滸傳》裡魯智深用的月牙鏟嗎？把鏟頭那端類似大斧的部分轉個一百八十度，使刃部朝向使用者的手就對了。

之所以有此特殊的構造，是為了配合使用場合：城上守軍先猛然將挫手斧放下，然後用「拖回」的方式將之拉回來，**此時朝向使用者方向的刃部便會將攀登者的手指如同割稻般割下來。**

曾有人因這武器的逆刃造型而質疑其實用與否。答案是肯定的！只是使用的場合有特殊限制，但殺傷力可不是開玩笑的。

檑

除前述兩樣單人武器外，守軍們還

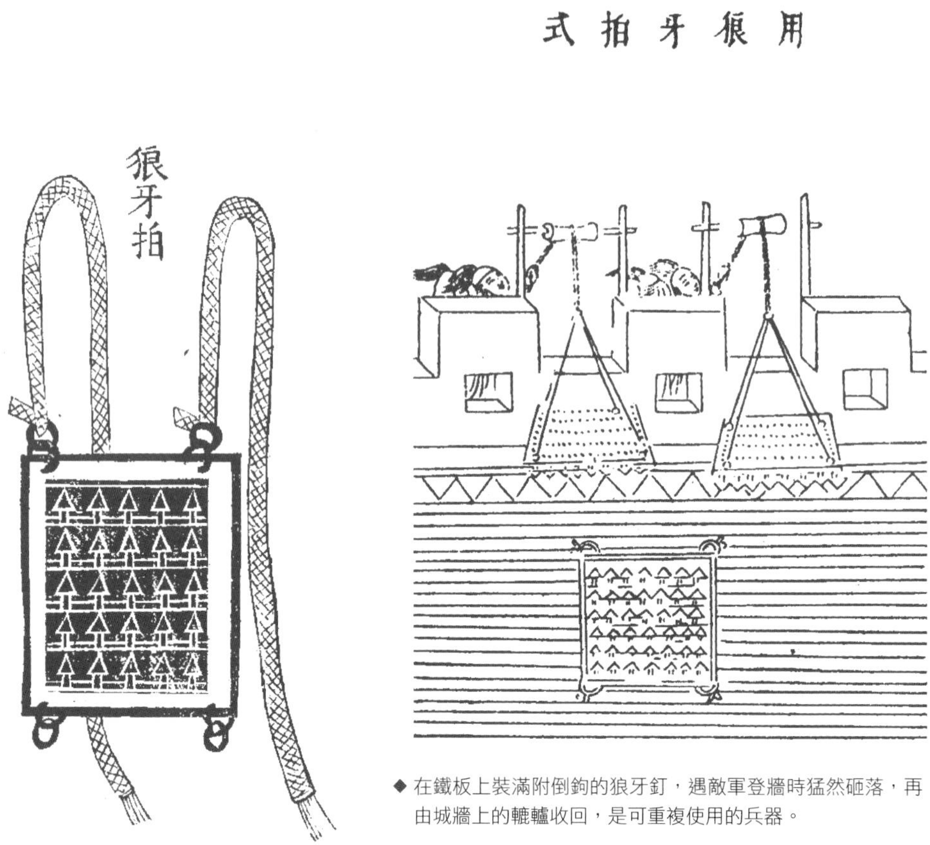

◆ 在鐵板上裝滿附倒鉤的狼牙釘，遇敵軍登牆時猛然砸落，再由城牆上的轆轤收回，是可重複使用的兵器。

有對多人的反攀登武器，如小說中的「砲石檑木」之類。

所謂「檑」，是指靠重墜之力砸下的道具，用以擊落攀城者，上面通常繫有繩索或鐵鍊，方便攻擊後回收使用。

檑的種類很多，常見的有以樹幹製成的「木檑」、以土燒製成角柱狀的「磚檑」，或更講究一點的「夜叉檑」。

夜叉檑以巨木為幹，上面插滿倒鉤的狼牙釘，兩端箍上車輪，戰時往城下敵軍密集處砸去後，再以絞盤捲動繩索猛然拉回，如此來回兩次都能造成對敵的損傷。

與之相似的是名為「狼牙拍」的道具，這是布滿狼牙釘的鐵板，與夜叉檑一樣能在砸下後吊起收回。

此外還有造型獨特的「車腳檑」，顧名思義是以大型車輪製成的檑，只是不知道效果如何……

飛鉤

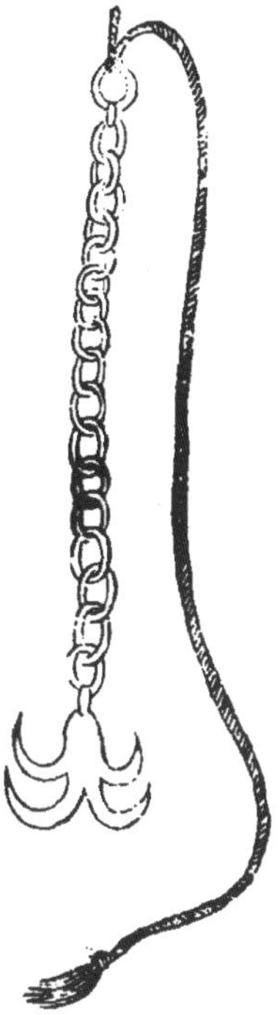

一名鐵鴟脚鉤、鋒長利、四刃、曲貫鐵索、以麻繩續之鐶、敵人披重甲、頭有鍪笠、又畏矢石、不敢仰視、候其聚、取則擲鉤於稠人中、急牽挽之、每鉤可取二人、

◆ 此即前文「飛爪」中提到的「飛鉤」，與弩一樣，將尺寸加大之後，便成為攻守城戰中利器。

【知識檔案】

鐵鴟腳

與車腳檑同樣具有交通工具般特殊造型的，還有前文談「飛爪」時提到的「鐵鴟腳」或「飛鉤」，形似船隻的錨，除了砸下時的重量外，回收時還可以鉤人，據說「每鉤可取二人」。想想：將城下士兵當活魚三吃那樣鉤起來的場面，說實話，挺恐怖的……

單次使用類武器。

投擲用反登城道具

金汁、灰瓶、萬人敵、糞砲罐等是單次使用類的拋擲武器，利用滾燙的熱水、熱沙、火藥、石灰等各種具有傷害性的物質，甚至是糞便，從城池的高牆上扔下，阻礙敵軍的攀城攻擊。

除前述可回收使用的反攀城武器外，守軍更有大量的單次使用類拋擲武器，例如《水滸傳》中多次提到守寨用的「金汁灰瓶」等道具。

金火罐與灰瓶

「金汁」的正身，容我們後面再來詳述，先講個跟它名字相關的玩意兒：「金火罐」。**據說金火罐是將熔點低的金**

◆ 萬人敵是早期的炸彈，威力驚人，是守城時的利器。古代沒有視頻短片，因此光看圖片無法想像它爆炸的轟然巨響與沖天烈焰。話是這麼說，看著圖片下方面無表情身首異處的受害者，卻也別有一種恐怖之感……這玩意兒在後文火器單元會再詳細介紹。

屬或鐵裝罐，使用時以高溫將內容物燒成鐵水；砸下去時，滾燙的鐵漿四濺極具危險性不說，冷凝後的碎渣更能扎傷後續攻城人員的手腳。雖然費工，卻具有多段攻擊效果。

至於「灰瓶」，其功能類似於煙霧彈，能夠迷人眼目。比較狠的會用燒燙的熱沙，更下流的則放石灰。看過《鹿鼎記》的讀者，應該記得這是韋小寶用過的陰招。中招後，只能用菜油慢慢清，若不知厲害，貿然用水沖的話，鐵定把雙眼燒瞎。實是非常損人的招數！

撇開這些東西，陽春點的就用石臼或磨盤也成，從高牆上重力加速度扔下，砸中不死也重傷。更簡單的是，將水燒滾後澆淋下去，像俗諺說的：「滾湯潑老鼠一窩子死。」

火罐

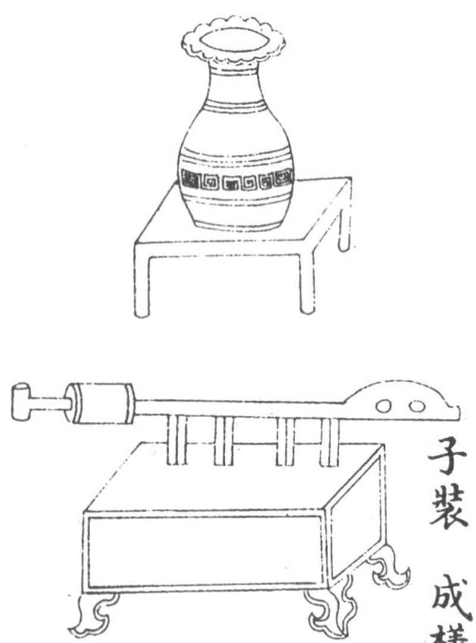

猛火油櫃筒櫃子裝成樣

金火罐法

右其制圜九寸高四寸形圜口徑八分先用麻皮泥漿次使麥麵泥次又用豬鬃泥逐重塗傅煨煖後盛金火汁以麥麵土泥塞口用濕氈五指裹至肘者入炮內放其盛器則有生鐵篩盆（用鑄成以盛金汁仍有兩耳手把）則有生鐵杓熟鐵杓（並把注金汁）若敵來攻城有團隊者以金砲打之人馬中則解散放宜急勿使凝給凡砲拽二聲放此可一聲放之

萬人敵

火藥發明後，同時出現各種投擲型的火器。早先火藥技術不足時，投擲火器常以燃燒彈為主，雖不比現代燒夷彈威猛，但與街頭抗爭用的汽油彈相較，倒未必遜色。

後期火藥技術成熟，更有「震天雷」、「霹靂炮」、「萬人敵」等爆炸性投擲火器，殺傷力大幅提升，引爆時所引起的硝煙和巨響更有干擾恫嚇敵軍之效。在宋末對外抗戰中，這類投擲火器起了很大作用。後文的火器篇將再說明。

糞砲罐與金汁

然而，調製火藥需要技術、成本與材料，條件不足無法生產時，又該怎麼辦？所謂：「窮則變，變則通。」最善於變通的中國古人腦筋一動，竟生出了一種令人嘆為觀止的發明：「糞砲罐」！且看它是怎麼做的。（吃飯前後或心臟不

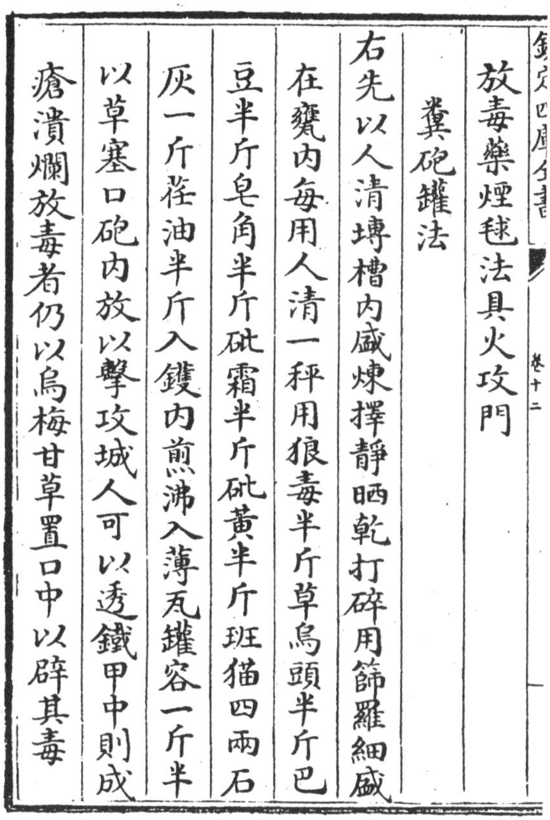

欽定四庫全書　卷十二

放毒藥煙毬法具火攻門

糞砲罐法

右先以人清塼槽內盛煉擇靜晒乾打碎用篩羅細盛在甕內每用人清一秤用狼毒半斤草烏頭半斤巴豆半斤皂角半斤砒霜半斤砒黃半斤班猫四兩石灰一斤荏油半斤入鑊內煎沸入薄瓦罐容一斤半以草塞口砲內放以擊攻城人可以透鐵甲中則成瘡潰爛放毒者仍以烏梅甘草置口中以辟其毒

◆關於這史上最kuso的武器，古人還特意留下詳盡的製作配方。呃……撇開砒霜烏頭這些毒藥不說，光是那主要成分就夠嚇人的了。富有實驗精神的讀者，不妨自行嘗試實作看看（大誤）。

夠強的請千萬別看這篇。）

根據夏元瑜老先生說，要做這東西，首先要把茅廁裡的「陳年黃金」挑出並曬乾，使用前丟下鍋，配上幾種有毒草藥，熬煮幾個時辰，然後裝罐，再用稻草塞上封口。當敵軍攻城爬牆時，就來個熱呼呼的「喜從天降」，媽呀……被這玩意兒砸中不光是臭死人不償命而已，還會造成皮膚潰爛，若身上又有傷口的話就更慘了。

說到這，反應快的讀者們大概已經知道前述的「金汁」跟這玩意兒有什麼關聯了……沒錯，就是它的液體版啦！

據說，在製作過程中，加工者需口含藥劑防毒。您瞧，這有多嗆！真是名符其實的「kuso」了。倒不知道呂捷老師的水肥車抗暴構想，是否來自這裡？

近代戰場是熱兵器縱橫的時代，是以攻守城戰具皆以火器為重心。相關戰史與戰具，後文將有詳細討論。

霹靂神威

火器。

水火無情，自然元素的力量早為人類所知，古今中外皆有運用水火之力作戰的悠久歷史可循，火藥的發明更對全世界影響深遠。

為整理方便，我們將中國火器歷史概分為三類：

利用火藥產生燃燒攻擊效果的噴射、燃燒系；

利用火藥產生爆炸殺傷效果的爆炸系；

利用火藥效果發射弓箭或彈丸等武器的射擊系。

噴射、燃燒系。

源起

噴射、燃燒系是利用火藥產生攻擊效果的火器，遠在宋朝已廣泛應用於實戰，提供單兵作戰時投擲使用。因為火藥的發明，戰法變得更加豐富，勝負充滿變數。

火器主宰近代戰場，追究其來源，自然不能不提中國。熟悉古典小說的讀者對火器一定不陌生，包括《三國演義》中「諸葛亮火燒藤甲兵」的橋段；或《水滸傳》裡「神火將軍魏定國」、「轟天雷凌振」等專以使用火器出名的角色。

雖說武侯大人用的地雷很可能是幻想產物，但水滸英雄有善用火器者便很合理。**據史料考據，中國火藥發明時間約在宋朝，若將燃燒性火藥納入其中，甚至更早，遠在唐朝醫聖孫思邈的書中已有相關配方記載。**

火器的源起

前文提過攻城器與墨家的淵源，而

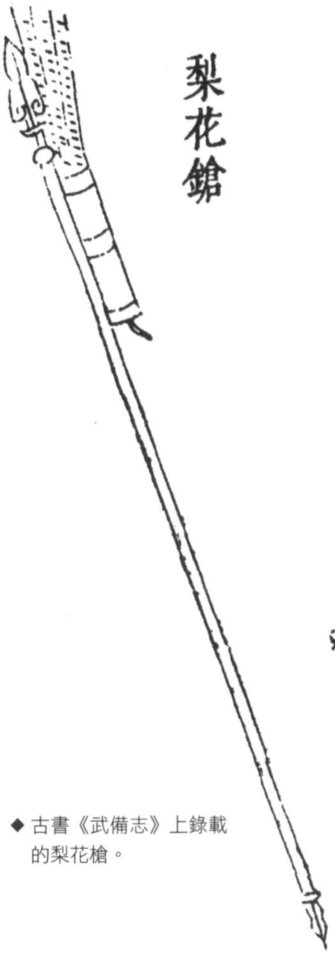

◆ 古書《武備志》上錄載的梨花槍。

若說到火器，就與道家方士關係密切。

中國使用火器的歷史很早，從田單火牛陣，到官渡、赤壁等戰役，都是著名的例子，在《孫子兵法》中更有〈火攻篇〉的專論。然而，**早期火攻僅限縱火焚燒敵軍戰具輜重，使用的是簡單的易燃物質，較精確的配方則付之闕如。**直到道士們將煉丹心得記錄在相關的丹經密錄，才開始有系統化的整理。

在**「鉛汞紅白」的煉丹實驗過程，古代道士先是對易燃物質有更清楚的認識與研究，繼之發明了由硫磺（催化劑）、硝石（氧化劑）與木炭（燃燒劑）三者的混合物——即所謂「黑色火藥」——這是最早期的火藥。**自此，火器相關的戰法隨之豐富。

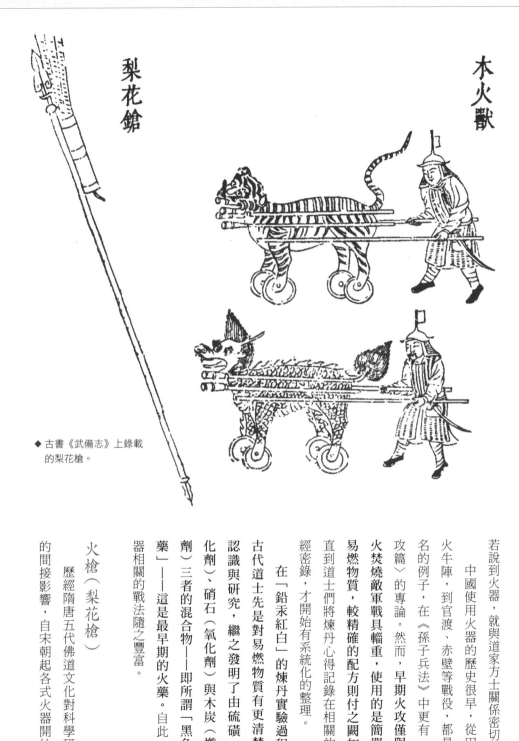

火槍（梨花槍）

歷經隋唐五代佛道文化對科學研究的間接影響，自宋朝起各式火器開始廣

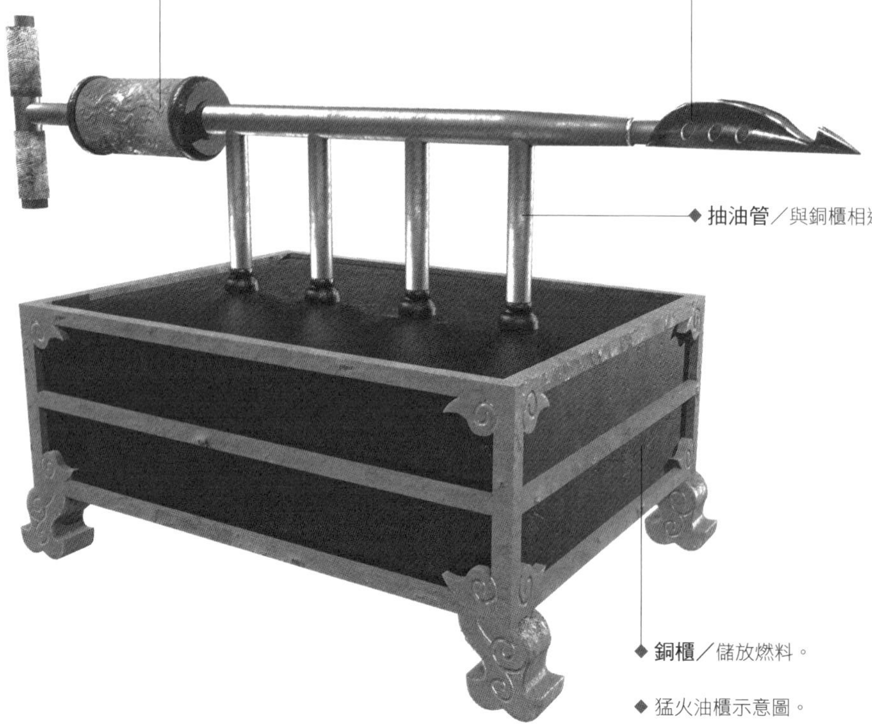
◆ 唧筒／橫置在銅櫃上方，可以注油。
◆ 火樓／唧筒前端的點火構件，填有火藥。
◆ 抽油管／與銅櫃相通。
◆ 銅櫃／儲放燃料。

◆ 猛火油櫃示意圖。

泛應用於實戰，其中以發展最早的噴射和燃燒系火器最形成熟。

首先是「**火槍**」（或稱「**梨花槍**」），**這是傳統長槍的火器搭配版。其構造很簡單，在長槍前端加裝一節火藥筒，上陣前點燃即可。**引燃噴出的火焰能燒傷敵人，即使是只能噴出火星的陽春版，也足以遮蔽對手視線。

以火槍猛地朝對手噴射一輪後，再趁隙以冷兵器長槍刺殺被噴得七葷八素的敵軍，是一種提供兩段式作戰的武器。

隨火藥筒填充的內容不同，還有噴出毒煙或內裝鐵屑等的變化版本，而為利於連續接敵，使用者往往裝備有數個藥筒，分次使用。

說來這算是滿下流的武器，不過，實話說，戰場上往往越下流的招數，效果越好。甚至有使用者誇稱：「二十年**梨花槍，天下無敵手。**」儘管是十分早期的火器，卻取得了相當的實戰績效。

猛火油櫃

除了結合冷兵器的單兵火槍之外，更有《武經總要》所記載的**「猛火油櫃」，是攻守城時實用的大型火焰兵器。**相信許多玩家都對電玩遊戲中的火焰放射器印象深刻，**這玩意兒是這類燃燒系武器的原型。**

猛火油櫃是方形的大銅櫃，櫃上有可以注油的油箱口，上方橫置貫通的唧筒，其下是四個連接銅櫃的抽油管，筒中有拉桿——類似小朋友玩的水槍，而唧筒前部安裝填有火藥的容器「火樓」。

使用時，先在櫃中裝滿燃料並點燃火樓中的火藥，然後抽動拉桿，利用活塞作用抽油上升，當燃油被推出時，受到火樓引燃，形成熊熊烈焰噴出。

據說，**「猛火油」指的是石油，盛產於西域，早在漢朝就有記載**。古人發現它引燃後遇水不滅的特性，便運用於軍事上。西方著名的「希臘火」也是相關產品。

類似的縱火戰具其後都還有記錄，例如：明朝裝載在彩繪木製巨獸之中，推上陣，燒殺威嚇敵軍的「火獸車」；而《三國演義》描寫孔明用來對付南蠻木鹿大王妖術的道具，應是由此得到靈感的吧。

火毬

梨花槍與猛火油櫃都是可重複使用的噴火器，有效延伸了攻擊距離。

有道是：**「一寸長，一寸強。」**相較於短兵相接的白刃戰，投擲武器由遠處即能發揮牽制效果，具「射後不管」的便利性，又不必像弓箭費神瞄準，是以燃燒性火藥問世後不久，戰場上即出現許多投射型的燃燒及噴射系火器，供單兵作戰時投擲使用。

早期的火器還有「火毬」，是小型土罐或銅罐裝藥（甚至用紙或竹筒包一包就成），點燃後，擲入敵陣，算是汽油彈的雛形。雖說陽春了點，卻已有相當效果，下文我們將要看看之後更強悍的變化型。

爆炸系。

中堅

爆炸系是利用火藥產生爆炸殺傷效果的火器，其轟然巨響具有震懾效果，威力十足。對人具有殺傷效果，甚而造成古代建物灰飛煙滅。

前文說的火毬是單兵兵器，個頭小、使用方便是沒錯，殺傷力卻因此受限，是以誕生了更大型的變化版，借用投石砲射入敵陣，發揮效果。

諸如「竹火鷂」、「鐵嘴火鷂」，基本上是內裝火藥的竹籠，外頭包上稻草，點燃後往敵陣射去。這類兵器之後有「毒藥煙球」、「神飛毒烈火球」、「神火混元球」等變化，視裝藥內容而有不同效果，除用來焚燒敵營的燃燒性武器，更有利用化學物質噴發毒煙造成嗆傷的化學性兵器。

古代建物多屬木造，是以燃燒系武器除用於焚燒糧草輜重，也可以破壞防禦工事。與之相較，密閉空間則往往使用化學性武器，發揮對人殺傷效果，尤其用來對付挖地道潛入的敵軍，丟進地道後毒煙瀰漫，造成大量死傷與嚴重心理威脅。

鐵嘴火鷂

竹火鷂

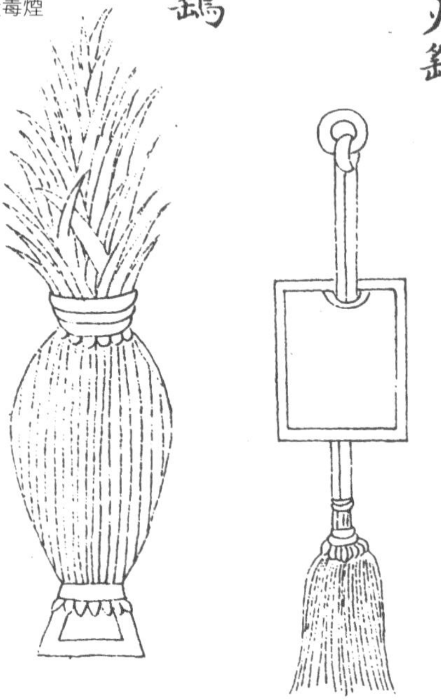

◆以竹木籠盛裝火藥，外包稻草，點燃後擲向敵軍的爆炸殺傷性火器。視裝填物的不同，也有燃燒彈或是發毒煙的化學武器等效果。

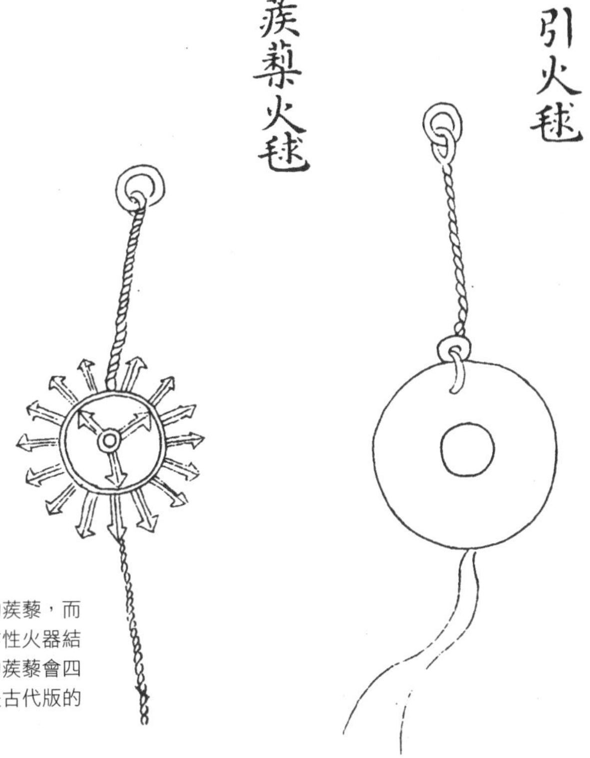

◆ 前面提過用來當作路障的蒺藜，而蒺藜火球即是將之與爆炸性火器結合的產品。爆炸時上面的蒺藜會四射噴飛傷人，基本上即是古代版的大型手榴彈囉。

霹靂火球（霹靂炮）

隨調製技術進步，火藥從早期的燃燒劑往爆炸效果發展，後者威力之強可謂青出於藍而勝於藍。

爆炸系的碎片與衝擊波具有強烈殺傷力，其發出的轟然巨響更具震懾效果。經歷過成功嶺震撼教育的男生應該很能體會。這算是當時最新軍事科技，在宋朝對外戰爭中曾大顯身手，「霹靂火球」（或「霹靂炮」）即是著名的例子。

霹靂火球是守城戰的利器，在陶罐內裝火藥、外塗瀝青，點燃後砸下城去，炸裂時發出宛如巨雷霹靂的聲響，因而得名。

其後有了水戰用的變化版本：在罐體留下縫隙，罐內裝入石灰，投入敵船附近的水中，當石灰與水作用產生猛然爆裂，聲響與飛散的石灰粉便能擾亂敵軍。

至於陸戰用霹靂火球則衍生出「蒺藜火球」的加強版。外殼插上數十支有倒鉤的鐵蒺藜，爆炸時蒺藜四射，與手榴彈爆炸的碎片攻擊有異曲同工之妙。**史書記載，靠著火炮的威力，曾讓宋軍擊敗過數量十倍以上的蒙古軍隊，威力可見一斑。**

◆ 震天雷示意圖。

震天雷

金對元戰爭所廣泛使用的「震天雷」也讓蒙古軍相當棘手。

震天雷的外殼是由生鐵澆鑄而成，通常是兩個半球組成的合碗形，亦有葫蘆或柱狀的變化版。點燃後以投石器射入敵陣，爆炸時，具有**「聲如雷震，聞百里外」**的威力，四處飛射的鐵片更足以貫穿鎧甲，元軍在攻城時曾數度被震天雷轟得死傷慘重。

吃足苦頭後，蒙古人吸收敵人之長，將火器術習為己用，成了攻城掠地的利器。除震天雷之外，一般士兵更備有名為「Ban」的手擲小型炮杖，點燃用以炸人或擲入騎兵隊中驚駭馬匹，這便是縮小版炸裂型火器初期的用途。

提到手榴彈，或許各位也注意到了，**與燃燒系火器不同，爆炸系反倒先有大型武器誕生才開發出小型版本。**相較於僅將之用於輔助作戰的元軍，明朝則有系統地將火器大幅用作軍隊的標準配備，除後文會提到的鳥銃之外，先前介紹的「火毬」（請見第二八九頁）也進化成具有蒺藜形外殼的陶製炸彈，炸裂時的碎片殺傷力更強，儼然是現代手榴彈的前身。

至於大型炸彈也一直廣為使用，如名為「萬人敵」的炸彈，即是在空心泥球中塞入火藥、裝上引信，外面以木框固定，並墊上稻草以免破碎，當敵軍攻城時，點燃後砸入人群，之後就會看到一堆人身首異處……

◆ 混江龍是見於古代科學名作《天工開物》的水雷。雖說使用上看來不大容易，卻是世上最早的水雷原型。

【實物檔案】

混江龍

或許因為明、宋兩朝相似，長於守備而不諳攻取，是以留下的記錄中，有許多是地雷等被動類型的陷阱式火器，甚至還有水雷。

以名作《天工開物》提到的「混江龍」為例，是以鐵殼製成炸彈，其上以線香引火，封在牛或豬的尿泡（膀胱）中以免透水，再綁在木板或竹筒上，其下則以石塊沉墜於水中；主體另一端是雁翎製成的浮，浮以羊腸連至炸彈本體以通氣供線香燃燒，並利用雁翎以為掩護（從船上遠看，不留神會誤認成是水鳥）。使用時點燃線香後，將之漂流至敵軍艦隊中，能把船底炸出個洞來。

與之相仿，早期的地雷也是用導火線引火，視引信的用藥種類及長短來調整燃燒時間，至多可長達一、兩個時辰，使用者便依照預估敵軍到來的時間，預先點火。然而，這麼做畢竟常有誤差，失敗率偏高，後來因此有了更進步的鋼輪式自動點火裝置。若敵軍不慎牽動引線時，就會拉動機關中的鋼輪，使其摩擦火石，點火引爆。其原理與我們現在所用的打火機相同，實可說是當時領先世界的發明。概言之，明軍對火器的研發利用是下過功夫的。

射擊系。

近代的曙光

射擊系是利用火藥效果發射弓箭或彈丸等的武器，以間接方式利用火器作戰，成形雖晚，卻是左右戰場勝負的重要配備。

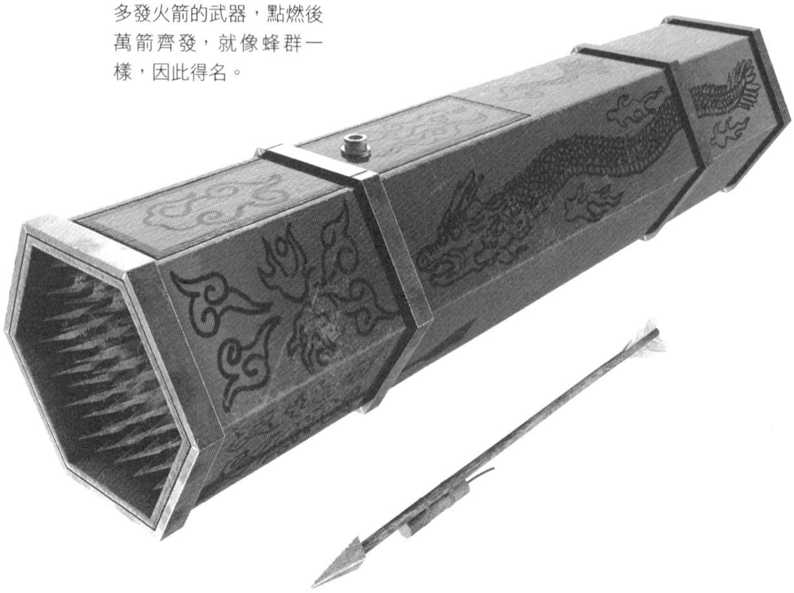

◆一窩蜂示意圖。這種筒裝多發火箭的武器，點燃後萬箭齊發，就像蜂群一樣，因此得名。

與前述兩系相左，**射擊系火器並非直接利用火藥爆炸攻擊，而是透過爆炸產生反作用力作為推進動力，擊發箭矢子彈以產生殺敵效果**。由於是以較間接的方式來利用火器作戰，因此成形也最晚，先歷經了燃燒系的啟蒙時期，繼而過渡到利用爆炸的階段。

一窩蜂

最早的射擊系火器當屬「火箭」，是古代火攻常用道具。早期僅是在箭身或箭頭纏上浸油的艾絨或易燃物，點燃後對著要縱火的目標射出去。火藥發明後，便改在箭身上繫著火藥筒，點燃後靠氣體噴射推力飛行（與現代的沖天炮原理相同）。燃燒的推進力能加速火箭飛行，擊中目標後正好引燃縱火。

之後由此產生了強化版，例如俗語所說的「一

窩蜂」，原是一種筒裝多發火箭的名稱。將數發火箭裝入筒中，統一拉出引線，點火後所有火箭轟地一口氣射出，聲勢驚人，且彌補了準確度不足的缺點。

同類型的還有「群豹橫奔箭」、「長蛇破敵箭」等系列產品，功能大同小異，往往只有機盒塗裝或是火箭數量上的些微差異而已。

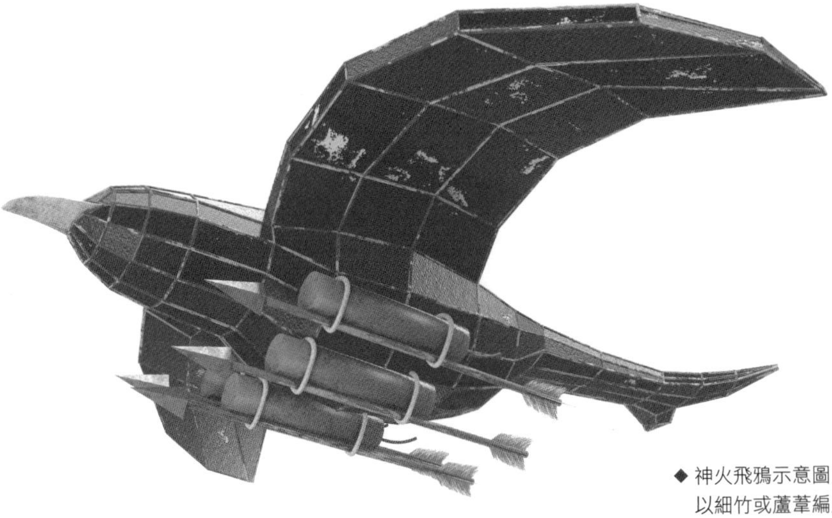

◆ 神火飛鴉示意圖。其骨架是以細竹或蘆葦編成，利用兩側藥筒的推進力射出，當藥線燃盡時，鴉身內部填充的火藥即被點燃。

神火飛鴉

火箭利於遠飛燃燒的特性又衍生出許多變化版本的武器。

其中，「神火飛鴉」起源自所謂的「火禽」。在飛鳥頭頸繫上浸油的麻布，點燃後令其亂飛入敵陣縱火……或許是奇招啦，然而殘忍不說，還難以掌握飛鳥的去向，一不小心就會弄巧成拙！

換成假鳥後的神火飛鴉，反而好用得多。將這玩意兒想像成結合火箭的風箏就八九不離十了。由於飛行的動力泰半來自火箭，因此那個飛鴉造型的風箏想來是用於欺敵。

據說，神火飛鴉可飛個兩、三百公尺，用於對敵軍兵器庫及糧倉縱火。

突火槍

前述火箭武器雖炫，在敵軍蜂擁而上的戰陣中畢竟效果不佳——機動性、準確度與制止能力均不足之外，難以持續給予敵軍打擊也是一大缺點，更別提成本高昂的問題。

電影《墨攻》中說：「守城者，以亟傷敵為上。」戰場上最有效率的單兵殺傷武器，當然首推槍炮。有了爆炸性火藥後，人們不僅開發出各種炸裂火器，亦學會用爆炸產生的氣壓來製造射擊系火器。

現代槍炮雛形可追溯到南宋末年的「突火槍」：將大竹筒的節打通並填入火藥，再裝上名為「子窠」的彈丸，點燃其後的引線引燃火藥後便可將子窠射出，據說射程約百來公尺。

與傳統射擊武器相較，突火槍是革命性的武器，即使見慣了弓弩箭矢的沙場老將，初次對上這怪兵器也會嚇大一跳：「什麼鬼玩意兒？這竹筒又爆響又噴煙的怎地……嗚，受、受傷了？明明沒看到箭啊！這是妖術，妖術啊啊啊……」

突火槍雖是初代射擊火器，但不僅射程遠，轟然爆裂的音效也具有嚇敵效果，只是製作簡陋，無法照準，倒有點像散彈槍。此外，受限於竹筒的用材精度不足，因此膛炸現象也屢見不鮮。

銅火銃

到元朝，嘗過火器的大虧後，蒙古人積極學習並開發相關的武器技術，不僅沿用且改良了前文所提過的投石砲，也將突火槍改良成銅鑄的射擊武器，即「銅火銃」，這就更接近今日的槍械了。

隨著蒙古西征，歐亞各國開始見識到這類嶄新武器的威力，很快地成了左右戰場勝負的重要配備。**因應不同的需要，槍炮逐漸有了不同的口徑與名稱：大的是「炮」，小的稱為「銃」（這是有了火槍之後才造的新字，部首從金，說明了來歷）**。至於口徑更大的在之後則有「將軍」的稱號。這也難怪，一尊大炮威力足可抵擋萬人大軍，不封為將軍還真說不過去！

【寶物檔案】

火龍出水

與神火飛鴉相似的火箭還有「火龍出水」，這玩意兒就更神奇了。

火龍出水是水戰用的兵器，在龍造型的竹筒上搭載多枚火箭，火箭引信延伸出藥筒，通向竹筒的尾端，其內也填裝有火藥。

施放飛行一段距離，待火龍出水的火箭燃燒完後，引線再次點燃竹筒尾端裝填的火藥使其持續飛行，原理與現代太空梭的多節火箭推進器相同。

據說原始構想是讓它自水中射出，因此而命名。而且原本打算在龍造型竹筒內再裝填火箭，利用推進火箭引燃作兩段式攻擊。

成功與否固然令人存疑，卻可說是世上最早的多節火箭。

◆ 火龍出水示意圖。龍身為竹筒，龍頭與龍尾以木頭雕製，用以壯大聲勢。

◆ 十眼銃（示意圖）是單管十連發的火器，以熟鐵製成，每節各有一孔，用來裝填火藥與彈丸。

十眼銃

至明朝後，槍炮已是軍隊佩賦的標準武器，早在朱元璋爭霸天下之初，即有許多使用火炮作戰的記錄。然而當時槍炮裝填費時且無法連續射擊，往往需與弓弩部隊搭配協同作戰。

火器與弩相似，威力與射程遠勝於弓，而裝填卻極為耗時。有鑑於火銃無法連發，設計者便試圖克服此缺陷，「十眼銃」即是一例。

還記得《西遊記》中孫悟空的金箍棒嗎？十眼銃的形狀其實就像那樣，是左右兩頭各有五節的鐵棍，每節上都有一孔，內裝彈丸與火藥，節與節之間則以厚紙相隔；發射時將最前頭那節點燃，依次點燃其後四節，接著調轉方向後又可再發五次，這樣就能連發十次。然而，受限於火藥容量，威力與射程未免差些。

三眼銃

比起十眼銃，更常見的是「三眼銃」。**這是三管聯裝的火銃，使用者手持長木柄，以引信點火或敲擊撞針後逐一發射，全彈發射完還可以當長兵器敲人。**推薦有興趣者在 YouTube 上可搜尋到熱心老外重現這武器原貌。

至於其他「五雷神機」、「迅雷銃」、「七星銃」等，基本原理相同，只是槍管數量不等，或多了前方護盾等配件而已。增加了槍管數量，整把武器的重量自然也增加，是以有些必須靠兩人合力，若單人使用則需以支架固定。火銃兵往往隨身配備手斧，一來供架槍用，再者若被敵人近身時也多少有個

◆ 三眼銃（示意圖）是可以發射三次的早期火器。不僅有射擊效果，就連用來當冷兵器敲人也很像話……

武器防身。

三眼銃類武器雖說解決了連發問題，但因先天構造限制，火藥裝填量有限，威力與射程不夠理想。此外，缺乏照準設備，因此命中率也不佳。這是早期火器常見的問題。

撇開三眼銃不談，即使大型火炮也一樣。**早期的炮是固定在架上的，因此無法調校射擊角度與改變射程**，加上後座力大且缺乏瞄準設備，為求解決準度問題便只有加大口徑，亂槍打鳥地對一定範圍內的目標開火。這也是為什麼當時以大口徑的碗口銃為主流。**然而這麼一來，射擊精度更為降低，且口徑過大，反而造成射擊時膛壓大減，對利用爆炸反作用力的火炮而言真是「大為洩氣」，威力便大打折扣**。既無法連發，準度又不夠，充其量只是把笨重的鐵球砸向敵軍而已，基本上不過是強化版的投石器……唯一的差別，大概是彈道比較直且威力又更大罷了。據說，射擊時，點炮的人還得先挖好坑跳進去，以免被震掛。

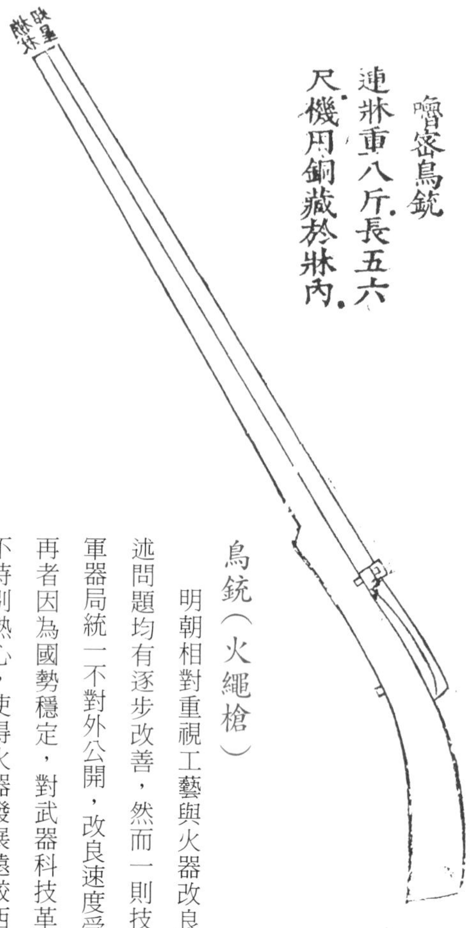
嚕密鳥銃
連牀重八斤，長五六尺，機用銅藏於牀內。

鳥銃（火繩槍）

明朝相對重視工藝與火器改良，前述問題均有逐步改善，然而一則技術由軍器局統一不對外公開，改良速度受限，再者因為國勢穩定，對武器科技革新並不特別熱心，使得火器發展遠較西方遲緩。相對之下，同時期西方火器卻在連綿戰事中有了突破性發展，至十六世紀初，原為火器發源地的中國反而要向西方進口火器了，其中比較重要的，第一種即是「鳥銃」。

鳥銃進口自歐洲，透過日本傳入，其實就是「火繩槍」。有一說是因槍管長且形似鳥嘴，故名「鳥槍」；另一說是因能輕易擊落飛鳥而得名。

與早期火銃相比，鳥槍槍管較長、口徑較小，因此射程相對較遠，更多了如準星、槍托、槍機點火、扳機擊發等機體改良設計，是以射速與準確度都有相當的提升。種種優點，使鳥槍很快地獲得青睞，成為部隊統一佩賦的武器。

在尺寸上，鳥槍有大小之別，小型變化版被稱作「鳥嘴槍」，槍管較粗而形狀接近於早期的手槍，在海盜電影《神鬼奇航》系列中常看到有人腰上插著兩支，這樣萬一開槍沒中，還可以再凹一發！至於加大版的鳥槍基本結構仍然相同，但射程與威力大為強化，由於機體沉重，往往需兩人操作，平常部隊移動時要抬著不說，射擊時更需架槍或由一人充當槍架來扛著發射，因此又稱為「抬槍」或「線槍」。

直至清朝中葉，鳥槍仍是一般步兵部隊的主力武器。

而上圖的「嚕密銃」，是著有《神器

◆ 此為依照古書描述繪製的神行破陣猛火刀牌示意圖。既能擋刀劍又能放火器，真是守中有攻攻中有守、守不離攻攻不離守的好東西！但先別提這個了，你考慮過高溫與機動力的負面影響嗎？沒有！你只想把敵人射爆。因此若放置於定點使用說不定還行，至於「神行」什麼的就免了吧……

譜》的明朝火器名家趙士禎所研發的改良版鳥銃。從倭寇那弄到火繩槍後，明朝開始力求改善士兵配賦武器，嚕密銃即是一例。

所謂的「嚕密」是指今日的土耳其，這是向土耳其取經而成的本土火器……沒錯，就是遊戲「世紀帝國」中，土耳其火槍兵武器的改良版，厲害吧？

加長槍管的嚕密銃射程威力都大幅提升，趙士禎更將銃尾設計成刀刃，打算在彈藥射完後，讓士兵轉頭持槍管，

【寶物檔案】

神行破陣猛火刀牌

說到防身，倒可以岔個題。

古書《火龍神器陣法》中有個神奇玩意兒叫「神行破陣猛火刀牌」，是個繪有龍頭的大盾，盾上有三十六個開口，分別接上藥筒，敵軍接近時便點燃火藥施放火焰，簡直是攻防一體毫無破綻。

構想是不錯啦，只是考慮到其笨重程度，除了會嚴重阻擋使用者的動線之外，且施放火焰後，盾本體勢必被加熱得高溫燙手！想來又是個不太實際的空想發明……

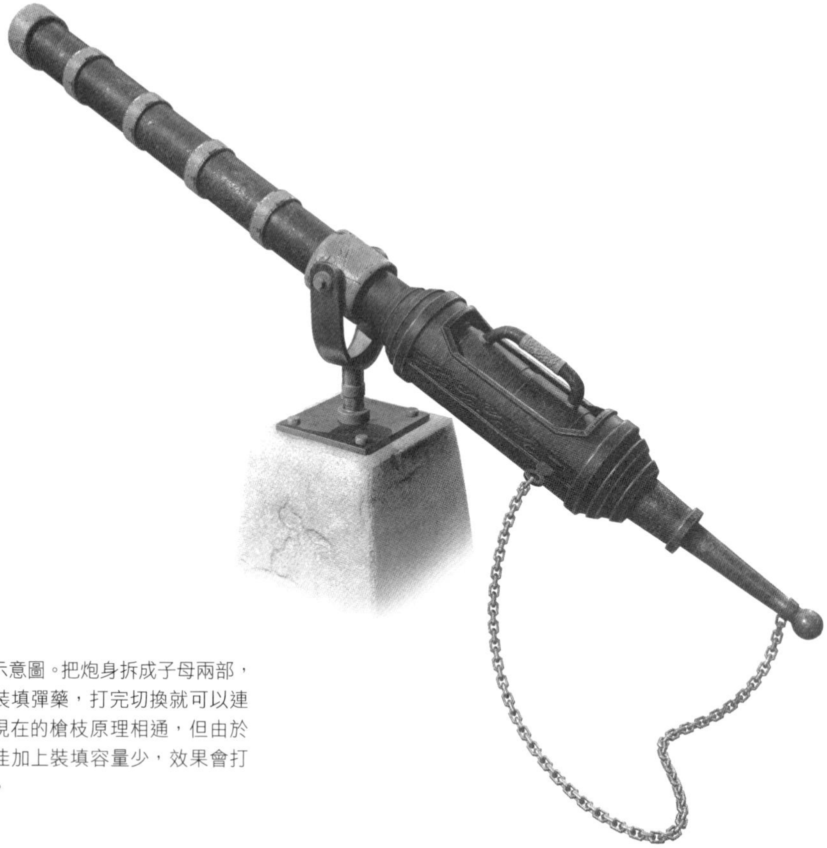

◆ 佛朗機示意圖。把炮身拆成子母兩部，子銃中裝填彈藥，打完切換就可以連發，跟現在的槍枝原理相通，但由於氣密不佳加上裝填容量少，效果會打點折扣。

把這玩意當斬馬刀用。近戰是否實用姑且不論，嚕密銃在當時火器中可謂表現傑出，只是遺憾的是，由於各種因素，始終沒有普及……

佛朗機

而說到重型武器，最具代表性的首推「佛朗機」。（這可與「航海王」無關哦。）

所謂佛朗機，其實是當時亞洲民族對歐洲白人的統稱，因此可知它是舶來品。前文說過明軍自製火炮未盡理想，在參考西方船隻上配備的武器後，開發出這種複合結構的武器。

佛朗機是由可分解的子銃與母銃所構成。母銃即傳統火炮的炮身部分，有長筒的炮管與寬廣的機腹；子銃則附有提把，內裝彈藥，是炮體的彈匣。一支母銃會搭配數個子銃，使用時只需將子銃裝填入母銃中，每次發射完後立即切換新的子銃，便能夠連續射擊。

可更換子銃的設計，使佛朗機具有接近連發的功能，但也因子母銃的分離構造，使得發射時氣密不足，且一般裝藥容量少，威力難免有點美中不足。

紅夷大炮

相對於佛朗機，十六世紀後期的海上霸王荷蘭人引進的大炮就更殺了。

這玩意兒近似於後來的「加農炮」，塊頭與火力都特別大，據書上說重達三千斤，發射時「**洞裂石城，震數十里**」，由於沉重，需用車載運，炮身上有炮耳，可以調校角度。**與傳統火炮相較，進口武器不論是射程或校準能力都有大幅改進，更有彈道低伸且威力強大的優點。**由於是透過所謂「紅毛番」傳入的，因此又名為「紅夷大炮」，之後再改為「紅衣炮」。

就這樣，明朝在見識到西方武器的厲害後，開始積極引進並仿製，以供邊防作戰。最早在戰場上實證這些武器威力的就是北方的邊防軍隊，有效地擊退了當時的外患，據說努爾哈赤就是受炮擊傷重身亡的。

後代有研究者認為，紅衣炮雖然威力強大，發射間隔卻相當久，非常不利野戰但卻利於攻城，是以在戰爭後期落入金人手中後，反成了明軍心腹大患。與當年的蒙古相同，清在入關之後也極為重視生產與引進火器，成果由平定三藩與雅克薩之戰等一系列軍事成就中可見一二。

除了前述「紅衣炮」（重型加農炮）與「子母炮」（輕型佛朗機）外，另外又建置了名為「威遠將軍炮」的中型大口徑短管炮，並且開始有了使用爆破彈的記錄。

紅衣炮等重型火炮常架設於關隘與城牆定點或炮艦上，而輕中型火炮更常用於陸上機動作戰。一輪炮轟之後，剩下的敵軍則由步兵隊的鳥槍配合冷兵器解決，這個戰法在實戰中屢屢奏效，因此沿用了很長一段時間。

在清朝幾位開國皇帝努力下，中國對火器的進口與研發都有相當進展，是以軍事優勢還能保持不墜。遺憾的是，海內平定後，清廷雖仍製造火器並配備部隊使用，但與日本幕府時代，既得利益武士階級對創新的反動相似，在高唱「騎射為滿清立國之本」、「何須洋銃護國」的主張下，火器研發創新及引進等幾乎停擺，最終甚至落得不如掩耳盜鈴、鼓吹「以步制騎」的積弱宋朝，被船堅炮利的列強敲開門戶割地賠款，最終走下了歷史的舞台。

鬪艦
馬箭對蹬式
樓船

【第三部】

移戰。

一身轉戰三千里

「兵無常勢，水無常形。」

作戰，不僅僅在於正面衝突的火力與防禦力良窳，
移動速遲及應變能力往往更是足以左右戰局勝敗的關鍵。
斥候的資訊蒐集、補給的及時支援，
乃至於臨陣的調撥應變擾敵奇襲……
透過戰車與騎兵的高機動力，
這些優勢遂得以發揮到極致，
使得敵人捉摸不定，我方卻胸有成竹，
落實「求戰在我」、「形人而不形於人」，掌握戰鬥的全盤節奏。

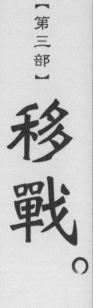

將軍豈可無馬？

車戰與騎兵。

「兵貴神速」，是古今顛撲不破的兵法原則。
現代人依賴各種機動載具移動，
而在古代則往往由馬匹來負擔辛苦的運輸任務。
馬匹與載具的良窳，是決定戰爭勝負的極重要條件。

春秋戰車與編制。

貴族們的驕傲

因為具有強大的機動力，使馬車從運輸、狩獵的用途，擴及沙場征戰，尤其在春秋戰國時期，戰車編制規模更是國力強弱的象徵。

◆**軾**／即扶手。乘車者會以伸手扶軾並低頭看馬尾以示致敬，稱為「軾禮」。

◆**輿**／也就是車身本體。

◆**車輪**／由名為「輻」的放射狀支架支撐輪身，兩側則有名為「轂」的箍。除了平衡效果外，有的轂還會做成槍頭或刀刃狀。

除南美文明以外，世界上多數的古文明都有運用馬匹的經驗，且往往由運用馬車起始，逐漸演進為騎乘馬匹作戰。這一點，中國也不例外。

古文明的軍事裝備

根據專家推測，最初人們利用馬車作為運輸或狩獵工具，待其強大機動力受到矚目後，很快地被利用在國之大

◆ 春秋戰車結構示意圖。

◆ **衡**／控制馬匹的零件，並有維持車身平衡的效果。我們平常所說的「制衡」便是由此而來。
◆ **輈**／又稱作「輈」（音同「周」），是車身的龍骨。晚近則將其縮短以增進控制性。值得一提的是，前方的「輈頭」往往是裝飾重點，用來凸顯車主的身分地位。關於這點，中研院歷史語言研究所網站有詳細分析，值得仔細瞧瞧。
◆ **軛**／與牛軛相同，控制馬匹的工具。古代的戰車是很難駕馭的。

事——「征戰」之上。關於戰車發明的時代，眾說紛紜，有人說是黃帝發明，有人主張是夏初人奚仲的創作。無論如何，可以確定的是，中國使用馬車的歷史很早。

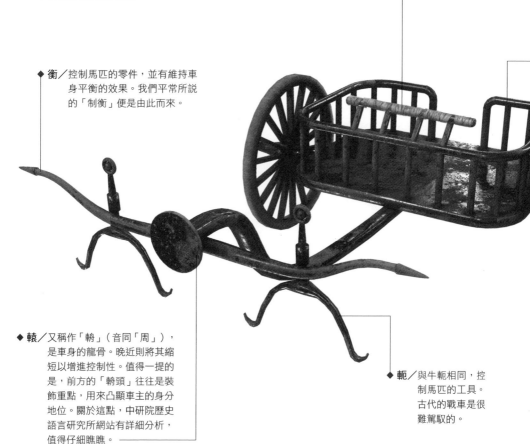

從開始馴服馬匹，到套上拉車用的馬具，並製造出可以承受高速急馳的強固車輛，看似簡單的步驟，卻不知經歷多少失敗才終於摸索成功。**就考古出土文獻來看，早在夏朝時，馬車已經是重要的軍事設備了。**

馬與牛不同，馬耐力雖不如牛，但速度更為迅疾，是以早期戰車往往由數匹馬拖行，而車的構造則相對簡單。

所謂的車，也僅是可供負載兩到三人的籃狀平台，裝配上兩輪與駕馭工具而已。隨時代演進，車體設計上也有了種種變革。例如，縮短了車龍骨（稱作「輈」）之上，控制馬匹裝具（叫做「衡」）及車廂之間的距離以利於控

車右／又名「驂乘」或「戎右」，
負責以長兵進行近戰。
御者／負責駕車。
車左／又名「甲首」，持弓，掌管指揮
與射擊，是為車長。
駟馬／一組駕車的四匹馬合
稱為「駟」。

◆ 先秦戰車與搭載者示意圖。古代以左為尊，所以坐左位是較尊貴者。戰車上，三人以「品」字搭乘，左為「車左」、右為「車右」，中間是「御者」。

◆ **驂馬**／最外側分別是「左驂」和「右驂」，合稱為「兩驂」，通常僅由轡繩控制。

◆ **服馬**／中間兩匹受制的馬，稱作「服」。

制，增加車輪上橫輻的條數以強化穩定性，在輪軸上加裝金屬片以減緩磨損等，甚至有些戰車在軸露出輪外用以平衡的「轂」（音同「股」）處加裝上矛或刀刃，以利攻擊。

儘管有種種變化，著眼點仍在提升現有戰車的速度與承受力，車體基本結構始終沒有太大變化。一般皆是一車四馬，車上三人以「品」字共乘的編制。成語說的「駟馬難追」，指的正是供給戰車動力的四匹戰馬，內側兩匹稱作「服」，外側兩匹稱作「驂」（音同「餐」），合稱為「駟」。

戰車人員的職司

戰車上的戰士各有其職司：

古代座次以左為尊，是以車左是一車之首，又名「甲首」，掌管指揮與射擊，視力準度與應變能力都要好。

車右者名為「驂乘」或「戎右」，負

責以車上裝配的各種長兵進行近戰。一般首重的是最適於車戰的戈，並在必要時進行障礙排除以利戰鬥遂行。

在中間前方的是御者，由於馬車的四匹馬駕馭不易，駕車難度很高，因此御者是不參與搏鬥的，僅專心負責駕車，身上武器只有隨身的一把劍，所著裝甲也因此特別厚。

千乘之國

早期文明的車戰相當重要，直到戰國初期仍相當活躍。姑且不論車上那些拿著各種兵器，殺氣騰騰窮凶極惡的武士們，光是四匹高大駿馬拉車狂奔而來的聲勢就夠嚇人了——而且不只一輛，一來就是一票！

春秋戰國在各國間的軍備競賽下，戰車數量急遽成長。**武王伐紂時的兵力大約兵車三百左右，至春秋戰國已成長數倍甚至數十倍，乃至於先後有數個「千乘之國」分庭抗禮。**

所謂的「乘」，是指兵力單位，依建制，每乘通常配備兩輛兵車，一攻一守，一主一副，便於進攻包抄與彼此防禦支援，並編派一定人數的步兵隊隨之戰鬥。另有隨隊行動、負責擔任保修後勤的雜役，如此便是一個基本編制單位。

西周時，一乘加起約莫二、三十人，至春秋已擴充成百人左右，與我們現在一個連的兵力差不多。這一乘中，通常只有貴族乘車作戰，即是車上的三名戰士，其下步兵與徒役則由一般平民及奴隸擔任，因此步兵是頗受貴族輕視的。

對歷史有點印象的讀者一定記得，早期只有貴族的士接受文武合一的教育，孔子所闡揚的「六藝」便包含了「射」、「御」兩種戰鬥技能，可說見證了此一歷史。

車戰的特性

車戰影響了早期文明的成敗興衰，是以相關記錄與規範特別多。除了基本編制之外，戰法也有一套固定模式。

開戰時，雙方下令集結部隊，列陣完成後先出兵挑戰，接著擊鼓發起進攻正式接敵，這時戰車就上場啦！**兩車對向疾馳時，先是雙方甲首互相射擊，而在接近擦身時由驂乘以戈一決高下。**由於車尺寸不小，因此戈往往長達三公尺，是名符其實的長兵器。

戰陣上通常由戰車引領開道，勝者在衝散敵陣後由步兵殺入擴大缺口，並視情況對敵軍實施包圍或驅逐。部隊的進退指揮由主將下令，並以車身上旗號及鼓聲等視覺、聽覺方式保持聯絡，確保命令遂行，各乘之間則互相支援，類似今天聯合戰鬥教練的流程。

話說，**以車戰為主的野戰通常很快，往往一、兩個小時便分出勝負。**想來，搭乘沒有避震器的車打仗，顛簸厲害，兩方都撐不久吧！

車戰的限制與影響

前文再三提及車戰的重要，直到漢朝仍有「車騎將軍」的稱號，甚至今天的「軍」字也是從「車」字。然而，車戰有許多限制。

像象棋中的車一樣，戰車雖然速度快、戰力強，但只能「直來直往」，笨重又不易操縱是極大的缺點，遇到緊急狀況需要大角度迴轉或掉頭時，很容易翻車，若遇上崎嶇或狹隘地形時更是一籌莫展。

車戰之所以如此公式化，有很大一部分受限於戰車先天條件與缺點，除了流程標準化，戰術也大同小異：先挑一片空曠平原做決戰之地以利戰車奔馳，而且最常使用方陣，如此才有利於戰車衝鋒進擊；但兩側與背面相對脆弱，有賴援護的特性做最有利發揮與處理。古代兵法家之所以強調陣形，原理在此。

作戰時，必須盡可能讓方陣中各正面兵力整齊向前推進，彼此掩護，方能獲得最大效果。擊潰敵陣之後，接下來才有機會發起追擊；**移動時，隊伍步調統一至為重要，過程中若有人不按指揮而過於躁進或落隊，都是大忌。**至於臨時變換隊形作戰啥的，更是想都別想。

是以，戰車是種深具特色的兵器，它大開大闔，優缺點十分明顯。塔羅中「戰車」這張牌，想來也是這現實狀況的反應吧！

【知識檔案】

戰車與轅門

古代戰車分為「攻車」與「守車」兩種，通常一乘中各配一輛。

攻車通常較為輕便，機動性較高，利於突襲與追擊；守車較為厚重，車上常裝有革盾或銅片以強化防護，除了載運輜重之外，駐守時更可以將之團團串連起來充當防禦工事，門口兩台車會將車中軸的「轅」豎起作為營門出入口標記。

《三國演義》中說呂奉先「轅門射戟」，「轅門」兩字便是這樣來的。

騎兵戰的曙光。

天下武功惟快不破

以車戰為主的時代，騎兵扮演支援戰車與步卒的角色，任務多元卻非戰鬥主力；直到騎兵受兵家矚目而成為機動部隊，才成為強國的武力標竿。

隨著文明演進，在戰法日益詭譎與異民族間的接觸之下，騎兵逐漸興起，並取代了傳統的戰車。

騎兵最早僅擔任「軍之耳目」的斥候工作，而車戰興起後，則成了戰車與步卒等主要部隊外的支援角色，任務多元卻非戰鬥主力。作戰時除肩負戰車側翼護衛以及車、步兩軍的中繼，並負責探查、急襲、追擊與劫糧等特殊任務。**就戰力的全面性與威脅性而言，騎兵固然稍遜於戰車，然而機動力絕不在其下，而應變速度與靈活程度更遠勝之。**

自戰國時代，騎兵日益受兵家矚目而成為機動部隊的新興主力，其比例雖然仍維持在一成以下的少數（甚至不及百分之五），但相關戰陣配置與重要性則有增無減，此時許多名將均以擅長騎射聞名，其中尤以位於北方的諸國為然。

戰國時的趙國是最著名的例子。趙武靈王在長期邊疆戰事中，有感於與匈奴作戰不便，毅然下令「胡服騎射」，要求國人不再穿傳統的寬袍大袖，而改著與游牧民族相同的短袖窄衣。此舉既是文化史上的大事，也足以見證騎兵戰興起的轉捩點。所謂「以彼之道還施彼身」，趙武靈王此一變法不但深具魄力更有其前瞻性，為往後與北方外族之戰奠定了基礎。

箭分騎式

◆ 春秋後戰車式微，騎兵挾強大機動力與靈活性取而代之，自此便不斷活躍於歷代戰場上，即使到了火器已充分應用的明朝仍舉足輕重。圖片是出自《武備志》的騎射示意圖。嗯，結合了 Rider 跟 Archer 兩大優勢，果然不可小看……

強國必先強種：戰馬的血統

漢初，長期兵禍，民生凋敝，連皇帝馬車的四馬都毛色不一，一般官員也只能搭牛車。歷經文景之治，休養生息多年，經濟力恢復，所謂「太倉之粟，陳陳相因」，作為武力標竿的騎兵，其規模與前代已不可同日而語。

漢朝在對北方與西域的戰事中，調度騎兵竟高達十餘萬之譜，而且不只一批。除規模龐大，騎兵戰的水準也有了顯著的提升。**名將霍去病即是以千里奔馳的閃電奇襲戰屢次大破匈奴。**

此外，由於騎兵興起，與其相關的馬政也備受重視。不同於先秦時個頭矯小的陝、甘原種蒙古馬，**漢朝曾多次由中亞地區引進馬匹，藉以強化中國戰馬的血統，甚而引發了征討大宛的著名**「汗血馬戰爭」。

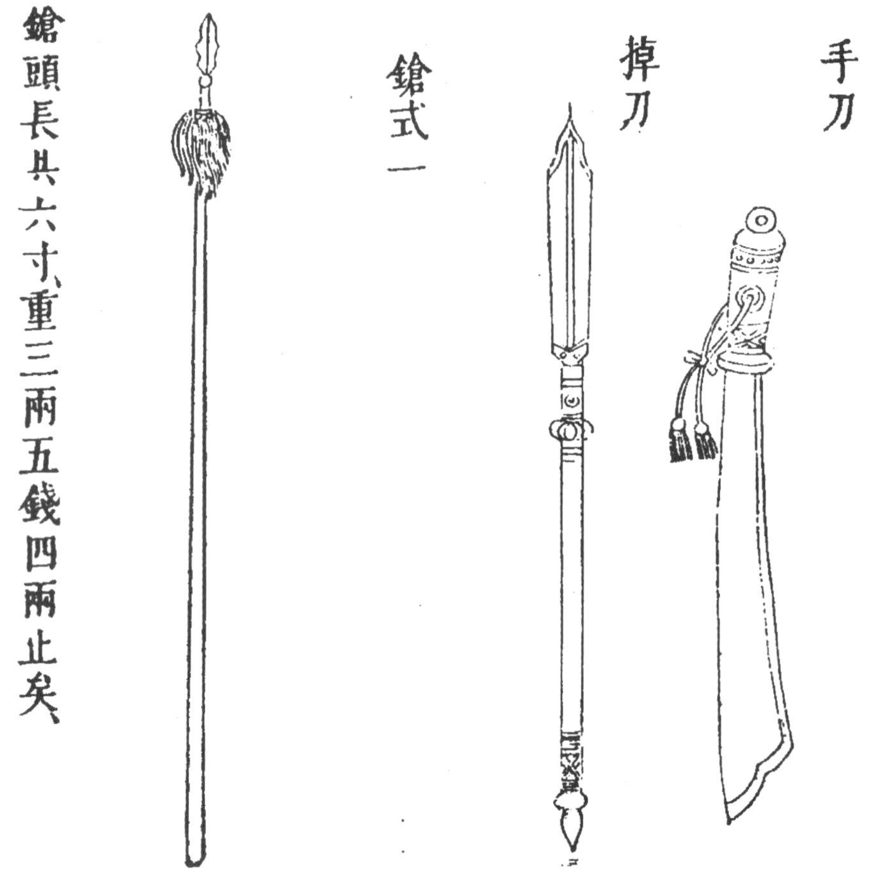
手刀
掉刀
鎗式一
鎗頭長共六寸重三兩五錢四兩止矣

哈哈哈來追我呀——
機動戰王道論

話說，短兵的刀與長兵的槍在漢朝**紛紛興起，也是因應騎戰成為戰法主力，配合騎戰高速衝擊力的緣故**。騎兵的靈活特性與高機動力，使其成為戰鬥中決勝關鍵。

三國的北方霸者曹操是對此一主張信奉與實踐最力者。《三國演義》說曹操生平臨戰最愛斷人糧道，確實，切斷對手賴以維生的補給線是極有效率的戰法。補給一斷，士氣與體力全部無以為繼，管你百萬大軍照樣變成一堆沙包；而騎兵正是最適合此種突襲戰法的兵種，看看經典的官渡之戰就曉得了。

隨著騎兵日益重要，傳統戰車逐漸淡出戰場。《三國演義》中，孔明的四輪車脫胎自名軍師孫臏的乘車，是給軍師大人這種「非一線戰鬥人員」代步的工具。而真實歷史上，車的角色也與此相

鎗式三

此即古之矛也、鎗頭長七寸、重四兩、其方稜扁如蕎麥樣、前尖銳利於透堅、

去不遠。

由考古文物中可看出，車是官員「擺譜」用儀仗的一種，否則那片超擋視線的大傘一蓋，只怕連眼前景物都瞧不清楚，別說是指揮部隊，就連前方來人是敵是友都無從分辨。**是以，秦漢後戰車脫離了馳騁縱橫沙場的角色，除在北伐匈奴中使用過的「武剛車」等少數例外，基本上不大赴陣，即使有也僅是當作「守車」，用來載運輜重並兼做防具而已。**

此時期的機動作戰仍由騎兵包辦。

◆ 自騎兵戰興起後，刀與槍逐漸嶄露頭角。不過像《三國演義》中的青龍刀、畫戟、蛇矛等，其實都是脱胎自北宋《武經總要》中的兵器繪集。值得一提的是，圖中的「掉刀」疑似是由唐代的陌刀演變而來。陌刀是威力強大的沉重兵器，有興趣的讀者可以看看中國央視製作的《古兵器大揭密》，有完整的重現與真人試用，絕對能滿足大家的好奇心。

【故事檔案】

名軍師孫臏

孫臏，這個奇特名字背後，有很多精彩的故事。

據說，他是孫武後代，與另一位名將龐涓曾是好同學，兩人拜傳奇人物鬼谷子為師——而當時孫臏還不叫這個名字。

孫臏繼承了祖先兵聖的戰略天才再加上勤勉認真，很快獲得老師認可。經過多年，自覺學成後，同學龐涓先行下山，告知好友孫臏日後若發達必相提攜。不久，果然消息傳來，龐涓成了魏國大將，請孫臏一起下山共成大事。

原本到這邊應該是喜劇結尾的故事，在人性黑暗下成了血腥的復仇劇。親自見識到孫臏才能的龐涓，驚覺自己本事差太多，忌妒與恐懼作弄之下，竟自導自演，設局陷害他「私通敵國」，再假裝白臉替他求情。免於死罪的代價是膝蓋骨被砍除（即「臏刑」），年輕昂揚的軍事天才，從此成了殘疾之人。民間傳說孫臏的名字，是鬼谷子未卜先知，在他下山時替他改的，只是當時天真的孫臏還無法了解其奧妙。

傳說中，孫臏之所以不死，是因為龐涓覬覦他家的《孫子兵法精要》。得知此事後，孫臏開始裝瘋賣傻，趴在狗屎或豬窩裡，假扮成身心都完全失常的廢人，讓龐涓掉以輕心。持續了多年後，某一次齊國來使，機緣下兩人會面後，孫臏的人生終於開始逆轉。

震懾於孫臏天才的使者暗中偷渡他回國，孫臏於是成了將軍田忌的食客，透過著名的「田忌賽馬」賭局，讓齊威王驚為天人。在得知齊王想將主人田忌的位子交給自己時，孫臏堅決推辭，自此遂有了輔助主將出謀劃策的軍師職位。

不是冤家不聚頭。孫臏馬上遇到了需與龐涓互角的戰役：受魏國精兵包圍的趙國向齊王告急。拒絕會有損國威，接戰則元氣大傷，正在兩難時，孫臏漂亮地提出了第三個，也是最好的解決方法，這就是著名的「圍魏救趙」。

慘敗在孫臏智謀之下，灰頭土臉的魏國十多年後捲土重來；而為兩國與兩位名將衝突畫上句點的，是傳說中的「馬陵道之役」。深知魏軍一向以武勇聞名，對齊軍十分輕視，孫臏於是運用了「因勢利導」的著名理論，令士兵每天將挖坑做灶的數量減半，使探知敵情的魏軍對「齊軍膽怯逃亡」深信不疑。自認勝利即將到手，昏了頭的龐涓下令連夜猛追撤退的齊軍，終於來到一線天的險地馬陵道。黑暗中，眼前大樹上似乎有點古怪，點起火來看，寥寥六個字「龐涓死此樹下」，讓人寒到心裡。

隨著火光點起，兩側樹林突然間下起了箭雨，曾誇口無敵的魏國將士一個個成了蜂窩倒下，地上血流成河。點燃自己謝幕火光的龐涓心知大勢已去，在咒罵孫臏之後自殺。一子下錯，滿盤皆輸。本該兼備榮華富貴與金蘭之交，是萬眾稱羨人生勝利組的龐涓，僅因一念之差，徒留後世「交友需是存忠信，莫學龐涓自殞身」的嘆息。

而民間對於孫臏這位智謀過人又意志堅強的軍師，是非常推崇的。據說在受刑後，由於兩膝傷口在地上磨擦，長久下來疼痛不堪，孫臏於是發明了鞣皮技法製作皮靴，因此鞋業與皮業都拜他為祖師。不僅如此，早年鬼谷子曾因病難以進食，體貼的孫臏擔心老師健康，便製作豆漿讓老師補充營養，某次不巧在豆漿中摻入了含鹽滷的水，豆腐自此誕生——因此豆腐業也說孫臏是他們的祖師爺與保護神。此外，數百年後三國的孫吳，據說即是孫臏後代。

官渡之戰與騎兵

在官渡之戰中，決勝關鍵是曹操親自率領五千驍騎奇襲袁紹軍的糧倉烏巢，粉碎了袁軍的後勤能力，打贏了這場不可能的戰爭。

該戰中的騎兵奔襲是曹操慣用戰法的一個寫照，而曹操麾下精銳的騎兵團及靈活調度能力，則是一代奸雄得以建立堅強軍事實力的基礎，乃至稱霸中原的關鍵要素之一。

這還沒完，君不見在《三國志》中，這位蓋世奸雄還叫騎兵放馬為餌，誘殺了貪圖小利、驕傲躁進的袁軍大將文醜。除了猛攻外還可以放馬出來當誘餌掩飾殺機，騎兵好棒啊！

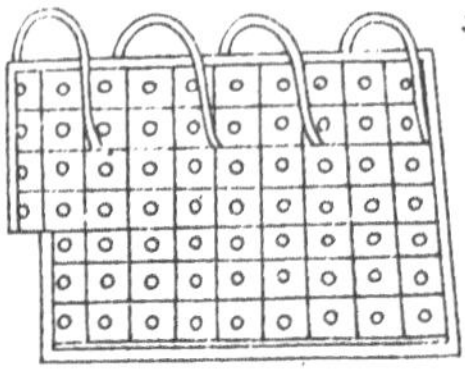

◆重裝騎兵的配備。不僅是騎士，連馬都身穿重甲；雖說犧牲了一部分的機動力，但換來了強固的防禦力，可視為古代的裝甲部隊。

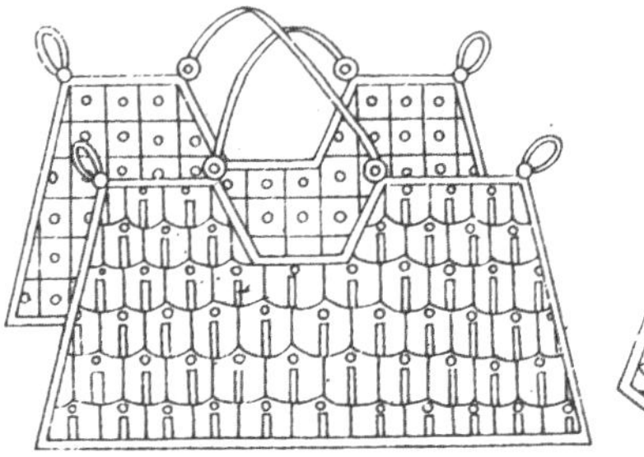

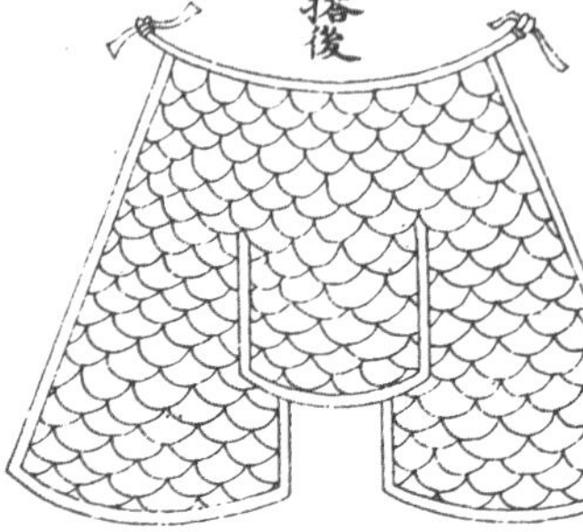

輕騎與重騎。

刺客與坦克

輕騎以速度見長，重騎則以攻防能力取勝。兩者就像刺客與坦克，各有不同特性。

騎兵的演變與成長

戰車分為攻車與守車，同理，騎兵也分為輕騎與重騎兩派。

所謂重騎，不僅是騎士，連戰馬都得佩賦全套裝甲，全身僅剩下四蹄與臉部的眼睛、口、鼻等部位暴露在外；而馬上的騎兵有時甚至穿上兩層鎧甲，連人帶馬都包得密不透風。

相較於速度見長的輕騎，重騎則以其獨特的攻防能力取勝，犧牲了原有的機動力為代價，換來身著重甲人馬的強固防禦力。原理很像線上遊戲中負責「坦怪」的皮厚戰士，也可視為古代的裝甲部隊。

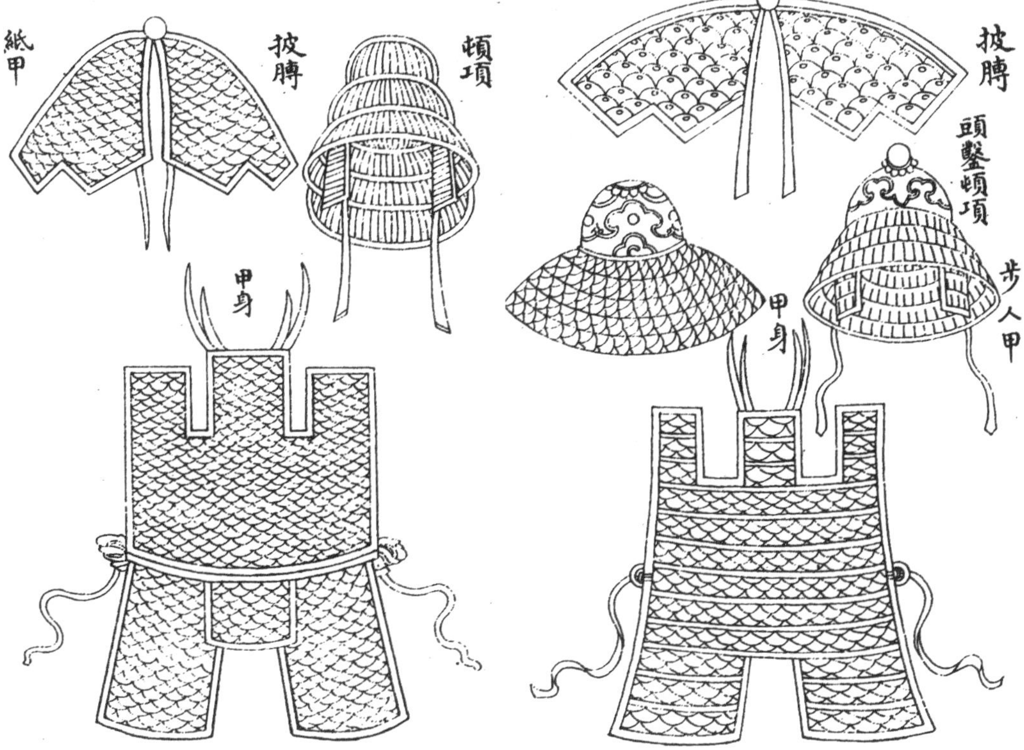

早在春秋戰國時期即有披甲戰馬的記錄，當時用的自然是皮甲，而最早廣泛應用重騎約起於三國。前述曹軍騎兵中便有相當數量的重騎編列，例如，曹家武將親自領軍的「虎豹騎」即是著名例子。因人馬皆身披鐵甲，又被稱為「鐵騎」。

隨著南北朝軍隊逐漸重裝化，鐵騎這種重型部隊更形普及，甚而成為軍隊主力，在當時各勢力的總軍力中占有一成上下，而此時步兵與騎兵（多為輕騎）的組成約莫是二比一，甚至接近一比一的比例，騎兵的成長迅速與重要性，由此可見一斑。

前秦王苻堅在淝水之戰時曾誇稱其軍力足以「投鞭斷流」，指麾下騎兵若將馬鞭投入江中，足以阻斷水流。這個大家耳熟能詳的典故，算是此一時期騎兵稱雄現象的好註腳。

馬鐙與騎兵

騎兵之所以在此時期崛起，有個值得大書特書的理由——那便是「馬鐙」的發明。

《三國演義》的粉絲往往對勇將們「驅馬陣前單挑敵將大戰三百回合」的著名場面津津樂道，然而掃興的是，**中國用騎兵的歷史固然很早，早期騎兵卻是沒有馬鐙的，騎士在馬上搖搖晃晃還得兼顧控制韁繩，往往只能進行簡單動作。**若要執行牽涉到重心轉換的高難度馬上格鬥攻防，就當時來說，恐怕有技術性的困難。

直至馬鐙出現後，狀況乃為之一變。目前最早的馬鐙始於晉朝，起初是單純便於上下馬之用，因此常只裝一邊且長度較短；然而騎士們開始發現到其方便性後，馬鐙逐漸成了我們今天所見的模樣，是不可或缺的馬具。

有了馬鐙，騎士的雙腳有了著力點，既便於平衡，雙手又可以空出來，心無旁騖地全力進行攻擊和防禦等馬上格鬥，甚至做出從前不可能的仰、俯、閃身等高難度動作。無疑提升了騎士的靈活與應變能力。

著名的英籍漢史學家李約瑟（Joseph Needham）曾指出：中國與西方文明的關係其實意外密切，最有趣的例子是，**中國發明的火藥技術，打破了西方數百年來的封建制度，然而，西方封建制度最初之所以能建立，卻是拜騎士的馬鐙所賜——又是中國的發明。**此一見解可謂精闢而獨到。

唐馬戰術運用

有道是：「戲法人人會變，各有巧妙不同。」**騎兵在戰場上的決定性地位持續了很久，而如何巧妙發揮騎兵長處，有效利用輕重騎不同的特性，則成了歷代兵家的必修課程。**

舉例來說，隋末縱橫北方的重騎，在江南卻受到地形限制，被當地游擊武力轟了個雞飛蛋打。**而以武功鼎盛的唐朝來講，「天可汗」唐太宗本身是一位十分優秀的騎兵將領，起兵之初即以親自率領的黑衣騎兵部隊聞名於天下。**長期受游牧民族文化薰陶浸淫，唐初以太宗為首的將領個個以善騎戰聞名。

《新唐書》說：「秦漢以來，唐馬最盛。」而且重點是，唐朝基本上是不大愛用重騎的，騎兵團中輕騎占絕大多數，藉此充分發揮騎兵的機動力，視戰況來進行各種戰術運用。

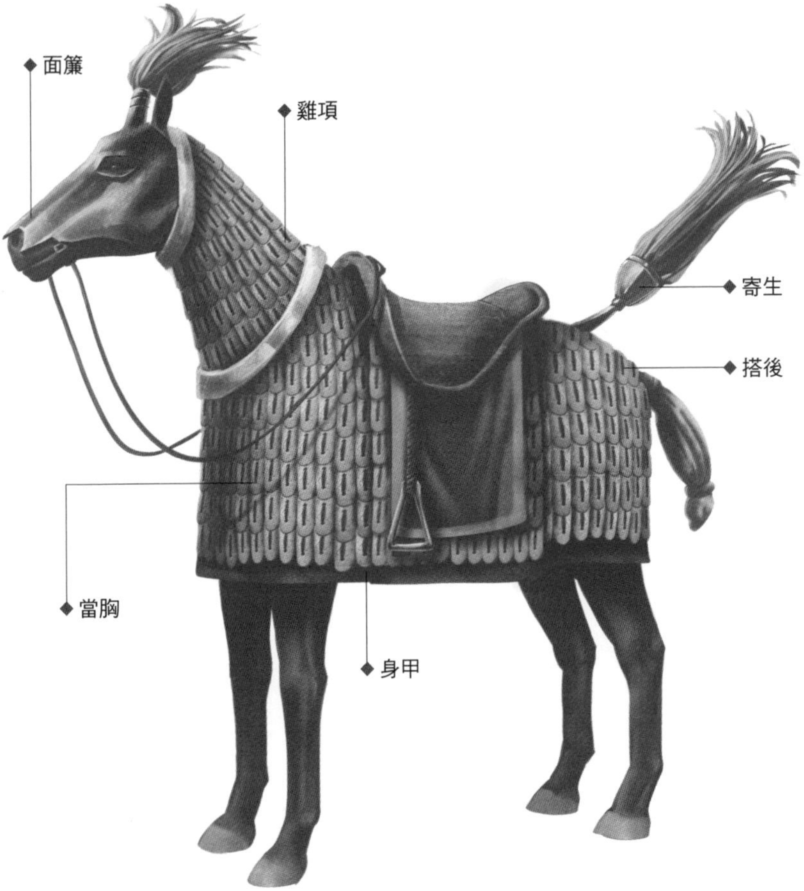

【寶物檔案】

全副馬鎧

還記得北朝民歌〈木蘭詩〉嗎？「東市買駿馬，西市買鞍韉，南市買轡頭，北市買長鞭。」沒錯！騎兵除了駿馬與長鞭外，還需要控馬用的轡頭。這東西又叫「馬嚼子」，騎士利用其上的韁繩來控制馬匹行進方向。

此後，因弩箭強化與重騎興起，遂有了全套馬甲，其各部共計可分為：臉部的「面簾」、頸部的「雞項」、胸甲處的「當胸」、側腹的「身甲」，以及馬屁股的「搭後」五個部分。

騎乘上陣時，再套上馬鞍，而在尾巴部分往往有稱為「寄生」的裝飾，寄生基本上是鐵板，因此也算略有防護騎士背心的效果。

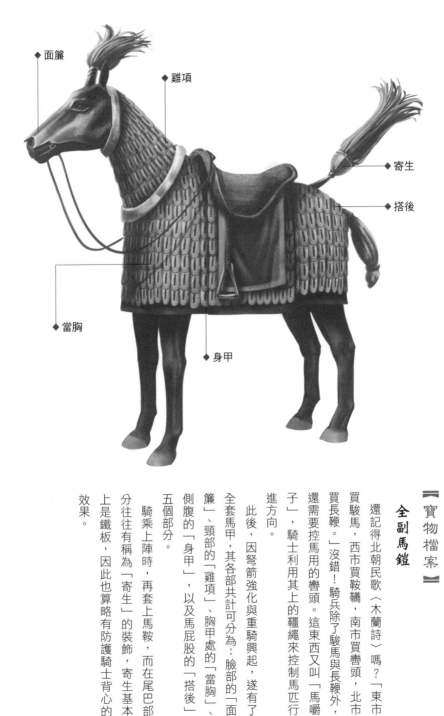

◆ 鐵浮屠（示意圖），是連人帶馬完全以鐵甲保護的重裝部隊。一套鐵甲重達數十公斤，是以入選的都是特別高大強壯的特種部隊，重裝之姿宛如「浮屠」（也就是高塔）而得名。當時已開發出「燒藍」這種技巧，呈現藍黑光澤的鐵片表面是四氧化三鐵，美觀之外更能有效阻絕鏽蝕。

坦克鐵浮屠——傳說中的究極重騎戰法

然而，使用重騎的例子同樣不缺，或許是考量到輕騎在險阻或拒馬重重處會變成昂貴的針包，難以發揮優勢，是以身著厚甲的重騎部隊也從未在戰場上缺席。其中以《宋史》提及的金人「鐵浮屠」（或「枴子馬」）最是著名。

枴子馬，原是北宋的騎兵編制，在敘述中成了一種「完全把重騎當作坦克部隊使用」的出奇戰法。是真是偽，至今仍讓史家辯論不休。

且讓我們看看傳說中這玩意兒是怎麼回事：每隊約三十人，馬披裝具、人穿雙層鐵甲，三人為一伍，**彼此用皮繩或鎖鍊相連，以同步調緩緩前進。**

之所以被稱作「鐵浮屠」或「鐵塔軍」，想來是其高頭大馬、聲勢浩大的武裝而得名。這種重裝固然使部隊無法高速衝鋒，然而一般武器卻難以對其造成損傷，即使陣中有人中箭身亡，整隊進攻之勢也不會稍減分毫，推進的威力所向披靡，宛如鐵塔崩傾，跟恐怖片中緩緩壓來又關不掉的殺人機關沒有兩樣。

更可怕的是，在裝甲部隊之後還有跟隨壓陣的拒馬，「人進一步則拒馬進一步」，令重騎部隊有「背水一戰」、「有進無退」的必死覺悟。尋常步兵陣根本不是對手，與之交戰過的宋軍對此一戰法頭痛不已，因此，抗金名將岳飛「大破枴子馬」的事蹟，才會成為轟動民間的佳話。

破解方法是「以無陣為陣」，枴子馬一到，先令士兵就地散開閃避，待重騎過到一半時，以斬馬刀「麻扎刀」或鉞斧專心猛砍馬腳，就跟絆倒兩人三腳的選手一樣。如此，零星地擊倒幾匹馬便足以癱瘓整隊戰力，而失去戰馬的騎士因裝甲過重爬不起來，只有任步兵宰割。

是真是假固然有待考證，但話題性確實十足。這個戰法說來容易，但也只有岳飛這種不墨守兵法成規，放心讓士兵個別打游擊的猛將敢用。而士兵們除鬥志堅強外，更非得要有絕佳的膽色、訓練與默契不可。

話說回來，和我一樣同情無辜戰馬的人，應該不在少數……

蒙古騎兵。

狼族們的戰術

塞外民族以騎射為生，熟知馬背生活，也留意馬政，確保戰馬數額充足、質量精良。蒙古騎兵團善於迂迴游擊、三面包抄與誘敵騷擾，伺機而動，來去如風。

說到騎兵史事，自然不可不提人類史上版圖最大的帝國——蒙古。**蒙古帝國的崛起，在軍事上很大一部分歸功於強大的機動部隊，而內外在種種條件則造就了騎兵的傲人實力。**塞外民族原本以騎射為生，弓馬嫻熟，在大漠嚴厲的環境考驗下，養成了蒙古戰士機警勇武的性格。**武術俗諺說：「一膽、二力、三功夫。」**連印度得意的戰象部隊都被蒙古騎兵輾過，難纏程度可想而知。

況且，熟知馬背生活的蒙古民族，對與騎兵坐騎密切相關的馬政更是留意，運輸哨點遍布，聯絡嚴密，行政上確保戰馬數額充足、質量精良的努力更不在話下。此外，**每位騎兵都備有數匹戰馬供替換使用，藉此維持其強大的機動力。**

狼族戰術——輕騎究極型態

除了先天文化與後天配套的配合之外，蒙古騎兵最令人畏懼的，當屬其戰術應用。

看過《狼圖騰》一書的讀者，想來會對蒙古草原上狡詐精悍的狼群印象深刻。確實，牠們是蒙古戰士最好的教官，在元軍戰法中，幾乎處處有狼的影子。

鬥志旺盛的元軍騎兵全以輕騎組成，戰略上以機動性與攻擊力為最優先考量。其得意戰法是將兵力劃分成數波，高速突襲、短暫接敵，若第一波未得手

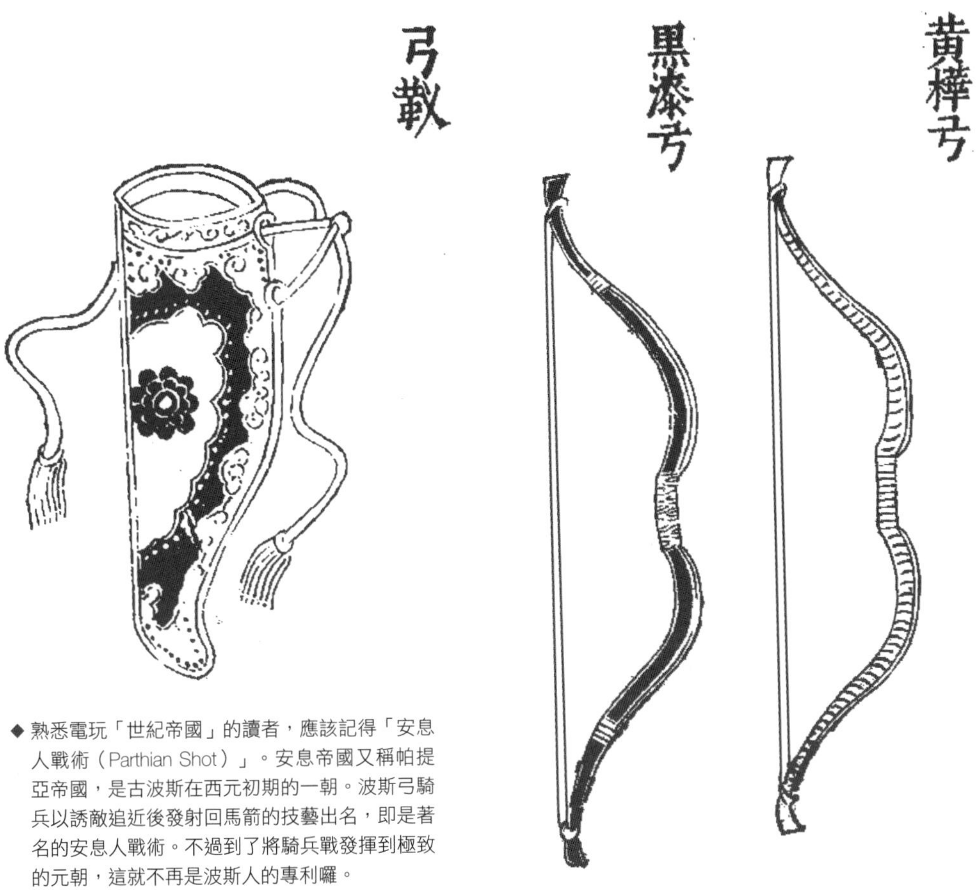

◆ 熟悉電玩「世紀帝國」的讀者，應該記得「安息人戰術（Parthian Shot）」。安息帝國又稱帕提亞帝國，是古波斯在西元初期的一朝。波斯弓騎兵以誘敵追近後發射回馬箭的技藝出名，即是著名的安息人戰術。不過到了將騎兵戰發揮到極致的元朝，這就不再是波斯人的專利囉。

則順勢向兩側散開，喘息之餘更有擾敵之效，且隨時伺機支援包圍。

同時，第二波緊接跟上發動攻擊，直到突破為止。這正是狼群最擅長的車輪戰，被盯上的獵物是逃不掉的！

不僅如此，**蒙古軍團真可說深得狼戰術三昧：迂迴游擊、三面包抄與誘敵騷擾，皆是拿手好戲**。騎兵團來去如風，伺機而動，或將敵軍逐步分隔包圍殲滅，或零星擾敵使其不得休息。趁敵疲憊不分虛實時，突然發動猛攻，甚或千里迂迴敵後，造成敵方後勤與心理上的雙重打擊。

性格剽悍堅忍，且善用騎兵的機動力，元軍往往奔襲千里後揚長而去，這麼一來，連後勤都省了，而在士氣此消彼長間，勝負便決定了。若說蒙古騎兵是騎兵戰法最終型態的體現，或許不算是太過誇大吧？

馬戰發展與總結。

騎兵戰的落幕

名軍師孫臏曾說：「騎者，能離能合，能散能集，千里而赴，出入無間。」凡武功鼎盛的朝代，皆有實力雄厚的騎兵部隊為後盾。

正廂車

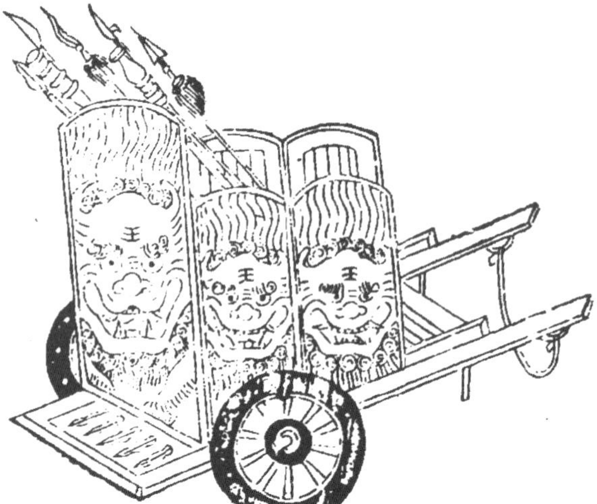

繼承蒙古帝國的明朝，在文治科學上有其成績，但陸上武功遠不能與前代相比。因先天民族文化的不同，元朝發達的馬政與陸運系統，到了明朝，已不復存在。

明朝車戰

明朝自始至終皆面臨棘手的邊防問題，除長久以來的北方外患（包含漠北舊勢力與東北的新興滿族），在東南沿海更多了倭寇這令人頭疼的新挑戰，最終乃亡於滿清之手。

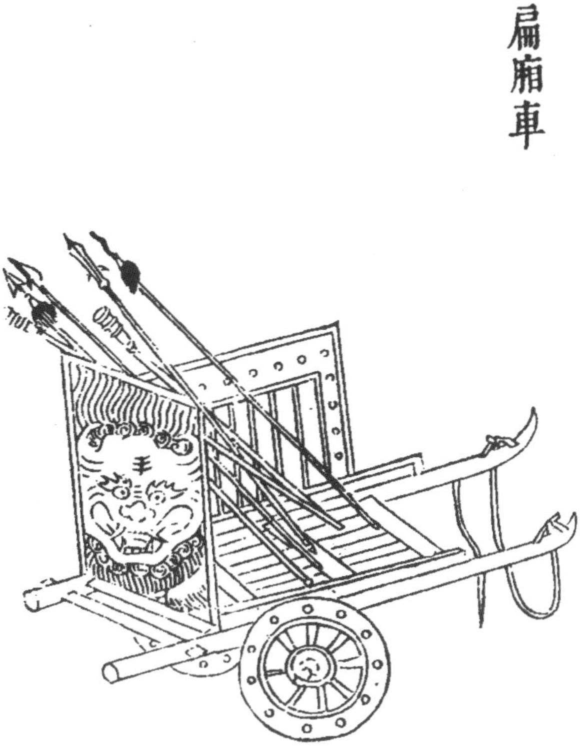

◆ 明朝時，戰車重現在戰場上，但此時的戰車跟古代大有不同。這時的戰車不再是戰鬥的主力單位，而比較是輔助的載具，除運輸彈藥輜重等補給，另外也提供裝彈時的屏障效果。戰車分正廂與偏廂，基本上與古代分為輕重裝的攻守車道理相同。

對於北方邊防，明朝始終採取消極的態度，這點與宋朝相仿，基本上是靠著修築長城，藉深溝高壘的防禦，將之阻隔在外。至於騎兵式機動作戰嘛……很抱歉，基本上不是明軍的守備範圍。

話說，明朝雖然在騎兵上乏善可陳，倒有另一項特產可提：戰車。

在明朝陸軍中，戰車再次成了重要項目，不過倒不是復古利用古代的馬車戰具，而是另有用途。

繼元朝後，明朝火器已相當發達，軍中除了火槍，也編配各種大小不等的銅炮。這些炮的戰力固然強大，卻頗具分量，扛著四處跑可是很耗力的！再者，早期火器是單發點放，射後必須有屏障以重新裝填火藥彈丸。因此，有了戰車的編制。

與前述的「守車」一樣，這些載運炮具輜重的各式戰車，結陣時可以充當防禦工事，而有所謂「正廂車」、「偏廂車」等名目。

話說回來，明朝在軍事成就方面的受限也其來有自：內政上的不安定極大程度地消耗了國力，連堅守亦不可得，更遑論出兵反制了。

馬戰走入歷史

至於晚近的清朝……這該不必多說了。

旗人在關外久諳騎射，軍事能力之強，不下於早年蒙古；入關後，在康熙、雍正、乾隆三代努力下，更一度大治，文治武功遠勝於前代。

然而，與元朝相同的是，關外民族一旦安定後即矜功自滿，習於逸樂，貴宙驕橫不堪，乃至變生肘腋。號稱「滿清以騎射立國」固然沒錯，但在輕重火器已然大興的時代，還只搞騎射，就有點不倫不類了。

於是面對太平天國等內亂尚且束手無策，在列強進犯下更只能發出「人為刀俎，我為魚肉」之嘆。

民國以後，科技工業日漸發達，傳統的戰馬使用也日益零星，終於隨著兩次世界大戰一起走入了歷史。

總結：縱觀馬戰

總結前論，可以發現一個有趣的現象：**凡是武功鼎盛的大一統朝代皆有實力雄厚的騎兵部隊為後盾**；而騎兵不興的，十有八九是積弱不振的偏安政權，連三國的吳、蜀等各依地利割據一方的勢力，也不出此外。

名軍師孫臏曾說：「**騎者，能離能合，能散能集，千里而赴，出入無間。**」將騎兵靈活的快速反應能力說得鞭辟入裡。

偏安政權常缺乏良好的戰馬補給，機動能力先天失調，於是「後發者制於人」。若加以內政不修，後果便是屢戰屢敗、屢敗屢戰，陷入標準的「Catch-22」困境（越沒資源越弱，越弱越沒資源）。

騎兵強盛的勢力則反之。能夠充分發揮騎兵的機動性，達到《孫子兵法》所謂的「形人」（逼敵方跟著我的步調走）。**戰局有利時，調撥投入；不利時，掉頭就走，落實掌控戰局攻守在我的原則**。於是，強者越強而弱者越弱，也就不令人意外了。

如此說來，實不禁讓人大嘆：「馬的（角色）真是太重要啦～」**而若說馬力決定了國力，則雖然流於籠統卻也自有兩分道理**。電影《功夫》中，火雲邪神曾說：「天下武功，唯快不破。」這點在論騎兵戰上似乎也同樣成立。

只是走筆至此，有一點是我確信不疑的：古代的戰馬真的是種很倒楣的生物……

決戰江河之上

水戰。

地表約有四分之三的面積為水所覆蓋，
古今中外的文明也與水脫不了關係。
與陸戰相比，水戰演進的時間顯得較短，
然其在歷史長河中同樣扮演著吃重角色，重要性不容小覷。

水上開戰。

以舟為師、楫為馬

中國早期文化以北方平原為發展中心，所謂「南船北馬」，第一支水軍直到《左傳》記載的「舟師之役」才出現。至秦漢帝國的戰艦已擴充到數萬艘，江河上沸沸揚揚開戰。

關於船隻發明的起源眾說紛紜，《淮南子》中提到：「古人見窾木浮而知為舟。」（窾，音同「款」，空的意思。）或許是較中肯的解釋。

水戰的起源

根據考古資料顯示，**遠在西元七千年以前，河姆渡古文化即有船槳等工具，推知中國水上交通發展由來已久。**其後的甲骨文歷史記載中，更有明確的水上交通活動等記錄流傳於世。

儘管如此，水戰相關記錄卻幾乎付之闕如，主要歸因於地形及文化上的差異。所謂「南船北馬」，早期文化以北方平原為發展中心，也就是大家熟知的「中原」文化。北方大陸固然有黃河等河川，然若與東南各地江河遍布、水文交織的密度相較，頓顯小巫見大巫，而水上交通的利用頻率與相關發展，自然也就無法相比。

是以就時代而言，早在武王伐紂時便有水運相關記錄。《史記》中，周軍總司令姜太公在渡河前打造船隻，並命令舟楫總長「蒼兕」督統屬下協同作戰。顯見當時水運已有相當發展，從僅能容納一兩人的獨木舟，進步到了可載運軍隊輜重的船隊。

安擺船式之圖

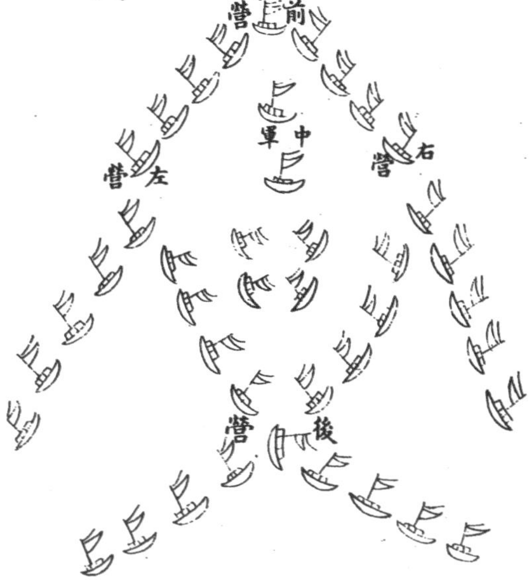

撩鈎

兩船犂沉賊舟用此撈級或勾搭賊船使不得去或勾繚索以牽其棚舟中必不可少者但須勾粗管固十數人扯拽勾萬鈞而不斷乃可勾柄長手執難以着准須用三勾一搭即得粘掛也

然而，細心的讀者或許注意到了，這場戰鬥其實沒有水軍出場的相關記錄，亦即「上帝的歸上帝，凱薩的歸凱薩」，戰鬥歸戰鬥而船隊歸船隊，作戰始終是陸上的事，船隊充其量是渡河工具罷了。因此水戰戰法發展便晚了陸戰許多。這樣的情形維持了數百年，皆未有太大變化。

到了春秋戰國時代，各國戰事頻繁，而地處南方的楚與吳、越等國，便順理成章思考運用地利進行作戰。

中國第一支水軍

據《左傳》記載，西元前六世紀，楚國組織了水軍攻打吳國，該戰因此稱為「舟師之役」。雖說楚國此戰中並未貪到什麼便宜，卻是史書上首次有獨立編制水軍的記載，而水戰的記錄也可說從此開始。

以楚國為首，吳、越兩國也自此編

◆ 樓船示意圖。

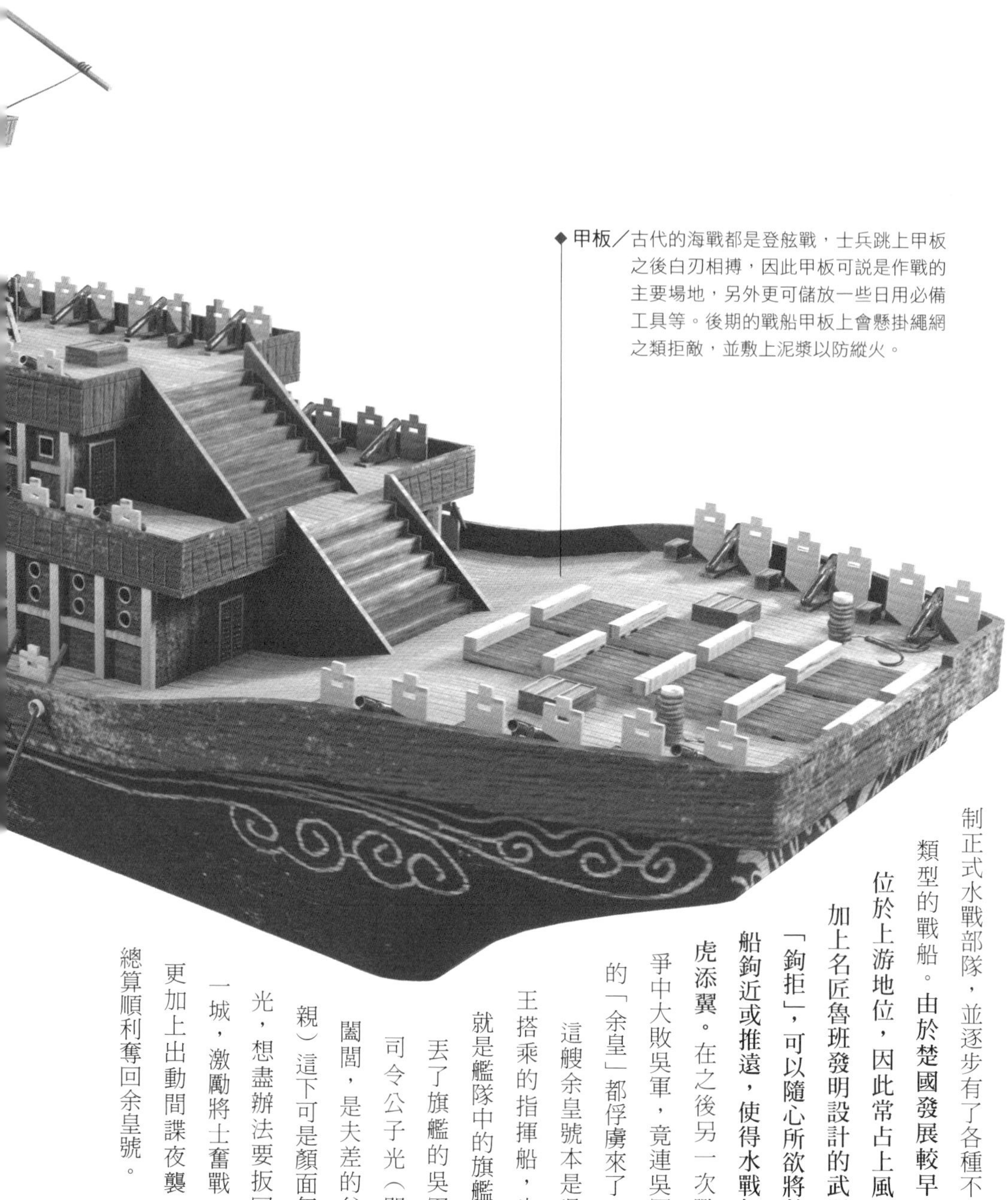

◆ **甲板**／古代的海戰都是登舷戰，士兵跳上甲板之後白刃相搏，因此甲板可說是作戰的主要場地，另外更可儲放一些日用必備工具等。後期的戰船甲板上會懸掛繩網之類拒敵，並敷上泥漿以防縱火。

制正式水戰部隊，並逐步有了各種不同類型的戰船。**由於楚國發展較早且位於上游地位，因此常占上風，加上名匠魯班發明設計的武器「鉤拒」，可以隨心所欲將敵船鉤近或推遠，使得水戰如虎添翼。**在之後另一次戰爭中大敗吳軍，竟連吳軍的「余皇」都俘虜來了！

這艘余皇號本是吳王搭乘的指揮船，也就是艦隊中的旗艦。

丟了旗艦的吳軍司令公子光（即闔閭，是夫差的父親）這下可是顏面無光，想盡辦法要扳回一城，激勵將士奮戰，更加上出動間諜夜襲，總算順利奪回余皇號。

旗幟／江河之上範圍廣，加上水聲人馬聲雜沓，因此旗幟類的視覺識別工具就格外重要。除了指揮用旗號外，船上的旗幟更有屏蔽我方與混淆虛實等效果。

城樓／樓船是大型戰船，上面往往有數層高樓，此即樓船得名的由來。噸位大的樓船吃水深航行穩，搭載的士兵數量也多，在水戰時更能居高臨下利用高樓射箭，是重量級的兵器。

船槳／早期戰船各艙密閉，宛如監獄一樣，所以才有了「艦」的名號。最底層是壓艙的土石袋，其上是槳手合力划船的座艙；後期才有風帆可供使用。

受此教訓後，吳軍積極開發水軍作戰，後來居上，在十年後的復仇戰中把楚國打得灰頭土臉，甚至一度遷都。

吳國更於西元前五世紀時，在將領徐承領軍下，從海路奇襲齊國。儘管這場戰役最後以失利告終，卻寫下了中國史上第一支艦隊跨海遠征的記錄。自戰國晚期，中國的水軍歷史終於熱熱鬧鬧地發展了起來。

水戰的成熟發展：秦漢的樓船

戰國晚期，文化版圖向南擴張，在地理環境的需要下，開始有了正式水軍部隊。此一發展趨勢，至秦漢帝國統一時期集大成。

當時的舟師規模之大，往往達數萬艘之譜，不僅如此，船隻尺寸也很壯觀，多是稱為「樓船」或「艦」的大船。至於專事水戰的士兵，則有「樓船士」、「習流」、「棹卒」等各種稱呼，通常由通熟水性的漁民子弟擔任。

話說，我們今日仍將戰船稱為「艦」，而根據《釋名》的解釋：「**上下重床曰艦，四方施板以御矢，如牢檻也。**」意指船上四面有重版為牆，各開小窗，堅固如監牢，使外賊難入，因此得名。樓船便正是這種重裝大型戰艦，一艘船足可容納數百人，船上更建有數層高樓（所以才稱為樓船）。

秦漢時代之所以廣泛使用這樣的大船，除了個頭大、吃水深、航行平穩，還有渡河／渡海作戰上的考量。當抵達陸地主戰場時，容量龐大的樓船可以提供充足的後援軍力。換句話說，除了戰鬥，更兼顧運輸的功能。

那麼，若是水上會戰呢？不論中外，早期水戰多是登舷戰，士兵在兩船靠近時攀附上甲板以各種兵器廝殺，基本上與陸戰大同小異；因此，樓船上的高樓便能夠發揮絕大的戰術價值，守備者居高臨下發箭射擊，掩護並壓制敵軍。

正因戰力強大與航行穩定的種種好處，使得樓船成為歷代水軍的主力，從秦漢一直活躍至明清，而且後世樓船越做越大，光是漢朝樓船已號稱建有十層赤樓、高十餘丈。想來，《三國演義》中船上人馬交馳的大場面並非虛構。到了明朝，樓船竟然「高與城等」，強大到一個地步。

樓船的結構

在先天結構影響下，樓船的空間運用是以各層來劃分：**船上的高樓便於瞭望與射擊；甲板用以使帆與各種工具，近戰時充當肉搏場地；最底層用來堆放土石以穩定船身；其上是士兵休息室；而夾在兩者間的甲板正下層，則是動力供應中心。**

說來尷尬，早期戰艦沒有風帆，完全得靠甲板下稱為「擢手」的船員們以合力划槳的方式人力驅動……所以啦，負責廝殺的將士固然辛苦，但非戰鬥人員可也一點都不輕鬆，忍受風浪顛簸不說，還得跟一群汗臭沖天的大男人擠在密不透風的小小甲板下，苦幹實幹、做牛做馬，古代水軍的日子還真不是人過的啊！

好在不久之後發明了風帆，這樣的大船以風力驅動，既方便又快速，真可說是德政一件。但若遇上無風或逆風時，大船運轉不順，船上的人可就頭疼了。上述這種將人隱藏在船身夾層中的作法稱為「露橈」，雖說不舒服但至少還算安全，與完全將槳手暴露在外的「明橈」形成對比。

順道一提，「露橈」後來成了一種小型戰船的名稱，主要負責樓船附近的戒護任務。

漢朝黃頭軍

至漢朝為止，水軍發展頗見完備，成為獨立作戰兵種之一，因此有所謂「**平原用車騎，山阻用材官，水泉用樓船**」的說法。

關於車騎，我們比較沒有問題；至於什麼是「材官」呢？指的就是弓弩手，用於山越險阻之地伏擊，再適合不過；而水戰則當然是樓船士的舞台囉。是以，水軍的數量也十分龐大。

史載漢武帝時，曾有十二萬水軍攻伐南方百越的驚人記錄。隨著水軍地位與重要性不斷提升，漢朝也有了「樓船將軍」、「伏波將軍」這些專門的指揮官銜。以發下「大丈夫馬革裹屍」豪語聞名的大將**馬援**，便官拜伏波將軍，差不多是海軍上將的地位。漫畫《航海王》（One Piece）的讀者看到這，想來也感到幾分熱血吧？（不知道這位老將軍有沒有惡魔果實的能力？）

不僅如此，水軍官兵還有特定服飾喔！由於在五行中，土能剋水，為取克服波濤的祥瑞之兆，因此水軍往往頭戴象徵土元素的黃色冠帽，故又稱為「黃頭」。

【故事檔案】

馬援

馬援是東漢名將，王莽末期原跟隨軍閥隗囂，其後受光武帝劉秀重用，官拜伏波將軍，先後征討西羌、匈奴、烏桓、五溪蠻等諸多外患。光武見其年事雖高卻奮勇請戰，曾讚賞：「矍爍哉是翁耶！」馬援晚年於征途病死於軍中，但身後卻為人所謗，直至多年後才獲平反追封。

據載，馬援是戰國趙奢之後。趙奢就是打贏了連樂毅、廉頗兩位軍事天才都不肯打的硬仗，從文官轉職成上將，身後卻被「紙上談兵」的不肖兒子把聲名敗光的趙國將軍。馬援繼承了這支勇者的血脈，在東漢軍事史上屢屢建功。

這位名將留下的名言也不在少數：除了耳熟能詳的「大丈夫馬革裹屍」豪語外，還有「不僅君擇臣，臣亦擇君」的「良禽擇木而棲」理論，與告誡後人的「畫虎不成反類犬」等，都能看出他的智慧與勇氣。

在《三國演義》中，諸葛亮南征時曾前往伏波將軍廟參拜，可見其廣得民心；此外，五虎將之一的馬超即是其後代。

艦隊的組成。

各司其職相輔相成

船艦是水軍的命脈，多種大小功能不一的船隻組成艦隊，彼此分工合作，各司其職。

相傳伍子胥曾以陸戰中車騎的種類為喻，向吳王說明水戰中不同戰船的特性，此一事蹟不但證明當時水戰的重要性幾已不亞於陸戰，更顯示出人們對水軍分工有了初步的認知。

分工司職組艦隊

船艦是水軍的命脈，清朝海防戰略名家魏源說得好：「夫船者，官兵之城郭、營壘、車馬也。」

戰船不但是水軍的移動載具，同時肩負攻守的重責，用遊戲打比方的話，角色的攻擊力、防禦力、速度等素質都由它決定，戰船的良窳，幾乎決定了水軍的強弱。

然而，一艘戰船的能力畢竟有限，很難同時扮演好營城和車馬等各種不同角色。大船宛如城樓，載運量高、戰力強大，但不夠靈便；小船則似車馬，輕巧迅速，然攻防能力有限且畏風浪。**是以一支優秀的艦隊，勢必需要由多種大小功能不一的船隻組成，彼此分工合作，各司其職。**

除了前文所介紹的樓船這類大型戰艦外，水軍中還有許多小船。使用小型船隻的理由，一者自是取其輕便靈活，再者則是取得方便。

輕便靈活這點很好理解，至於取得方便這點就嘿嘿嘿……

話說，古代的江河船與海船相差不大，一般中小型船隻的結構說來也是大同小異，不論漁船、商船或軍艦皆然，是以在戰事吃緊時往往直接徵收民間船隻，改裝個兩下，就成了一艘軍艦，連製造成本都省了！難怪有人說官兵是有牌的土匪。

鬥艦與艨艟

與陸戰一樣，水戰同樣需要刺探敵情，是以船隊中不可缺少「斥候」，以及負責打頭陣的登陸艇「先登」等。

除此之外，船團尚有各種戰船。比樓船稍次一級的是「鬥艦」，顧名思義，就是作戰用船。這種船沒有像樓船那樣的層層高樓，個頭比樓船要小些，因此戰力較為遜色，但輕便靈活、機動性高，在不利天候下也能保有一定速度，而不似樓船逆風便一籌莫展，是很平均的角色，與現代的驅逐艦有些類似，是以廣受水軍愛用，常成為戰鬥中的主力艦種，因而得名。

為增強戰力，許多鬥艦會在船身蒙上生牛皮來強化，如此對射擊兵器的防禦效果更佳，這類船又名「艨艟」、「蒙衝」或「蒙沖」，古書上常合稱兩者為「艨艟鬥艦」。所謂「蒙」，指的是蒙上牛皮；至於「衝」呢？由於這類船有一定戰力，先天機動性又較樓船高，加上防禦強化後常負責擔任領頭衝鋒破敵、沖散敵陣的重任，於是得到了這個稱呼。

為了強化「衝」的效果，部分艨艟更特化了船體構造。將船體改為更細長以增進速度，並在船首處伸出金屬製的沖角（形狀有點像大鋼錐），利用速度上的優勢，伺機挨至敵艦側面，然後將其撞出一個大洞，作用基本上等於攻城戰中的衝車或破城鎚。這玩意兒若在老練水手駕馭下，往往可以發揮「戰船殺手」的效果，連樓船也要忌憚三分，無怪乎常成為水軍艦隊中的主力。

在地形與兵力部署配合下，即使用於防守，艨艟一樣頗具威脅性。《三國演義》中的「夏口之戰」即是一例。該役中，孫權的殺父仇人黃祖眼見孫家大舉進攻，遂退而自守，在漢水河口狹處部

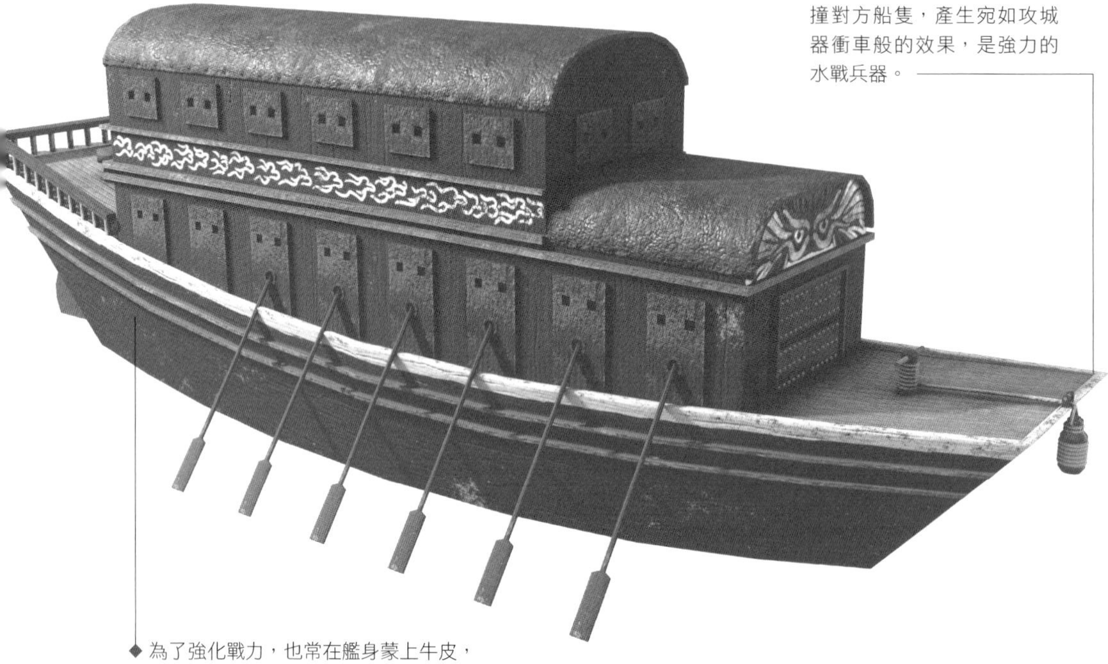

◆ 艨艟（示意圖），又稱鬥艦，論個頭沒有樓船大，但輕巧快速則是其優勢，類似於現代的驅逐艦，往往是艦隊的主力。

◆ 部分鬥艦甚至會在船頭拉出金屬製的沖角，透過速度衝撞對方船隻，產生宛如攻城器衝車般的效果，是強力的水戰兵器。

◆ 為了強化戰力，也常在艦身蒙上牛皮，產生類似盾牌防禦飛行道具的作法，它的另一名稱「蒙沖」或許因此而來。

署兩艘艨艟鬥艦阻斷江面。這兩艘鬥艦以棕繩縛上巨石為錨，牢牢固定於江上，對方無法硬衝而過，且上面滿載弩兵弓手。一旦吳軍逼近即亂箭如雨將之射退，使得孫軍陣營攻勢一度受挫，最後多虧孫家帳下董襲等人率敢死隊逼近這兩艘鬥艦船下，砍斷巨繩，使其移動，才終於打破僵局（演義中則說是甘寧老師的功勞）。

光是兩艘艨艟就讓孫權大傷腦筋，其戰力之強不言可喻。

走舸

比起重視戰力與威嚇能力的樓船，鬥艦著眼在強化航速上，但比鬥艦更快的船自然也有。這類船稱為「走舸」，比鬥艦更小，船身構造也更精簡。

走舸把什麼箭樓之類的全省了，僅在船舷上建有女牆供士兵掩蔽。此外，划槳處也不再是由船身孔洞伸出的「露橈」，而改成槳手完全暴露在外的「明橈」。因為它

走舸

◆ 古書上的走舸（軻）示意圖。如圖所見，這是比較狹長的小型船隻，由於先天結構與速度上的考量，是以完全沒有城樓類的結構，整個光溜溜地暴露在敵前，實在很害羞……不，是很危險啊！

的個頭小、重量輕，所以適應性與機動力更強，在大部分天候下均能保持相當速度，是類似於快艇的輕快小船，號稱「往返如飛」。

此外，古書上所說的「海鰍」或「遊艇」，都可歸入此類。（有一說認為「遊艇」是鬥艦的別名，然年代久遠，很多混稱難以考據，若照描述則應歸為此類。）

論穩定性，走軻自然遠不如樓船，但優越的機動力使其成為艦隊中的要角，在攻敵不備的奇襲中往往能大顯身手，角色頗類似於陸戰中的輕騎兵。然而，與輕騎兵相同，優越的機動力是犧牲防禦能力換取來的——稍微大型的船上至少有女牆勉強可以擋擋箭，較小的遊艇則舷上乾乾淨淨啥都沒有，遇上敵陣箭雨時只有拚速度猛閃，至於像槳手等運氣不好沒法躲進船艙內的人便得各安天命了……

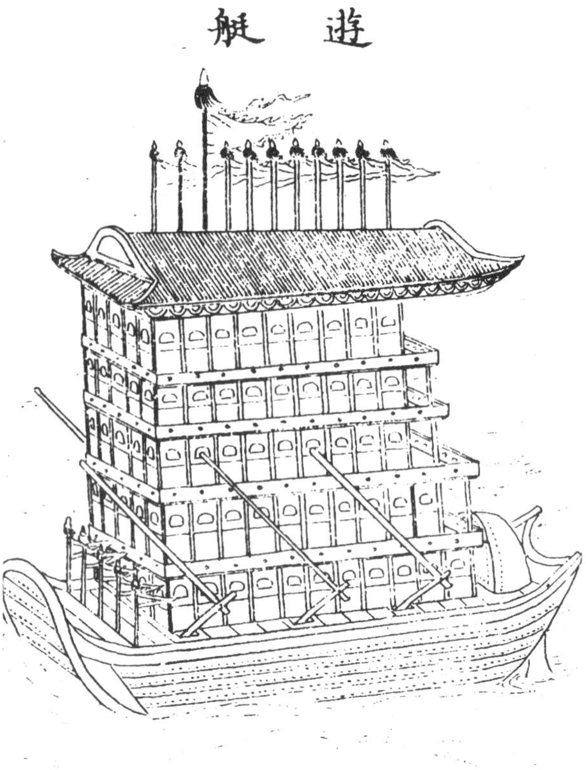

◆這遊艇可不是有錢人家炫富用的玩具，而是不折不扣的戰船。早期的遊艇定位比較接近艨艟與走舸，但依照《武經總要》的描述與圖看來，完全就是「五牙艦」這種巨型戰艦了。不知道是描繪者不熟戰艦，還是稱呼改變了？這些名稱因時代或地域性的改變，是考據上很有趣但也很頭疼的一部分。

赤馬與戈船

走舸類戰船主打的是速度與應變力，而「赤馬」則是將此特性更加強化的船種。

赤馬是船身狹長的小船，每艘僅能載五人左右，因船身漆紅且速度極快而得名。這麼小的船重量自然很輕，船體構造也極為簡單，是以防禦力實在不值得期待。既然天生不適合硬幹，赤馬常是艦隊中負責往來傳遞訊息的使者，角色類似於傳令兵。

然而，正因個頭小難以注意，有的將領反過來針對這容易令人掉以輕心的特點，進行逆向操作；將特選善泳的死士以幾艘赤馬分別載運，趁氣候不佳、天色昏暗或佯裝正攻等敵軍不易發現的場合，偷偷潛入敵陣裡，然後進行敵後破襲。看是要鎖定特定目標進行斬首戰，或更狠的就直接鑿穿敵船底讓全艦人葬身海中。如此一來，本來毫無戰力的赤馬，搖身一變，成了神出鬼沒防不勝防的刺客，連老練的水軍也感到棘手。

前文提過的吳公子光奪回余皇，用的便是類似的手法。正因如此，後朝好些戰艦甚至會在船底裝上刀刃，號為「戈船」，用以提防敵軍從水底偷襲。

◆ 火船示意圖。古代戰船極為怕火，因此火攻向來是非常有效的戰法。英法百年戰爭時，一堆法國貴族騎士慘敗在英國平民出身的長弓手之下。話說被火舡撂倒的樓船，大概也有相同的不甘心之感吧？

木筏與火舡

從樓船到鬥艦，再到走舸，乃至於赤馬，將戰船由大到小排排坐的話，大致不外是這些。那，有沒有更精簡的呢？當然有！那便是竹木筏之類的船隻了。

看到這裡可能有人質疑：這算是哪門子的戰船啊？可先別笑，史上各代水戰中，運用木筏奏功的記錄還真不少。

木筏結構極簡，毫無裝備可言，因而船隻本身的戰鬥力幾乎是零。也正因如此，使得木筏有一般船隻所遠不及的優點。它的製作簡單、量產容易，很快能夠提供急需，在大軍需渡水突襲或強攻，與時間賽跑的急襲戰中是非常有用的載具。例如，成吉思汗搶攻大理與其後出川攻宋即是著名戰例。只不過因應當地風土，當時用的是皮筏。

木筏便宜，方便量產，是以也常化身為縱火用的火船（稱之「火舡」），只要裝滿易燃物，點燃後將之順流飄入敵陣就能小兵立大功。就如同短兵利於巷戰，木筏在狹窄淤積、不利於大船通行的水道中，也能獨當一面。

在《三國演義》中，決堤水戰的場景一概以木筏搶攻入淹水的城池，破襲敵軍。不僅如此，木筏更有不怕被鑿底沉船的優點，當大型船隊行進時，常用以先行查探並破解敵方的埋伏。這麼多優點，夠強大了吧？千萬別再小看它了。

史上最著名水戰。

強虜灰飛煙滅

「赤壁之戰」總結秦漢的水戰經驗，奠定三國鼎立的基礎。從船隻與旌旗足以蔽江，到草船借箭和火燒連環船的虛實交錯，都教人拍案叫絕。

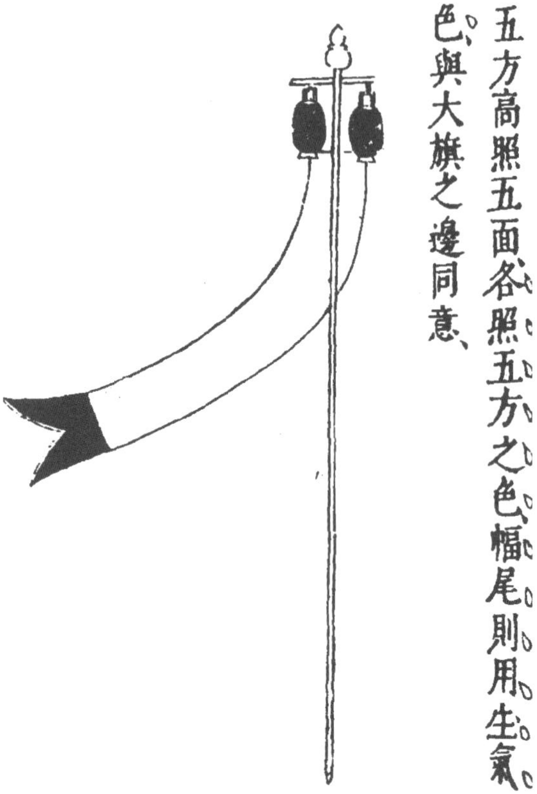
五方高照五面各照五方之色幅尾則用生氣
色與大旗之邊同意

◆ 圖為《武備志》中「五方高照」的旗號。這是古代的指揮系統，後文將有相關介紹。而艦隊在江河之上，由於距離寬廣加上水聲人聲干擾，這時視覺號令就更為重要囉。

介紹完艦隊的分工與船種，接著來談談史上的實際戰例吧。若說起中國史上最著名的水戰，「赤壁之戰」感該是最常聽見的答案。

雖說有好些事蹟受到演義的誇大渲染，但此役確實具有不容抹滅的重要性。赤壁一戰不但是秦漢水戰技術經驗的總結，更奠定了日後三國鼎立的基礎。

橫掃華北的曹操原本意氣風發地揮

◆ 雖說比例有點詭異，但古代的戰艦上確實會配備大旗。中外海軍似乎都有相同的傳統，指揮將官所在的戰艦會升起特定旗幟標識，是以有「旗艦」之稱。

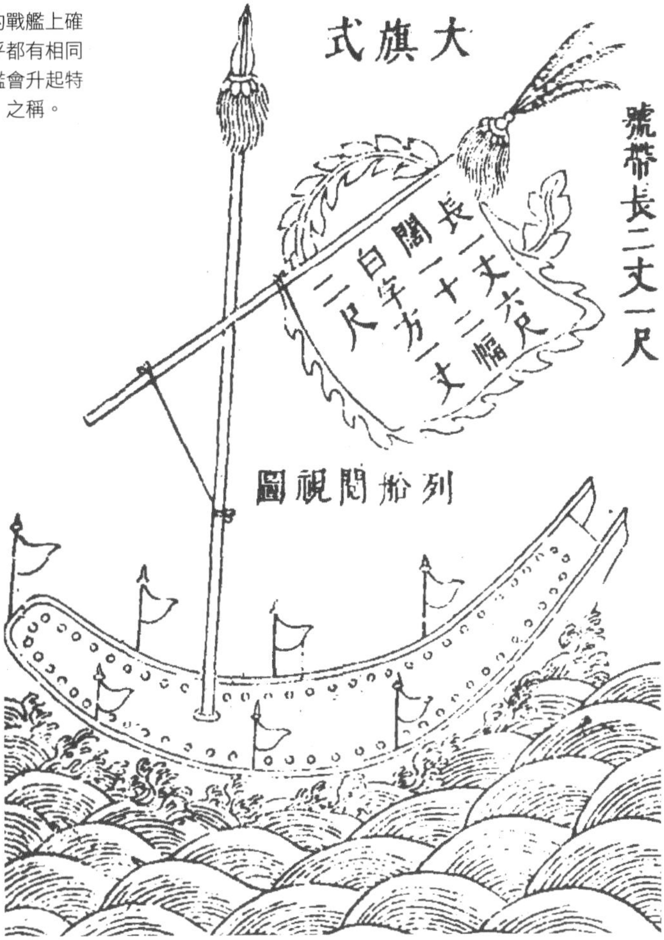

軍南下與南方勢力「會獵」，不料卻重蹈了當年老同學袁紹的覆轍，以絕對優勢兵力栽了個大跟斗。除了運氣實在不佳外，**南北兩軍的戰略運用與水戰能力高下也發揮了舉足輕重的影響力。**

以此來總結早期水戰發展，因此再合適不過。

船隻結構與規模

以幾年前廣受討論的電影為例，那個戰艦蔽江的浩大場面其實並不誇張。早於開戰前，曹操即已在北方開挖玄武池，擴編並操練所屬水軍；而此役中，兩軍分別調動了極大規模的水軍，保守估計均在萬人以上，參戰各式大小戰艦至少數以千計。

除了驚人的船隻數量，船上成排旌旗迎風招展的畫面也令人印象深刻，而這點倒也忠於史實。

旌旗的確是古戰船上相當重要的配

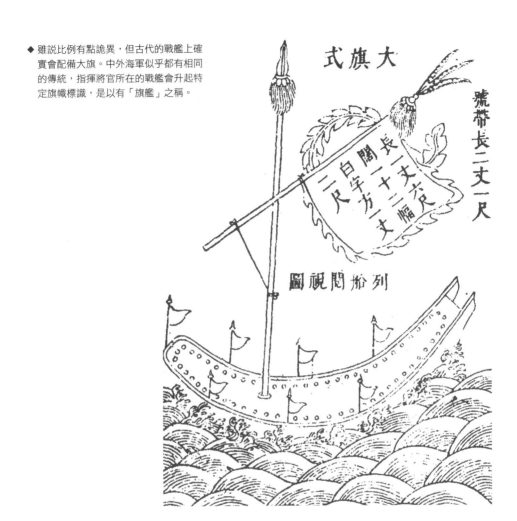

備，一方面具有聯絡溝通的作用，在船隻間隔而又波濤震天的水上用以辨識敵我，以及傳達資訊與命令；另一方面更兼有擾敵效果——在旗海掩蔽下，敵方望不見我軍多寡，欺敵之餘更能壯大我方聲勢，是能達到良好心戰效果的偽裝工事。

赤戰之戰的船隻結構也值得一提。如前所述，秦漢之後的船隻已能善用風力，大船常裝設四帆以上，並且交錯設置以提高效率，其方向、角度都能調整。還能視所屬水域及天候，而選用槳、帆或兩者並用。此外，更有效率的操縱工具「櫓」也已問世，船隻的航速與穩定度都有相當程度的提升。

說到穩定度，在經驗累積下，時人均具備了於底層放置沙袋壓艙以減低風浪顛簸的常識（演義中，曹軍即是看到黃蓋船隻過輕才起疑的）。

至於連環船，雖說主要出自小說家的渲染，卻有現實上的依據。畢竟水路不比陸路，水象在天候影響下瞬息萬變，驚濤駭浪，熟知水性者尚且不敢大意，而不慣乘船的北方人有多受罪就不用說了。是以，如何減少航行風險便是航海者必修功課，其中又以調整船隻結構的方法最為常見。

古人發現船體加寬雖然減緩航速，卻能增加穩定性，並且擴充載運量，於是有了雙併式的合體大船，當時稱之為「舫」。詩詞中所謂「畫舫」，指的便是繪有華麗紋飾的大船，而後漢的樓船即是這類的雙體大船。

電影中，曹公所屬的北方勢力大舉揮軍南下之際，所乘樓船畫舫首尾相繼、綿延數里的壯觀場面，想來是由此獲得靈感的吧？

赤壁之戰的戰術

再就戰術方面來說，赤壁之戰有許多虛實交錯的有趣故事。以孔明「草船借箭」為例，固然是自正史中，孫權採曹營事蹟所改編出來的奇想；但若就作戰原理而言，卻也不無可能。

前文提過，走舸類輕戰船當時頗為常見，這類船隻機動力強，適於游擊與擾敵，正合小說中孔明所需。**海戰中，趁天候變化、能見度不佳時奇襲，本是司空見慣**，加上故事中船上架著草人，遠遠望去更令敵軍難測虛實，即便是晴朗月夜，曹軍將領見了這狀似自殺突擊隊的船隊怕也不敢大意。誰知道吳軍是想調虎離山或打啥別的鬼主意？更別提大霧瀰漫的深夜了！因此，想將之亂箭射退，算是不安時的本能反應，說來倒也合情合理。

當然啦，當時水戰的遠程武器仍以弓箭為大宗，若換成晉朝之後，大型戰

【知識檔案】

櫓

櫓，是繼槳之後，一種更優異的推進工具。

櫓較槳為大，通常置於船尾，入水的一端剖面呈弧形，另一端則架在船尾凹槽，以手或櫓繩牽動撥水，使船前進，原理與魚尾打水頗為相似。

因櫓始終位於水下，往復動作都有撥水效果，不必像槳那樣拉回原位再重划，能有效節省槳手的體力。而且划水不會間斷，推進效率更在槳之上，有所謂「一櫓三槳」的說法。英國學者 J. McGregor 甚至主張近代螺旋槳的發明是受到櫓的啟發。

艦普遍配備「拍竿」，則故事中的孔明恐怕就沒法子這樣搞了……關於拍竿，我們稍後再提。

至於「借東南風火燒赤壁」一節，自然是本役中不可不提的菁華橋段。唐人杜牧曾作詩詠歎：「東風不與周郎便，銅雀春深鎖二喬。」確實，若非有這場令曹軍跌破眼鏡的神奇東南風，三國歷史勢必得改寫，是以有了演義中臥龍先生裝神弄鬼登壇祭風的情節。（順帶一提，原來早在唐朝就有曹老闆企圖染指二喬的八卦，一代「姦」雄果真絕非浪得虛名！）

論地理位置，吳軍大本營近海，位於下游，迎戰上游順流而下的曹軍，這在水戰中是相當不利的。順流者憑藉水力推進，攻勢勁疾又節省動力；逆流者則反之，行進費力，難以保持穩定，若遇到敵軍以艨艟艦隊撞擊強攻，很容易就會潰敗四散，只有撤退時跑得快，算是唯一的優勢。

兵力與地利兩者都處於絕對劣勢的吳軍，之所以能漂亮翻盤，擊出逆轉全壘打，除了全軍的不屈鬥志之外，巧妙掌握風向變換、遂行戰術運用，更是勝出的關鍵，藉此抵銷了位處逆流的不利條件，更使得原本等於自殺的火攻變成了曹軍的惡夢。騎車時有遇過起風的人都知道，順風與逆風的差別有多大，這在戰場上更是足以致命！在東南風狂吹下，吳軍只需掌滿帆即可乘風猛進衝擊敵陣（用的自然是艨艟鬥艦），援護的射擊範圍更遠勝於平常；逆風的曹軍正好相反，拚了老命也射不遠的箭陣，根本難以遏止吳軍逼近，被敵方火船撞上後更因風催火勢一路延燒。據《資治通鑑》形容，甚而「延及岸上營落」、「人馬燒溺死者甚眾」，戰況之慘烈，說是曹老闆生平最大敗仗，絕不為過。

然而，一代奸雄畢竟不是省油的燈，痛定思痛後，在次年即記取教訓，重治水軍，為之後取而代之的晉軍伐吳定下了基礎。

水深火熱：縱火之必要

風、火兩大元素左右了赤壁水戰的勝負關鍵，介紹完風的影響，接著談火。

火攻一向是極為有效的戰法，大江之上尤其如此。前文提過，**戰船既是戰具也是載具，一旦被毀便勝負立判**，管你兵多將廣，照樣立刻完蛋。

偏偏古代的船隻又至為易燃：船體絕大部分是以木材製成，本身即是易燃物，而且在造船時為了延長使用壽命，避免船隻長期使用造成滲水或腐壞，更漆上層層桐油（類似今日的美濃紙傘那樣）。就連船上的必要零件，如帆布、繩索等，也都極易燃燒，更別提還有一堆旌旗飾品增加著火機率。

因此《三國演義》中，孔明說：「**利**

◆ 這是《武備志》的「水底龍王炮」。早期水戰多由戰船縱火，至後期火器興起後，開始有了這類對艦用的炸彈，可視為是近代水雷的雛形。

水者不利於火。」絕非虛言。火攻是各種大小戰船的剋星，吳軍便是靠此以少勝多大破曹軍，而曹軍其實也已備好油脂、稻草等引火物要進行火攻，豈料風向一轉，這下陣中原本要對付敵方的縱火用品反而把自己烤成燒肉。

因此，**除了火攻破敵之外，如何避免己方遭到縱火也很重要。**經驗累積下，後代戰船會儲備砂、水桶等滅火之物，甚至以泥漿塗敷帆篷船身來防火。從這點來說，古戰船比人更重視 spa，而且是「不做會死」。另外，為避免敵軍跳上甲板縱火，船舷經常懸掛繩網拒敵——網子自然也是浸過泥漿的囉。

鐵鎖。拍竿。

水戰要項

鐵鎖，是以生鐵鑄成大鎖阻斷江面的防禦工事，對於封鎖敵人行動力，意外有效。

拍竿，是架設在戰艦上的武器，將巨石縛定在拋桿上，如同繩鏢一樣，十分經濟。

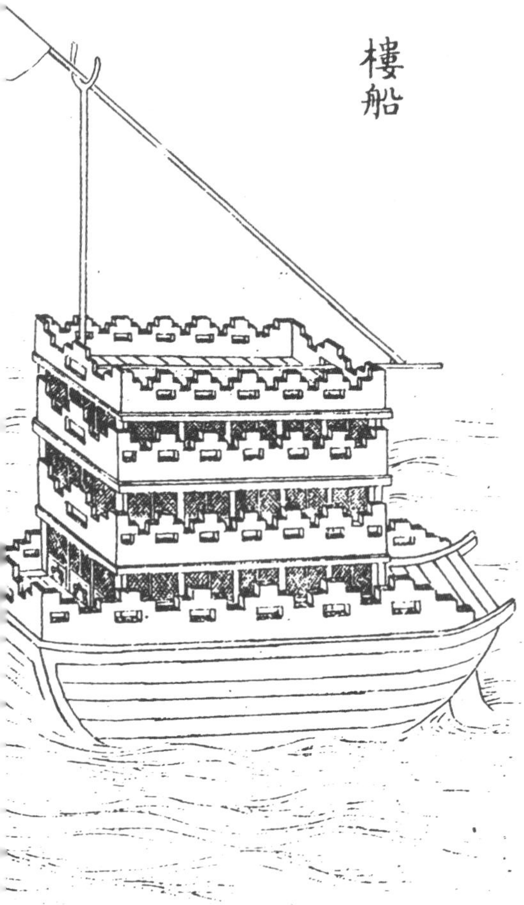
樓船

關於水戰要領，除前述之外，清朝海防軍事家魏源的《聖武記》更有精要見解：**「請言舟要：大勝小，堅勝脆，順風勝逆風，順流勝逆流；防淺，防風，防火，防鑿，防鐵鎖。」**短短幾個字，卻是言簡意賅。

風火水流的重要性，前文已經提及，至於「鐵鎖」一項也有戰例可循。

鐵鎖斷江

眾所周知，陸戰中就近利用地形、地物隱蔽掩護是基本中的基本。水戰則不然。除非有河灣沙洲或是霧雨天候等可供利用，否則在一望無際的江河面上，近戰時敵我位置一覽無遺。**是以戰船要**

求生，勢必靠一定的機動力，視風向水流調整航向航速，閃避敵襲並與友軍相互掩護，否則只怕將與活靶無異。

鐵鎖正是用於江河之上，專門封鎖敵人行動力的狠招。說來簡單，不過以生鐵鑄成大鎖阻斷江面而已，陽春點的就改用木樁柵欄一樣可行。但這簡單的防禦工事卻意外有效。狹灣處布上幾道厚實的鐵鎖或尖柵擋道，便足以攔阻整支艦隊，尤其是在敵艦順流而下時，效

筏械

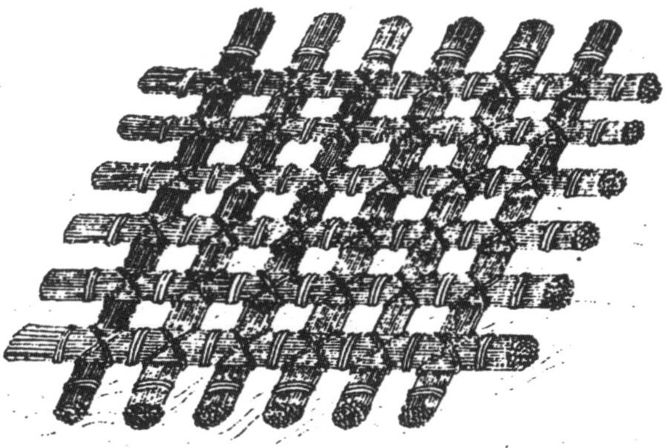

【故事檔案】

王濬樓船下益州

西晉滅吳是《三國演義》中的最後一戰，此役中，吳軍依恃地形險要，以鐵錐鎖鍊阻截江面自守。王濬得知之後，遂伐木廣造大筏，並令善水性者組成特戰隊，駕筏先行負責開道。

這些先鋒船隊上均備有巨木製成的超大火炬，逢鐵鎖便以猛火連燒帶砍，加以破壞，至於原本用於暗算敵艦的江底鐵錐則全插在不怕被鑿的木筏上。於是藉由幾十艘插成針包的大筏，確保了全艦隊的安全與戰力。待大軍抵達時，吳王孫皓才大驚失色如夢初醒，「金陵王氣黯然收」，終於開城投降。

劉禹錫〈西塞山懷古〉詩中「千尋鐵鎖沉江底，一片降幡出石頭」幾句，說的正是王濬智破吳軍之役。

果更好。順勢衝下的艦隊在鐵鎖橫江下，進退不得。而後方煞車不及的船艦更會猛然追撞前船，造成人馬雜踏、自相殺傷的效果。

此時若兩岸設有伏兵一哄而上，投石、火瓶、弓弩齊發，便能讓整支艦隊瞬間蒸發，原理與陸戰的絆馬索相同；更慘的是在水中，船員一旦被迫棄船，往往是九死一生，先前提及的夏口戰役亦可視為是此一戰法的變化應用。

是以，**水戰行船與陸路行山道相仿，同樣需時時提防敵人暗算，若得知敵軍布下鐵鎖陣時則得設法解鎖**。理想的狀況是水陸並進，搶下水道兩側的灣岸，以防止敵方架鎖，確保己方船隻安全。然而若地勢險峻，人馬難行，或是水中遭人設下尖樁時，便得另想辦法了。

有道是：「一物剋一物。」前文說**平時戰力最強的樓船最怕鐵鎖，而最不起眼的木筏卻剛好適合用來破解此類障礙進行「掃雷任務」**。晉將王濬領軍破吳的三國一統最終戰役，即是廣為人知的實例。

拍竿

開道由木筏打頭陣，作戰時有樓船可恃。自晉朝之後，「拍竿」已成為大型艦的主要配備，更強化其戰力。

所謂拍竿，**是架設在戰艦上的武器，其實可視為投石器的一種，只是將巨石縛定在拋桿之上，如同繩鏢一樣，是種經濟的武器**。使用時，利用槓桿原理的反作用力，猛拉、猛放之間，那縛有巨石的長桿便向敵船劈頭砸去，威力非同小可，就連城牆都能砸出個大洞來。若轟在敵艦上，即是名符其實的「一竿子打翻一船人」了！（當然也有部分使用正統投石器的戰艦，有些是搭載投石車「拋車」，水戰陸戰兩相宜。）

另一場統一天下的戰爭中，隋朝建國大將楊素便是乘著名為「五牙」的大型戰艦，浩浩蕩蕩揮軍南下。這種五牙艦上建高樓五層，高百餘尺，前後左右計有拍竿六支，船艦可容八百餘人，戰力之強可以想見。史上有四台五牙艦擊沉十餘艘後陳戰船的記錄。據說隋軍南下時，軍容壯盛，加上楊素戰功彪炳、威儀過人，竟讓人有宛如目睹江神降世之感。

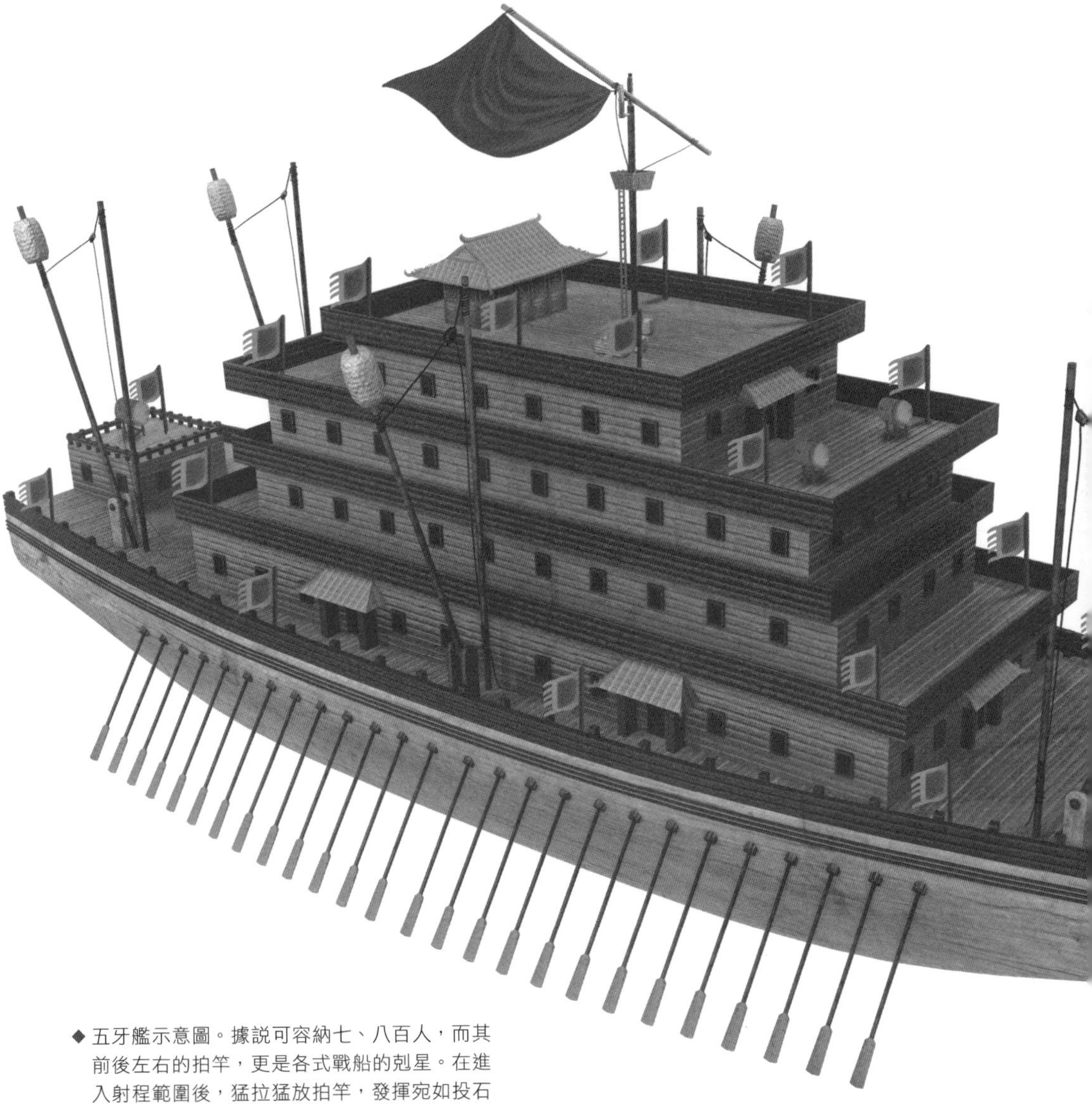

◆ 五牙艦示意圖。據說可容納七、八百人，而其前後左右的拍竿，更是各式戰船的剋星。在進入射程範圍後，猛拉猛放拍竿，發揮宛如投石砲的效果砸沉敵艦。早期最殺的戰船，想來非它莫屬了。

宋朝發展興衰。

江河水戰完熟期

宋朝偏安南方，科技進步，水戰方面多有表現。

從「雙體船」和「無底船」說明海戰策略的多變；而混合型動力船更是「順風使帆，逆風轉輪」，處處逢生。

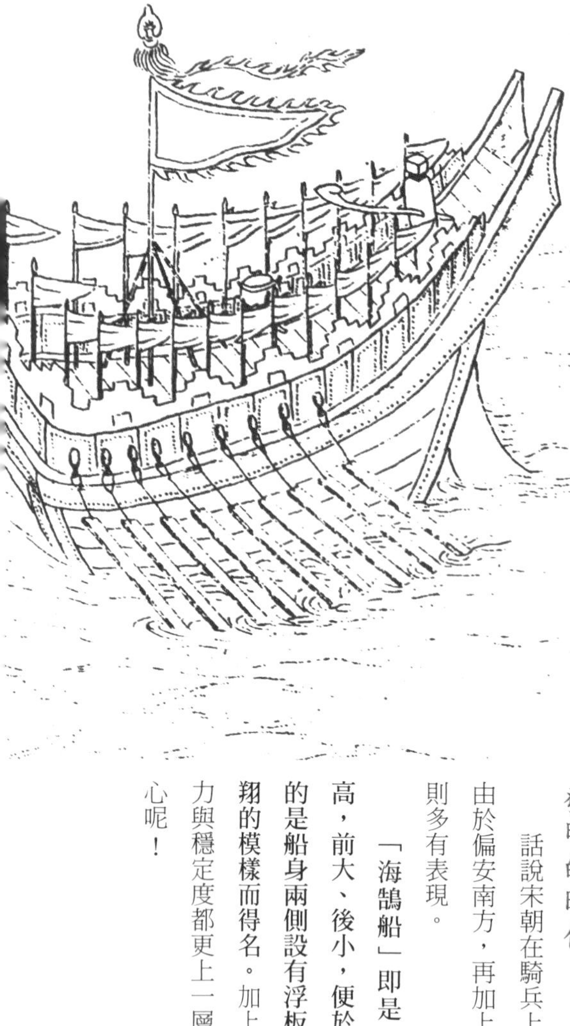
海鶻

隨著六朝重心南遷，以及其後出兵高麗，隋唐之際的水戰演進多有可著墨之處，除了沿襲改良原有船種之外，更時有新發明問世，且已開始導入火器運用。

發明的時代

話說宋朝在騎兵上的表現乏善可陳，但由於偏安南方，再加上科技進步，水戰方面則多有表現。

「海鶻船」即是一例。它的頭低、尾高，前大、後小，便於平衡與轉向，更特別的是船身兩側設有浮板，以模擬海鳥展翅飛翔的模樣而得名。加上了浮板的海鶻，其浮力與穩定度都更上一層。果然多了翅膀更安心呢！

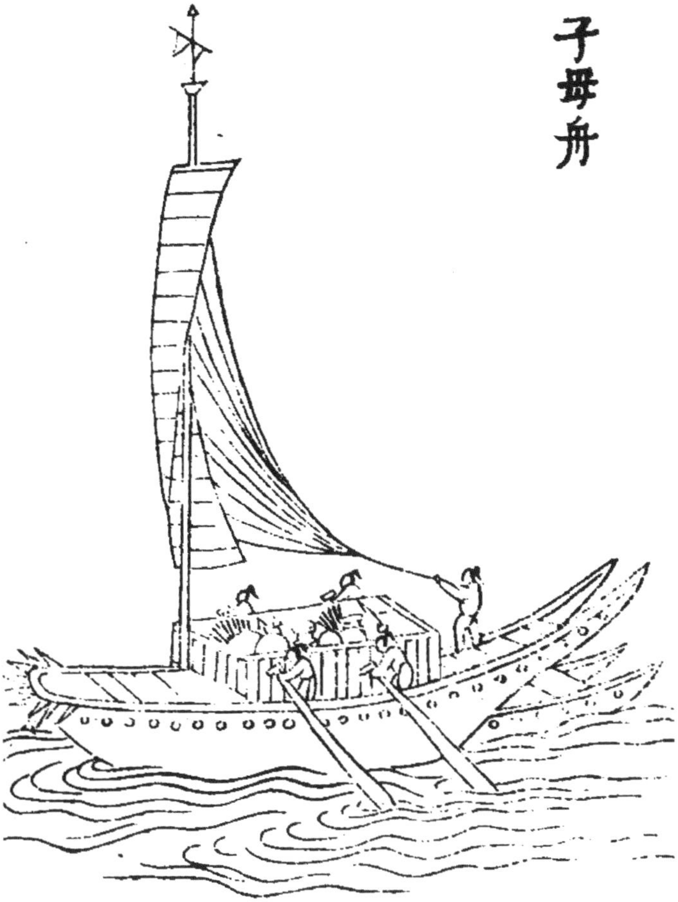

此外，有鑑於海戰火攻戰術需求，較晚期更出現了「雙體船」這種有趣的發明。雙體船可以分成兩類：一類是大船包小船的子母式設計；另一類則很帥氣地直接將船做成兩截，前半的頭部有艨艟式的錐狀構造，後半用以載人，中間則以插銷式結構固定。如此，在進行火攻時猛地往敵艦上撞去，確認船頭鋼錐咬住敵艦，縱火成功後，僅需撥動機關將船身船尾分離或放出子船，縱火者便可全軍溜之大吉。確保安全無慮後，勇於執行火計的人員也會增加不少吧？

至於另一種「無底船」更是奇想天外的設計：這是外觀與常船無異，但船身中央卻空無船底的假船，混雜於艦隊中用以引誘敵軍登舷，跳上後便猝不及防一腳踩空溺死海中……聽起來好像合理啦，不過怎麼有點像星爺電影中的「要你命三千」，這樣的策略真的沒問題嗎？

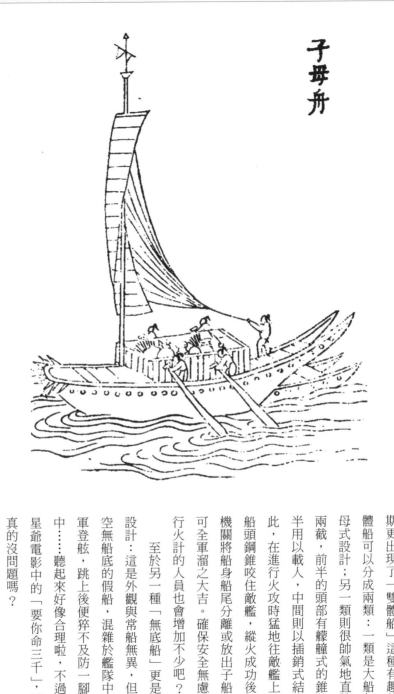

車輪舸

◆ 此為《武備志》的車輪舸示意圖。船的兩側有輪，由船內的人踩踏撥水前進，效果很像水車。至於較大型的船隻，也有以水手編隊推轉水車提供動力的推測。輪船的動力較槳更強，因此速度快，戰法也靈活。奉命平亂時，岳飛所率領的官兵曾對此傷透腦筋，最後靠著在湖中棄置朽木雜草，纏死輪船的車輪，使其動彈不得後，成功破敵。由此可見環保工作多麼重要啊……

【故事檔案】

楊再興

民族英雄岳飛的忠勇事蹟無人不曉，但其帳下先鋒勇將楊再興，或許知道的人不多。然而，若會為電影《三〇〇壯士》而熱血沸騰的讀者，絕不能不知道這位神人。

楊再興，據說是宋初名將楊老令公的後代，早年跟隨流寇曹成。岳飛奉命剿討曹成時，楊再興遂成了岳家軍的勁敵，除大將韓順夫外，更斬殺了岳飛的弟弟岳翻。

或許是英雄惜英雄吧？楊再興爾後被俘時，非但沒有被殺害，反獲岳飛委以重用。所謂「士為知己者死」，自此，楊再興成了岳飛帳下頭號勇將，每戰必身先士卒帶隊衝鋒，一時名噪天下。

西元一一四〇年，金兀朮進攻郾城的戰事，是這位猛將最後也最壯烈的舞台。此役中，楊再興單騎直衝敵陣，企圖生擒金兀朮，最後雖沒有找

輪船

另外，**此時期的水戰地點多在江河湖泊等較大型內陸水系，是以戰船隨之變革，而有了兼用河、海船特色的戰艦，也誕生了比以往更快的船隻，例如唐朝問世的「輪船」此時已廣泛使用。**

輪船又稱「車船」、「車輪舸（舸）」，船如其名，船身兩側確實有水車式的輪狀構造。據說這是唐朝宗室李皋的發明，其驅動原理與腳踏車相似，由艙中的人透過踩踏傳動兩側車輪，撥水前進，以獲得遠比先前靠手划槳更強大的動力，是當時最快速的船種。因此，《舊唐書》稱它：**「挾二輪以蹈之，翔風鼓浪，疾若掛帆席。」**當今的輪船因為速度可與之匹敵而得名，就像手槍的「槍」，其殺傷力與一點突破的攻擊軌道與傳統長兵器的槍相近而得名一樣。

由於速度快、續航力強，早期輪船往往限於軍用。南宋時，楊么帶領農民起義，以洞庭湖為大本營，曾令朝廷大吃苦頭。他們的主要戰力即是輪船。楊么的戰船每艘配備有二十四個水車輪，船上可載千人，並裝設大型拍竿，是以不論速度或火力都遠在正規軍之上，再協同百來艘機動性強的「海鰍船」伺機進行包抄、伏擊等戰術，官兵每每被打得灰頭土臉。

屢次慘敗之後，這平亂重任便落到了名將岳飛的肩上。有鑑於楊么軍配備精良，又善用天時地利與官兵纏鬥——閒時耕田，雨季水漲時進行游擊戰，岳飛遂採取先發制人的手段，釜底抽薪。除機動擾敵使其斷糧外，並活用心戰勸降，分化敵方軍力。

經實際考察後，兵飛採納了降將黃佐、楊欽等人的建議，**從兩方面來破壞輪船的行動力：其一是開閘放水，降低湖深；其二更在湖中投置大量朽木、雜草。**楊么軍的輪船大，吃水深，在淺水

到，卻創下連討百餘人，受傷幾十處的驚人事蹟。數日後，因積雪迷途，他所率的三百巡邏騎兵竟在小商橋一地遇上了十二萬金兵主力。

受到新仇舊恨刺激的金兵大軍團團包圍，楊再興與其轄下岳家軍展現了真正的英雄風骨：三百人不退反進，豪氣干雲地正面衝入敵陣殺敵兩千餘人，刺殺萬戶長撒八孛堇以下軍官共計百餘名。無視於金兵箭雨，楊再興凡中箭便折斷箭桿繼續殺敵，最後戰馬力盡陷於泥中，三百騎兵全體壯烈殉國。

史書說金兵在焚燒他的屍體時，竟燒出了兩升多的鐵箭頭！中國版的三百壯士，英雄氣慨與悲壯程度絕不在斯巴達之下。有興趣的讀者請參考《宋史·楊再興傳》。

中運轉不靈，加以朽木、腐草捲入翼輪後容易纏死，無法轉動，終於反客為主，使官軍戰船在速度占得上風，擊敗楊么。

岳武穆王不愧是稀世將才，短短幾個月內便平定了政府視為心腹大患的水寇，此後更師敵之長以為己用，將官軍用船也改造為輪船，且規模更大。據說長達百餘米以上，已毫不遜色於今日的輪船了。

當然，有鑑於本役中所突顯出的輪船弱點，**往後的輪船進行改良，而有了輪帆齊備、風力人力並用的混合型動力船（稱為「八卦六花船」），可以「順風使帆，逆風轉輪」，真可說是八面玲瓏，處處逢生**了。

成也水戰，敗也水戰

前面提過一竿子打翻一船人的拍竿已經很殺了，而在火藥發明後，船隻的戰力又獲得了進一步的強化。

當燃燒性火器問世後，縱火用的火藥桶即成了戰艦上常備的投射武器。**戰船怕火，將火藥桶點燃後投射敵艦，往往能造成極大破壞**。有了爆炸性火器後，花樣更多，包括「火龍出水」、「神火飛鴉」之類的火箭，甚而使用「混江龍」之類水雷來暗算敵艦。

水戰是宋朝的特色，其普及程度，從古典小說《水滸傳》可略知一二。其中不僅有「浪裡白條」、「阮氏三雄」等慣熟水性的角色屢見奇功，且官兵在攻打梁山水泊時的人馬船隻製造調度等，更可以佐證。

因此，**南宋末期在陸路失守後，全靠水軍勢力抵抗**。例如，名將韓世忠在水戰中曾經痛擊金軍，幾乎擒獲金兀朮——後來全靠金軍開鑿大渠繞至宋軍上游，以小舟縱火，才得以遁去。然此一戰略優勢很快便不復存在。因為吸取了金人的教訓，元朝自初期起，其領地兼併與技能吸收的速度很快超越了日薄西山的宋軍，在出川時沿用當年晉初王濬「順流而下，木筏推

皮船

◆陝甘一帶不比江南盛產大竹，皮筏便成了因地制宜的渡河工具。一般是剝取整張牛羊皮，將頸部與四足之處綑緊後灌氣，如是集七八頭製成皮筏，只消在後面架上舵，便可順流而下。圖中是變化版的單人或雙人皮筏，乍看之下倒是頗有莊子所說「為大樽而浮乎江湖」的詩意感。

進」的戰法（這回還配合皮筏），甚而重演小說中赤壁之戰的慘事。

在元軍占領建康（今日南京）後，宋將張世傑集結萬艘戰艦於鄰近的焦山進行抗戰，然而盟軍或遲到或堅守不出，求戰心切的張世傑急糊塗了，竟讓這些船艦彼此「聯以鐵鎖，以示必死」，然後出陣。

聰明的讀者應該知道接下來發生什麼事了……

元軍以艦隊載著強弓射手由兩翼包抄放起火箭，於是宋軍連僅存的小股戰力都毀於一旦，其後的崖山決戰也只是此役的變版而已。元軍起初嘗試以小船縱火焚燒宋艦，但艦上塗泥並備有長竿推拒，此戰術並未成功。然而，這關鍵的一戰終究還是敗在火攻之下。元朝併吞了宋朝之後，也一併接收了漢族的技術能力，甚而兩度出兵日本，但最後遭遇日人所謂的「神風」而無功折返。

明朝海事發展。

大航海時代

蒙古以陸戰見長，明朝則在航海上有其成就。鄭和下西洋，見證了中國曾在海權上獨步世界。

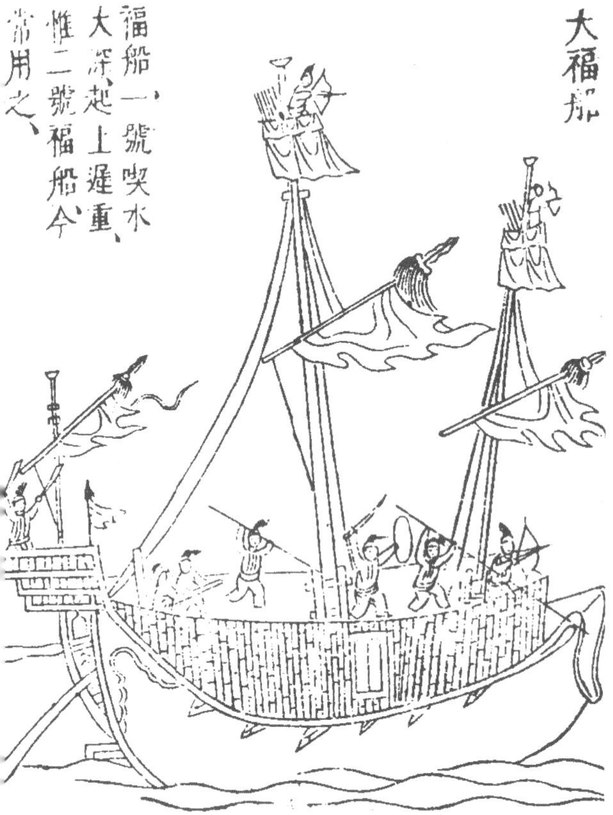
大福船
福船一號喫水
大深、起上遲重、
惟二號福船今
常用之、

看到「大航海」一詞，大家可能要想到「新世界」與「海賊王」了……雖說現實中沒有這些元素，但熱鬧程度可一點也不遜色。

話說蒙古始終以陸戰見長，水戰則在其後的明朝才再次大放異彩，光是明初朱元璋與陳友諒的兩雄爭戰，即是很好的例子。

在鄱陽湖決戰中，陳友諒兵力號稱六十萬，以樓船巨艦相連推進，船隻「上下人語聲不相聞」、「皆裹以鐵」、「望之如山」，聲勢壯大可見一斑。朱元璋軍船小，必須仰攻，形勢十分不利，連戰三日後幾乎覆沒。眼見初戰即敗，朱元璋親自督戰，殺雞儆猴，斬殺退卻者十來

東莞縣大頭船
廣船、今總名烏艚又有橫江船各數號、其稱白艚者、則福建船式也

◆ 古書上錄載的福船（右頁）和廣船（左頁）。唐朝國力鼎盛，許多波斯與大食商人往來交流貿易經常取道波斯灣，沿印度南岸，經由爪哇或馬來西亞轉運後抵達廣州上岸交易（遠一點的則到杭州）。當時中國的造船技術，便有不少是向外國朋友借鏡的。而由於歷史與地緣因素，明朝的大海船也以福建與兩廣為主要產地。

人，眾將士見狀拚命向前，適逢近晚時風向驟變，朱元璋的敢死隊於是駕駛數艘蘆舟木筏，滿載火藥衝向陳友諒船隊縱火。

利於強攻的巨艦進退不便，風催火勢下迅速引燃，於是朱元璋軍靠著風勢、火勢與輕艇的機動力，贏得了這場小蝦米鬥大鯨魚的戲碼，取得決定性的勝利。

綜觀幾場著名戰事，可知縱火幾乎是古代海戰必勝公式。然而，如何有效發動與成功防衛，則在在考驗為將者的能力。

明朝建國後，海事亦有可觀之處。初期有鑑於元朝出兵日本過於耗費國力，以及為了阻止沿海居民與海外其他勢力互動造成隱憂，多疑的朱元璋特意列出了海外十幾個「不征之國」，禁止後繼者對其出兵，且禁止沿海居民使用利於遠航的「雙桅杆」船隻。

然而，此鎖國政策在現實考驗下也

沙船

◆ 沙船是適用於北方淺海的平底小船。圖上看不大出來，不過它的個頭跟福船廣船比起來可是天差地遠。由於搭載人數有限，火力也不強，一般是內河緝捕盜匪之用，但也有與大船編組加入戰鬥的用法，如近海處水淺，大船派不上用場，便得靠這類小船上陣。

有了變化。當時中國主要外患，除長久以來西北游牧民族外，更多了海上倭寇——時值日本戰國時代，許多浪人武士淪為海盜劫掠中國沿海，成為明朝的棘手課題。

船高如城，鬥船不鬥人

基於國力不振與政策因素，明初時往往被動防守。**自明成祖改變戰略，主動出擊，海防抗倭遂成為重要國防議題，因此在航海方面頗有成就。**舉例來說，海戰需要與造船技術演進，明清海船往往前後各有一舵，更利於進退調度。

樓船規模越造越大，在《明史》中竟然有戰船高與城等，靠著高度與噸位優勢在艦尾架上天橋直接撞上城牆攻城的驚人記錄。當時火器技術已相當發達，是以船上配備各式火炮，一輪炮銃轟去便能造成極大殺傷。

當時船隻生產地多位於福建或廣東

一帶，這些大船因而又被稱為「福船」或「廣船」。福船「高大如樓，可容百人」，船底尖而船面闊，頭尾均向上翹起，是以吃水深且易破浪，利於航海，有別於早期北方僅適於淺海巡航的平底「沙船」。

這些大型戰艦在抗倭戰中屢建奇功，傳奇名將戚繼光即說過：**「福船高大如城，非人力可驅，全仗風勢。倭船自來矮小……故福船乘風下壓，如車輾螳螂，鬥船而不鬥人力，是以每每取勝。」**

值得注意的是這個「乘風下壓」。異於先前，利器「拍竿」在明朝戰鑑上幾乎絕跡，改用威力更強、射程更遠的火炮，尤其近戰時的對策往往改為直接犁沉敵艦，憑靠著噸位大的堅固船身與對方硬軋，造船技術之進步於此可見一斑。

如同前述，受到海上倭寇的威脅，明朝在海事上頗有成就。就這點而言，真如孟子所說：**「外無敵國外患者，國恆亡。」**

明朝的海事發展，由鄭和下西洋的壯舉劃下了最高峰；然而，在此之後卻因「海內肅清」未能為繼，至於清朝後期，缺乏遠見、故步自封的鎖國政策，終於造成近代列強進逼割地賠款的慘事，實在令人扼腕！

鄭和下西洋

在中國四大發明中，紙與印刷術造成了文化與知識產業的革命，而火藥與指南針更決定了世界近代歷史的面貌。清末列強入侵，割地賠款的史事令人喪氣，然而早至明朝初期，中國還是當時世上獨步的海權強國，鄭和下西洋正是最好的證明。

鄭和七下西洋，除了宣揚國威、平定當時東南亞海域的紛擾之外，為明成祖掃平潛在的反對勢力也是主因。是以

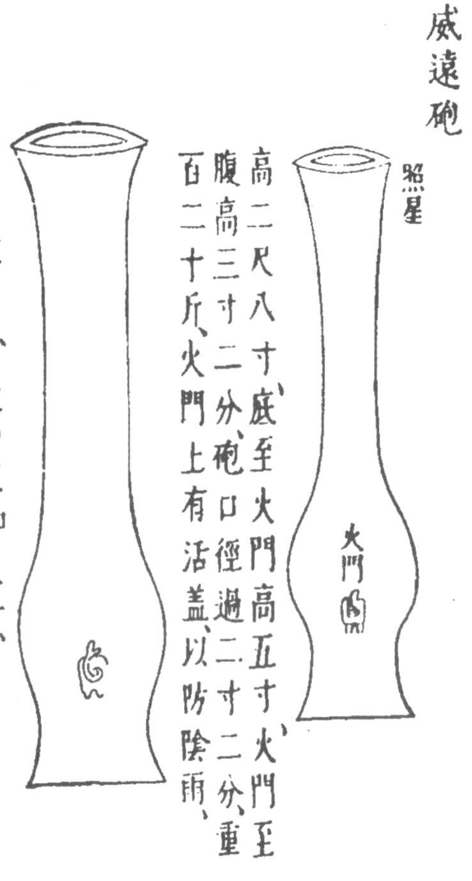
威遠砲
照星
高二尺八寸、底至火門高五寸、火門至
腹高三寸二分、砲口徑過二寸二分、重
百二十斤、火門上有活蓋、以防陰雨、
重二百斤、照前量加尺寸、
火門

◆相較於前代的雛形火炮，威遠炮是再經初步改良的成品，火門上還有活蓋可防雨，可見得是歷經過南方潮濕氣候改良而成。相較於神威炮、紅夷炮之類的大傢伙，威遠炮尺寸較小，相對也較適於機動作戰。這些過渡期的火炮通常是鐵鑄的，只是鐵質不純，有膛炸的危險。

鄭和一行不但是外交特使，也兼具武裝平亂任務。

自永樂三年（西元一四〇五）起近三十年間，鄭和共率領七次遠航，最後鞠躬盡瘁，於第七次遠航返途病故船上。他所經之處遍及爪哇、蘇門答臘、麻六甲海峽、印度，乃至波斯灣等地，共計三十多國，涵蓋了東南亞至西亞各海域。

如此空前壯舉，規模自然可觀。**據史料有記載的其中四次，每次所率部眾人數均近三萬人，大小各型船隻估計逾兩百艘。艦隊行進時，視天候與日夜時間，以旗語、號角、燈籠、鑼鼓等保持聯絡。**其中各式後勤補給船隻與戰艦不計，光是長四十餘丈（相當於一四〇公尺）的「寶船」就超過六十艘，鞏珍《西洋番國志》中號稱：**「體勢巍然，巨無與敵，篷帆錨舵，非二三百人莫能舉動。」**以當時的技術力而言，這驚人數字曾令許多人產生懷疑，但據考古學家在南京舊址掘出的舵桿測量估計，證明了此一可能性。

此外，不光是規模大而已，艦隊組織分工也十分完備。漫畫《航海王》的讀者都記得船上角色各有職務，這些職位在鄭和艦隊上一樣不缺，有維安戰鬥部隊、有醫務服務後勤補給人員、有航海士負責天候預測方位判定、有船工負責維修、有貿易財務管理、有翻譯通信專家、有外交禮儀以及情報人員，總帥鄭和則是「欽差正使總兵」統領全隊，編制相當完備。

除了平定潛在威脅的政治目的，鄭和也肩負了發展外交與貿易的任務。中國出口的綢緞、瓷器與茶葉在國外炙手可熱，而異國香料之類的遠洋物產在國內也廣受歡迎，各國朝貢的珍奇動物更令人大開眼界。據記載，當時海外進口的香料，在國內販售可以賺到十倍以上的暴利。利之所趨，帶動了產業發展，更間接對文化交流產生貢獻。

鄭和所率的外交使節團，不僅負責平亂、外貿等工作，更擔任教育與技術團的工作，所到之處，宣揚文化，同時將耕種、醫療、建築航海等種種技術傳播給其他國家。影響所及，明成祖在位二十餘年間，年年均有外國使節進貢不絕，甚至有孺慕中華文化的外國國王訪華後，特地遺囑安葬中華。**直至今日，東南亞各國還有許多「三保（寶）廟」遺跡，甚至尊鄭和為財神，實是極成功的務實外交。**

【故事檔案】

鄭和身世之謎

身負下西洋重任的鄭和，自然絕非常人。據說，他本姓「馬」，小名「三寶」，「鄭和」之名是明成祖賞其戰功所賜。然而，許多人可能和我一樣，不知道連「馬」這個原姓也不大正確！

三寶太監「鄭和」原是回族出身，所謂「馬」姓是音譯後的漢化姓氏。這位名航海家不僅文武雙全，本人更是威儀出眾，史書稱他「身長九尺，腰大十圍」、「行若虎步，聲音洪亮」。喔？竟是個身材魁武的異族帥哥來著……

近來更有研究發現，在東非有原鄭和部眾於當地落地生根的遺族後裔聚落，引起學者專家廣泛的關切與進一步考據。若此事屬實，則鄭和下西洋不僅在時間上遠早於西方的大航海時代，空間範圍更涵蓋三大洋，真可說是傲視人類文明史的壯舉了。

傳統水戰終結。

航海技術革命

清朝中葉後，各處雖有水師建制，其規模與訓練已大不如前；往後傳統水戰與木製船隻走入歷史，鋼鐵戰艦正式主宰近代海戰。

鄭和下西洋，實可說是中國乃至世界文明史中葉，成就最高的航海探索。

遺憾的是，後繼者欠缺遠見，認為此舉耗費國力太巨，於是大幅裁減水軍編制與經費，導致倭寇橫行。雖然在俞大猷、戚繼光等名將的努力下，終告平定，但水軍實力衰敗卻是不爭的事實。重蹈前朝「兵無常將、將無常兵」的覆轍，明朝官軍欠缺訓練，不堪作戰，使得這些名將竟需自行招募民兵來擔當平亂大任。

網梭船

◆ 梭船原是近海漁民捕魚的小船，因為能補足大船無法駛入近海的缺陷，因而也為海軍所用。雖說單體戰力貧弱，但由於個頭小難偵測，造價又便宜，若能集結起來靈活調度的話，使用得法一樣能小兵立大功。

戚家軍海戰

如同名將岳飛的「岳家軍」一樣，戚繼光也以其親自訓練率領的部眾「戚家軍」聞名於世，除佩賦武器方面多有革新，編組作戰訓練確實、軍紀嚴明也是致勝的關鍵。記錄上曾有三千人如期集結列陣待命，在城外忍受風吹雨淋毫不動搖，「軍容益壯」令人驚嘆。

這支對抗倭寇的勁旅對中國海戰發展貢獻良多。如前所述，戚家軍海戰得力於福船、廣船等大型船隻，「鬥船不鬥人力」，然而大型船隻沉重，吃水較深，全靠風力運作，學乖了的倭寇於是專挑近海淺水處貼岸而行，福船只能乾瞪眼。

有鑑於此，思考靈活的戚繼光開發了較小型的「滄船」，在淺灘或退潮時也可以搖櫓航行，更加上沿海「梭船」之類的小漁船進行編組作戰。梭船是漁民用的船，僅能容納兩、三人，戰力約僅一支火槍而已；然而個頭小，敵軍在大船上不易發現，等靠近時多半已來不及了——類似前文說過的赤馬特攻戰術。不僅如此，梭船造價便宜，據說當時一艘大概一兩銀子上下；若能集結一、兩百艘一起開火，螞蟻雄兵的威力也很可觀，在兩棲登陸作戰時更是實用。

就像戚繼光得意的鴛鴦陣一樣，艦隊中各種船隻適才適所，配合得當，是擊敗倭寇的關鍵。

其後，民族英雄鄭成功光復台灣一役，除了得民之心、得道多助之外，戰術方面更是可圈可點。例如：準確評估潮汐漲退而自鹿耳門奇襲、分隔包圍敵艦後，逐一進行殲滅等，均是前人水戰智慧的經驗總和與體現。

由盛轉衰的清朝水師

與外族統治的元朝相同，統一天下的初期，是清政權學習與擴張能力的顛峰。

滿清入關前已具備基本水師實力，而在掃平反對勢力時更因應需要，籌建了相當可觀的水軍。包括：征討吳三桂時運用三萬水軍，在進攻台灣時則動用兩萬人次，自各地徵調大小船隻計五百餘艘，其編組規模與調動靈活均足以稱道。此外，清朝也積極延續火器開發技術，在質與量上均有可觀。

然而，**清朝中葉後由於「天下承平」，水軍的發展停滯不前，各處雖有水師建制，而規模與訓練卻不能同日而語，連僅存的緝盜功能都幾同虛設，沿海常苦於海盜劫掠。**自列強挾其船堅炮利侵攻，軍事科技上長期落後與內政腐敗所累積造成的雪崩效應頓時暴露無遺，至太平天國蜂起，更陷入捉襟見肘的窘境。

電影《投名狀》開場便提及太平天國亂事十餘年，死傷人數以千萬計，犧牲之慘烈竟遠超過世界大戰，而此龐大戰陣規模也見於史料中。以長江下游沿岸各省為主要戰場，太平天國水軍規模之大，令人咋舌。據稱僅南京一處即「浮江萬艘」、「帆幔蔽江」、「帆如壘雪，檣若叢蘆」。

調度淩亂又久欠訓練的清官軍對此毫無辦法，連連數戰皆遇敵即潰，臨時招募的傭兵「義勇」更是內鬥內行、外鬥外行，徒然劫掠驚擾百姓。

鋼鐵戰艦的濫觴

不得已下，清軍又走回了早先名將親自點選練兵的老路線，依曾國藩等人之議，比照明朝戚家軍的方式組建訓練了著名的「湘軍」來平定亂事。

另外，有鑑於官方水軍質與量上雙輸的困境，在此戰後除原有負責緝盜的內河水師外，更改組建立了負責外海戰鬥的新式水師，師法西方先進的火炮航海技術，由沈葆楨、李鴻章分別負責南北洋水師，並成立了最早的海軍學校——水師學堂，這便是近代軍事革新的濫觴。

自此，傳統水戰與木製船隻等終於走入歷史，而新式的鋼鐵戰艦正式主宰了近代的海戰戰場。

回顧一部長長的水戰歷史，可以發現中國船業與相關航運科技發明，其實長期以來一直居於領導地位，但鎖國故步自封的心態適逢西方工業革命的飛躍成長，遂有了我消彼長，終至為列強所瓜分的近代史悲歌。「以史為鑑，可以知興替。」繼往開來，重振開闊的海洋氣象與優越地位，乃是值得新世紀期許的要務。

指揮與陣形。

有道是：「千金易得，一將難求。」
將帥肩負一國成敗之責，
歷來兵家，莫不強調為將之道與應有的才德學養。
孫子說：「上兵伐謀，其次伐交。」
從謀略外交阻止戰爭才是王道。
若不得不開戰時，則以降低敵我雙方的耗損為貴。
是以不僅將軍的指揮能力足以左右戰局，
在古代征戰中，能妥善發揮團體戰力的陣形也往往有其重要性。

陣形專論。

古典策士必修課

在以冷兵器為主的古戰場上往往是白刃戰，結陣主要目的在落實分組合作，發揮各兵種的獨特優勢。陣法人人會變，因地制宜，才是壓制敵軍的關鍵。

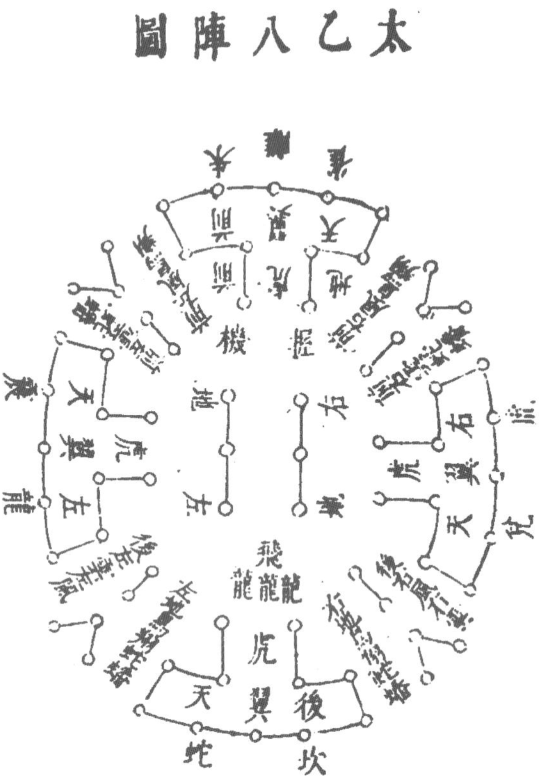

◆此為古籍中的「太乙八陣圖」，從中可以看到在安排中滲入了陰陽五行與風水生剋的元素。

古代小說描寫兩軍對壘，免不了都要提一下陣法。在《三國演義》中，兩軍軍師的「鬥陣」，從布陣、觀陣、變陣、攻陣的流程，決定勝敗的橋段所在多有，甚至以石堆變化嚇退陸遜的「八陣圖」更是玄之又玄了。

構陣的基礎與意義

陣法的理論基礎其實很簡單：在以冷兵器為主的古戰場上往往是白刃戰，結陣主要目的即在落實分組合作，「有效減少我方受打擊面」、「提高接敵殺傷面積」並「發揮各兵種獨特優勢」。

玩過「世紀帝國」系列遊戲的讀者就知道，無近戰能力的弓手旁一定得配上槍兵之類的角色掩護。但戰場上又較之更為複雜，畢竟現實中刀槍不長眼，我方的箭雨可不會只下在敵軍頭上！一不小心，陣前的倒楣步兵就會被自家騎兵踢飛，或是給弓兵射成蜂窩……

因此，如何配置部隊，使各兵種協同配合，發揮最大效果，即是構陣的意義所在。

在此前提之下，再考量敵我軍隊戰力高下、數量多寡、兵種分配與地形適應度優劣，從而定出長於猛攻、堅守、游鬥或不同方針的戰鬥編組，支援調度，並因應戰場上敵我戰力消長的局勢而變換隊形。

若將此變化中對迷惑敵軍的心理戰層面也考慮進去，再配上傳統陰陽、五行、八卦的生剋關係，就成了小說中的陣法。從常見的「方陣」、「圓陣」、「雁行陣」，到並非真正特定陣形的「背水陣」，乃至小說中匪夷所思的「遁甲陣」、「混天陣」等，林林總總，不一而足，甚至連當日時辰干支和軍隊服色都有講究，倒也讓讀者獲得不少想像空間。

以下為常見的陣形介紹：

方陣

方陣是可追溯至商周時代的最基本陣形。

春秋時代之前以車戰為主，在戰場上，貴族所駕駛的戰車是主力，而方陣即為配合戰車衝擊敵陣的特長，並彌補其不利轉彎回防的特性，所形成的配置。

指揮者戰前將戰車隊橫陳為一列，車輛間和後排由各自配屬的步兵隊輔助護衛。**開戰後，當戰車衝入敵陣之際，從屬的步兵尾隨殺入，破壞敵軍編組並圍攻落單者；而若戰車衝鋒不利時，步兵則推至最前排防禦，阻絕敵軍推進，並保護戰車轉頭撤退。**

時而也有步兵在前的排列法，前排步兵稱為「前拒」，然而考量到戰車的衝陣特長，較常見的戰法仍是步兵在後。

長蛇陣

當戰車退出戰場、步兵獨當一面後，方陣這種簡單有效的陣形仍保留了下來，但開始有更多不同的編組與變化。

常見的「一字長蛇陣」就是其變化型。這陣形其來有自，戰國一個步兵方陣通常以兩百人為單位（稱為「曲」），列成一班十或二十人伍的正面，但也有五個班四十人伍正面的排列法，正是典型的長蛇陣。

這類橫陣，**除了平日列陣教學時，培養士兵彼此步調配合的默契與無畏的氣勢外，實戰上更強調變化應用。**所謂如「常山之蛇」首尾相顧，由兩側隊伍「角」向內合擊，進行包抄殲滅。

說到這，希臘羅馬軍團也以同理基礎，發展出著名的步兵陣「phalanx」，因

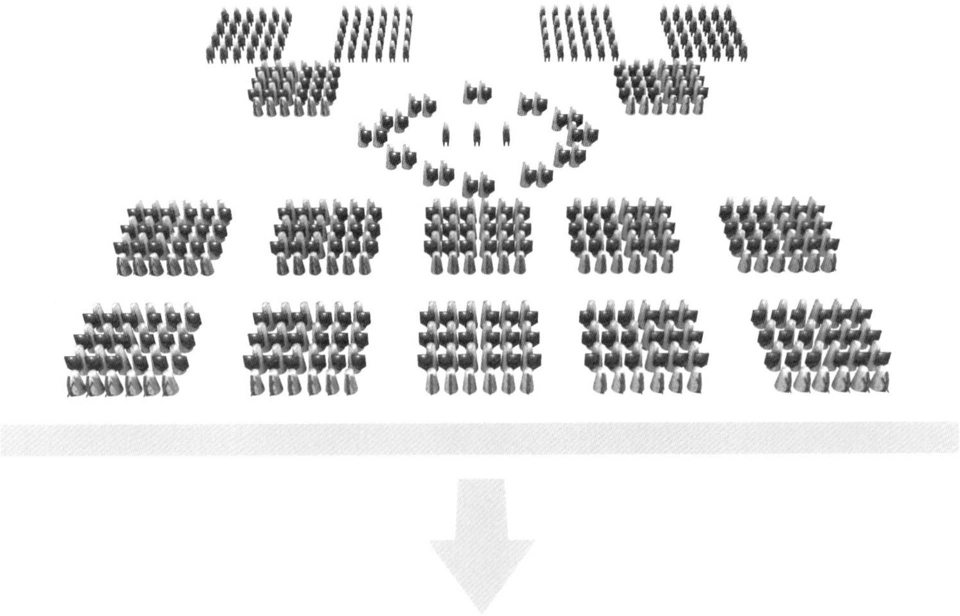

◆ 最經典的方陣。早期春秋時代是由戰車打頭陣，跟隨其後的步兵則在對方陣形被沖散後追殺落單的敵軍。到後期也有「崇卒」這種讓步兵當主力的打法。

列陣時戰士們的盾牌緊密相接，遠看有如片片龜紋的龜甲，故又名「龜甲陣」，看過《三〇〇壯士》或《特洛伊：木馬屠城》之類影片的讀者一定不陌生。由此還能展開各種變化應用，即使在現代的鎮暴部隊演練中也是常見的戰法。

方陣與橫陣的比較

與橫陣相較，一般方陣（或矩形陣）的陣形縱深較深，接敵面積較小。相對於誘敵深入的橫陣，縱深較深的方陣更適於堅守以伺機反擊。

此外，**方陣中的士兵只需轉換方向，即可應付從各個方向攻來的敵軍，靈活度較優**。方陣外緣常由機動力較強的騎兵組成，伺機游擊擾亂敵陣；步兵則緊跟在後，負責防衛並以長兵器拒敵；支援射擊的弓弩手則在更接近中心處。至於後勤技術人員與指揮所在的「中軍」則立於核心或稍偏後處。

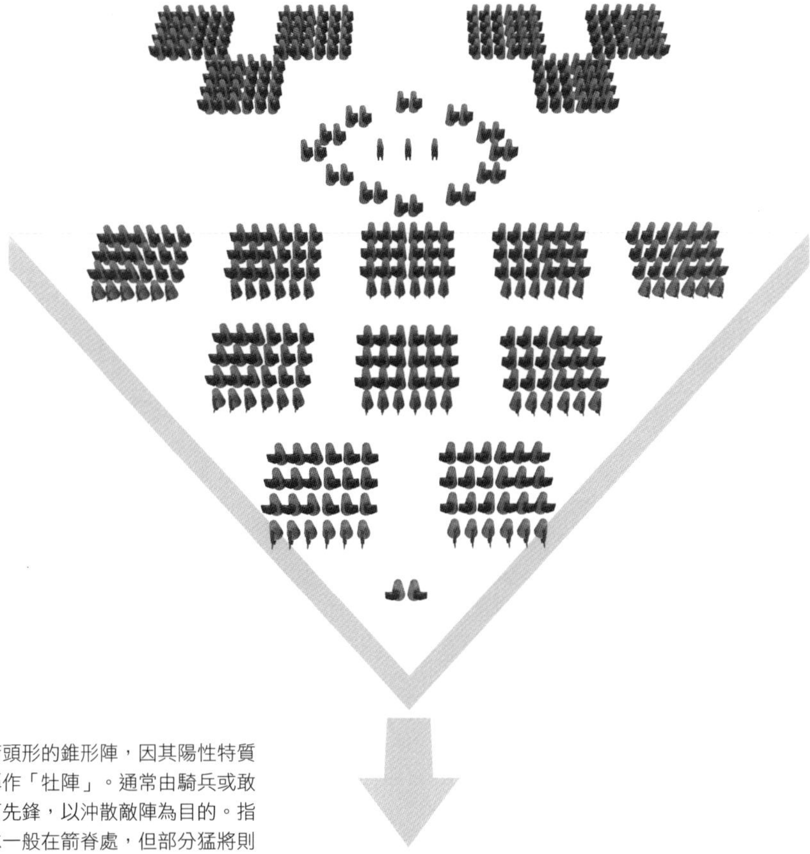

◆ 呈現箭頭形的錐形陣，因其陽性特質又被稱作「牡陣」。通常由騎兵或敢死隊打先鋒，以沖散敵陣為目的。指揮部隊一般在箭脊處，但部分猛將則會親自在鋒矢處打頭陣。

此外，陣形密度也有講究。密集的小方陣可以有效接敵，發揮最大攻防能力；大型方陣為增進調度靈活與機動力，強調「陣內有陣」，即大方陣內有數個小方陣，其間有足夠空間以供變換隊形，彼此互相支援。

練武的人應該聽過戚繼光所說：「如能棍，則諸器之法從此得矣。」方陣說來相當於武術中的「棍」這入門技藝，是可深可淺的角色。

錐形陣

錐形陣，又寫作「錐行陣」，也是很基礎的陣法。此陣同樣有許多變化，例如：「魚鱗陣」（又稱「魚麗陣」）、「鋒矢陣」等，大抵是由列陣人數多寡、兵種分配及排列緊密度來決定。

這類陣形又名「牡陣」（與「牝陣」屬性相對），基本上是前窄後寬，利於突穿的「V」字形編組，其鋒刃之處多半由速度快、衝擊力強的騎兵或敢死隊打頭陣，位於較接近箭脊處的步兵緊跟在後支援，中軍指揮則立於後方核心處，以金鼓旗號指揮部隊行動。

錐形陣常用於敵軍部隊戰力不濟，呈現敗相時殺入敵陣，以切斷對方部隊聯絡，進一步擴大戰果，因此切入後常搭配其他陣形變化，以分割圍殲敵軍。此外，因此陣核心緊密，是以被圍時也常以此類陣形突圍。

與所有陣形一樣，主將使用錐形陣時必須特別注意部隊指揮聯繫與敵我戰力消長：在敵軍守備尚堅固時貿然使用易增加無謂傷亡，不可不備；在我軍士氣高漲進行追擊時，更需約束前鋒，適時放慢，配合後繼，以免為敵方伏兵所趁，造成我軍被分割的局面。

除了前述排列之外，**許多猛將在用錐形陣時會親自立於錐尖處帶隊推進，不僅能激勵士氣，更能掌控部隊攻速與深入程度，充分發揮衝鋒特性。**總而言之，這基本上是種猛攻的陣形，因此若非能征慣戰或決心破釜沉舟的部隊，恐怕是用不來的。

雁行陣

顧名思義，**雁行陣是如同雁群飛行時的陣形，有兩翼向前或向後兩種版本。**

向後版與「鉤形陣」相仿，基本上可視為兩翼彎曲的方陣，藉此縮小兩翼接敵的面積，保障安全，除了強化防守效果，並可視戰況調動兩翼變換隊形或方向。

然而，一般所說的雁行陣，則指兩翼向前的版本。此陣又稱「鶴翼陣」，屬於「牝陣」，與錐形陣正好相反，是向敵軍展開的排列，宛如逆「八」字，越往我軍陣後方越窄。

若說錐形陣重在強攻，雁行陣則強調誘敵深入，是著眼於「後發制人」的陣形。雁行陣中間部隊以守備為主，由兩翼進行包夾，將敵軍引入陣中後分斷殲滅。因為中央是受敵接戰最吃重的部分，是以往往將最強戰力安排在此，並由弓箭手掩護；兩翼則由機動能力強的騎兵擔任，配合進行包抄或襲擊敵軍兩側脆弱之處，不過時而也會隨需要調整配置。

此陣另有變化版「箕形陣」，此時中央部隊以水平列陣，甚或稍往前突出，整個布陣鳥瞰起來有點像「W」字形。由於多了中央的支點，可以隨需調整為傳統雁行陣，或化成錐形陣進行衝鋒，是強調變化能力的攻守兩用陣形。

因為雁行陣中央結合的部分相對脆弱，對於兩翼協同調度的要求相對較高，具有一定危險度，使用機率因此偏低。

據說，日本戰國時代三方原之戰中，德川家康就是以雁行陣慘敗於武田信玄得意的騎兵錐形陣下。雖說該戰成敗背

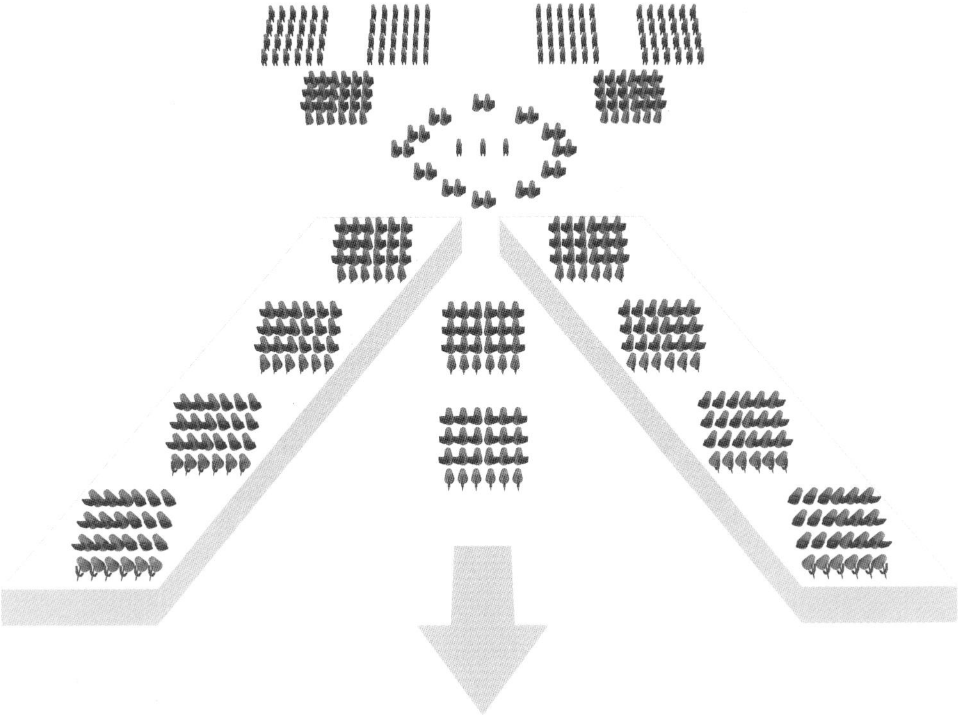

◆ 與錐形陣剛好相反，宛如大雁飛行的雁行陣，以其陰性特質又被稱作「牝陣」。相對於強攻的錐形陣，雁行陣更適合誘敵深入，利用兩側的弓兵交織火網殲滅敵人。

後原因不僅於此，但雁行陣中央薄弱易遭突破也是事實。

但，雁行陣是否真如此不堪用呢？只怕未必。陣法的目的，在於充分發揮我軍編制戰力。**雁行陣既被歸為「牝陣」，自是具有陰性特質，與能夠發揮騎兵突穿衝刺效果的陽性錐形陣相較，更利於弓兵配置**。其兩翼形成的密集交叉火網，會使陣中的敵軍無處可避，因此極利於伏擊之類，「以靜制動」的場合。有道是，陣法人人會變，各有巧妙不同，端看使用者能否因地制宜，適當變化利用而已。

圓陣

圓陣又名「車輪陣」。**相較於前述陣法，圓陣顯得頗為獨特，它完全沒有任何稜角或正面存在，從中心放射出去的各點均等距**。

喜愛觀看「動物星球」頻道的讀者

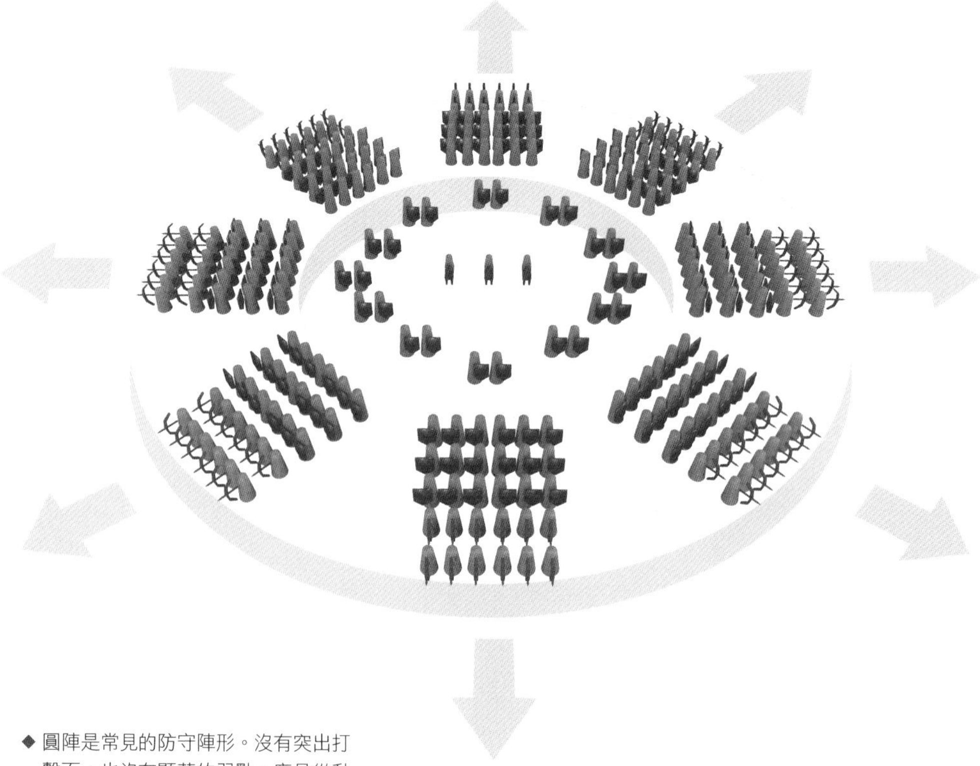

◆ 圓陣是常見的防守陣形。沒有突出打擊面，也沒有顯著的弱點，應是從動物界得到的靈感。

或許很眼熟，這正是野生草食動物用來對付獵食者的陣形——由勇敢力壯的年輕雄獸團團圍成一圈，保護圓心內的老弱婦孺。

或許從自然界得到靈感，圓陣即是這樣一個集中於防守的陣形：外部環環相扣，中軍則在陣內調度指揮。因沒有**顯著的正面或稜角，所以各部應對能力大致相等，沒有突出的打擊面，但也因此沒有顯著的弱點，在不知敵軍自何處攻來的曠野處，相當管用。**

若隊伍中配備有大型車輛，就更為理想。紮營時，將戰車於外部圍成一圈，遇敵襲時，外圍戰車同時發揮射擊支點與防護牆的效果，宛如一座小型城池。

說來有趣，最早的圓陣配置竟是反過來的。商周以降至春秋時代，戰車為部隊主力，因造價不斐且乘車者多屬貴族，是以構成守備圓陣時是由步兵在外圍以護衛車輛。此外，由步兵在外護衛所載輜重的情形也時而可見。

疏陣、數陣、羽襄陣

猶如國術界刀、槍、劍、棍等主要兵器，前述幾個陣法已涵蓋了大部分基本應用。

儘管《孫子兵法》有提及「疏陣」、「數陣」、「羽襄陣」等，其實即是將基本陣法再調整應用而已。疏陣，是拉開陣中隊距以利變化誘敵；而數陣正好相反，是縮小間距，使陣形更密集，用以近距離接敵。至於羽襄陣並未詳述，若依據原文而言，其用意在混淆敵軍，因此有學者主張此陣不是有正式隊形的陣法，反倒像「故布疑陣」的心理戰手段。

隊伍配置與變化端看指揮者臨陣調度，以破壞敵方判斷及戰術為目的，就像金庸小說《倚天屠龍記》中無招勝有招的太極拳；或如岳飛在對上金人騎兵時，讓士兵解散陣形，原地撒開，再分進合擊的打法，就很有這「**形人而不形於人**」的味道。

六花陣

除了上述彙整，中國歷史上還有幾個名陣形。

首先是唐朝名將李靖的發明。李靖是久經戰陣、力圖務實的理論實踐家，主張歷來「八陣」、「十陣」的說法為故弄玄虛，是布陣時的旗號隊別等制令，假託名號以立而已，即所謂「**八陣本一**」。以此為本，李靖統整出獨具一格的「六花陣」（又名「七軍六花陣」）。

將部隊分為七軍：前、後、左、右、中軍，再加上左右虞侯軍共七支。**中軍居中指揮，其餘六軍環列拱照，陣形如六芒星或是六瓣之花，因此得名**。這是部隊在駐紮時的陣形，比起圓陣更積極靈活；在接敵作戰時，則因應地形敵情隨機變化，強調抽駐隊、出奇兵，務求守不死守，守中有攻，進攻時能奇正相生，變化無窮。

鴛鴦陣

到了明朝，名將戚繼光所創制的鴛鴦陣，是更具突破性的陣法演變。面對武器精良且善近戰的倭寇，戚繼光利用長短兵分組與火器優勢予以反制，鴛鴦陣即是其苦思而得的結晶。

鴛鴦陣是由兩伍構成，每伍設長槍兵兩名、狼筅手一名、鏜鈀手一名和盾兵一名，並由隊長一名指揮兩伍。平時為兩列縱隊，隊長居右前指揮，其後依次為盾兵與狼筅手各兩名，四名槍兵居中，兩名鏜鈀手跟在最後面壓陣。

接敵時，該陣法變為「三才陣」：兩名狼筅手上前護衛居中指揮的隊長，槍兵兩兩一組，由盾兵一名搭配掩護，各往左右負責接敵，鏜鈀手則在後支援。由於鏜鈀可作火器支架，當前排的槍兵

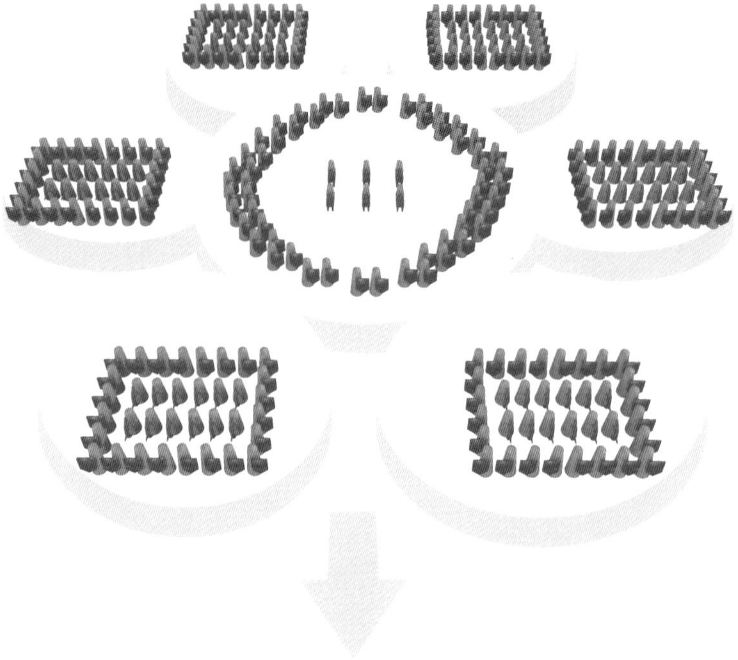

◆ 六花陣是唐朝名將李靖所發明。中軍居中指揮，其餘六支部隊則如花瓣般環列呼應，隨時視狀況切換隊形，強調攻守相應。

和狼筅兵將敵軍拒開後，後方鎲鈀手則負責火力支援將餘部殲滅。

此外，各伍還能再拆分變化為「小三才陣」：狼筅兵居中與兩名槍兵搭檔，盾兵與鎲鈀手分列左右翼守護。

小隊有清楚的任務區分與支援默契，大隊在應敵時也以類似方式對處，由前隊接敵，視狀況挺進或詐敗誘敵，左右兩翼伺機包抄，後隊則依需插入間隙，以密集守備並提供火力支援。

鴛鴦陣距今較近，陣法構成與變化相關記錄相對較完善，而與先前所述各陣相較，鴛鴦陣可說差別最大也最具創新精神。經完備的訓練與編組搭配，戚家軍創造了九殲倭寇的佳績，令人聞風喪膽。

此一戰法也成了日後北方戍邊抵抗蒙古的基礎，相對於原本步兵為主的戰法，後期的戚家軍更強調以車輛掩護，發揮射擊火力，大幅使用佛朗機炮與鳥

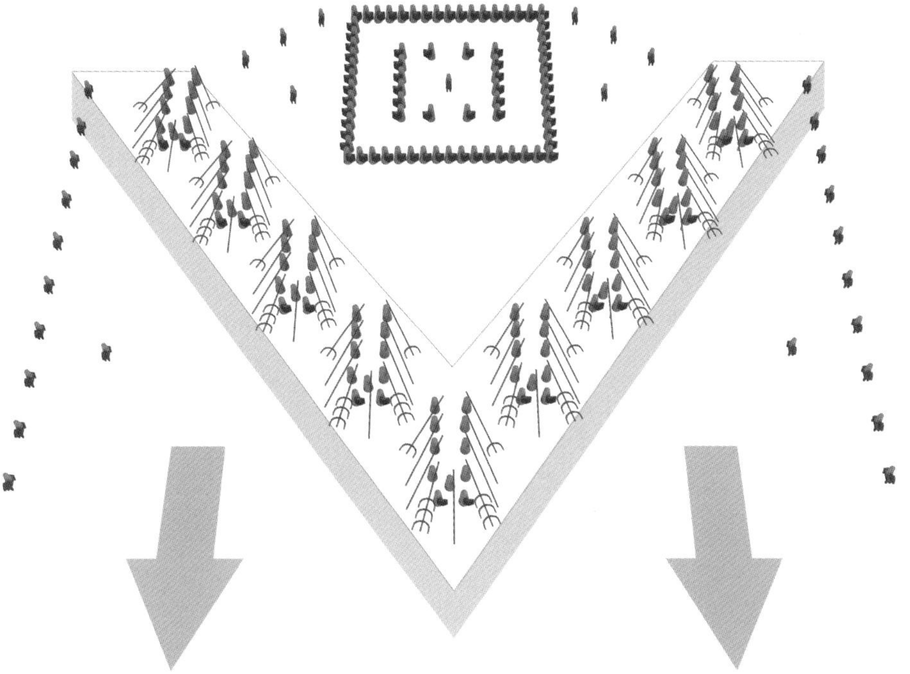

◆ 鴛鴦陣是抗倭名將戚繼光的發明。一組由十一人構成（也有十二人的版本，此說主張最末一名專司火器），由隊長居中指揮兩伍，遠距先行射擊，接敵後以盾牌狼筅取得距離優勢壓制敵軍，最後近身廝殺。還能視狀況變為三才陣，可說是經驗累積的結晶，在實戰中取得優異的成效。

槍以制敵機先。

事實上，曾國藩的湘軍在對抗太平天國時，即仿製類似戰術，所謂：**「結硬寨，打呆仗。」透過強固的防禦工事，先圍困敵軍，發揮火器威力，近身時則由冷兵器的刀矛隊掩護混戰。**

此變化趨勢，反應了火器的崛起，從傳統冷兵器格鬥逐漸邁向現代化的戰場。隨著現代槍炮改良與普及，近代戰術演變成以散兵為主，而傳統的陣形配置和結構變化則走入了歷史。

另請參考第三八五頁圖，這便是鴛鴦陣採一組十二人時，確實的布陣風貌。

韜略與戰鬥文化。

由有形到無形的武裝

古代良將除了善用陣形，上知天文、下諳地理，對敵情的戰前偵搜也不馬虎。而若能透過謀略與外交運作，阻止戰爭發生，才是王道。

在現實世界中，戰爭既痛苦又殘酷，不論勝利多麼光榮，背後均有無數百姓的血淚與國力的耗損，往往歷時數十年仍難以平復。是以，真正了解戰爭本質的兵家不厭其煩地諄諄告誡：「**兵者，不祥之器也。**」非到萬不得已，絕不輕啟戰端。

兵聖的主張

眾所推崇的兵聖孫子很清楚地說

◆ 明朝名將戚繼光的鴛鴦陣。

明：「上兵伐謀，其次伐交，其次伐兵，其下攻城。」透過謀略與外交的運作，由根本阻止戰爭才是王道。

若別無辦法不得不開戰時，應盡可能地壓縮戰爭時空，所謂「兵貴神速」，藉此將敵我雙方的耗損時間與程度降至最低。說起來有些像殺手瞄準目標後一槍斃命，「給你個痛快」的概念。這或許是在腥風血雨中求生的兵家，最後的慈悲吧。

為了確保速戰速決，孫子提出了由幾個層面來檢視戰力的良窳，即「道、天、地、將、法」五事。

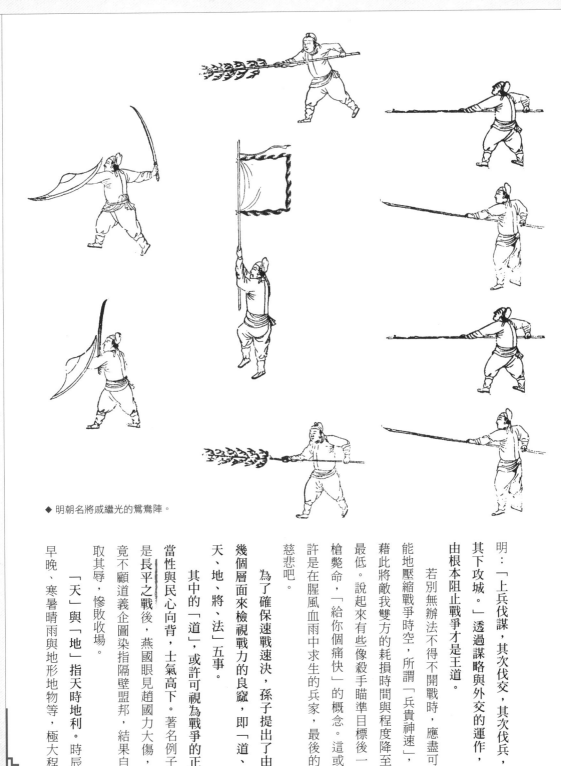

其中的「道」，或許可視為戰爭的正當性與民心向背，士氣高下。著名例子是長平之戰後，燕國眼見趙國力大傷，竟不顧道義企圖染指隔壁盟邦，結果自取其辱，慘敗收場。

「天」與「地」指天時地利。時辰早晚、寒暑晴雨與地形地物等，極大程度地決定了戰術運用與戰況演變。

「法」是戰法熟稔、編組管理責成與軍紀嚴明的程度，亦即部隊平時的素養。如曾文正公所言：「未有平日不早起，而臨敵忽能早起者。」平日治軍是否嚴明，決定了戰時軍隊的戰力，決定了將士是否能在沙場上生還。

是以其中統御主導者，即「將」的角色，便極其吃重。有道是：「千金易得，一將難求。」將帥領軍作戰，肩負一國成敗之責，任務之重非同小可，非膽識、智謀與遠見兼具者不足當此任，至於人品則更是要緊；故歷來兵家，莫不強調為將之道與應有的才德學養。

將軍的專業

《三國演義》中，諸葛亮曾說：「為將而不通天文，不識地理，不知奇門，不曉陰陽，不看陣圖，不明兵勢，是庸才也。」從春秋戰國所謂的「士」開始，理想的知識份子便需接受文武合一的教育，在孔門六藝「射、御、禮、樂、書、數」中，與戰鬥直接相關的就占了兩項。

隨著之後戰國亂事頻繁，武功與戰術等技藝，也逐漸成了獨門學問。武將身負一國安危，自然要會很多東西，手下雖有專門負責的技術人員（包括情報、卜祀等）各司其職，但身為全軍統帥，各種基本知識仍不可或缺，加上戰場瞬息萬變，唯有知識與經驗充足，才能夠即時行動掌握勝機。

前文已經提過陣法，讓我們再一窺古代理想的良將，還需具備哪些專業。

天文學養

《孫子兵法》中曾特意提及「廟算」的重要性。所謂的廟算，是指在戰事前，國君與為將者於祖先宗廟集會，進行戰情彙整與沙盤推演，與今日的「兵推」（兵棋推演）相仿。

【故事檔案】

長平之戰

對古代戰史稍有涉獵的讀者，很少人沒聽過這場鼎鼎大名戰役的。此戰不僅創下了單場戰役死亡人數的記錄，更是後續秦滅六國的關鍵。

西元前二六二年，韓領地的上黨不敵秦軍又不願投降，轉而將十七座城邑獻給同盟的趙，秦、趙兩國於是為此爆發大戰。初期，趙以廉頗為將，奉行堅守。秦在屢攻不下之後改行反間計，造謠廉頗怯戰，若改以年輕的趙括為將則秦必敗無疑（其父趙奢是曾於艱困的一戰中完成不可能任務，接下廉頗、樂毅都搖頭的硬仗，大敗秦軍的馬服君）。即使連趙括的生母都反對，也沒能挽回趙王步入陷阱。

年輕氣盛的趙括接任後隨即改弦易轍，主張強攻。殊不知要面對的是被祕密派至前線，當時六國莫不聞風喪膽的傳奇秦將「人屠」白起。

在白起指揮下，秦軍詐敗誘敵深入

太微垣圖

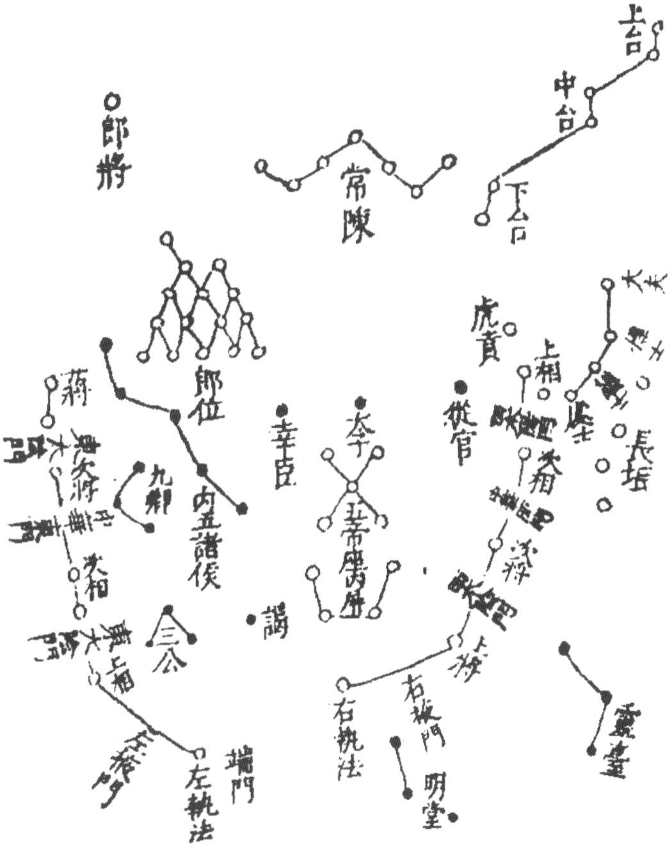

◆ 古代將軍的學識領域涵蓋極廣，光是以天文為例，就同時包含了氣象及天象兩門，其後還衍生出了占卜的學問，且被運用在諜報與心理戰之中。

後，兩側伏兵突出，將猝不及防的趙軍團切為兩段。統帥趙括在被圍月餘後嘗試突圍，失敗而亡，趙軍崩壞。

慘事發生在戰役結尾。有看過電影《投名狀》的人，都會記得二虎與大哥兩人在入南京城後對降卒處置的激辯。面對四十餘萬的龐大趙國降軍，秦方決定斬草除根，詐許投降後，將其全部坑殺，史稱「血流淙淙有聲」。此戰後，秦方雖同樣元氣大傷，但殘破的趙國再也無力抗秦國，原先勉強制衡的均勢自此瓦解，從而確定了併吞六國的結局。

中國人歷來在各類戰略謀劃時，皆會將「天時、地利、人和」三者列入考慮。其中「天」在古代兵學中，又粗分為「氣象」與「天象」兩個領域。

氣象是古人歷代觀測天候變化歸結出的心得，對於戰術選擇及遂行，具有重要影響，包括：利用風向、風勢、降雨與否等來發動如火攻或水計等策略。單在《三國演義》一書即可找到「火燒博望」、「草船借箭」與「水淹七軍」等膾炙人口的例子。儘管故事的虛構成分居多，卻讓我們對於相關案例略知一二。而「月暈而風，礎潤而雨」這類口訣，更成了民間相傳的生活智慧，直至現代。

至於天象，則較偏卜斷吉凶的占算之學。演義讀者耳熟能詳的「將星墜地」、「天現異象」都屬此類。而傳統中更將火星（古名「熒惑」）視為刀兵之徵，此點中外皆然，想來是拜其夜空中鮮明的紅色光澤之賜。歷來動亂將起之前，民間均傳說有紅衣小兒教唱民謠，這個紅衣小兒即是熒惑的化身，於是有心人往往利用此一傳說來操縱民心。這便屬於諜報與心理的範圍了。

地理情報

仔細觀察《三國演義》的戰例，會發現其中地利的重要性絕不亞於天時。若能善用地形、地物，並結合天文與列陣，便可大幅強化戰力與作戰效果。

兵家自古便不斷強調地理對作戰的重要，除所謂「平原用車騎，山阻用材官，水泉用樓船」這種視地形特色擬定方針，整編軍隊戰陣作戰的心得外，在前人審慎觀察下，更彙整出許多因地制宜，善用地形之力並規避不利要素的方針。例如：趁敵軍渡河時「半濟而擊」，避免仰攻居高臨下敵軍的「背丘勿逆」等，均是眾所周知的常識。

原則雖然明確，但是逆向操作的戰例可也一點不缺。無論是楚霸王項羽「破釜沉舟」的典故，或是《三國演義》中馬謖「居高臨下，勢如破竹」，最終卻落得身死辱國的街亭之戰，都是人盡皆知的例子。因此雖有了知識，然靈活運用之妙仍存乎一心。

諜報、心理與策略

戰事的勝負，往往取決於戰前的準備。除了整訓後勤工作之外，敵情偵搜一樣馬虎不得，即所謂的：「知己知彼，百戰不殆。」

兵書中常有「遊士」、「耳目」之類的配置，這些遊方之士常託名商旅、行腳、客人，遊走各國，其檯面下的工作即是蒐集關於敵國的軍情資料，舉凡山川險阻、部隊配置、任務調動、軍心士氣……無不在調查範圍內。能夠充分掌握關鍵資訊的一方便能制敵機先。歷來以小搏大的名戰役，諸如三國的官渡之戰或日本的桶狹間之戰，莫不如此。

除了上述種類，為求滲透入敵營，間諜的掩護身分與人選更是林林總總，如身配六國相印的蘇秦，即出人意料地擔任過間諜的角色，至於《吳越春秋》的西施與《三國演義》的貂蟬都是著名的女間諜，直至今日，人們仍稱頌其浪漫事蹟，魅力可見一斑。

學商的人都知道，既要摸清消費者的心思，更要製造動機。這個概念也脫胎自兵法。**除了被動觀察找出敵方破綻，間諜也往往負責主動為敵軍製造破綻。**其中最常見的當屬「反間計」。

反間計是利用敵方君臣將帥，甚至國際之間的猜忌矛盾或權力角鬥，適時火上加油，扳倒難以正面對付的角色。從春秋時代的伍子胥，乃至明朝末年的袁崇煥，歷代相同的案例不知凡幾；而單靠辯才無礙，竟能「存魯、亂齊、破吳、強晉、霸越」的孔門高足子貢，則是其中翹楚，傳奇中的傳奇。

說起古代謀士的攻心手段，真可媲美作「戰場上的魔術師」。而當真在陣前裝神弄鬼表演魔術的也大有人在，**田單**即是最著名的例子。他用反間計逼走名將樂毅不說，更使出了「神下來教我」、「當有神師」甚至「**火牛計**」等一連串奇之又奇的心理戰術。然而，最值得留意的，卻是田單對騎劫心理的掌控與利用，以及透過偽情報操縱敵我士氣消長的本事。

名軍師孫臏復仇戰中的「減灶之計」也與之同理，**利用敵方先入為主的心理透露假情資，癱瘓其判斷能力，繼而出奇不備，予以迎頭痛擊。**由此可見，雖說情蒐不需要主帥親力親為，但對辛苦取得的情資，該如何判斷真偽與價值，從而整合利用、確認致勝方針，則考驗著為將者的優劣。

◆ 此為古書中的火牛圖。火牛詭異的表情，想來是因為尾巴被燒受痛的緣故。受刺激下猛衝的牛，前方的兵器會殺傷範圍所及之處的一切人員，後方火焰則是第二段攻擊，是種互相傷害的恐怖概念……

【故事檔案】

田單與火牛計

各位還記得金門的「毋忘在莒」題字嗎？這典故便出自古代傳奇軍事家田單。

燕國內亂時，齊國趁火打劫，險點吞併了燕國。燕昭王生聚教訓，啟用名將樂毅，巧妙說服秦以外的五國聯盟，復仇之師直搗齊國，幾乎將齊滅亡，僅留下「莒」與「即墨」兩城負隅頑抗。

在此背景下，沒落貴族田單在莒被推舉為將軍，扛起抗燕復國的任務。他的第一步很老套也很有效：利用反間計讓剛上任的燕惠王懷疑樂毅，改派親信騎劫取代之。接著，配合百姓心理需要，創造了奇蹟──他用糧食引誘鳥兒飛入城中，宣稱是神使降臨，隨即找到一位神師，號稱將顛覆戰局，救百姓於水火。（看過動畫《Fate/Zero》的朋友會想起了征服王伊斯康達爾；沒看過也無妨，這就是最早的「seafood」……）

騎劫傻傻地跟所謂「神諭」對著幹，完全著了對方的道而不自知。虐待戰俘與開挖齊人祖墳的惡行，使原本氣氛低迷的莒城內，瞬間燃燒著瘋狂的復仇與戰鬥情緒。田單知道機會來了，刻意隱藏所有戰力，只以老弱婦孺示人，宣稱軍力耗盡主動求降。驕兵的騎劫與燕軍，鬆懈下來。

就在約定開城投降前夕，田單弄來城中所有的牛，為牠們披上彩布，角上綁了尖刀，尾巴則包著浸油的蘆葦。半夜，莒城內的人將城牆上先挖好的孔洞打破，點起牛尾的火把後將牠們放出。

燕軍從美夢中驚醒，看見這般地獄景象：著火的五色怪獸憤怒地到處亂竄，後面跟著不知哪來的沉默部隊，個個啣枚（「枚」類似筷子，士兵奇襲時會啣著以保持安靜），見人就殺。莒城百姓適時加入，震天價響地敲鑼打鼓，追殺被「神兵神獸」嚇得魂飛魄散的燕軍。就這樣，司令騎劫在人馬雜沓之中連怎麼死的都不知道。而失去領導的燕軍兵敗如山倒，齊國終於復國成功。

這場勝戰所付出的成本高昂，但若與輝煌戰果相較則如九牛一毛。出身市場管理的田單不僅對人性心理獨具慧眼，更不愧是經商高手。

故事還沒完！與敵對陣營樂毅同樣功高震主的田單，兩人提供了最好的對照。戰後面子裡子失盡的燕惠王悔不當初，惱羞成怒怪罪出奔趙國的樂毅，說他對不起先王的託付。收到無情老東家不知反省的責難信件後，樂毅回了一篇精彩的〈報燕惠王書〉，自表心跡，且條理分明地陳述獨到的價值觀，合理質疑傳統「愚忠」的概念，名句「君子交絕不出惡聲」就出自此處。

燕惠王的失敗殷鑑在前，繼任的齊襄王對擁立自己、名聲卻遠超過自己的田單心懷忌憚，卻能稍所節制，在貂勃、貫殊等人居中調解下，維持君臣雙贏。有志從事管理工作的讀者，這兩個人的經歷提供了互相對照的絕佳 case study，建議一看；或參考扶欄客《司馬遷筆下的兵家傳奇》，有精彩幽默的演繹。

北方玄陵七炁壬癸亥子水、其神玄武、其色皂、

東方青陵九炁甲乙寅卯木、其神青龍、其色藍

指揮系統與五行關係

戰場幅員遼闊，地形複雜，人馬雜沓喧囂，在沒有大聲公或無線電的古代，如何透過有效的即時通訊指揮系統，使主帥命令行於三軍呢？我們常說的「大張旗鼓」正與此相關。**旗和鼓，這兩種視覺與聽覺訊號，便是將軍用以指揮調度，號令全軍的工具。**

古典小說描寫戰爭橋段時往往有「擂鼓而進」、「鳴金收兵」，這兩種即是用以指揮部隊進退的信號。擂鼓容易理解，但為什麼收兵是「鳴金」而非其他信號呢？

說來有趣，在五行中，**「金」應於秋，主刑殺，其氣蕭瑟收攝，因此要阻止士卒前進時便以金屬類的鑼聲作信號：一次是止於原地，兩次是退回出發點，三次則是戰鬥失利或是詐敗，全軍撤出戰場。**相對的，鼓聲屬「木」，應春季勃發之氣，因此出陣時便擊鼓為號，所謂「一鼓作氣」，趁著氣勢直搗敵陣。

由此可見，陰陽五行思想影響中國文化深遠，不僅為卜筮、中醫等學科奠定了理論基礎，甚而影響了傳統作戰指揮系統，滿有意思的吧？

除金、鼓之外，旗號運用也與五行概念相關。大軍出陣時，往往分成前、後、左、右與中軍等軍團，中軍為主帥所在，各

北方趙玄壇

◆ 趙玄壇即是趙公明，是大名鼎鼎的武財神，也是五路財神之首。民間傳說他與北方關係匪淺，是玄天上帝的護法元帥之一，因此布於北方的旗幟中也能見到他的身影，可說是古代軍事文化與陰陽五行思想結合的表現。

軍團列於四方，與之呼應。四方各有所屬神獸與顏色：東方為青龍，色青屬木；西方為白虎，色白屬金；南方為朱雀，色赤屬火；北方為玄武，色黑屬水；中央則為麒麟（另一說為黃龍），色黃屬土。

旗號指揮系統與實戰

中軍主帥在調動各方部隊時，便號令旗手架起與該方位對應的旗色，負責聯絡的旗手看到中軍出示己方旗號則迅速通報將領，並掛起己方旗幟以回應中軍號令，稱為「應旗」。全隊隨即準備聽令，視中軍指揮旗所指示的方向進軍，若遇不同色彩的指揮旗相交時，對應該色的兩支部隊便合流待命。到了夜間便改為用燈，透過不同的色燈、盞數與明暗（信號手用黑色油紙套來調整亮度），便能將主帥指令傳達給各部隊知悉。

非僅調度指揮，行軍間的路況與接敵時的敵情彙報，都能透過旗號呈現。軍隊行進時，前哨備有五色旗，且另配一套「高招」（此指有長竿的大旗）。前哨在探路時，會依地形與路況舉起面數不等的高招：一面時路況最險，僅限單列行軍，隨開闊程度與行軍列數而增加旗數；舉五面旗則地勢開闊，可容全軍一起推進。

五色對應五行，因此行軍中遇到樹林時則舉青旗，山險舉黃旗，黑旗是遇水澤，見煙火是紅旗，而若見到白旗舉起——那可不

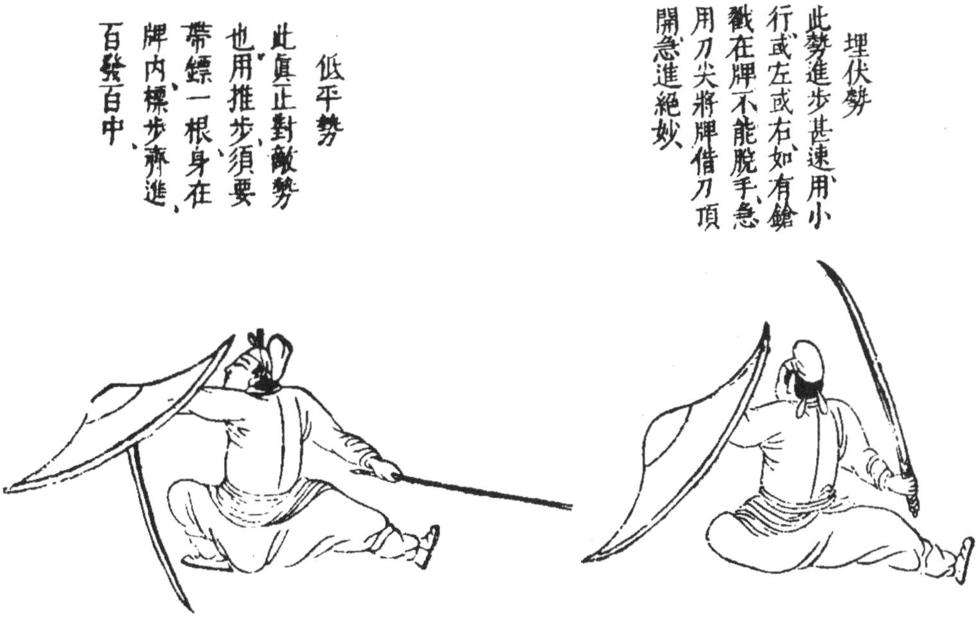
埋伏勢
此勢進步甚速用小行或左或右如有鎗戳在牌不能脫手急用刀尖將牌借刀頂開急進絕妙
低平勢
此即止對敵勢也用推步須要帶鏢一根身在牌内標步齊進百發百中

是投降——而是敵方人馬現身，要準備亮兵器了！

接著，還要報告戰情，一樣以五色為象徵，旗號此時連續盤旋揮舞，稱作「磨旗」。磨青旗表示敵軍勢眾（木主生發）；磨白旗表示敵軍勢寡（金主收攝）。若記得《孫子兵法》中「侵略如火」這句的人，這下一定能舉一反三，知道磨紅旗是啥意思：敵軍來勢迅疾侵攻甚急；相反的，黃旗則是態勢趨緩的表示；最頭疼的是黑旗，這個不祥的顏色表示無路可退，非戰不可！

而磨旗的方向，自然就是敵軍的來向了。

教育訓練與軍法

旗幟鼓號是部隊進退的依據，因此，平時訓練時，將軍即要訓練士兵熟記指揮信號，服從命令，統一行動。除了戰時領兵抗敵、出謀劃策，將軍們在平日裡則訓練士兵與拔擢能者，所謂「養兵千日用在一時」，士卒優劣對戰事勝負影響極巨，因此「練兵」是為將者最重要的工作。

首先從揀兵開始，名將曾國藩在《治兵語錄》中提及「城市水鄉之人性多浮滑」，因此大多挑選壯碩樸實的山野鄉農子弟為兵——這與岳飛及戚繼光等名將倒是不謀而合，所見略同。

兵丁入伍後即開始新訓，在《管子》中有列出名為「五教」的幾個重點：「一曰教其目以行色之旗，二曰教其耳以號令之數，

三曰教其腳以進退之度，四曰教其手以長短之利，五曰教其心以賞罰之誡。」

歸納起來，**基本訓練即是分辨金鼓旗幟的代表意義與服從命令。其次則是對陣法隊列與武器使用的分科訓練。**這個階段，士兵除熟悉各種隊形與培養常見兵器的應用能力（通識）外，也往往會依身材與強項，劃分編制並進行特定武器的專精訓練（主修），另外更須培養與同袍的團隊合作精神與默契，戰時才能互相照應。最後則是心理訓練，讓士兵能忠於職守、勇於赴陣，這說來簡單，要做到卻難，因此才有「帶兵帶心」的說法。

要使部眾心悅誠服，首要之務即是賞罰分明。

先從賞說起：**尊重部屬、獎賞慷慨及主帥以身作則，往往最能激勵士卒奮勇向前。**在《六韜》中即有所謂的將有三勝：「禮將、力將、止欲將」，勞動時以身作則，飲食時士卒先用，平日待遇與士兵相同，方能知道部屬勞苦寒暑飢渴與否。

有賞自然有罰，為求確保法令的威嚇效果，歷來軍法往往嚴峻酷烈且多擅誅殺。古代兵書《尉繚子》甚至主張：「能殺士卒之半者，威加海內。」這這這……就算撇開激進的精兵主義不談，古代軍法也是夠嚴苛的。舉例來說，不從將令者斬、臨陣先退者斬、遲赴戰場的「失期」者斬（名將李廣就是因為在沙漠迷路犯了這條，憤而自殺）、遇敵未及時出擊「逗留不進」者斬、作戰物資籌措不足「乏軍興」者斬、通姦與帶婦女入營者斬，連營中讓車馬奔馳或未由紮營的正門回營者都是斬……

這還沒完，上陣後需等待敵軍進入射程距離，主將下令時才能射擊；提早發射的、遲遲未發的、左顧右盼的、多射的少射的通通都是斬。至於鼓號與主將大旗「牙旗」是部隊精神象徵，因此遺失旗鼓者更是全隊處斬（羅馬軍隊對此的懲罰是每十人抽一

大甲勢

處死，稱作 decimation，已被認為是極嚴酷的作法）。不是讓人掉腦袋，就是自己掉腦袋，古代軍人不好幹啊！

總結

古代軍法之嚴峻，足以令現代讀者嚇出一身冷汗。然而，說到底，將軍們的心思其實很簡單。

「現在不把你教會，將來你就只有死在戰場上，連怎麼死的都不知道。」

如同電影《霍元甲》中的名句：「活著，從來就不是一個人的事。」戰場上的戰力，不是正的，就是負的。一個不及格的戰士，只會拖累隊友一起送死。

英語俗諺說：「魔鬼藏在細節裡。」**見微知著，防患於未然，是將軍們對部屬的**

【故事檔案】

中外的親民將軍

類似拿破崙與士兵一起吃粗麥麵包的佳話，並不限於西方世界。早在春秋時代，兵家之始的司馬穰苴就以「悉取將軍之資糧享士卒，身與士卒平分糧食，最比其羸弱者」的親民作風，深受士兵感激愛戴，乃至「病者皆求行，爭奮出為之赴戰」。充滿爭議的名將吳起在魏國領軍時，不僅每次戰後公開依上功、次功、無功來明定席次、宴肴、行賞、尊卑以激勵部屬，更因親自吮士卒傷口的膿血，而使其上陣後「戰不旋踵，遂死於敵」而聞名。

隋朝的開國重臣楊素，據說甚至將自己寵妾賜給有重大戰功的部屬以示尊榮。呃，雖說是因為他寵妾多，不過把老闆的小老婆抱回家，聽起來總覺得怪怪的！

期許，也是這些嚴刑峻法背後的出發點，透過必要的最小犧牲，換取最大程度的和平。

著名的蘇東坡雖是文人，卻深得此中三昧，〈教戰守策〉中**「知安而不知危，能逸而不能勞」、「今不為之計，其後將有所不可救者」**等，在在是精闢至極的見解。**因此，武者最後也最棘手的敵人，始終是自己本身。**不僅是恐懼而已——苟且，貪念，怠惰，傲慢……在征服別人之前，先得要制服自己不願面對的，黑暗的一面。

上述種種，或許可以援引《左傳》，關於楚莊王的某段軼事作為註腳。

西元前五九七年，楚國在邲之戰擊敗當時最強的晉國。戰後，大臣潘黨建議在該地建築「京觀」以誇耀武功供後世紀念。所謂「京觀」名字好聽，卻是古代的恐怖陋習——將死者屍骸層層堆疊在道路兩旁，覆土築成金字塔。（據說秦始皇焚書坑儒的「坑」也是一樣，並不是挖洞，反而是堆起來，殺雞儆猴。）

對此，楚莊王的回答，擲地有聲。譯成白話是：**「所謂的武功，是要能禁斷橫暴，遏止甲兵，保全大局，建立功績，安撫民眾，聚合群心，豐集資財——要做到這七件事，於是才敢讓子孫記取教訓，不忘武事。**這七項武德我全不具備，未能平定亂事，徒然使百姓驚擾受害，說來只覺慚愧。此外，古人做京觀，是為了用這恐怖手段懲戒罪大惡極之人；但今日兩方戰士都只是為國盡忠，又怎能這樣對他們呢？」於是將戰死的晉軍安葬並為之祭祀。

短短的一個小故事，卻足以道盡兵家的最高理想與行事準則。至於楚莊王開宗明義的破題一句**「止戈為武」，更跨越了時空，足以供古今中外所有武人奉為圭臬。**

參考資料。

【文物館與專賣店】

◆郭常喜兵器藝術文物館

館址：高雄市茄萣區民生路 226 號
電話：(07)698-9090

位於高雄興達港觀光漁市旁的興達刀鋪，是台灣少數手工藝鑄劍師郭常喜老師的工作坊，許多武俠電影（包括《臥虎藏龍》）中的刀劍與各式兵器，都是出自他的手。超過六十年的打鐵生涯，郭老師打造過不計其數的良質機械與工業用刀具，更本著文化薪傳的使命，積極收藏各式刀劍，探求傳統鍛造技術與兵器藝術，重現歷史名器，且在林智隆教授的協助與申請之下，獲文建會通過為地方文化機構的「郭常喜兵器藝術文物館」。其館藏依中國歷代主題陳列，是當地觀光與教學的景點，值得一訪。

欲了解更多關於郭常喜老師及文物館介紹，請掃碼至漫遊者文化官網觀看。

◆道生中國兵器博物館

館址：新北市淡水區北投子 72-1 號
電話：(02)2623-8417

無暇南下一睹古兵器風采的北部朋友，不妨前往淡水青島武館。館內有許多各式兵器，其中有些還頗具歷史；除此之外，還有獅頭與武術圖書等館藏。館長林昌湘先生習武多年，是身具武術教練與裁判資格的高手，有什麼問題都不妨向他請益，相信自能有所收穫。前往參訪前請電話預約喔！

◆青雲鑄劍藝術文物館

館址：台中市沙鹿區屏西路 186 號
電話：(02)2631-4044

此為另一鑄劍名師陳天陽先生所開設的兵器博物館。陳老師是中國嶺南派的鑄劍傳人，數度榮獲行政院民族工藝獎。為了保留民族工藝，他將自宅改建為展覽館，陳列親自鑄造的寶劍與歷代著名刀劍，供大家免費參觀。遺憾的是，陳老師已於二〇一二年仙逝，但其家人繼承了志業，克紹箕裘。第三代傳人陳重智先生更是對武術與兵器廣有涉獵。熱愛寶刀寶劍的朋友，可不能錯過。參訪前也請預約喔。

◆奇美博物館（兵器廳）

館址：台南市仁德區文華路二段 66 號
電話：(06)266-0808

位於台南的奇美博物館，是台灣館藏最豐富的私人博物館，展出藝術、樂器、兵器與自然史四大領域。其中，兵器廳的展品既精且廣，除了有中國與日本等的亞洲區，也包含了歐洲、非洲與波斯等不同文化特色的交流，且兼備製作技術與風格特色的探討。此外，博物館本身就好漂亮好逛，建議有空時去走走。更多特展訊息請參看官網，上網預約還可以快速通關，更方便！

◆興武門武術用品專賣店

店址：台中市西屯區重慶路 102 巷 8 號
電話：(04)2313-6347

這應該是國內最廣為人知的武術用品店了。興武門的武術器械、練武服飾、器具、書籍影片與防身器材，琳瑯滿目，並代理進口白蠟桿等特色商品。其中武器說明詳盡，部分還可接受訂製，且購買與付款取貨方式也很多元。筆者本身數次購物經驗都很滿意，最近一次忘了留意營業時間，登門時已快打烊，老闆依然一派親切，熱心幫忙建議與挑選。很值得推薦的一家好店喔！

【參考書目】

◆Bibliography

《刀矛劍戟與戰爭》，李守義編著。山西出版集團人民出版社，2007。
《中國兵器史稿》，周緯著。明文書局，1988。
《古代的兵器》，夏元瑜著。台灣省政府教育廳，1981。
《中国武器集成｜決定版》，十鳥文博主編。學研社，2006。
《金戈鐵馬：中國古代軍事發展史》，郭建著。知兵堂出版社，2007。
《國劇中的各種兵器》，張大夏著。台灣省政府教育廳，1978。
《圖說中國古代兵器與兵書》，杜文玉等編著。世界圖書出版西安公司，2007。
《戰略．戰術．兵器事典　中國歷代甲冑》，陳大威著。楓樹林出版社，2012。

◆CD-ROM

《生活藝術系列－武動養生文化篇》，李明珠主編。國立歷史博物館，2004。

◆Internet Sites

台北武壇，http://www.wutan.tw
十八般兵器．總說，林保淳教授撰。http://www.knight.tku.edu.tw/knight/fight/fight1.htm

◆TV Program

《亞洲花絮集：奪命武器》，National Geographic Channel，國家地理頻道。

【延伸閱讀】

◆Bibliography

《天工開物》，宋應星著。
《手臂錄》，吳殳著。
《史記：滑稽列傳／刺客列傳／孫子吳起列傳》，司馬遷著。
《吳越春秋》，趙曄著。
《東周列國志》，蔡元放著。
《武備志》，茅元儀著。
《武經總要》，曾公亮、丁度等著。
《紀效新書》，戚繼光著。
《神器譜》，趙士禎著。
《莊子》，莊子著。
《搜神記》，干寶著。
《戰國策》，劉向著。

◆TV Program

《天工開物》，沙鷗國際多媒體股份有限公司。
《成吉思汗》，中央電視台。
《古兵器大揭秘》，中央電視台。

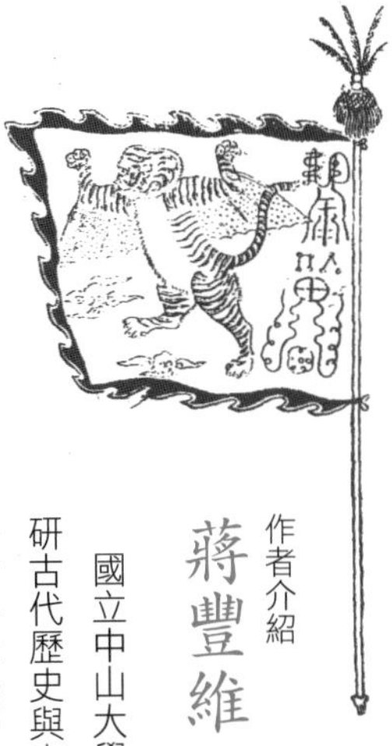
西方皎陵五炁、庚辛申酉金、其神白虎、其色白

作者介紹
蔣豐維

國立中山大學外國語言與文學研究所碩士。從事翻譯與英語教學逾十年，並於閒暇時鑽研古代歷史與東西方兵器，以及紫微、塔羅、催眠、靈氣等。現為美國 NGH 與 AAH 之認證合格催眠師，具 AAH 催眠講師與臼井／卡魯那靈氣大師（Usui / Karuna Reiki Master）資格。

深受西方思想體系薰陶，無形中養成辯證系統化的習慣。除了在課堂上傳遞語言與知識，也不斷將所學應用在原屬同出一門、一體兩面的「武術／巫術」領域，十餘年來嘗試對中國兵器與古戰史進行系統化的整理歸納，冀能藉此拋磚引玉，帶動更多讀者討論與研究。

南方丹陵三炁、丙丁巳午火、其神朱雀、其色紅、

繪者介紹
劉子葳

國立臺中科技大學視覺傳達研究所碩士。喜好繪畫、風格多變。目前專職為平面設計師和遊戲介面製作，並於大學兼任授課。本書示意圖以 3D 結合手繪的方式創作，且講究細節表現，因此繪製時程較長，期望能勾勒出古代兵器的精彩樣貌。

中國兵器全事典

真實還原130款冷兵器、城池攻防戰具，
帶你運籌帷幄，親臨沙場爭戰

作　　者　蔣豐維
繪　　圖　劉子葳
攝　　影　廖家威
特約編輯　吳佩霜
美術設計　奧嘟嘟工作室
封面設計　兒日
行銷企劃　林芳如．王淳眉
行銷統籌　駱漢琦
業務發行　邱紹溢
業務統籌　郭其彬
責任編輯　劉淑蘭
副總編輯　陳慶祐
總 編 輯　蔣豐雯

發 行 人　蘇拾平
出　　版　漫遊者文化事業股份有限公司
地　　址　台北市松山區復興北路三三一號四樓
電　　話　(02)2715-2022
傳　　真　(02)2715-2021
讀者服務信箱　service@azothbooks.com
漫遊者臉書　http://www.facebook.com/azothbooks.read
漫遊者官網　http://www.azothbooks.com
劃撥帳號　50022001
戶　　名　漫遊者文化事業股份有限公司

發　　行　大雁文化事業股份有限公司
地　　址　台北市松山區復興北路三三三號十一樓之四

初版一刷　2019年1月
定　　價　台幣1200元
ISBN　978-986-94147-4-6

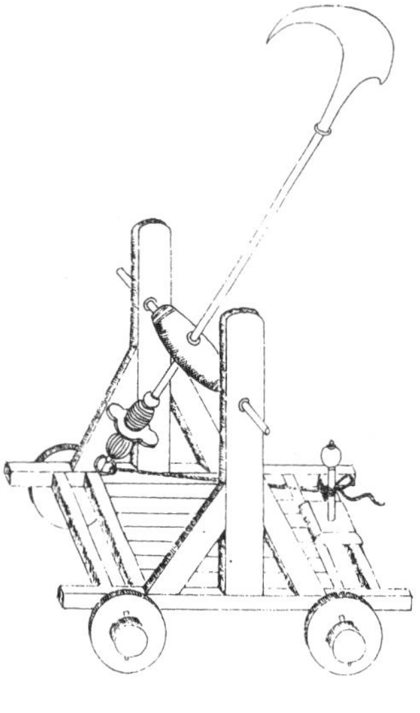

國家圖書館出版品預行編目(CIP)資料

中國兵器全事典：真實還原130款冷兵器、城池攻防戰具，帶你運籌帷幄，親臨沙場爭戰 / 蔣豐維著. -- 初版. -- 臺北市：豐富文化，漫遊者文化出版：大雁文化發行，2019.01
400面；17x23公分
ISBN 978-986-94147-4-6(精裝)

1. 古兵器 2. 中國

793.62　　107021607